高等院校应用型教材——经济管理系列

消费心理学
(第 2 版)

张丽莉　徐雪婷　主　编

季常弘　姚凤莉　副主编

清华大学出版社
北　京

内 容 简 介

本书介绍了中外心理学家关于消费心理的新理论、方法和经验，书中既有深入浅出的理论分析，又有具体生动的营销实例，融理论性、实用性与操作性于一体。为便于学习，每章都有小结、复习思考题和案例分析题。全书共 12 章，主要内容包括：导论；消费者的心理过程；消费者个性心理特征；消费者的需要和动机；消费者购买行为；消费者群体心理；销售服务心理；广告与顾客购买心理；营销环境与消费者心理；商品命名、商标、包装与消费者购买心理；商品价格与消费者购买心理；商品设计与消费者购买心理。

本书为相关专业本科学生的教材，也可供相关工作者自学之用。

图书在版编目(CIP)数据

消费心理学/张丽莉，徐雪婷主编. —2 版. —北京：清华大学出版社，2023.4
高等院校应用型教材. 经济管理系列
ISBN 978-7-302-63196-5

Ⅰ. ①消… Ⅱ. ①张… ②徐… Ⅲ. ①消费心理学—高等学校—教材 Ⅳ. ①F713.55

中国国家版本馆 CIP 数据核字(2023)第 052561 号

责任编辑：陈冬梅 刘秀青
封面设计：李 坤
责任校对：周剑云
责任印制：朱雨萌

出版发行：清华大学出版社
　　　　　网　　　址：http://www.tup.com.cn, http://www.wqbook.com
　　　　　地　　　址：北京清华大学学研大厦 A 座　　　邮　　编：100084
　　　　　社 总 机：010-83470000　　　　　　　　　　邮　　购：010-62786544
　　　　　投稿与读者服务：010-62776969, c-service@tup.tsinghua.edu.cn
　　　　　质量反馈：010-62772015, zhiliang@tup.tsinghua.edu.cn
　　　　　课件下载：http://www.tup.com.cn, 010-62791865
印 装 者：艺通印刷(天津)有限公司
经　　销：全国新华书店
开　　本：185mm×260mm　　　印　张：19　　　字　数：457 千字
版　　次：2010 年 2 月第 1 版　2023 年 5 月第 2 版　印　次：2023 年 5 月第 1 次印刷
印　　数：1~1500
定　　价：58.00 元

产品编号：092565-01

前　言

在新的发展阶段，我国高等教育体系呈现出新的时代特征：在目标格局上，要主动适应中国式现代化的新使命，突出教育、科技、人才在中国式现代化建设进程中的基础性、战略性支撑地位，高校应准确把握高等教育发展的战略机遇；在各具特色的优势领域和方向上，创建一流。加快推进高等教育高质量发展是建设高质量教育体系的重要内容，要心怀"国之大者"，以立德树人根本任务为使命，努力培育时代新人。

党的"二十大"报告统筹教育、科技、人才三方面工作，将"实施科教兴国战略，强化现代化建设人才支撑"列为专章进行整体论述、作出整体部署。在新时代，要始终坚持以人民为中心的发展思想，不断推动教育事业创新发展，实现中华民族的伟大复兴。

高质量教育体系的构建是一个全方位、全过程、全员性参与的历史过程和系统建设。学校和教师要不断更新教育理念，更新知识和能力，积极拥抱新知识、新技术，特别是要跟上数字化、智能化的步伐，为教育全面赋能。从社会角度来说，就是要更加关心和支持教育，共同维护教育的良好生态。

随着市场经济的不断完善和发展，消费者在市场中的地位愈发重要。以消费者的需求为中心的市场观念深入人心，作为一门专门研究市场营销活动中商品销售对象——消费者心理活动产生、发展及其变化规律的一门学科——消费心理学的研究也在不断深入，并且研究领域越来越广泛，研究方法日益增多。消费心理学的研究成果为企业营销活动的开展提供了有利的理论支撑。

我们在教学实践和研究的基础上，编写了《消费心理学》一书，力求对企业营销和经济管理等有一定的实用价值。本书介绍了中外心理学家关于面向新世纪消费心理的最新理论、方法和经验。书中既有深入浅出的理论分析，又有具体生动的营销实例，融理论性、实用性与操作性于一体。为了便于学习，每章都有小结、复习思考题和案例分析题。本书具体有如下几个特点。

(1) 本书具有一定的新颖性和实用性。书中加入了大量典型的、有意义的案例，便于提高读者分析问题和解决问题的能力。

(2) 本书的章节中加入了"超级链接"环节，为读者提供内容丰富的相关资料，有利于扩大读者的知识面，在学习中拓宽视野。

(3) 本书附加了各章主要内容介绍和一些图表，增添了可读性和趣味性。

该书由张丽莉、徐雪婷任主编，并负责统稿、定稿，由季常弘、姚凤莉任副主编。全书共十二章，张丽莉和徐雪婷编写第一、二、三章及部分章节的案例，姚凤莉编写第七、八、十一章，季常弘和徐雪婷编写第六、十、十二章，乔英久编写第四、九章，李磊编写第五章。

在本书的编写过程中，获得了清华大学出版社的支持和帮助，同时也阅读并参考了大量的图书资料，对相关的作者也表示感谢。由于水平有限，时间仓促，书中定有不足之处，敬请读者批评指正。

编　者

目　录

第一章　导　论

【本章导读】

通过对本章内容的学习，了解消费心理学的产生与发展、掌握消费心理学的研究对象、研究方法及研究意义，从总体上把握本学科的脉络。

随着市场经济的发展，消费者对市场经济和企业营销活动的影响越来越受到重视，"以消费者为中心"的理念已成为共识。因此，研究消费者的心理与行为显得尤为必要。

第一节　消费心理学的产生与发展

一、消费、消费者

消费是一种行为活动，是消费主体通过有意识地消耗物质资料和非物质资料来满足自己生存发展和文化精神方面需求与消耗的行为活动。随着社会生产的发展与人类心理活动的日益复杂化，其行为活动的总体水平也在不断提高和发展。

人类的消费行为与人类的生产相生相伴，是人类赖以生存和发展的最古老的社会行为，是社会进步与发展的基本前提。从广义上讲人类的消费行为可划分为生产消费和个人消费两大类。

生产消费是指生产过程中对工具、材料、燃料等生产资料和活劳动的消耗。在生产过程中，劳动者与其他生产要素结合创造出新的使用价值的活动，是生产行为的反映。而生产行为本身，就它的一切要素来说，也是消费行为。因此，在生产过程中，对劳动力及其他生产要素的使用、消耗及磨损称之为生产过程中的消费。它包含在生产过程之中，是维持生产过程连续进行的基本条件。

个人消费是指人们为满足自身需要而对各种生活资料、劳务和精神产品的消耗。它是人们维持生存和发展，进行劳动力再生产的必要条件，也是人类社会最大量、最普遍的经济现象和行为活动。从社会再生产过程来看，它是"生产、分配、交换、消费"四个环节中的消费环节。个人消费是一种最终消费，所以消费一词狭义上是指个人消费。

所谓的消费者，就是从事消费活动的主体。狭义上指的是购买、使用各种消费品的个人或团体。广义上指的是在不同时间和空间范围内所有参与消费活动的个人或集团，泛指现实生活中的所有人。在现实生活中，同一消费用品的购买发起者、决策者、购买者和使用者可能是同一个人，也可能是不同的人。同时，根据现实的不同需求还可以把消费者划分为现实消费者和潜在消费者，根据消费单位分为个体消费和群体消费，而我们的营销活动对于群体心理的研究更有意义。

> **超级链接：消费者与顾客**
>
> 严格意义上说，"消费者"与"顾客"的含义是有区别的。顾客可以是消费者，但消费者不一定是顾客。当某个消费者自己生产供自己使用的消费品时，他就不是顾客，或者说不是某类商品的顾客，比如，消耗自己生产的物品的人。有时顾客也并非一定是消费者，比如，替别人去实施购买活动的人。

二、消费心理与消费行为

1. 心理的含义

心理是脑的机能，脑是心理活动的器官。没有脑的心理，或者说没有脑的思维是不存在的。正常发育的大脑为心理的发展提供了物质基础。

心理现象是在动物适应环境的活动过程中，随着神经系统的产生而出现，又随着神经系统的不断发展和完善，才由初级不断发展到高级。无机物和植物没有心理，没有神经系统的动物也没有心理，只有有了复杂神经系统的动物才有心理。无脊椎动物的神经系统非常简单，比如环节动物(蚯蚓)只有一条简单的神经链，它们只具有某种感觉器官，只能认识事物的个别属性，在它们身上只有感觉的心理现象。脊椎动物有脊髓和大脑，它们有各种感觉器官，能够认识到整个事物且不只是事物的个别属性，即有知觉的心理现象。灵长类动物，比如猩猩、猴子，大脑有相当高度的发展，它们能够认识事物的外部联系，有思维的萌芽，但是还不能认识到事物的本质和事物之间的内部联系。只有人类才有思维和意识。人的心理是心理发展的最高阶段，因为人的大脑是最复杂的物质，是神经系统发展的最高产物。所以，心理现象的产生和发展的过程，说明了心理是神经系统、特别是大脑活动的结果，神经系统、特别是大脑，是从事心理活动的器官。

脑是心理活动的器官，人们获得这一正确的认识经历了几千年。时至今日，"心理是脑的机能"这一论断已经是一种常识性的知识了。健全的大脑给心理现象的产生提供了物质基础，但是，大脑只是从事心理活动的器官，有反映外界事物从而产生心理的机能，心理并不是大脑本身所固有的。心理现象是客观事物作用于人的感觉器官，通过大脑活动而产生。所以客观现实是心理的源泉和内容。离开客观现实来考察人的心理，心理就变成了无源之水、无本之木。对人来说，客观现实既包括自然界，也包括人类社会，还包括人类自己。

20 世纪 20 年代，印度发现了两个让狼叼走养大的孩子，他们有健全的大脑。但是，由于他们脱离了人类社会，是在狼群里长大的，所以他们只具有狼的本性，而不具备人的心理。因此，心理也是社会的产物，离开了人类社会，即使有人的大脑，也不能自发地产生人的心理。

超级链接：印度狼孩

印度狼孩卡玛拉，女，1912年生于印度，出生当年即被狼叼走，与狼一起生活了八年。1920年在加尔各答东北山地被人发现，从狼窝里救回并送到附近一个孤儿院，由辛格牧师夫妇抚养。刚到孤儿院的头一年，卡玛拉只有狼的习性而没有人的心理，不会说话，不会思考，用四肢行走，昼伏夜行，睡觉也是一副狼相，半夜起来在室内外游荡，寻找食物。想要逃跑时，她像狼一样嗥叫，吃饭喝水也像狼一样在地上舔食。她愿意与猫、狗、羊等动物一起玩，不让别人给她穿衣服，不愿与小孩接近。尽管每天与人生活在一起，但心理发展极慢，且智力低下。

第二年她能用双膝行走，能靠椅子站立，能用双手拿东西吃，对抚养她的辛格夫人能叫"妈"。经过三年多才逐步适应人的生活，能够自己站起，让人给她穿衣服，用摇头表示"不"。辛格夫人外出回来，她能表示高兴。入院四年才能摇摇晃晃地直立行走，早饭时能说"饭"这个词。这时的智力水平相当于一岁半的孩子。入院六年时，她能说出30个单词，与别人交往时有了一定感情。智力达到两岁半的水平。

第七年，已基本上改变了狼的习性，能与一般孩子生活在一起，能说出45个单词，能用三言两语表达简单的意思，能够唱简单的歌。开始注意穿着，不穿好衣服不出屋，有了羞耻心。能自觉地到鸡窝去捡鸡蛋。受到表扬就非常高兴。

第九年(17岁)当她因尿毒症死去时，智力只有三岁半的水平。

心理的反映不是镜子式的反映，而是能动的反映。因为通过心理活动不仅能认识事物的外部现象，还能认识到事物的本质和事物之间的内在联系，并用这种认识来指导人的实践活动，改造客观世界。

心理是大脑活动的结果，却不是大脑活动的商品。因为心理是一种主观印象，这种主观印象可以是事物的形象，也可以是概念，甚至可以是体验。它是主观的，而不是物质的。从这个角度来说，应该把心理和物质对立起来，不能混淆，否则便会犯唯心主义的错误。

心理是在人的大脑中产生的客观事物的映象，这种映象本身从外部是看不见也摸不着的。但是，心理支配人的行为活动，又通过行为活动表现出来。因此，可以通过观察和分析人的行为活动来研究人的心理。

心理现象既是脑的功能，又受社会制约，是自然和社会相结合的产物。只有从自然和社会两个方面进行研究，才能揭示心理的本质和规律。

心理又称心理现象，一般都把心理现象分为两个方面：心理过程和个性心理。心理过程包括认识过程、情感过程和意志过程，比如看到颜色、听到声音、闻到气味、记住或回忆学过的有趣知识、思考某个问题等。这里讲的"看到""听到""闻到""记住""回忆""思考"等心理活动，在心理学上叫作认识过程。人们在实践活动中，通过认识过程去辨别事物、思考问题、积累经验、指导实践活动。人们不仅认识周围的世界，而且对这个世界还有自己的态度，体验着某种感情。学习进步、工作取得了成就让人愉快、亲人故去让人伤心，这里的"愉快"和"伤心"等心理活动，在心理学上叫作情感过程。人们在认识世界和改造世界过程中，确立目标、执行决定、克服困难等心理活动，在心理学上叫作意志过程。

认识过程、情感过程和意志过程并不是彼此孤立地存在着，而是在学习和生活中密切联系的。因为人在认识事物的时候，必然会产生一定的情感。同时，有了积极的情感，就会有强烈的愿望，就会产生坚强的意志力。由此可见，情感和意志都是在认识的基础上产生的，认识是最基本的心理过程，反过来，人的情感和意志对认识也起促进作用。

认识过程、情感过程和意志过程，是人人都有的心理过程。由于每个人的遗传素质、所处的生活环境、所受的教育以及从事的活动等不同，这些心理过程在每个人的身上就有不同的表现，从而使每个人都形成了不同的个性心理，简称个性。个性心理是由个性倾向性和心理特征构成的。

个性倾向性包括需要、动机、兴趣、信念和世界观等，个性倾向性决定着一个人对事物的态度和积极性。不同的人在生活中有不同的要求，这是需要上的差异。有的人喜欢购物，有的人喜欢学习，还有的人喜欢体育运动，这是兴趣上的差异。同样做一件事，有的人出于这个原因，有的人出于另一个原因，这是动机的差异。这个人坚信这种道理，那个人又坚信另一种道理，这是信念上的差异。人们以不同的立场、观点看待事物，这是世界观的差异。心理学把人们在需要、兴趣、动机、信念、世界观等方面的不同表现叫作个性倾向性。它是个性的重要组成部分，对其他心理活动起着支配、控制作用。例如，一个学生，如果求知的欲望很强烈，就会积极地听课，主动地记忆和思考，克服学习上的各种困难，认真搞好学习，就会表现出勤奋好学的个性品质。

个性心理特征包括气质、性格和能力等。有的人脾气暴躁，有的人沉稳，有的人热情，有的人敏感，这是气质上的差异。有的人谦虚勤奋，有的人傲慢懒惰，这是价值观上的差异。有的人记忆敏捷，有的人记忆迟缓，有的人思维灵活，有的人思维呆板，这是能力上的差异。气质、性格、能力，是在每一个具体人身上表现出来的稳定的特征，因此在心理学上叫作个性心理特征。个性倾向性和个性心理特征在某一个人身上独特且稳定地有机结合，就形成了这个人不同于其他人的个性。所以，人们在处理各种事务的过程中，不仅有观察和思考等心理活动，同时还表现出各自不同的个性。

心理过程和个性心理这两个方面是密切联系的。首先，个性心理是在人的长期心理活动过程中形成和发展起来的，同时也在当前心理活动过程中表现出来。比如人的认识能力，就是在长期认识过程中形成和发展的，而且也只有在当前认识某种事物的过程中，才能表现出认识能力的强弱。其次，历史上已经形成的个性心理，对本人当前的心理过程和结果又有深刻的影响。比如能力、性格都直接影响到个人对事物认识过程的效果。所以，要全面深入了解人的心理，必须把心理过程和个性心理结合起来进行研究。

简言之，心理学是研究人的心理现象的发生、发展及其规律的科学，即研究心理过程和个性心理规律的科学，可概括如下。

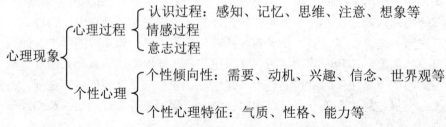

本书便是按照上面的脉络对于消费者的一般心理展开论述的。

2. 消费心理

消费心理是指消费者在购买、使用、消耗各种消费品过程中的一系列心理活动。从人类经济活动的发展进程中可知，人类的交换行为是随着社会生产力发展水平的不断提高而日趋复杂化的。而今，在较高发展水平的商品经济社会中，消费者在消费生活中的行为活动，主要是通过从社会总产品中分配到的那部分由个人支配的货币收入，在市场上购买商品或劳务并消耗其使用价值后得以实现。因此，消费者的心理活动是消费者在购买、使用及消耗商品或劳务过程中反映出的心理态势。在社会范围内消费者千万次的购买、使用和消耗行为的总和，就构成了消费者心理活动的社会总体消费行为。在一定时期内，社会总体消费行为又影响并制约着消费者个体的心理变化及发展趋势。

就个体而言，消费者作为人群中的一分子，必然具有人类的某些共有特性，比如思想、感情、欲望、喜怒哀乐、兴趣爱好、性格气质、价值观念、思维方式等，所有这些特性构成了人的心理，即心理活动或心理现象。心理活动是人脑对客观事物或外部刺激的反应活动，是人脑所具有的特殊功能和复杂的活动方式，它处于内在的隐蔽状态，不具有可直接观察的形态。但这种心理活动可以支配人的行为，决定人们做什么、不做什么以及怎样做。

3. 消费行为

关于消费行为的定义，国内外学者并无统一的诠释，我们认为消费行为主要是指消费者在购买、使用及消耗各种消费品过程中的活动表现。消费品主要是指物质资料商品、精神文化商品、各种劳务及其他非物质资料商品等。消费者的消费行为不仅表现在购买、使用及消耗各种物质商品方面，同时也表现为对精神文化等非物质商品的需要与追求。概括来说，它不仅包括消费者收集有关商品信息、进行购买决策、实际的购买行为，还包括对商品的使用和购买后的评价等一系列行为。

同样，人作为消费者在消费活动中的各种行为无不受心理活动的支配。例如，是否购买某种商品；购买哪种品牌、款式；何时、何地购买；采用何种购买方式，以及怎样使用等，这其中每一个环节、步骤都需要消费者作出相应的心理反应，进行分析、比较、选择、判断。所以，消费者的消费行为总是在一定心理活动支配下进行的。但是应该指出的是消费行为看似简单，实质是很复杂且多样化的。例如，对于购买家用轿车这一行为，有些人的购买动机是出行方便，有些人的购买动机是显示自己的身份地位，有些人的购买动机是与人攀比，有些人的购买动机是随潮流。由此可见，同一行为背后的动机多种多样。同样，同一动机可以产生多种行为。不仅如此，消费者行为还受各种文化的、社会的、经济的、个体的因素所影响，而且这些因素对消费者行为的影响有的是直接的，有的是间接的，有的是单独的，有的是交叉的或交互的。正是这些影响因素的多样性和复杂性，决定了消费者行为的多样性和复杂性。

4. 消费心理学的含义

消费心理学主要研究消费活动中消费者的心理和行为的产生、发展规律，它是把心理学知识应用于分析、说明、指导消费活动中个体和群体行为的应用心理学分支。

消费心理与行为作为一种客观存在的经济现象，如同其他经济现象一样，有其特有的活动方式和内在运行规律。对这一现象进行研究，目的在于发现和掌握消费者在消费活动中的心理与行为特点及规律，以便适应、引导、改善和优化消费行为，更好地进行营销活动，促进国民经济的发展，提高综合国力。

三、消费心理学的产生和发展

1. 消费心理学产生的条件

心理学作为一门独立的科学，它产生于近代。最初人们对心理的研究主要停留在哲学思辨的层面上，直到 19 世纪中叶，由于对心理现象的研究引入了实验的方法，才使心理学成为一门实证的科学，并从哲学中分化出来成为一门独立的学科。

虽然这一时期心理学的实验研究有很多成果，例如，德国生理学家韦伯 1840 年发现了差别感觉阈限的定律，即韦伯定律；1860 年德国心理学家费希纳在韦伯定律的基础上开创了心理物理学的新领域；德国心理学家艾宾浩斯开创了记忆的实验研究等，但是，对心理学的发展影响最大的要数德国心理学家威廉·冯特。他于 1879 年在德国莱比锡创建了世界上第一个研究心理现象的实验室，这标志着科学心理学诞生。之后人们对心理学的研究如火如荼，心理学领域便出现了众多流派，比如构造主义流派、格式塔流派、行为主义流派、机能主义流派、精神分析流派等。各种学术观点的剧烈争论促成了认知理论、学习理论、个性理论、心理分析方法等各种理论和方法的创立。正是这些理论和方法为消费心理学的产生奠定了科学的理论基础。作为心理学分支的消费心理学是如何产生的呢？

在小商品生产条件下，由于手工工具和以家庭为单位的小规模劳动的限制，生产力发展缓慢，可供交换的剩余商品数量十分有限，市场范围极其狭小，小的生产者和商人无须考虑如何扩大商品销路，促进成交，因而客观上没有专门研究消费者心理与行为的需要。

18 世纪中叶，以工业革命为标志的资本主义生产方式的确立，为商品经济的发展提供了有利契机。但是由于大机器生产体系尚未形成，生产的社会化程度较低，社会商品供应总量远低于需求总量，商品一旦生产出来，便不愁没有销路。因此，工商企业在生产经营中都无须因担心商品销路而考虑消费者的需求，有关消费者心理与行为的问题在这一时期依然没有引起人们应有的重视。

直至 19 世纪末 20 世纪初，资本主义经济进入繁荣发展阶段。随着大机器生产体系的确立和生产社会化程度的提高，企业的劳动生产力水平和生产能力迅速上升，商品数量大幅度增加。与此同时，资本主义经济固有的生产能力相对过剩与现有支付能力相对不足之间的矛盾也日益突出，市场的有限性使得商品能否销出成为决定企业盈利与否的关键。为此，一些企业主开始把注意力转向寻求开拓市场的途径。其中，了解消费者需求、引起消费者对商品的兴趣和购买欲望、促成购买行为等问题，日益引起工商企业的兴趣。至此，对消费者心理与行为进行专门研究的必要性才变得十分明显。

正是由于商品经济和社会生产力发展的客观要求，同时，心理学的发展为其提供了必要的科学的理论依据，加上一些有识之士的潜心研究，使得消费心理学的产生成为必然。

2. 消费心理学发展

自 20 世纪初期以来，有关消费者心理与行为的研究经历了不断丰富、发展和完善的过程，成为这一过程现实推动力的，是市场结构和企业营销观念的变化。

20 世纪 20 年代以前，在物资紧缺、商品供不应求的卖方市场形势下，多数企业奉行以生产为中心的"生产观念"，认为消费者欢迎那些可以买得到和买得起的商品，企业只需集中精力发展生产、增加产量、降低成本，就不愁商品卖不出去，因而完全无视商品推销。受生产观念的束缚，这一时期关于消费者心理与行为的研究进展缓慢，仅仅局限于有关广告心理的零散实验与调查，研究成果也微乎其微。

20 世纪 20 年代至第二次世界大战期间，西方的几个主要资本主义国家处于由"卖方市场"向"买方市场"过渡的阶段。由于商品积压、销售不畅，多数企业从重生产、轻销售的传统思想转而遵从"推销观念"，即认识到如果企业采取适当的推销措施，消费者有可能购买更多的商品。受这一观念的驱使，越来越多的企业求助于广告宣传和其他推销手段，努力探索如何引起消费者的兴趣，争取潜在顾客。为了适应企业界的这一要求，有关学者开始了对消费者心理的系统研究，并首先在广告心理研究和销售心理研究方面取得进展。一些心理学家用心理学原理系统地研究广告设计和手段的运用对消费者产生的影响。例如，采用何种版面设计、色彩、插图和文字可以更好地引起消费者的注意；广告应该刊登在杂志的前半部还是后半部。同时就各种不同形式的广告对消费者的说服、记忆效果等进行了比较。

此外，一些学者围绕推销人员的心理素质、如何针对消费者心理特点进行推销等问题进行了探讨。1929 年爆发的世界性经济危机进一步推动了理论界对消费需求、消费者心理、消费趋势等课题的研究，并利用多种方法对消费者需要进行市场调查。由此，一个从多层次、多角度研究消费心理的趋势逐步形成，并为第二次世界大战后这一研究领域的全面发展奠定了基础。

20 世纪 50 年代以来，以美国为首的资本主义国家相继进入发达阶段。随着战争的结束和经济的迅速增长，以商品供过于求、卖主之间竞争激烈、买方处于优势地位为特征的"买方市场"逐步形成。为了在买方市场下扩大销售、增加盈利，企业纷纷转向奉行"市场观念"，即以消费者及其需要为中心，集中企业的一切资源力量，千方百计满足顾客需要。在经营方式上，也由以产定销改为以销定产。

上述形势推动了消费者心理与行为研究的全面展开。首先取得进展的是关于消费动机的研究。一些心理学家尝试把心理分析理论和心理诊疗技术应用于研究中，试图找出隐藏在各种购买行为背后的深层动机。美国学者迪德等人在 1950 年进行的销售速溶咖啡的研究中取得了重要的成果，并引起企业界的广泛重视。

在这一时期，一些工程师和制造商在新商品研制过程中发现，商品的外观、造型、性能等对消费者心理有重要影响。为此，他们运用心理学中有关知觉的理论和方法，开展了"新商品初步设计研究""商品定位研究"等，从而为消费者心理与行为的研究开辟了一个新的领域。

在消费需求调查方面，社会学、社会心理学等有关理论和概念被相继引入，由此推动了一系列新的研究的发展。例如，社会群体、社会阶层、家庭结构等对消费者行为的影响；意见领袖在新商品推广中的作用；信息传递中的群体影响等。

进入 20 世纪 60 年代，随着市场的高度繁荣和人们收入水平的提高，消费者的心理和行为趋向复杂，企业间争夺买主的竞争空前激烈。与此相适应，对消费者心理与行为的研究进入蓬勃发展阶段。1960 年，美国心理学会成立了消费心理学科分会，标志着消费心理学作为一门独立的学科正式诞生。心理、经济、法律等各界人士又共同成立了顾客研究会。有些学者就态度因素及个性特点与消费者行为的关系展开研究，进一步拓宽了消费者心理与行为的研究范围。

20 世纪 70 年代以来，有关消费心理与行为的研究进入了全面发展和成熟阶段，并表现出以下特点。

(1) 实证性的研究越来越多。研究成果大多发表在几个主要杂志上，如《消费者研究杂志》(Journal of Consumer Research)、《广告研究杂志》(Journal of Advertising Research)、《广告杂志》(Journal of Advertising)、《市场研究杂志》(Journal of Marketing Research)、《营销杂志》(Journal of Marketing)、《国际市场研究杂志》(International Journal of Research in Marketing)以及相关的心理学杂志上。

(2) 研究的领域越来越广泛。比如关于广告的研究，包括广告的认知过程、广告表现与民众心理的关系、广告表现的心理效果分析、广告传播的心理机制、广告的说服技巧、潜意识与广告、广告的情感作用、广告对儿童的影响、消费者对广告的反应等。许多学者把消费心理与行为同更广泛的社会问题联系在一起，从宏观经济、自然资源和环境保护、消费者利益、生活方式等多种角度进行研究，比如关于绿色消费、银色消费等问题的研究。

(3) 研究方法、手段越来越多，越来越先进，考虑的参数越来越多。传统的研究以调查法、实验法为主要手段。现代的消费心理研究不仅继承了传统的研究方法，而且采用了一些心理学和传播学研究的新方法，如内容分析法、语义分析法、运筹学、动态分析等。对于传统的研究方法在技术上也作了改进和更新，采用了很多现代电子技术设备，如录音录像设备、运动记录仪、心电图、脑电波分析仪、速示器等。此外研究数据结果的分析水平也随计算机技术和统计学的发展有了明显的提高。

第二节　消费心理学的研究对象和研究内容

消费心理学作为近代发展起来的独立性的应用型学科，具有其独特的研究对象和研究内容。

一、消费心理学的研究对象

消费心理学是研究消费活动中消费者心理与行为发生、发展及规律的科学，即消费心理学以消费者的一般心理现象和行为作为主要的研究对象。具体地讲，消费心理学是研究消费者一般的心理与行为、消费者的个性心理、消费者的群体心理与行为特征、营销手段和媒介的心理效应的一门综合性应用管理学科。

消费心理学的研究对象如下。

$$
消费心理
\begin{cases}
消费者的一般心理与行为 \\
消费者的购买心理与行为 \\
营销手段与方法的心理效应
\end{cases}
$$

二、消费心理学的研究内容

消费心理学的研究内容主要包括以下五个方面。

1. 消费者的一般心理现象

对消费者来讲，消费者作为社会活动中的人，其消费心理和消费行为必然符合人的心理和行为活动的一般规律，且必然符合人类行为的一般特征。消费者在购买行为中产生的感觉、知觉、注意、想象、思维、情绪、意志等活动就是人的一般心理活动规律的表现。因而，通过对人的一般心理活动及消费者心理过程的一般特征的研究，可以发现并把握消费者心理现象的一致性和规律性。例如，消费者对商品的认识是从感觉开始的，在此基础上产生了对商品的喜欢与厌恶的情感，并在购买决策中表现出意志过程。(详见第二章)

2. 消费者的个性心理

消费者作为一个特殊的群体又有其独特的心理与行为特点。并且，作为消费行为的实施个体，每个人都有各自稳定的、本质的心理品质，从而还会表现出各自的个性。个性在营销活动中表现为各类消费者在购买能力、性格、气质方面的差异性，从而形成了不同的购买动机和购买行为。对消费者个性心理特征的研究有助于把握消费行为的差别性。例如，不同气质类型的消费者在购买过程中就表现出不同的特点。

多血质、胆汁质的消费者在消费行动中表现积极、主动、善于同营业员交谈，积极提出问题并寻求解答，有时会主动地询问在场顾客的意见，十分活泼。

以胆汁质为主的消费者喜欢凭个人主观意志和兴趣办事，易受商品广告宣传、外观、品牌、社会时尚以及他人劝说的影响，即兴购买。在消费行为上表现出了赶时髦、讲奇特、求新颖，往往不问商品质量、价格、用途贸然购买，买后常常后悔，要求退货，言语直率，情绪易激动、外露。

以多血质为主的消费者富于联想、激情，兴趣转换快，易受情感的影响，审美感觉灵敏，比较注重商品和服务的象征意义，情感色彩浓，浪漫。

以黏液质和抑郁质为主的消费者，冷静慎重，能理智地分析并作出购买决策，常常选购自己熟悉、信任的商品，善于控制自己的感情，不易受外界因素的干扰，但对商品价格特别敏感、重视，对价格变化的反应敏感和迅速，善于发现别人不易察觉到的同类商品之间的价格差，以物美价廉作为消费购物的前提条件，对于特惠、打折的商品尤其充满兴趣。

不同消费者的需要和购买动机是千差万别的，了解消费者的购买需要和动机，积极展开诱导是营销活动取得成功的保障。(详见第三章和第四章)

3. 消费者的购买行为

购买行为是消费者心理活动的集中体现，是消费活动中最有意义的部分。消费者行为学将影响消费者的心理因素与其行为表现紧密联系起来，深入探讨消费者的购买行为过程、购买决策的制定，以及态度、偏好、逆反心理、预期心理等对购买决策与行为的影响。通过对购买过程中产生消费需求、驱动购买动机、搜集有关信息、进行比较选择、制定购买决策、实际从事购买、评价所购商品等若干阶段及其相互联系的逐一考察，抽象总结出消费者购买行为的基本模式。在购买过程中，决策居于关键性环节，决定消费者购买行为的效率和效果。分析消费者的决策方式和决策依据，可以发现引导和促成消费者制定正确决策的有效途径。消费者对商品、厂商、广告宣传等所持的态度，以及偏好、预期等心理倾向，对决策方案的制订、抉择以及购买行为的最终实现有着重要影响。为此，有必要深入研究消费者态度的形成原因，发现影响和引导消费者态度、偏好及预期的有效途径。储蓄和投资是相对于即期购买行为的中长期消费行为，在现代消费者的行为体系中占有重要地位，并有其特殊的表现形式和运动规律，因而在消费者心理学中也对此进行了专门探讨。(详见第五章)

4. 消费者群体心理与行为特征

消费在直接形态上表现为消费者个人的行为活动。但从社会总体角度看，消费者行为又带有明显的群体性。现实生活中的某些消费者由于年龄、性别、职业、收入水平、社会地位、宗教信仰相同或接近，而在消费需求、消费观念、消费习惯以及消费能力等方面表现出很大的相似性或一致性。具有上述相同消费特征的若干消费者构成一定的消费者群体，消费者群体是社会消费活动的客观存在。研究不同消费者群体在消费心理和消费行为方式上的特点与差异，有助于从宏观角度把握社会总体消费的运动规律，同时对商品生产者和经营者准确地细分消费者市场，制定最佳营销策略，无疑具有重要的指导意义(详见第六章)。

5. 营销手段与媒介的心理效应

现代市场经济条件下，消费者与其大量接触，受其影响最为直接、深刻的事物便是企业通过市场媒介向消费者提供的商品和服务，以及开展的市场营销活动。市场销售所策划的新商品设计、制造、命名、定价、包装、广告宣传、分销渠道选择、营销场景的布置、销售方式、服务等一系列营销活动，其目的在于激发消费者购买动机，促成购买行为。例如，设计良好的包装可以引起消费者的购买兴趣；通过广告宣传可以向消费者传递有关商品信息；提供优质服务可以赢得消费者的好感；营造舒适的购物环境可以吸引消费者的惠顾等。显然，上述营销活动会对消费者的购买心理和购买行为产生直接影响。同时，企业运用上述营销要素和营销策略、手段又必须以消费者的购买心理为基础，最大限度地迎合消费者的需求、欲望、购买习惯、购买能力等。换言之，营销活动效果的大小、是否成功，主要取决于营销策略与消费者购买心理及行为相适应的程度。市场营销活动的过程应该是适应消费者心理的过程，同时又是对消费者心理加以诱导，促成其发生购买行为的过程。探讨在这一过程中，消费者如何对各种营销活动作出反应，以及如何针对消费者的购买心理改进营销方式、提高营销效果，是消费心理学研究的又一项主要内容。(详见第七章至第十二章)

第三节 消费心理学的研究方法

消费心理学在产生、发展和成熟的过程中，与广告学、心理学、社会学、经济学密切相关，这些学科的研究方法给消费心理学的研究提供了参考。其中主要的研究方法有观察法、访谈法、问卷法和投射法等。

一、观察法

(一)含义

观察法是研究者通过感官或借助于一定的科学仪器，在一定时间内有目的、有计划地观察消费者的言语、行动和表情等行为，并把观察的结果按时间顺序系统地记录下来，进而分析其内在联系，把握消费心理现象的规律。运用这种方法不需要去问消费者想什么、喜欢什么，或者他们打算去买些什么，而是观察他们实际上做了些什么。例如，在销售地点以旁观者的身份观察消费者的实际购买行为，包括对商品包装的态度、广告宣传的影响等，进而从获得的研究资料中，分析消费者的心理活动规律和特点。在现代科学技术发展的条件下，观察者通过采用先进的技术和设备，比如使用视听器材，包括摄像机、照相机、录音机、闭路电视等，作为观察者视听器官的延伸，从而大大地增强了观察的效果。

(二)分类及方法介绍

根据不同的标准，可以将观察法分为不同的类型。

1. 自然观察法和实验观察法

根据观察数据的来源，无论是在自然条件下取得，还是在人为干预和控制条件下取得，观察法都可分为自然观察法和实验观察法。前者的特点是在自然发生的条件下，即被观察者并不知情的情况下进行的观察。比如，小学低年级消费者的消费行为一般由家长来实现，对于这一假设的验证就可以通过观察小学生的实际行为来获得。后者是在某些人为干预和控制的条件下进行的观察。实验观察法是指通过实际测验而获得顾客心理活动的第一手资料的方法。它是把顾客有目的地置身于某种特定的消费环境之中，从而对引发顾客的各种反应进行分析、研究以发现顾客消费心理现象的方法。这种方法是使顾客在实验室中，研究人员借助各种特制的心理测试器或者模拟消费环境和自然状态，请顾客接受必要的测试。它可以较准确地测试出顾客心理现象的各种表现。目前它有以下几种方式。

1) 速示器法

研究人员利用专门的电子速示器以极短的时间向被测试对象显示瞬间视觉画面，然后由研究人员向测试对象提出问题，比如看到什么画面、画面中哪些内容印象最深刻等。将被测试者的回答用文字或录音机记录下来，从中分析出顾客的心理感受与体验。这种方法主要用于对广告促销效果的测定。

2) 抓台器方式

研究人员用电动抓台器向被测试者显示某些具有较强心理刺激的商品信息(几种商品或几个不同包装设计的商品等)。在规定的时间内，自动平台会把商品送到能被测试者轻易抓到的地方。被测试者对这些商品事先并不熟悉，让他们去抓喜爱的包装或商品。当预先规定的显示时间到了，平台又会自动退回到抓不到的地方。这种方法主要来测试某些商品或包装对顾客吸引力的大小。若时间到，商品与包装没有被测试者抓到，就说明该商品或包装缺乏吸引力，需要改进设计。

3) 专门测试仪

该测试仪主要由脑电波记录仪、分析仪和显示器三大部件构成。主要用来测试人们对广告宣传的态度。当看广告的人对所宣传的商品或广告本身感兴趣时，就会刺激他的大脑，使其兴奋，这时显示器屏幕上就会显示快速的 β 脑电波。相反，就会出现慢速的 α 脑电波。

2. 参与观察和非参与观察

根据观察者是否直接参与被观察者所从事的活动，观察法又可分为参与观察和非参与观察。参与观察就是观察者直接参与到被观察者的活动中去，并在参与中从内部进行观察，故又被称为局内观察。根据参与程度的不同，还可将参与观察分为完全参与和不完全参与观察。前者指观察者作为其中一个成员完全参与到被观察者的群体之中去，并在这个群体的正常活动中进行观察。后者指观察者部分地参与到被观察者的群体中，以半"客"半"主"的身份进行活动，从中进行观察。非参与观察就是观察者不参与被观察者的活动，即以局外人或旁观者的身份所进行的观察，故又被称为局外观察。

(三)观察法的操作步骤

第一步是设计。即确定观察目的和具体观察内容，选择观察方法和制定观察记录表。例如，观察街上行人对橱窗广告的注意率，在设计时可分为观察行人侧目观看、驻足观看及不予理睬三类，并设计记录表，以方便实际观察时迅速准确地记录这三类人的人数、动作、言语，便于确定总人数以及各类人所占的比率，从而最后确定注意比率和注意程度。选择观察的方法，即观察员用自己的主体感觉器官亲自观察，利用仪器设备来记录。假如是观察员亲自观察，就应对观察员进行一定的培训，这种观察记录的工作看似容易，却并不是每个人都能胜任的，它要求观察员有一定的观察能力与素质。

第二步是计划的实施。按照计划要求执行观察，并对观察记录进行整理和分析，得出一定的结果。在广告活动中，观察法的结果常常与其他方法的结果一并分析或进行统计处理。在观察中观察者的态度立场应是中立、客观的。另外观察记录表的设计要便于观察者记录，可选取一定的简易符号作为记录代码。

观察法的优点是能得到现场真实直接的材料，在研究对象不配合的情况下(比如某些被试者在问卷或访谈时不予合作)，可用观察法收集资料。此法有广泛的优点，不受被观察者文化、理解能力的限制，而问卷法等要受到被调查者文化水平和理解能力的限制。观察法可结合其他方法进行，比如在实验法中，为了降低被试者的顾虑，可用单向透视玻璃等技术手段进行观察，使被试者感到放松自然。

观察法的缺点是：观察的质量受到观察者本身经验和能力的影响；观察过程还有许多不可预知的因素影响，无法控制；观察法需要训练观察员和增加各种观察仪器，时间也较长；在观察设计上要求较高；观察得到的结果在信度和效度上难以保证。

二、访谈法

(一)含义

访谈法是指调查者依据调查提纲与调查对象直接交谈，搜集语言资料的方法，是一种口头交流式的调查方法。

访谈法采用对话、讨论等面对面的交往方式，是双方相互作用、相互影响的过程。在访谈调查过程中，必须注意运用人际交往和谈话的技巧有效地控制访谈过程，从而获得有价值的信息。电话访谈是访谈法的特殊形式。

(二)分类及方法介绍

根据访谈对象的数量，可以将访谈法分为个别访谈法和集体访谈法。根据访谈的层次，可以将访谈法分为常规访谈法和深度访谈法。根据访谈的媒介，可以将访谈法分为当面访谈法和电话访谈法。下面介绍几种重要的访谈法。

1. 标准化的个别访谈法

这是指访员以事先准备好的标准化问卷，按既定的程序，逐项向被调查者进行询问，以获取资料。问卷是标准化访谈的主要工具。

标准化访谈要求选择调查对象的标准、调查的问题、调查问题的提问方法及编排顺序、访员的提问方式和记录方式必须是统一的。访员必须严格按照问卷上的问题和顺序发问，对问题也只能按问卷上的说明加以解释。访问时的外部条件，比如访谈时间、地点、环境也要求尽可能一致，从而最大限度地减少外界干扰造成的误差。

1) 标准化访谈调查法的优点

(1) 访员当面听取被调查者的意见，增加接触，比较容易了解被调查人的真实态度，增加感性认识，促进感情联络。

(2) 富有灵活性。标准化访谈可以采取任何一种问卷询问，征得被调查者同意后可录音。若发现被调查者不符合样本条件，可立刻终止调查。

(3) 询问表回收率高。一个有经验的访员去调查，一般都能受到接待，并能使被调查人作出回答。询问表回收率是各种调查方法中最高的。

(4) 面对面调查。当被调查人因种种原因不愿回答或回忆不起来，或对所提问题意图不理解时，可以通过解释，启发、激励被调查者合作完成调查。

(5) 面对面的交谈、问答，可以问较多的问题，也可以做深入的交谈，使收集的资料较全面和准确。

2) 标准化访谈法的缺点

(1) 费用高。尤其是小组问询，费用(包括工资、差旅费、补助费等)更高。

(2) 调查结果及其真实可靠性受访员业务水平和态度的影响。访员往往对自身感兴趣的问题特别强调，不免对被调查者产生一定影响，在无形中造成调查偏差。

(3) 控制困难。考核访员工作是否认真负责、有无弄虚作假的现象比较困难。

(4) 对于这种面对面的调查，有些被调查者会产生一种被质问的压迫感。

(5) 被调查的人往往由于工作或外出，不能如期会见访员，影响了访问效率。

2. 集体访谈法

集体访谈法类似于开调查会的形式，由一名或几名访员亲自召集一些人来进行座谈。访员应向人们说明座谈的目的和要求，消除人们的疑虑，并且应保持谦虚、诚恳的态度，掌握会场的一些技巧，创造出一种自由、活泼、热烈的气氛，使人们能无拘无束地尽情畅谈。集体访谈法其他方面与个别访谈法相似。

例如，对于某家用轿车的一项调查，利用集体访谈法选定 8～10 名目标消费者，由一名访员来进行访谈，问"你们听说过某家用轿车吗""你们通过什么渠道获知的""你们觉得该品牌的家用轿车如何""它的主要特点是什么""价格能否接受""与其他品牌的家用轿车相比，它的优势或不足是什么"等。在访谈中访员可以根据实际情况进行追问，灵活机动地获取信息。

1) 集体访谈法的优点

(1) 了解情况快，工作效率高。

(2) 人多见识广。采用集体访谈法进行调查，参加的人员多，提供的信息广，而且可以互相启发、补充、核对、修正，可以了解到比较广泛、真实的社会情况。

(3) 集体访谈法最大的优点是有利于把调查与研究结合起来，把认识问题与探索解决问题结合起来。访谈中，访员不仅可以向被调查者了解客观情况，而且可以集思广益，通过与会人员之间的互相研究、探讨，更加全面、深刻地认识事物的本质及其发展规律，更有利于共同探寻解决问题的途径和方法。

(4) 简便易行，可适用于各种被调查对象(包括文盲)，有利于与被调查者交流思想和感情，有利于对访谈过程进行指导和控制。

2) 集体访谈法的缺点

(1) 集体访谈法最大的缺点是无法完全排除被调查者之间的社会心理因素的影响。特别是那些职位较高、权威较大、能说会道的人往往会垄断会场，他们的意见往往会左右会议的倾向以致影响调查的结论。与之相反，其他的人就很难充分发表意见，甚至有可能在崇拜权威或从众心理的驱使下讲一些违心的话。这样一来，调查结论就难以全面反映真实的客观情况。

(2) 有些问题不宜在会议上调查。例如，某些敏感性问题、威胁性问题、保密性问题、隐私性问题等，就不宜在调查会上交谈。

(3) 占用被调查者的时间较多，而且往往受时间条件的限制，很难作深入、细致的交谈，调查的结论和质量在很大程度上受被调查者素质的影响等。

因此，集体访谈法只有与其他访谈方法配合使用，才能取得更好的调查效果。

3. 电话访谈法

电话访谈法是访员根据事先选好的样本，以打电话的方式向被调查者询问以取得调查资料的一种方法。这种方法常用于问题比较简单的调查，有时用于事前的摸底，然后设计大型调查，还可以追踪、核实外埠调查组的工作情况。

1) 电话调查法的优点

(1) 时间短。借用现代电信工具，可以迅速地获得所需资料。

(2) 费用低。与其他调查方法相比，这种调查方法比较经济。

(3) 适宜访问不易接触的被调查者。有些被调查者不易接触到，例如工作繁忙或个人访谈方式不易被其接纳，而短暂的电话访问就可能被接受。

(4) 坦白性强。有些涉及私人方面或敏感的问题，面对面地交谈，被调查者可能会感到不自然，但如果通过电话讲，就能比较坦然一些，减少了不必要的顾虑。

(5) 容易控制。电话访员的语气、声调以及措辞等是否妥当，可由专门研究人员帮助纠正。

2) 电话调查法的缺点

(1) 总体不完整。电话调查法是根据用户电话名单作为抽样基础，但并非所有的消费者或家庭都有电话，因此调查的样本总体欠完整。在我国电话调查法一般只限于单位和城市居民。

(2) 不易取得被调查者的合作，有的人不接电话。

(3) 问题难以深入。交谈时间不能太长，不能询问较为复杂、深入的问题，被调查者只能将意见作简短说明。

(4) 一般通话时不方便显示照片、图表等背景资料。

(5) 在我国，尚未普遍使用电话调查，公众不习惯，配合度低。

(三)访谈的步骤

1. 访谈前的准备

访谈前的准备工作主要有以下几项。

(1) 了解调查任务、目的以及相关的背景资料，准备好详细的访谈提纲和问题，要学习与调查内容有关的各种知识。进行标准化访谈，必须弄懂统一设计的问卷；进行非标准化访谈，更应把粗线条的访谈提纲具体化为一系列的访谈问题。不管哪种类型的访谈，都应充分准备与调查内容有关的各种知识。如果访员知识丰富，能作深入交谈，被访问者回答问题的积极性就会越来越高。访员要尽量避免被人随意敷衍。

(2) 设计访谈提纲。

(3) 选择并了解访谈对象。要根据调查的内容，选择访谈对象，应有一定的代表性。要在尽可能的情况下了解被访者的基本情况，事先对被访者了解越多，访谈中就越主动。

(4) 落实访谈的时间和地点，并事先通知被访者。访谈时间和地点的选择应以有利于访谈顺利进行为原则。

(5) 准备好必要的用品，比如介绍信、身份证明、资料、卡片、调查表格、被访者地址、照相机、笔记本、录音笔或录音机等。

(6) 注意礼仪。服装、仪表、礼貌、用语都要得体。注意遵时守约，访谈前事先约好时间地点，访谈适时结束。

2. 进入访谈

进入访谈是访谈的开端，由自我介绍、表明来意、请求协助等内容组成。还要向对方解释其被选为访问对象的理由，并努力消除对方的疑虑和紧张心理。

在访谈开始后，可能会出现被访问者不合作、拒绝回答问题的情况。对于拒绝回答者，应尽快缩短访员和被访问者之间的距离，与被访问者建立起相互理解、尊重、平等的关系与气氛，这是访谈顺利开始的重要条件。

3. 控制访谈过程

在访谈开始后，访员要通过有效的手段掌握、引导访谈的过程，以尽可能地达到调查的目的。

常用的控制方法有提问控制等方法。提问控制是访员用提问的方式控制调查过程的方法。提问的方式多种多样，或开门见山，或循循善诱，或灵活机动，并合乎时宜地发问、追问，使被调查者能围绕调查的主题充分地发表自己的意见。

4. 访谈记录

标准化访谈的记录一般是按照规定的记录方式，将被访者的回答记录在事先设计好的表格或问卷上。非标准化访谈一般可采取当场记录和事后记录两种方式。

5. 结束访谈

访谈结束前，应先向被访问者发出谈话快要结束的信号，免得对方感到唐突，要说的话没有说完。结束访谈时，应向被访问者表示感谢。如果还需要再次访谈，应在访谈结束时约定再次访谈的时间、地点和内容。

三、问卷法

(一)含义

问卷法是根据研究者事先设计的调查问卷，向被调查者提出并要求其书面回答问题的方法，或根据预先编制的调查表请被调查者口头回答、由调查者记录，从中了解被调查者心理的方法。问卷法是研究消费者心理常用的方法。

(二)分类

根据操作方式，问卷法可以分为邮寄问卷法、网络问卷法、入户问卷法等。

按内容不同可以分为封闭式调查问卷和开放式调查问卷两种。

封闭式调查问卷就是让被调查者从所列出的答案中进行选择，类似选择题、是非题等。开放式调查问卷是指被调查者根据调查者所列问题任意填写答案，不作限制，类似填空题和简答题。

(三)调查问卷的设计

1. 问卷的构成

一个正式的调查问卷主要包括3个部分，即导语、主体和结语。

1) 导语

导语主要说明调查主题、目的、意义以及向被调查者致意等。导语最好能强调调查与被调查者的利害关系，以取得消费者的信任和支持。

2) 主体

它是问卷的主要部分。依照调查主题，设计若干问题，要求被调查者回答。主体是问卷的核心部分，一般要在有经验的专家指导下完成设计。该部分也是整个问卷的核心部分。

问卷的主体包括调查问题的内容和问题形式。

(1) 调查问题的内容。一方面要确定谁在答卷，比如性别、年龄、文化程度、居住地区、经济收入、职业、婚姻状况等；另一方面是了解被调查者对某件事物或某个观点的认识程度、理解程度和偏好程度所构成的态度，对某件事物、某个观点的评价，以及被调查者的行为或行为取向，通过这些来设计调查问题的内容。

(2) 问题形式。调查项目设计的关键就在于怎样命题以及如何确定命题的答案。一般情况下，调查项目中有以下两类问题：开放式问题和封闭式问题。

开放式问题即自由回答式问题。其做法是调查表上没有拟定可选择的答案，所提出的问题由被调查者自由回答，不加任何限制。其优点在于可以使被调查者充分发表自己的意见，活跃调查气氛，尤其是可以收集到一些设计者事先估计不到的资料和建设性意见。其缺点是资料的整理分析困难，难免带有被调查者的主观意见。同时，由于答案是随意的，被调查者可能不好回答，即使回答，答者往往偏重于知识水平较高的阶层，形成阶层偏见。

封闭式问题的做法是对调查表中所提出的问题都设计了各种可能的答案，被调查者只要从中选定一个或几个答案即可。它主要有以下三种类型。

① 是非式问题，又称两项选择或对比式问题。这类问题只让被调查者在两个可能的答案中选答一个，适用于诸如"是"与"否"、"有"或"无"等互相排斥的二选一式问题。例如"您家有汽车吗？有□　无□"。这类问题易问易答，便于统计调查结果，但被调查人回答时没有说明原因的机会，不能表达出意见的深度和广度，结果不够精确，且应用范围较窄，只适用于"两项选择"，没有中立答案。

② 多项选择式问题。其做法是对一个问题预先列出若干个答案，让被调查者从中选择一个或几个答案，例如"您喜欢下列哪个牌子的汽车？A. 比亚迪□　B. 特斯拉□　C. 长城□　D. 其他□"。这种方法可以避免强制选择的缺点，运用范围较广，且便于资料的分类整理，但被调查者的意见可能不包括在拟定的答案中，选择的答案不一定能反映其真正的意见。因而，在设计时，答案应尽可能地包括所有的情况，但备选答案一般不得超过 10 个。

③ 顺位式问题，又称序列式问题。其做法是，在多项选择法的基础上，要求被调查者对问题给出的答案，按照自己认为的重要程度和喜欢程度顺位排列作答。比如"请将下列服装品牌依您最喜欢至最不喜欢的顺序排列(最喜欢者给 5 分，最不喜欢者给 1 分)：A. 哥弟□　B. 菲姿□　C. 新思路□　D. 声雨竹□　E.藤氏□"。

3) 结语

简短地对被调查者的合作表示真诚的感谢，或征询一下对问卷结构的设计和问卷调查本身有何看法和感受。问卷的结语力求简短，有的问卷也可以不要结语。

2. 调查问卷设计的要点

不论设计哪类问卷，提问时都应遵循以下要点。

(1) 问题要具体、单一、简洁，不要含糊笼统。如，"你父母是否喜欢我厂的老年人用品？"事实上可能只一个人喜欢，另一个人不喜欢。又如，"您是否特别爱买服装？"很多人"爱"，但不是"特别爱"，选择答案时心里就会拿不准。

(2) 用词要通俗、易懂。如，"您家的消费结构怎样？"显得过于专业化，应问"您家本月用于购买食物的费用是多少？"

(3) 语义要清晰准确，要尽可能用量词，尽量不要用副词。如，"您是'经常'还是'偶尔'喝××饮料？"对"经常、偶尔"这类副词每个人的理解并不一样。可问"您平均每月喝几次××饮料？"

(4) 要客观中立，不要渗入影响对方回答的观点。如，"您愿意为利国利民的希望工程捐款吗？"给人的感觉是，不愿捐款就成了不支持"利国利民"了，从而影响判断。

(5) 要保护答题者的自尊与自我个性。对敏感性问题应选用"释疑法""假定法"或"转移法"，减少答题者的内心压力。释疑法，即在问题前面写一些消除疑虑的功能性文字。假定法，即用一个假言判断作为问题的前提，然后再询问被调查者的看法。如，"假如允许专业人员自由流动的话，您是否还愿意留在原单位工作？"转移法，即将对问题的直接回答转移到别人身上，然后再请被调查者对他人的回答作出评价。如，"对于实行股份制改革，一些人认为利大于弊，另一些人认为弊大于利，您认为哪种意见更符合实际？"

(6) 选择题所列项目要互斥，不要出现包容。如，"您认为这种轿车款式最适合谁？A. 男士；B. 女士；C. 教师；D. 军人……"现实生活中，军人有男也有女，教师也包括军事院校教师，这就造成了答题者不知道该填哪一项，或者随便答题，从而导致结果出现偏差。

(7) 问数字要准确，不要交叉。例如问年龄，应指明是周岁，并列出"A. 20岁及以下；B. 21～30岁；C. 31～40岁；……"不应交叉。如，"A. 20岁以下；B. 20～30岁；C. 30～40岁……"就是不正确的。

(8) 选择题所列项目要穷尽各种情况，不要让有些人找不到自己应填的位置。比如文化程度的选项除"小学、中学、大学"外，还应有"小学以下、中职、高职、大学以上"等。

(9) 要有时间观念，要问近期之事，不要问难以回忆的事。比如可问"您本月买衣服花了多少钱？"或问"最近一次买衣服花了多少钱？"不要问"您去年买衣服花了多少钱？"

(10) 要将容易的问题放在前面，难的问题放在其后，开放性问题放在最后。

(11) 设计时智慧含量越高越好，要采用迂回战术，点到为止，潜移默化，使人不知不觉道出心愿，不要乱问。例如，想了解企业凝聚力如何，直接问未必能得到真实的答案。如果问"你来到本企业感到自豪吗？"这样就好些。如果问"你的亲友是否知道你在什么单位？"可能会得到更真实的回答。

(12) 填答形式要越简单越好，不要让人感到吃力、烦躁，尽量少用复合式提问。

超级链接：如何提高问卷回复率

(1) 选择回复率高的主办者或争取高知名度、权威性机构的支持。

(2) 挑选恰当的调查对象。调查对象是否持合作的态度、理解和回答书面问题的能力、接受调查的频度等都对问卷的回复率影响很大。一般应选择对调查内容比较熟悉、有一定文字理解和表达能力、初次或较少接受问卷调查的对象。

(3) 问卷设置要有吸引力，这样会引起被调查者的兴趣，使其乐于回答。

(4) 要提高问卷设计质量。问卷的质量对回收率有决定性的影响。问卷的内容、回答形式、难易程度、问题长短，都会影响回收率。一般来说，简单、清晰、美观、礼貌的问卷回收率高，否则就低。答卷时间最好不要超过20分钟。

(5) 采用回复率较高的形式。在几种影响回复率的因素中，回复形式是影响较大的，有的形式仅能收回 20%，有的则可能 100% 收回。问卷的发放和回收一般有分发、寄发、媒介互联网络、发布等几种方式。回复率是问卷调查成功与否的一个方面，用哪种形式、搞什么课题是由多种因素决定的。选什么方式还要受资金限制，应从整体及目标各个方面的条件综合考察，最后找出最佳可行方案。

(四)问卷法的优缺点

1. 问卷法的优点

问卷法的优点主要有以下几个方面。

(1) 问卷内容客观统一、处理分析方便。问卷法一般都是通过以相同的问题和标准化的回答方式让被试者填写，这样就能在一定程度上避免实施时的一些误差，得到较为客观的数据资料。同时，问卷法特别适用于通过计算机进行处理和定量分析。

(2) 匿名性强，回答真实。问卷法在实施过程中被试者可以不署名，而且被试者也不与研究者接触，因而能够真实地反映自己的观点和态度，所以问卷法也特别适合研究那些涉及人们内心深处的情感、动机等问题。同时，除访问问卷外，问卷法大都是间接进行，因而避免了主试者与被试者之间的相互作用，减少了各种心理干扰，这有助于提高问卷研究的客观性。

(3) 节省人力、时间和经费。问卷法可在较短的时间内收集大量的资料，特别是邮寄问卷费用和人力更加节省，它不必去专门训练研究人员，也不必派人分发和回收问卷，因此很适合进行大规模的调查研究。

(4) 问卷法是一种纸笔型的研究，只要一份问卷就可以完成研究的内容，比起实验法需要仪器设备、观察法需要摄录设备等，更为简便易行。

2. 问卷法的缺点

问卷法的缺点主要有以下几个方面。

(1) 灵活性差、适应性不强。问卷法往往问题和回答方式固定，因而不灵活，这就使其难以适应每个受测者的实际情况。由于问卷法是一种纸笔测验，更易受到文化水平的限制，那些文化程度较低的人，常会因不能理解指导语或未弄懂问题而影响其完成问卷或问卷完成的效果。同时，对回答问卷的认真程度各不相同，遇到不负责任的受测者，随意填写问卷，也会影响对结果的分析。

(2) 指导性较低。由于问卷编制者一般不在场，因此不能有效地指导被问者填写问卷，难以全面了解被问者填写时的真实情况，被问者在填写过程中不清楚、不理解也无法询问，这些都会影响到回答的真实性和准确性。

(3) 较为复杂的问卷编制起来也相当困难。

不过，问卷法的这些缺点，比起它的优点来还是次要的，而且这些缺点在一定程度上也是可以加以克服的。

超级链接：某公司汽车市场调查问卷

本公司以科学方法进行挑选，您是选中的代表之一。因此，需要听取您的意见，耽误您几分钟，谢谢合作。

填表说明：

1. 对选中的答案，在该答案后的"□"中填写"√"。

2. 在有"＿＿＿"的地方，必要时，请填写相应意见。

调查员：＿＿＿＿＿＿＿ 调查时间：＿＿＿年＿＿＿月＿＿＿日

一、姓名：＿＿＿＿＿＿＿＿ 住址：＿＿＿＿＿＿＿

邮编：＿＿＿＿＿＿ 电话：＿＿＿＿＿＿＿

二、家里有汽车吗？

有□ 没有□

三、若"有"，请回答1～3栏。

1. 何时购买的？

2015年以前□ 2016—2017年□ 2018—2019年□ 2020—2021年□

2. 牌子：＿＿＿＿＿＿ 产地：＿＿＿＿＿＿

3. 使用过程中，最大缺点是：

比较耗油□ 不太安全□ 易出故障□ 操作不方便□

其他：＿＿＿＿＿＿

四、若"没有"，请回答1～4栏。

1. 未购买的原因是：

收入低□ 住房条件不好□ 怕不安全□ 其他□

2. 如您要购买，您喜欢哪种类型的？

微型轿车□ 普通轿车□ 越野汽车□ 其他□

3. 若要购买，您打算什么时候购买？

2022年底前□ 2023—2024年□ 2025年以后□

4. 如以下条件不能同时满足您，您优先考虑选择哪一种？

省油的□ 操作方便的□ 不易出故障的□ 其他：＿＿＿＿＿＿

四、投射法

(一)含义

投射法是心理学中的一种内心研究方法，用来探讨消费者潜在的动机和情感。消费者接受一个可以用多种方式加以解释的模糊刺激，在其反应时会把自己通常隐藏起来的需要、期望、担忧等情绪投射到对这些客观刺激的解释上。调查者通过对被调查者这些反应的间接推测，了解其内心的深层想法。

(二)类型

常用的投射方法有词句联想法、句子完成法、罗夏墨渍测验、主题统觉测验、角色扮演法等。

1. 词句联想法

给被调查者一个词，让他把听到或看到这个词后最先联想到的词说出来。通过对反应词和反应时间的分析，了解被调查者对刺激词的印象、态度和被调查者的需要，以此来了解消费者对商品的潜在需求和购买动机。这种方法可以不限制消费者，让其自由联想，也可给出一定的范围，在这个范围内选择。比如，请说出当您听到下列字词时会立即想到什么商品？可把联想范围限定在商品范围之内。(比如给出"胶水"一词，看被调查者是否能够说出"文具"等。或者给出"胶水"和"月亮"两个词，看被调查者是否能很符合逻辑地把他们联系起来。

2. 句子完成法

由研究者根据需要提出未完成的句子，要求被调查者填上几个字，将句子完成。比如"我通常在_____买服装。""常买_____牌的服装。""在一起购物的其他朋友认为买服装可以使人_____"等。从这些填空补充中可以了解消费者的动机和态度。在这种操作中，应尽量避免使用第一人称和第二人称，以免被调查者担忧和产生自我防卫。

3. 罗夏墨渍测验

该测验由瑞士精神病学家罗夏于 1921 年创制。具体做法是给被调查者 10 张内容不同的墨渍图片(如图 1.1 所示)。其中，5 张是黑、白两色，2 张是红与黑的墨渍图，其余 3 张是几种颜色混合的墨渍图，10 张图片编有次序。每次测验一人，让被调查者逐一说出从图中看出什么或可能是什么，并做好记录，主要记录的是回答的语句、主要动作、表情、所用时间。全部测验结束后，可以再问一些相关问题，允许修订原来的回答。调研人员可以通过结果，按下列四方面进行评定：①部位：被调查者对墨渍图的整体反应，还是部分反应？②决定：被调查者的反应是由墨渍的形状决定还是由颜色决定？把图形看成是动的还是静的？③内容：被调查者把墨渍看成是什么？是物体、动物、人形还是物的一部分？④大众性：被调查者的反应是与众不同还是与众相同？

 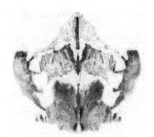

图 1.1 罗夏墨渍测验图

4. 主题统觉测验

主题统觉测验是一种使用最广泛的投射测验，1935 年由美国心理学家默里与莫尔根共同创制。

该方法共有 30 张内容隐晦不清的黑白图片(如图 1.2 所示)，其中有 1 张空白卡片，其余图片的内容以景物或人物为主，人物与情境非常暧昧。测验时，让被调查者从中抽取 19

张图片和 1 张空白卡片，每次测 1 人，要其以看到的内容为主题，逐张进行想象，并根据想象的内容编一个故事。故事必须有以下几个方面：①图片的情景怎样。②情景发生的原因。③将来的演变可能有什么结果。④自己的体会。这种方法认为：在被调查者所讲的故事中，常常会将自己内心的世界展现出来，调查者可以通过被调查者编造的故事进行分析，找出被调查者的需要、态度和情感，从而测出被调查者的性格。

图 1.2　主题统觉测验图

5. 角色扮演法

角色扮演法就是让被测试者扮演某种角色，然后以这种角色的身份来表明对某一事物的态度或对某种行为作出评价。例如，将一幅绘有一家庭主妇面对各种罐头食品陈列架的图片出示给被测试者，要求其说出图中主妇的购买想法。由于被测试者不知道图上的人到底想些什么，往往根据自己的想象和愿望，说出图上该家庭主妇的想法，而其回答无疑是反映了被测试者本人的想法。这种方法的特点是不让被调查者直接说出自己的动机和态度，而通过他对别人的描述间接地反映出自己真实的动机和态度。这是一种简便易行的方法。采用角色扮演法最著名的测试是美国关于速溶咖啡购买动机的研究。

一开始，速溶咖啡的上市并没有被消费者所接受，大家对这种省事、方便的商品并不感兴趣。美国心理学家曾用问卷法直接调查，结论是消费者不喜欢这种咖啡的味道。然而，这个结论是没有依据的，因为速溶咖啡与新鲜咖啡的味道是一样的。后来，心理学家通过角色扮演法，编制了两种购物清单，一种写的是速溶咖啡，另一种写的是新鲜咖啡。然后把这两种购物清单分发给两组妇女，请她们描写不同购物清单家庭主妇的特征。测验结果发现，两组妇女对家庭主妇的评价截然不同。购买速溶咖啡的主妇被大家看作是懒惰的、邋遢的女人，不是个好妻子，而购买新鲜咖啡的主妇被大家评价为是勤快的、有经验、会持家的主妇。这表明在当时的社会背景下，美国妇女认为担负繁重的家务是一种天职，而逃避劳动是偷懒的行为，大家不接受速溶咖啡正是基于这种深层的购买动机。后来，公司改变了宣传策略，改变口味，改进包装，打消消费者的心理压力，商品随即成为畅销货。

第四节　消费心理学研究的意义

消费心理学研究的意义可以概括为三大方面。

一、从消费者的角度来分析

从消费者的角度来分析，研究消费心理学有利于更好地认识和保护自己，科学消费。

消费者的消费活动不仅受社会经济发展水平、市场供求状况及企业营销活动的影响，而且更多地取决于消费者自身的决策水平和行为方式，而消费决策水平和消费方式又与消费者自身的心理素质有着直接的内在联系。因此，加强消费者心理与行为的研究是十分必要的。它使消费者能够更好地了解认识自身的心理过程和个性以及现代消费者应该具备的知识和能力等素质条件，掌握科学决策的方法和程序，学会从庞杂的信息中筛选有用成分，懂得如何更科学地确立消费观念和消费方式。比如在形形色色的商品和促销方式中，如果消费者具备一定的知识和素质就能够辨别真伪，远离骗局。

二、从企业的角度来分析

从企业的角度来分析，研究消费心理学有利于企业切实树立"消费者是上帝"的理念，科学开展企业营销活动，高速有效地进行营销决策。

市场的主体和核心是消费者，消费者是决定企业生存和发展的命脉。企业一切活动的开展都要以消费者为中心，脱离了这一主题，企业就会失去生命力和竞争力。首先，企业要把"消费者是上帝"的理念变成实际行为而不是一句简单的口号，必须研究消费者心理，满足其需求。例如在商品包装、设计、开发、功能、广告宣传以及服务等方面应该充分考虑消费者的需求，恰当地给予满足。其次，在纷繁复杂的现代社会，由于消费者商品知识不足、认知水平偏差、消费观念陈旧、信息筛选能力较低等原因，造成决策失误、行动盲目、利益受损的现象随处可见。这不但需要消费者提高自身素质，同时还需要企业进行正确的引导，帮助消费者树立健康、文明、科学的消费观念和消费方式，摒弃那些落后的、愚昧的、腐朽的消费观念和消费方式。

超级链接：了解顾客"不需要"什么

美国纽约唐人街有一家酒店，刚开张的时候生意好了一段时间，但不久后就开始下滑，酒店老板为此伤透了脑筋：各种硬件设施是一流的，员工也是经过统一培训的行业精英，酒店菜肴质量也是一流的，掌厨师傅是屡在烹饪大赛中获奖的名厨！看上去所有一切都是完美无缺的，可是，问题究竟出在哪儿呢？一天，一位富豪邀请了几位朋友在这家酒店里小聚，酒店老板顿时受宠若惊，为表示敬意，频频上前敬酒，使出浑身解数与富豪套近乎，他认为这是个不可多得的客源，无论如何一定要拉牢。而在餐厅的另一边，靠墙站着一位小伙子，那是一个很普通的小伙子，是新来酒店上班的服务员，他很沉默，沉默得简直没有人会注意到他。但是，他却在一边暗暗观察着老板的一举一动。当那位富豪离开的时候，老板又亲自将他送到了门口，返回酒店的时候，小伙子叫住了老板："我们酒店的生意不怎么好！""是的。可是你也应该看见了，我们正在努力改变现状！"老板说。"假如您总是这样下去的话，我们的生意将会更差！"小伙子说。老板上上下下打量了他一番，有点不高兴地说："那你认为应该怎样做呢？""请我做一个月的主管！并且我做主管的一个月里，你要听我的安排！"小伙子从容地说。"可以！但是你用什么来证明你有让我听你安排的实力呢？""我敢肯定，刚才你送到门口的那人不会再来我们这里吃饭了！"小伙子说。老板听他这样说，以为他是个故作神秘、没事爱乱讲话的人，就开玩笑地答应了下来："如果今后一个月里他真的一次不来，我立刻请你做主管！"

时间一晃过了一个月，本来老板以为那个富豪一定被他拉成"固定客源"了，可让老板没有想到的是，还真像那小伙子所说的，他再也没来过，而且酒店的生意也真的越来越差，他甚至产生了把酒店转让出去的念头。这时他想起了那个小伙子，老板抱着死马当活马医的想法对小伙子兑现了承诺，让他做一个月的主管，并答应不过问任何事，甚至在营业时间里都不走到餐厅里来，一切由小伙子一人负责。老板心想真要转让出去也不差这一个月。于是干脆放开手来随他怎么做，他倒要看看小伙子葫芦里究竟卖的什么药。时间一天天过去，这些天里老板只是暗中观察，他发现那小伙子对任何客人都只是微微一笑一点头，更要命的是他从不知道向客人敬酒、套近乎，但是让他不敢相信的是自从小伙子上任以来，生意却一天比一天好，到现在生意和以前比起来已经是翻了好几番了，老客户也一天比一天地多了起来，他既惊讶又好奇，恨不得立刻要知道那小伙子究竟用了什么回天之术，怎么似乎没花什么力气就把亏损的生意扭转了回来。

终于，一个月时间到了，老板把心里的想法说了出来。小伙子问他："你认为做生意最重要的是什么？""简直是小儿科的问题！当然是尽量满足客人的需要啊！"老板说。"说得很对！但是你有没有去想过，客人们的需要当中，有一种需要叫作'不需要'，而你只知道客人需要什么，却不知道客人'不需要'什么！""有一种需要叫作不需要？"老板蒙住了，说实话，他真的从没想过客人不需要什么，"难道我们尽量去满足客人的所需还不够？""当然！了解客人不需要什么与了解客人需要什么一样重要！"小伙子说，"你们一见到有身份有地位的人就不断去敬酒，但是他们来这里的目的是什么呢？是来吃饭，是参加他们自己的聚会，而不是来接受你们的敬酒，你们的敬酒实际上是在打扰他们做自己的事情，这绝不是他们所需要的！还有，同一宴席上，有主次之宾，在不断向主宾敬酒的同时，其实你也在向同一桌上的其他宾客做暗示——我不在乎你们。这也绝不是他们所需要的！还有，在你对某一桌上的宾客敬酒的同时，更是对其他桌子上的宾客一种不平等的对待，他们会想，难道他们是客人，我们就不是客人了？这样的感觉同样是别人所不需要的！你在无意识当中给了顾客这些他们根本不需要的感觉，足以让他们对你的酒店产生反感，这就是导致你的生意每况愈下的原因！"

客人有一种需要叫作"不需要"，了解客人的"不需要"与了解客人的"需要"一样重要。有时候人际关系也是如此，你如果不厌其烦地硬是要给予别人并不需要甚至是反感的东西，最终的结果可能是导致对方对你越来越疏远。而这时，你不要把对方不需要的东西硬塞给他！老板听后茅塞顿开，从此，他除了揣摩顾客需要什么的同时，下大力研究顾客"不需要"什么，20 年以后，他的酒店在全美国开设了多家分店。而当年那位小伙子，就是如今被称为励志成功学大师的陈安之，陈安之最广为人知的一句名言是："成功一定有方法！"

(资料来源：《企业管理》，2008.8)

三、从社会角度来分析

从社会角度来分析，研究消费心理学有利于国家制定宏观的经济政策和法律，增强我国的国际竞争力。

在我国现有的中国特色社会主义市场经济条件下，市场作为经济运行的中枢系统，是国民经济发展状况的晴雨表。而处于买方地位的消费者，对市场的稳定运行进而对国民经济的协调发展具有举足轻重的作用。消费者心理与行为的变化会直接引起市场供求状况的改变，进而对整个国民经济产生连锁式影响，这样不仅影响市场商品流通和货币流通的规模、速度及储备、状况，而且对生产规模、生产周期、商品结构、产业结构以及劳动就业、交通运输、对外贸易、财政与金融、旅游乃至社会安定等各个方面都会造成影响。重视和顺应消费者心理，制定各种相应的政策和法律就能为广大消费者接受和支持，各种调控措施也能达到预期效果。相反，忽视或违背消费者的心理趋向，就有可能引起决策失误，导致宏观调控无力，甚至失灵。

在当今时代，开放和合作已成为社会发展的主旋律。随着市场经济的发展和经济全球化、一体化趋势的加强，越来越多的企业将直接进入国际市场，加入与国外企业竞争的行列中。为使我国商品能顺利打入和占领国际市场，有关企业必须研究和了解其他国家、地区、民族的消费者在消费需求、习惯、偏好、禁忌以及道德观念、文化传统、风俗民情等方面的特点和差异，对世界消费潮流的动向及变化趋势进行分析预测，并在此基础上确定国际市场营销策略，使商品在质量、性能、款式、包装、价格、广告宣传等方面更符合销往国际市场上特定消费者的心理特点。唯有如此，我们的企业和商品才能在激烈的国际竞争中立于不败之地。反之，如果忽略不同社会文化条件下的心理差异，就往往会遇到某些意想不到的销售障碍，甚至引起消费者的反感和抵制。因而，加强消费者心理与行为研究，对我国进一步开拓国际市场，增强企业及商品的国际竞争力具有十分重要的现实意义。

本 章 小 结

消费心理学的产生和发展与市场经济和心理学的发展密不可分，它是研究消费过程中消费者的心理与行为的发生、发展及其规律的一门学科。

消费心理学的研究内容主要包括消费者一般心理和行为、消费者的购买心理、消费者群体心理、营销手段和方法的心理效应。

消费心理学的研究方法包括观察法、访谈法、问卷法、投射法。

消费心理学的研究具有重要的现实意义：从消费者的角度来分析，有利于更好地认识和保护自己，科学消费；从企业的角度来分析，有利于企业切实树立"消费者是上帝"的理念，科学开展企业营销活动，高速有效地进行营销决策；从社会角度来分析，有利于国家制定宏观的经济政策和法律，增强我国的国际竞争力。

课 程 思 政

在"二十大"报告中，习近平主席明确指出，高质量发展是全面建设社会主义现代化国家的首要任务。没有坚实的物质技术基础，就不可能全面建成社会主义现代化强国。必须完整、准确、全面贯彻新发展理念，坚持社会主义市场经济改革方向，坚持高水平对外开放，加快构建以国内大循环为主体、国内国际双循环相互促进的发展新格局。

本课程的对人民、企业以及社会有着重要的现实意义，因此对构建高水平社会主义市场经济体制，建设现代化产业体系，推进高水平对外开放，起到一定的积极影响。

思 考 题

1. 什么是消费心理学？消费心理学研究的对象是什么？
2. 消费心理学的研究方法有哪些？
3. 消费心理学研究的意义是什么？

案 例 分 析

案例1　将空气卖给石油大王

一艘装载着可可豆的货船，由古巴首都哈瓦那驶往西班牙的巴塞罗那，途经美国海域时，遇上事故而搁浅在棕榈滩岛的岸边。货主的名字叫亨利·弗雷格勒，那船货物是他的全部家当。可可豆因被海水浸湿，全部报废。亨利回到美国后，只能申请破产。对于做了大半辈子生意、经历过无数次失败打击的亨利来说，这次是最惨重的一次。

万般无奈之下，亨利只好上了棕榈滩岛。这一上岛不要紧，亨利顿觉神清气爽。原来，这里风景优美、树木茂盛，氧气含量比其他地方要高出很多。如果将这里的空气卖给美国那些富人，他不就可以东山再起了吗？

他先请人对空气做了检测，然后买地。由于棕榈滩岛地处偏僻，地价便宜得令人不敢相信。亨利以每平方英尺 2 美元的价格，买下了 3 万平方英尺的地皮。棕榈滩岛的总面积为 4.4 万平方英尺，凡能开发的地皮全部被他买走了。

下一步就是如何将这些地卖出了。亨利找到石油大王洛克菲勒。洛克菲勒听了，哈哈大笑地说："我没有听错吧，你想将空气卖给我？而且价格还超过了我的石油？"亨利说："没错。"洛克菲勒说："说说你的理由吧，只要你能够说服我，我就买你的空气。"亨利说："我们都是生意人，都明白只有顾客觉得物有所值才肯花钱购买的道理。"洛克菲勒点了点头。亨利接着说："我请专家做了一份调查，结果显示，美国的纽约等大城市由于污染严重，空气里的含氧量还不足 18%，而维持人类健康生存的空气含氧量要达到 20%或以上水平。现在医院里的氧气价格是每升 10 美元。我发现有个好地方，那里的空气含氧量达到了 30%。您说那里的空气值不值钱？"跟生命相比，金钱的价值就大大地降低了，石油大王何尝不懂得这个道理？于是，洛克菲勒毫不犹豫地以 500 美元一平方英尺的价格，从亨利手里买下了一块地皮。随后，亨利又将其他的地分别卖给了范德比尔特家族、卡耐基家族、梅隆家族以及后来的慕恩家族和贝克家族，因为只有这些富人才买得起如此昂贵的地。棕榈滩岛是位于南佛罗里达州迈阿密市以北 65 公里处的一个堰洲岛，西边的常住人口大约为 1 万人，旅游季节有 3 万人左右。旅游旺季的时候，美国有四分之一的财富在这里流动，地价也一升再升，并且成了美国富人的聚集之地。

由于人口剧增，棕榈滩岛的生态环境遭到了破坏。之后有人给该地的空气做了检测，含氧量为 16%，比纽约等大城市还要低。然而，依然有人不断地向那里涌去。他们并不是冲着那里的空气，而是冲着那里的富人们去的，因为也有人想像亨利那样去赚富人的钱！

(资料来源：《公关世界》，2008(224))

案例讨论

1. 为什么亨利能够把空气卖出去？
2. 通过上述案例说一说营销与消费者心理的关系。

案例 2　面对现在的 00 后，该如何做营销？

现在的 00 后都很有自己的主见。数据显示，中国年轻人文化圈层分为 8 大类，32 小类，总计约 169 个文化圈层。

不同圈层有自己的消费习惯和消费需求，面对多元化的消费者，品牌需要对 00 后群体有更强有力的营销，吃透不同群体的消费文化，并采取多种营销要素的组合才能取得胜利。

1. 模式一：文化布道者——高知意见领袖的联动

00 后群体大部分还没有到建立家庭的阶段，因此并没有上有老、下有小的家庭压力。他们是一个相对比较感性的群体，极易受他人影响。

粉圈文化最有代表性，00 后群体会把自己所欣赏的人作为自己行为的参照物。但除了众所周知的明星名人外，还有不同新媒体平台的关键意见领袖(KOL)和关键意见消费者(KOC)，他们都能指代高知意见领袖。

对于 00 后来说，与自己特征或者价值取向相同的人，会在他们的生活当中扮演更重要的角色，而不是来自价值层面。

参照群体的规范作用和比较作用，影响着 00 后群体的消费方式、消费动机。比如喜欢的明星代言了苹果 iPhone 13，并不会有人追赶这个潮流。如果明星本身有着对艺术和创新的不断追求，才会更容易引发同辈的共鸣。

这就是所谓明星代言和品牌的匹配度，引申到 KOL 和 KOC 之上，则是人设和品牌的契合度。

抓住这类群体的高知和参照群体现象，企业可以在营销中采取意见领袖的方式。利用 00 后群体作为代言人来传递品牌精神理念，从而一举撬动整个年轻人市场。甚至可以让他们充当品牌的文化布道者，让其主动进行口口相传。

2. 模式二：符号营销——流行元素的深度挖掘

相较于"伙伴群体营销"更强调 KOL 或者 KOC 的影响力，利用群体内部的社交关系来组织营销活动，实现整个群体的联动，符号营销更强调品牌在00后中认知体系、话语权的建立。

00后群体强调个性，而个性是通过一些前卫的符号或者载体体现的。他们的语言表达体系最有代表性：00后在网上创造了很多自己的语言符号，如永远的神(YYDS)、处Q友(CQY)等很多简化的根本不符合语法规则的"黑话"。

互联网黑话形成了门槛，帮助00排除异己，找到和自己兴趣相投的同类。他们在消费的时候，会去寻找能够和他们这个群体的符号相一致的商品。

这些时尚符号经过广泛传播，很容易成为流行文化，甚至成为白领等阶层跟随的对象，很多企业已经巧妙利用了这些文化符号。比如瑞幸咖啡在2021年12月成功注册YYDS的商标，未来可能会针对该名字开展一系列营销。年轻群体从心里的认同会带动整个群体的消费。

3. 模式三：感观营销——艺术与高科技结合

企业要赢得00后群体的偏爱，需要大力发掘这个群体的流行语言、词汇、行为和心理，并学会将这些元素融入商品研发和传播策略中，这样才能建立00后的认可度和信赖度。但真正有势能的品牌，一定是引领文化创造而不是迎合年轻人文化。

00后群体对自己流行文化的起源并不自知，但作为局外人，感触最深的恐怕是高科技商品和前沿艺术给年轻人带来的新鲜与惊奇。

得益于大数据与人工智能对产业链的深度改造以及全球化带来的文化大融合，如今的社会大大丰富了青年流行文化的物质载体。00后对于最新的数码技术、艺术文化都很好奇，同时也很愿意为此付钱。

目前，针对国潮的消费热潮都是这类群体所带来的。一方面，他们喜欢科学技术带来的新奇体验，驱动品牌不断增加商品的技术门槛；另一方面，他们对于艺术潮流的理解不断加深，也让品牌越来越重视文化建设。

可以说，00后群体是颜值党也是艺术家，他们是极客宅也是科学家。

4. 模式四：私域营销——重塑品牌与消费者关系

在年轻群体中，网络已超越平面媒体担当起传播重任，线下体验超越了线上体验成为品牌沟通消费者的利器，而品牌共创超越品牌粉丝成为品牌关系的新模式。

90年代的年轻人是"感官体验一代"，80年代的年轻人是"影像一代"。"影像一代"看到画面会直觉地寻找遥控器，而"感官体验一代"则会寻找鼠标在哪里。00后是"迷茫的一代"，他们会不遗余力主动寻找和自己精神相符合的商品。

于是，私域作为一种离用户更近的沟通渠道变得越来越重要。

以企业微信为代表的私域运营工具最大的特点，不仅是可以做到品牌和消费者沟通的向下兼容，而且和微博等社交媒体不同，私域具有很高的人格化特点，品牌可以通过私域向消费者准确地表达品牌价值和理念。

据说，目前瑞幸的私域营销效果很出众，数据就不在这里细说了。以瑞幸为代表的私域玩法可以称之为"效率派"——他们以优惠券的形式吸引消费者下单，并通过软件群控完成规模化。

但从某种层面来看，瑞幸只是把私域当作触达工具，强调服务和沟通本质；而类似完美日记的私域营销则更有优势一些，至少每一个"小丸子"都是真实的个体。

5. 模式五：亚文化营销——市场细分促就新商机

00后群体由于心灵上的不成熟，以及处于强烈的求知和认识社会的阶段，导致他们的群体内部形成分化，从而变成自己的小圈子文化，这些小圈子就形成了00后群体的亚文化。

目前，流行的00后群体亚文化包括汉服、说唱、街舞在内的169种文化圈层。这些群体各有各的突出个性和特征，也有不同的追求和品位。

因此，00后群体常常被上一辈看作是"复杂"的群体，很多企业也认为年轻人是一个大市场。但这个群体喜欢的是复杂化或者多重风格，企业无法真正打造出让所有年轻人都喜欢的商品。

很多的营销实践证明，这个群体表面上用很多的符号来张扬自己，但是内心对于商品风格的追求却并不复杂——他们只是更加重视消费过程的精神文化感受。

你可以用AI、大数据标签整合所有兴趣，也可以为品牌找一个更高级别的"精神理念"降维打击，但无论是用何种方式分析市场，都不要错过细分市场带来的大商机。

对于企业来说，要赢得这00后群体的青睐，需要在为他们创造各种体验的机会，同时在体验营销中传递品牌差异化的精神理念。

而且，越是年轻的群体越需要做进一步的品牌精神文化的细分，否则很多商品很难建立与群体的对应性和穿透力。

总之，想要打动00后消费者，品牌的精神很重要！

(资料来源：社区营销研究院，作者有改动)

案例讨论

00后群体消费特点是什么？

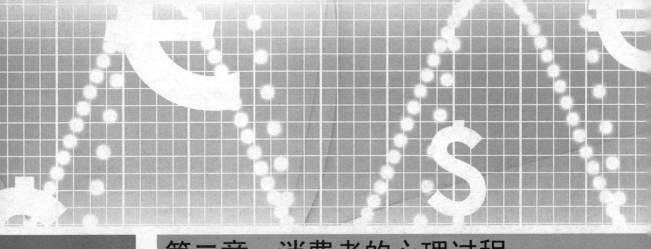

第二章 消费者的心理过程

▓▓▓ 【本章导读】

通过对本章内容的学习，了解消费者的一般心理过程，即认识过程、情感过程和意志过程，以及它们之间的关系。掌握感觉、知觉、记忆、注意、思维和想象等基本心理概念，以便更好地开展营销工作。

心理学告诉我们，人的心理过程要经历认识过程、情感过程和意志过程三个阶段，这是每个人都具有的心理活动。消费者的心理过程也是如此，本章将分别从这三个方面进行探讨。

第一节 消费者心理活动的认识阶段

消费者心理活动的认识阶段是心理活动的最初阶段。消费者首先通过感觉来认识商品，搜取商品个别信息，上升到给商品以名称的知觉阶段，再发展到情感阶段和意志阶段。因此，认识阶段是最重要、最基本的阶段。

一、感觉

(一)感觉的含义及分类

感觉是人脑对直接作用于感官的客观事物个别属性的反映。例如，看见色彩、听到声音、嗅到气味都是感觉。任何一个物体都有许多个别属性，例如它的颜色、声音、气味、温度、味道等。当这些属性作用于人的眼、耳、鼻、舌等感觉器官时，就在大脑中引起相应的视觉、听觉、嗅觉、味觉等感觉。

任何一种感觉的产生，都需要具备两方面的客观条件：一是直接作用于人体的具有一定能量的客观刺激物。凡是能够引起人们感觉器官活动的客观事物，都叫刺激物。刺激物对感官的作用叫刺激。并不是所有的刺激物都能引起感觉，只有当刺激物具有一定能量且达到一定强度时才能引起感觉。例如细微的灰尘落在手上，并不能产生感觉，只有达到一定重量的东西落在手上才能感觉它的存在。二是要有接受刺激物的相应的感觉器官，经过感觉器官的活动，才能把客观刺激物转变为主观映象，产生感觉。

消费者在选购商品时，用眼睛观看商品的外表，用手触摸商品的质地，用鼻子嗅闻商品的气味，用嘴品尝商品的味道等。通过这些活动，消费者初步获得了对商品的感性认识，了解了商品的形状、颜色、气味等个别属性，从而产生了美观、漂亮、新奇、香甜等种种感觉，以期引起积极的心理活动。尽管感觉是对商品个别属性的反映，但却是一切复杂心理活动的基础。没有这些感觉，就不可能进一步认识它是什么商品，更无法了解其功能。

超级链接：感觉剥夺实验

让自愿参加这项实验的被测试者，进入专设的与外界完全隔离的房间内。尽量剥夺一切感觉信息，被测试者手臂上还戴着特制的低筒袖套和手套，如图 2.1 所示。被测试者没日没夜地躺在特制的床上，无聊地昏睡或者胡思乱想。所有被测试者都感到无法忍受的痛苦，其中有的人产生了幻觉。即使给予再高的报酬，也不愿继续担任这种实验。四天后对被测试者进行各种测验，发现他们的各种能力都受到了损害。要经过一段时间后，才能恢复到正常水平。比如有人参加了 14 天的感觉剥夺实验之后，在 8 天之内无法学习。可见，人获得周围世界一定量的刺激，是维持正常的心理活动的必要条件。

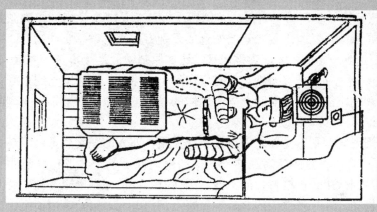

图 2.1 感觉剥夺实验

感觉是由物体作用于感觉器官引起来的，按照刺激来源于身体的外部或内部，可以把感觉分为外部感觉和内部感觉。

外部感觉是由身体外部刺激作用于感觉器官所引起的感觉，包括视觉、听觉、嗅觉、味觉和皮肤感觉(皮肤感觉又包括触觉、温觉、冷觉和痛觉)。消费者对商品的认识主要是通过其外部感觉开始的。内部感觉是由身体内部来的刺激所引起的感觉，包括运动觉、平衡觉和内脏感觉(包括饿、胀、渴、窒息、恶心、便意和疼痛等感觉)。

(二)感觉的规律性

1. 感受性与感觉阈限

感受性是感觉器官对适宜刺激的感觉能力(或感觉的灵敏程度)。研究人的感觉能力有重要意义。一是了解感觉能力如何随刺激强度的变化而变化，从而更好地训练提高感觉能力。比如，一些印染工人能分辨 30～40 种黑色的色度，而一般人只能辨别 3～4 种色度，这是实践训练的结果。二是研究感觉能力的测定，以便根据工作和实践的需要提高(如侦察、检验工作需要有灵敏的感觉)或降低(手术时要降低痛觉的灵敏程度)感觉能力。消费者对商品、广告、价格等刺激有无感觉，与其自身的感受性和刺激量强弱等因素有关。

心理学上用感觉阈限来度量感觉能力。阈限就是界限或范围。感受性有绝对感受性和差别感受性之分，这就需要用绝对感觉阈限和差别感觉阈限来衡量。

(1) 绝对感受性与绝对感觉阈限。人刚刚能察觉出最小刺激量的感觉能力叫绝对感受性。绝对感受性的强弱，是用绝对感觉阈限的值来衡量的。把一粒粒非常轻微的灰尘慢慢放在被测试者的手掌上，被测试者不会有感觉。但是，如果一次次慢慢地增加重量，当它达到一定数量时，就会引起被测试者的感觉。这个刚能引起感觉的最小刺激量叫绝对感觉阈限。当引起感觉的刺激量不断地增加，达到一定限度时，感觉受到破坏，引起痛觉。凡是没有达到绝对感觉阈限的刺激物，都不能引起感觉。例如电视广告持续时间如果少于三秒钟就不会引起消费者的视觉感受。因此，要使消费者形成对商品的感觉，就必须了解消费者的绝对感受性和绝对感觉阈限。

绝对感觉阈限和绝对感受性之间的关系成反比例。即绝对感觉阈限的值越小，说明绝对感受性越高。反之，绝对感受性越低。

(2) 差别感受性与差别感觉阈限。差别感受性，就是能察觉出同类刺激最小差别量的感觉能力。这是从能否觉察出刺激量的变化或差别方面来考察感觉能力的。刺激量的变化(增或减)一定要达到一定的量才能察觉出来。比如原刺激量是 100 克，加上 1 克，觉察不到 100 克与 101 克之间有什么差别，只有增加到 103 克时，才能感觉到 100 克与 103 克之间有差别。这种刚刚能感觉出的两个同类刺激的最小差别量，叫差别感觉阈限。它是衡量差别感受性的指标。

差别感觉阈限与差别感受性之间也成反比关系。即人的差别感觉阈限越大，差别感受性越低。反之，差别感受性越高。这一规律清楚地揭示了一个带有普遍性的消费心理现象，即各种商品因效用、价格特性的不同，因而有不同的差别阈限，消费者对其有不同的差别感受性。例如，需求弹性大的黄金，价格上调 10 元，消费者可能毫无察觉，但是，需求弹性小的商品如果价格上调几角钱，消费者就十分敏感。

2. 感觉适应

由于刺激物对感受器的持续作用，从而使感受性提高或降低的变化现象叫感觉适应。感觉适应在不同感觉中，其表现和速度各不相同。视觉适应有暗适应和光适应两种。比如从亮处进入暗室，最初漆黑一片，什么也看不到，过一会儿就能看到一些东西，这是暗适应，是提高了视觉感受性。反之，若在暗室里待久了，突然到强光照射的地方，最初很耀眼，看不清外界的东西，稍后才能逐步看清东西，这是明适应，是降低了视觉感受性。嗅觉适应表现为典型的"入芝兰之室久而不闻其香""入鲍鱼之肆久而不闻其臭"。在营销活动中应该充分利用或避开消费者的感觉适应规律，更好地开展工作。例如，营造宽敞、明亮、优雅的购物环境，进行整洁、漂亮的商品摆放，让消费者产生舒适感。同时，也要改变消费者的感觉适应现象，比如，多给消费者提供新商品、新的包装商品，或者间隔时段播放同一广告内容。再比如，香水销售的过程中不能建议消费者体验三种以上味道的香水，因为过多的试用很可能造成消费者的嗅觉适应，分辨不出哪一种香水更好，不利于促成消费者的购买行为。

3. 感觉对比

同一感受器接受不同刺激而使感受性发生变化的现象叫感觉对比。感觉对比分为同时对比和先后对比两类。

几个刺激物同时作用于同一感受器时产生同时对比。例如，灰色方块放在白色背景上显得暗些，放在黑色背景上则显得亮些。

刺激物先后作用于同一感受器时产生先后对比现象。例如，吃糖后再吃苹果，觉得苹果很酸，吃了苦药之后，喝白开水也会觉得甘甜。

研究对比现象有着重要意义。在广告设计和商品陈列中要充分考虑感觉对比规律，比如，在商品陈列或橱窗设计中要利用刺激物的对比突出或烘托主要的商品。

4. 联觉

联觉是指一种感觉引起另一种感觉的心理现象。彩色感觉最容易引起联觉。红、橙、黄等颜色类似太阳、火光的颜色，引起人温暖的感觉，因而被称为暖色；蓝、青、绿等颜色类似蓝天、海水、树林的颜色，往往引起寒冷、凉快的感觉，因而被称为冷色。

不同的色调也会引起不同的心理效应。红色使人兴奋，蓝色使人镇静，绿色使人和缓，玫瑰色使人振奋等。在建筑设计、环境布置上要考虑色觉的联觉作用。根据联觉现象，近年来创造出色彩乐器，把声音形象转化为色彩形象。联觉在商品包装和橱窗设计中也得到了很好的应用。例如，在橱窗设计中随着季节变换陈列商品的色彩，冬季以暖色调为主，夏季以冷色调为主。在商品包装上，化妆品主要突出自然、洁净，因而在商品包装上应以浅色调为主。

二、知觉

(一)知觉的含义

对客观物体的个别属性的认识是感觉，而对同一物体的各种感觉的结合，就形成了对这一物体的整体的认识，也就是形成了对这一物体的知觉。知觉是直接作用于感觉器官的客观事物整体在人脑中的反映。

知觉是各种感觉的结合，它来自感觉，但已不同于感觉。感觉只反映事物的个别属性，知觉却认识了事物的整体。感觉是单一感觉器官活动的结果，知觉却是各种感觉协同活动的结果。感觉不依赖于个人的知识和经验，知觉却受个人知识经验的影响。同一物体，不同的人对它的感觉是相同的，但对它的知觉就会有差别，知识经验越丰富对物体的知觉越完善，越全面。例如，显微镜下的血样，只要不是色盲，无论谁看都是红色的；但医生能看出红血球、白血球和血小板等，没有医学知识的人就看不出来。

知觉虽然已经达到了对事物整体的认识，比只能认识事物个别属性的感觉更高级了，但知觉来源于感觉，而且二者反映的都是事物的外部现象，都属于对事物的感性认识，所以感觉和知觉又有不可分割的联系。在现实生活中当人们形成对某一物体的知觉的时候，各种感觉就已经结合到了一起，甚至只要有一种感觉信息出现，都能引起对物体整体形象的反映。例如，看到一个物体时的视觉信息包含了对这一物体的距离、方位，乃至对这一物体其他外部特征的认识,所以,现实生活中很难有单独存在的感觉,我们往往要在实验室里研究感觉。

(二)知觉的规律性

1. 知觉的选择性

知觉的选择性,指的是能迅速地从背景中选择出知觉对象。现代社会每时每刻都有大量信息作用于消费者,由于信息通道的局限性,消费者只能选择对自己有意义的刺激物成为知觉对象,而把其余刺激物当作背景。知觉的对象能够得到清晰的反映,而背景只能得到比较模糊的反映。例如,商业区各种店铺林立,如果你要买书,就应该把书店作为知觉对象,把其他商场、药店等作为背景。

知觉选择过程,就是迅速地从背景中选出知觉对象的过程。知觉中的对象与背景是相对的,并且可以互相转换。哪些事物成为知觉对象,哪些事物成为背景,都不是固定的。在一种情况下事物有可能作为知觉对象的刺激物,在另一种情况下事物有可能成为知觉的背景,原来是背景的刺激物,反倒成为知觉的对象。比如,少女老妇双关图及鸽子与大雁双关图,就是可用来说明知觉对象与背景是可以相互转换的,如图2.2所示。

图 2.2　知觉的对象与背景

究竟什么样的刺激物容易从背景中分离出来,成为知觉选择的对象呢?这与客观事物(刺激物)本身的特点有关,也和主观因素有关。刺激物本身拥有3个特点。

(1) 强度大的、对比明显的刺激物,容易成为知觉对象。例如,强的光线、大的声音容易成为知觉的对象。和背景差别明显的事物,就易成为知觉的对象。例如,在电视中播放广告的声音要比其他节目的声音大,意在引起消费者注意。

(2) 在空间上接近、连续,形状上相似的一组刺激物易成为知觉的对象。

在企业的营销活动中,知觉接近性的原理得到广泛应用。例如,在商店的货架上,各类奶制品与洗发精、护发素、化妆品、肉类、调味品都分类陈列,利用的就是这个原理。

空间上连续的一组刺激物也易成为知觉对象。利用这一原则,经商者们的策略之一就是力图通过广告等途径展现自己的商品在操作性能、外貌样式与某个大品牌的相似性,以便提高该商品的信誉和地位。

(3) 在相对静止的背景上运动着的物体，容易成为知觉对象。比如，卖玩具汽车的柜台通常给玩具汽车安上电池，利用遥控器使其运动，以引起消费者注意。

同时，知觉者的主观因素对对象的选择也很重要。知觉者的需要、愿望、目的、任务、兴趣、爱好、知识经验等都是把对象从背景上分离出来的重要条件。

2. 知觉的整体性

知觉的整体性，是指在刺激不完备时，仍保持完整的认识。客观事物是由许多属性、部分组成的整体。但它作为刺激物作用于我们的感官时，往往是不完备的，只有部分或个别属性起作用，但人对它的知觉却是完整的整体。

知觉之所以具有整体性的特性，是因为客观事物对人是一个复合的刺激物。由于人对客观事物的知觉已有过去经验的参与，大脑在对来自感官的一部分信息进行加工时，就会利用已有经验加以补充整合，把事物感知成一个整体。

组成事物整体的各部分和属性，对整体知觉的作用并不都是一样的。其关键性的成分，对知觉的整体性起决定作用。比如漫画家作画，只要抓住了事物的特点和关键部分，不管画的比例正确与否，线条粗细如何，人们一眼就能看出画的是什么东西，表达的是什么意思。例如，人们认识一种商品时通常从商品质量、功能、价格、商标、包装、售后服务等几个方面来感知，其中有可能以某一方面为主，而不是单纯从单一方面来认识。

3. 知觉的理解性

我们依据已有的知识经验，对感知的事物进行加工处理，并用言语把它揭示出来的特性称为知觉的理解性。人的知觉，总是根据已有的知识经验，对感知的事物进行加工处理，直觉地理解其意义，并运用词的形式把它揭示出来。那么，其中的知识经验就显得非常重要了，因为知觉的理解性是以已有的知识经验为前提的。例如，消费者不可能对每一件商品都了解并熟悉，对于一些新商品，消费者知觉的信息是有限的，这就需要商家的有利宣传和解释，引导消费者正确认识该商品。但是对于一些高精尖的商品，消费者必须具备相应的知识才能更好地理解。

4. 知觉的恒常性

在知觉中，由于知识经验的参与，使知觉并不因知觉的物理条件的变化而改变，仍然保持相对稳定和不变，这种特性称为知觉的恒常性。知觉的恒常性主要表现在亮度恒常性、大小恒常性、形状恒常性和声音恒常性。知觉的恒常性使顾客对质量优良的商品、名牌企业的名牌商品形成良好的印象。这种良好印象会转化为他们的购买行为，并成为品牌的忠诚顾客。有时顾客不仅自己购买其喜爱的品牌商品，还为商品作义务宣传员，向亲朋好友和邻居推荐这些商品。

(三)错觉

错觉是在特定的条件下对客观事物必然产生的某种有固定倾向的歪曲知觉。只要客观条件具备，错觉必然发生，主观努力难以避免。错觉有时给生活和社会实践带来麻烦，造成损失，但也可根据错觉发生的规律，运用错觉为实践服务。

错觉有许多种，可以发生在各种感知中，比如视错觉、听错觉等。其中以视错觉最为明显，如图 2.3 所示。

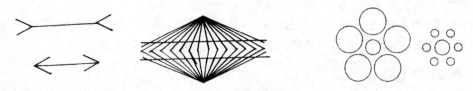

图 2.3 视错觉图

还有其他感觉通道的错觉：①形重错觉；②运动错觉；③时间错觉；④方位错觉。

错觉的产生有其客观原因。错觉都是在知觉对象受背景条件干扰的情况下发生的，由于知觉的情景发生了变化，而人们仍以原先的经验来对待因此产生错觉。也有主观的原因，比如时间错觉中的"光阴似箭"或者"度日如年"，就与人的心理情绪有关，又如当前知觉与过去经验之间的矛盾，思维推理上的错误等。还有与各种感官之间的相互作用有关，比如形重错觉。总之，错觉产生的原因比较复杂，一百多年来的大量研究，还未能对其作出完满的理论解释。

我们在实践活动中完全可以采取适当措施来识别错觉和利用错觉。例如，商店空间小，可以利用镜子加大空间；商店里卖肉和水果的柜台用不同颜色的灯照着以显得新鲜。化妆和发式设计、商品的包装等都可以利用错觉为我们服务。

三、注意

(一)注意的定义

注意是人的心理活动集中指向某一事物的过程，其中指向是指选中目标或认识对象；集中是指排除干扰全神贯注于某一事物，心理活动停留在一定对象上的强度或紧张度。比如，一个有技巧的营销者可以利用自身的魅力吸引消费者排除其他干扰，倾听他的宣传和观看商品功能的演示。

注意是一种心理特性。注意贯穿在心理活动的始终，但注意本身并不反映事物的属性特征。它只是伴随着其他心理过程(如感知、记忆、思维等)而存在的一种意识状态，叫作心理特性。我们通常说"请大家注意我的演示""请注意问题的关键"，实际上是把上述语句中的"看""思考"两个词省略了。注意离开了"看""思考"等心理过程就不能存在，感知、记忆、思维等心理活动离开注意也无法进行。

(二)注意对心理活动的作用

注意对人的心理活动具有重要的作用，归纳起来有以下 3 种功能。

(1) 选择的功能。它使心理活动有选择地指向那些有意义的、符合需要的、与当前活动有关的对象，同时抑制和排除那些无关的对象。心理的选择性可以保证以最小的精力完成最重要的任务。比如，消费者如果想要买服装就会把商场作为选择的对象，而不去注意其他的店铺。

(2) 保持功能。它可以使注意对象的映象在意识中得到保持，直到顺利完成活动为止。

(3) 调节和控制功能。即对人所从事的活动进行控制，根据活动的需要做到注意的适当分配和适时地转移，必要时可对错误行为进行纠正。

注意所具有的上述功能，对心理活动起着积极的维持与组织作用，使人对客观事物的反映变得清晰、完整和深刻。

注意不仅在人的心理活动中有重要作用，而且对人的实践活动也有重要意义。消费者在消费活动中，只有保持高度的注意，才能保持活动的进行并提高活动的效率。

(三)注意的外部表现

当人在注意的时候，常伴有一定的外部表现，这种外部表现主要有以下几方面。

(1) 感官的趋向活动。当人注意看某种物体或注意听某种声音时，感官就朝向所注意的对象，表现为举目凝视或侧耳倾听；当人专心思考某个问题或想象某一情景时，两眼也常向前凝视。

(2) 无关运动的停止。当人集中注意时，全身肌肉处于紧张状态，肢体血管收缩，头部血管舒张，一切无关运动都停止，通常表现为一动不动。

(3) 呼吸的变化。当人在注意时，呼吸变得轻微而缓慢，一般吸气的时间变得急促，呼气的时间则向后拉长。当人注意力高度集中时，甚至会出现呼吸暂时停止状态，即所谓"屏息"现象。

此外，人在注意力高度集中时，还会表现出牙关紧闭等面部表情的变化。了解上述情况，有助于我们判断消费者是否注意听你的宣传解释。一般来说，姿势端正，面部表情随注意对象变化而变化的消费者是在注意着；而东张西望的眼神，或表情呆滞、毫无变化的消费者是不注意的表现。但注意的外部表现和注意的内心状态有时也并不一致，因此营销者不能只看消费者的外部表现，还要根据其他方面的表现，进行仔细的观察和认真的分析，以便作出正确的判断。

(四)注意的种类

根据注意是否有预定目的和意志努力，可以把注意分为无意注意、有意注意和有意后注意三种。

1. 无意注意

无意注意也叫不随意注意，它是一种没有预定目的，也不需要意志努力的注意。例如，消费者看广告就是无意注意。

引起无意注意的原因来自两方面：一是客观刺激物的特点，二是人的主体状态。

1) 客观刺激物的特点

(1) 强烈的刺激。强光、巨响、奇味、鲜艳的颜色等，这些强烈的刺激，都会引起人们的注意。在一定的限度内，刺激物的强度越大，注意就越明显。反之，就越模糊。除了刺激物绝对强度外，刺激物的相对强度在引起无意注意上也有重要的意义。例如，在电视播放过程中插播广告的音量就略高于其他电视节目的音量，以便引起观众的注意；商家为自己设计的巨型牌匾和企业标识意在给消费者视觉以极大的冲击力，引起消费者注意；现场制作食品产生浓浓的香气也是在吸引消费者的注意，进而使消费者产生购买动机。

(2) 新异的刺激。刺激物的新异性容易引起注意，而那些常见的、习惯性的刺激则不容易引起人们的注意。例如,一个新商品的诞生和一个新奇的促销方法,很容易引起消费者的注意。在 2008 年北京举行的奥运会上,迪安·卡门发明的"代步车"引起了中外友人的好奇和关注;在一次商品博览会上,中意冰箱的促销做法,收到了良好的效果,该公司租用博览会展厅的入口部分设计制作了一个 2 m×4 m 的巨型中意冰箱模型,引起了各个参展单位和消费者的注意,以致人们纷纷产生了参加的是中意冰箱博览会的错觉,加深了对该品牌的印象。

(3) 变化的刺激。活动变化的刺激容易引起人们的注意。例如,霓虹灯的一亮一暗,灯塔灯光的一闪一灭,很容易引起人们的注意。刺激物的变化不仅包括由弱到强的变化,也包括由强到弱的变化。此外,任何突然变化的刺激都会引起人们的无意注意。例如,有的商家在设计自己的招牌时,采用各种动感的霓虹灯,目的就是能够更好地引起消费者的注意。

(4) 对比的刺激。刺激物之间的强度、形状、大小、颜色或持续时间等方面的差异特别显著,很容易引起人们的无意注意。比如在进行橱窗设计时,采用色彩对比来烘托主要商品,利用的就是该原理,因此很容易引人注目。

2) 主体本身的状态

(1) 需要和兴趣。凡能满足人的需要,符合人的兴趣的事物,都容易引起人的注意。"商场的服装促销广告单"对于那些喜欢服装的消费者,容易引起此类人群的注意;同样,超市的生活日用品促销广告册子也容易引起家庭主妇的青睐。

(2) 情绪状态。人在心境不佳或过度疲劳的情况下,无心注意周围的一切,常常不能觉察到那些在心情愉快、精力充沛时易于注意的事物。因此,商家在进行营销活动中,应该为消费者提供良好的购物环境,通过尽量热情、周到的服务让消费者保持愉快的情绪。

(3) 知识和经验。个人已有的知识和经验,对保持注意有着重大的影响。新异的刺激物所引起的无意注意,如果人们没有必要的知识经验,对它一点也不理解,那么注意很快会消失;如果对新异刺激物有一定程度的理解,但为了求得进一步的理解,就能保持长时间的注意。

(4) 期待的事物。期待中的事物,容易引起注意。例如,对于喜欢丝绸制品的消费者来说,定期的杭州丝绸展容易引起其注意。

2. 有意注意

有意注意也叫随意注意。它是有预定目的,还需一定意志努力的注意。例如,一个有明确购买目标的消费者,他在购买前会从各种渠道搜集相关的商品信息,然后进行分析筛选最后决定购买等一系列过程,在这一过程中需要有意注意的伴随,从而提高购买的效率。

有意注意是受意识的调节和支配的,它有两个特征:即有预定的目的和意志的努力。

引起和保持有意注意的条件很多,主要有以下几点。

(1) 明确目的任务。有意注意是由目的任务来决定的,目的越明确、越具体,对完成目的任务的意义理解就越深刻,完成任务的愿望越是强烈,就越能引起和保持有意注意。

(2) 组织有关活动。在明确目的任务的前提下,合理地组织有关的活动也有利于有意注意的维持。比如提出积极开展思维活动的问题;提出"加强注意"的自我要求;尽可能地把智力活动与实际活动密切结合起来等,这些将有助于维持持久的注意。

(3) 激发间接兴趣。间接兴趣是引起和保持有意注意的重要条件之一。所谓间接兴趣，是指消费者对活动本身和过程暂无兴趣，但对活动最后获得的结果有很大兴趣。例如，营销活动过程中的有奖销售，可能许多消费者对销售的商品本身不感兴趣，而对活动的结果——赠品感兴趣，那么，在他参与活动的过程中，营销者就应该利用好该机会，清楚明了地介绍所要推销的商品，让其了解，培养其间接兴趣，维持稳定而集中的注意。

(4) 排除各种干扰。有意注意是与排除干扰相联系的。干扰可能是外部的刺激物，比如分散注意的声音、光线等；也可能是机体自身的某种状态，比如人的疾病、疲倦、无关思想和情绪的影响。为此，我们要设法采取一系列措施克服这些干扰。除了事先去掉一切可能妨碍工作或学习的东西，创造良好的工作或学习环境外，更重要的是用坚强的意志同一切干扰作斗争，要努力培养和锻炼自己能适应在任何干扰情况下进行工作和学习的自制能力。

3. 有意后注意

有意后注意又称随意后注意，它是有预定目的，但不需要意志努力的注意。

有意后注意是在有意注意之后产生的。例如，一个人在开始做某种工作时，由于对它不熟悉，困难较大，用的精力也较多，往往需要一定的意志努力才能把自己的注意保持在这种工作上。经过一段时间的努力以后，对从事的工作已达到熟练并运用自如时，就不需要意志努力而继续保持注意，从而使有意注意发展为有意后注意。

如果营销者能够让消费者的购物行为由无意注意变成有意注意，有意注意变成有意后注意，那么营销工作将取得事半功倍的成效。

根据注意的对象，有意后注意可分为外部注意和内部注意。人们注意的对象可以是外界的事物，比如个体以外的人和事，以及自然界事物，这种注意叫外部注意。人们注意的对象也可以是自己内部的心理活动，比如回忆、思考、想象等，这种注意就叫内部注意。

四、记忆

(一)记忆的定义

记忆是人脑对经历过的事物的反映。所谓经历过的事物，是指过去感知过的事物、思考过的事物和做过的事情。它们都会在头脑中留下痕迹，并在一定条件下以经验的形式重现出来。例如，消费者买到称心如意的商品时欣喜若狂的情景，服务中遭到冷遇时生气的情形都会在头脑中留下各种印象。当别人再提起它时，这些经历过的事物被重新唤起，这就是记忆。当消费者初步感知商品后，往往运用记忆把过去曾使用过的商品、体验过的情感和动作回想起来，进一步加深对商品的认识。商品的命名、商标、包装、广告都是消费者记忆的主要方面，消费者凭借对这些方面的记忆才重复购买某一品牌的商品。

记忆和感觉一样，都是人脑对客观现实的反映。二者的区别在于：感知是直接作用于感官的对客观现实的反映，而记忆是对经验的反映。记忆中反映的经验和直接作用在感觉器官上的客观事实不可能完全相同。记忆是心理过程在时间上的延续，它使先后的经验联系起来。因此，可以说记忆使心理活动在时间轴上成为一个连续的、发展的、统一的过程。

记忆是一个心理过程，在发生的时序上是先记后忆。"记"包括识记和保持，"忆"包括再认或重现。因此，这个记忆过程包括识记、保持、再认或重现三个基本环节。

识记，是记忆的起端，是获得和积累经验的过程。它通过感知、思维、体验和操作等活动来实现，通常是一个反复学习的过程。从信息论的观点看，识记是信息的输入和编码过程，保持是巩固和加深经验的过程，也是识记过的信息在头脑中加工和储存的过程。再认或重现是过去经验被恢复的过程，也是对储存的信息进行提取的过程。在现实的营销活动中，有许多商家善于利用引起消费者记忆的方式，唤起消费者对商品或服务的惠顾。例如，"知青酒馆""北大荒餐馆"等。

识记、保持、再认或重现是彼此联系统一的过程。没有识记，就谈不上经验的保持；没有保持，又无法进行再认或重现。可见，识记、保持是再认和重现的前提，再认和重现是识记、保持的结果或表现。如果没有记忆，那么经验无法积累，知识无法传授，学习无法进行，危险无法避免。

(二)记忆系统

按照信息加工理论的观点，信息进入感觉器官即产生了瞬时记忆，如果被进一步注意到就会进入短时记忆加工，经过重复进入长时记忆。按照保存时间的长短把记忆分成三种：瞬时记忆、短时记忆和长时记忆。

1. 瞬时记忆

瞬时记忆又称感觉记忆，它指当外界信息作用在感觉器官后，感觉信息在一个极短的时间内被保存下来。在此阶段，外界信息进入感觉通道，以感觉映象的形式保持瞬间，因而又称感觉记忆。它保持的时间大约在 0.25~2 秒。此时信息贮存的方式具有鲜明的形象性，十分接近客观刺激的原貌。此阶段的记忆容量相当大。如果在此阶段，这些感觉信息得到进一步注意，那么就进入短时记忆。

2. 短时记忆

短时记忆是瞬时记忆和长时记忆的中间阶段，指信息一次呈现后，保持时间在 1 分钟以内的记忆。

贮存在瞬时记忆的感觉信息大部分会迅速消退，只有受到注意的小部分信息才转入短时记忆。短时记忆的容量十分有限，研究表明它的容量一般为 7±2 个组块，即最少容纳 5 个组块，最多容纳 9 个组块。因此，企业进行营销活动时一定要考虑消费者短时记忆的容量特点，避免一次性过多的灌输。但是，实际上，每个消费者的组块都不同，组块是一个心理单位，它与消费者自己的知识经验多少有关，如果消费者对某一类商品比较熟悉，他对企业所传递的该商品信息接收理解得就多一些，组块相对就大，那么，即使企业所提供的广告语如果很长，该消费者也能很好地记住。但是，企业做广告，它的受众面要广，为了达到良好的广告效果，需要注意广告用语要简洁、押韵、点名提要即可。例如，"金利来，男人的世界""车到山前必有路，有路必有丰田车""要想皮肤好，早晚用大宝"等。

3. 长时记忆

长时记忆指信息经过充分的和有一定深度的加工后，在头脑中长时间保留下来，它的保存时间从 1 分钟以上到许多年甚至终生。它的容量几乎没有限度。其信息来源是短时记忆中贮存的信息，经重复和编码，与个体经验建立丰富而牢固的意义联系；也有极少是由于印象深刻一次获得的。这些信息在个体需要时可以被检索并提取，从而得到再现。在长时记忆中，信息大多数以自然语言为中介进行编码，视觉表象也是常用的编码中介。

当人需要再现时，激活其中有关的部分，有关信息被提取而转入短时记忆，随之得以再现。长时记忆中的信息是有组织的结构系统。

瞬时记忆、短时记忆和长时记忆的区分是相对的。它们之间是相互联系、相互影响的。任何信息只有经过瞬时记忆的登记和短时记忆的加工，才可能转入长时记忆而储存在头脑中。在这个过程中，假如不去注意，信息就从感觉记忆中消失了。经过注意的信息在短时记忆与长时记忆中都有可能遗忘，而只有经过重复的学习，才能建立牢固的联系。比如，广告受众对广告的记忆也要经过上述三个阶段。新颖别致的广告能够吸引消费者注意，吸引注意是使广告信息进入消费者短时记忆的必要条件。在短时记忆中对广告信息进行编码，初步牢固联系；若被进一步加工，就进入长时记忆。进入长时记忆的广告信息才会留下印象，即痕迹。如果经过多次复习，这种痕迹就会一次次加深，被保存的时间更长。在这个过程中，即使进入长时记忆的信息也会发生遗忘，在提取时出现故障。而此时需要经过反复学习、强化，才可加深印象。

(三)记忆的分类

根据不同的分类标准，可以对记忆进行分类。

按内容划分，记忆可分为以下四类。

1. 形象记忆

形象记忆是指人们对客观事物外在形象的记忆。比如，对优质商品外观的记忆。提供消费者商品实物展示，便于消费者对商品的感知和记忆。

2. 逻辑记忆

逻辑记忆是指人们在接收外界信息后通过概念、推理、分析、判断等抽象逻辑思维的过程，形成对事物的认识或结论，并且把它留在记忆之中的记忆过程。消费者在接触商品信息时，常常从商品的外观、品牌等信息，推断商品的质量、价值，并将其保存于记忆之中，当消费者将来可能作出购买决策时，才将这份保留的记忆提取出来。例如"方太"橱柜和"白加黑"感冒药的命名。

3. 情绪记忆

情绪记忆是指人们在某种情绪状态时，对某些信息的记忆过程。人常常处于不同的情绪之中，比如高兴、快乐、激动、消沉等。在情绪良好的时候，对某些信息的记忆可能很深刻。例如，家里买了一台盼望已久的大屏幕液晶彩电，当事人可能长期对这件事记忆犹新。消费者在情绪好的时候对商品的兴趣也会提高，此时他更容易接收信息并且记住信息。

4. 运动记忆

运动记忆指人对运动的动作等信息的记忆过程。人们在日常生活中常常需要完成某些动作去实现一定的目的。这些动作需要人们记住它。例如,消费者在购买电脑、扫描仪、数码相机、摄像机等商品时,常常需要厂商、营业员教会他们使用这些商品。

(四)遗忘

1. 遗忘的定义

识记过的材料不能被再认或重现,或错误的被再认或重现,就叫作遗忘。

遗忘是主体大脑中储存的信息淡化乃至消失的自然生理过程。有时人们对某些信息的遗忘是暂时的,过了一段时间,可能又会记起这些信息。这是由于大脑的思维、提取信息受到某些干扰或者缺少某些辅助因素的缘故。暂时无法从大脑信息库中提取某些信息,并非真正的痕迹消失。当具备某些条件时,这类信息还是可以被再认或提取出来。但有些识记的材料永远都不能恢复,叫永久性遗忘。

2. 遗忘的规律性

(1) 识记后相距的时间。识记后时间相距的短暂和长久,对遗忘进程的快慢有极其显著的影响。德国心理学家艾宾浩斯最早对此现象进行了研究,其遗忘曲线如图 2.4 所示,揭示了遗忘过程受时间因素制约的规律,即遗忘的进程呈现不均衡状态。在识记的最初阶段遗忘的速度很快,以后逐渐减慢。

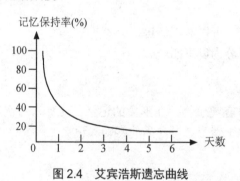

图 2.4　艾宾浩斯遗忘曲线

根据这一规律,在对消费者进行商品宣传时要采取各种方式,初期要不间断地连续进行,加深消费者对商品的印象,防止遗忘,以后逐渐加大间隔时间。比如,雀巢公司推出的原叶红茶、原叶绿茶新商品,在 2008 年夏季饮品市场展开全方位的"轰击",在 7、8月份有不间断的明星代言形式的电视广告宣传、实地免费品尝的促销手段的运用,加深了消费者对该品牌和商品的印象,使得该商品在市场有了一定的占有率。而我们又看到该公司在 9 月份时对该商品的宣传逐渐减少,这样会更有效地利用宣传经费,达到其预期的效果。

(2) 材料与主体的关系。那些能引起主体兴趣,符合主体需要的动机,激起主体强烈情绪,在主体的工作、学习和生活上具有重要意义的材料,一般不易被遗忘。反之,就遗忘得快。因此,商家在宣传自己商品的时候,常常把该商品和消费者的实际利益联系起来,以此来吸引消费者兴趣,从而产生需求,达到成交的目的。

(3) 材料本身的性质。不同性质的材料,对遗忘进程产生不同影响。研究表明:熟练的技能遗忘最慢,形象材料次之,言辞材料遗忘较快,无意义的材料或材料本身有意义,但不被学习者所理解的材料遗忘得最快。例如，进行现场演示、宣传介绍商品或让消费者实际操作，可以加深消费者的印象，有利于成交。相反，只是一味地语言介绍，不容易让消费者有太深的印象，对成交不利。

(4) 材料学习的序列。先后两种学习材料，往往影响遗忘的进程。具体表现为前摄抑制和倒摄抑制。后学习的材料对保持和回忆先学习的材料的干扰作用，称倒摄抑制。先学习的材料对识记和回忆后学习的材料的干扰作用，称前摄抑制。前摄抑制和倒摄抑制的影响，使得我们对材料的开头和结尾记忆很深，对之间部分的记忆比较模糊，此规律在广告编排位置的研究中已经得到证实。尤其对于印刷广告，印刷品的开头和结尾部分的广告最易被人记住(特别是专业商品广告)。

五、思维

(一)思维的定义及特征

人是万物之灵，就是因为人能透过事物的外部现象，认识到事物的本质，认识到事物之间的内在联系，也就是因为人有思维。思维是心理发展的最高阶段。动物虽然有心理，但动物的心理只是心理发展的初级阶段。动物心理能够达到的只是对事物外部现象的认识。无脊椎动物只有某种感觉；脊椎动物发展出了各种感觉器官，能够对事物的外部属性达到比较全面的认识，有了知觉；灵长类的动物不仅具有知觉，而且能够认识到事物之间的外部联系。但是，灵长类动物的心理发展只能说是达到了思维萌芽的阶段，还不能说有了真正思维，因为它们还不能认识到事物的本质。

思维是人脑对客观事物间接的、概括的认识。它最主要的特征是间接性和概括性。

思维的间接性表现在，它能以直接作用于感觉器官的事物为媒介，对没有直接作用于感觉器官的客观事物加以认识。例如，消费者想买某一品牌的空调，她可以不用直接亲临商场去看，通过询问购买使用过该品牌的朋友或上网查阅资料等方式她就能获得该品牌空调的信息，判断空调质量，最后决定是否购买。

思维的概括性表现在它可以把一类事物的共同属性抽取出来，形成概括性的认识。例如，消费者可以根据对服装市场的了解，概括出"在节假日或店庆、过季的时候进行购买活动往往会买到称心如意、物美价廉的服装"。

正是因为思维具有间接性和概括性，人的思维才能超出感性认识的范围。人能认识到感性认识所不能达到的事物内在的规律。因为人能认识到事物的本质，能预见到事物的发展，所以人的认识又具有了超脱现实的性质。如果没有这种超脱现实的能力，人的发明创造就不可能产生。

(二)思维的基本过程

思维是大脑对外界事物的信息进行复杂加工的过程，分析、综合、抽象、概括是思维操作的基本形式。

1. 分析与综合

分析是在头脑中将事物分解为各个部分或各个属性的过程；综合是在头脑中将事物的

各个部分、各种属性结合起来，形成一个整体的过程。分析和综合是思维的基本过程，是人认识事物的开端。事物本来就是一个有机的整体，它的各个部分、各种属性是彼此密切地联系在一起的。分析就是把这个整体分解为它的各个组成部分。综合是将分析得来的事物的各个部分再联合起来，将它们组合成为一个整体。在分析与综合的过程中达到对事物本质的认识。所以，分析与综合是思维过程的两个不可分割、相互联系的方面。

2. 抽象与概括

抽象是在思想上把事物的共同属性和本质特征抽取出来，并舍弃其非本质的属性和特征的过程；概括就是把抽取出来的共同属性和特征结合在一起的过程。通过分析我们认识了事物的各种属性，把它们从事物身上抽取出来。我们又进一步对这些属性加以比较，区分出哪些属性是共同的，哪些属性不是共同的，这些属性之间有什么关系。在此基础上进一步对事物的属性进行分类，再把共同属性结合起来，得出概念，用语句把这个概念标示出来，这就是概括的过程。消费者的购买过程离不开思维，比如，消费者要买一部手机，他要考虑购买的品牌、功能、价格、质量，然后要进行分析比较，最后决定购买与否，以及采取什么途径购买等，这都离不开思维。

(三)思维的种类

1. 动作思维、形象思维和抽象思维

根据思维的形态，可将思维分为动作思维、形象思维和抽象思维。

动作思维是以动作为支柱的思维过程。例如，消费者在购买电视时，就要按照说明一步步地通过实际动作来检验。

形象思维是以直观形象和表象为支柱的思维过程。例如，消费者要想装饰自己的新房子，需要在头脑中构思出画面。

抽象思维是用词进行判断、推理得出结论的过程，又叫词的思维或逻辑思维。

在人的思维发展过程中，先是动作思维、形象思维，最后发展到抽象思维。因此，针对不同年龄的消费者，在开展营销活动时应该把握这一特点。比如，销售儿童玩具的商家一般都采用现场参与的方式，让孩子们投入其中，在尽情玩乐中进行购买。

2. 再造性思维和创造性思维

按照思维是否有创造性，可将思维分为再造性思维和创造性思维。再造性思维是用已知的方法去解决问题的思维。例如，跟随着别人的消费而进行的消费行为。创造性思维是用独创的方法去解决问题的思维。例如，有些消费者在消费过程中表现得非常有创意，用高压锅做消毒毛巾的器具，用丝巾的创意搭配来装饰房间等。习近平总书记在"二十大"报告中强调：加快实施创新驱动发展战略，加快实现高水平科技自立自强，以国家战略需求为导向，集聚力量进行原创性引领性科技攻关，坚决打赢关键核心技术攻坚战，加快实施一批具有战略性、全局性、前瞻性的国家重大科技项目，增强自主创新能力。

营销者的思维如果具有敏锐性、灵活性和创造性就有利于营销活动的开展，有利于企业提高市场竞争能力，有利于企业应对多变的市场。例如，英国的查尔斯王子和戴安娜结婚的信息一公布，有一名商人就充分利用了这一信息，在白金汉宫和圣保罗教堂的这一段

路上，向人山人海的观看群众出售望远镜。他抓住了商机，因此望远镜的销量极佳。某生产地毯的企业，为了把地毯销售到阿拉伯国家，绞尽脑汁进行了一次成功的策划：该公司抓住了阿拉伯国家信教的重要信息，在生产的地毯的图案上做文章，编织了信徒所朝拜的圣地——麦加城，并设计了一个大大的箭头直指麦加城，这种图案的设计对于阿拉伯国家的信徒，寓意深远，他们争相购买该地毯以取代家里原有的地毯，这种出奇制胜的策略大获成功。

六、想象

(一)想象的定义

想象是对已有的表象进行加工改造，在头脑中形成新形象的过程。表象是感知观察后在头脑中留下的有关事物的形象。

想象以表象的内容为素材，来源于表象，却和表象有了本质上的差别。表象是感知过的事物形象在头脑中的再现，它并没有创造出新的形象，只是一种形象记忆的过程，因此属于记忆的范畴。想象是对表象的加工改造，它创造出了新的形象，具有创造性，属于思维的范畴。

想象以表象为素材，所以想象出来的事物来源于现实。想象又具有创造性，因而它创造出来的新形象又不完全是现实生活中的事物。

(二)想象的种类

按想象有无意识和目的可以将想象分为无意想象和有意想象。

1. 无意想象

无意想象是没有预定的目的，在某种刺激作用下不由自主产生的想象。梦是无意想象的一种极端的例子。

> **超级链接：无意想象——梦**
>
> 每个人都会做梦，人在睡眠情况下，大脑处于抑制状态，但大脑中有些区点未发生抑制，就形成了梦。梦是在人们睡眠时的快速眼动阶段产生的，它不会影响人们的睡眠。梦的内容与人的主体状态有关。比如，人如果在睡眠时饿了，他做梦时可能是吃各种各样的东西。梦的内容与外在的刺激也有关系。比如，凉风袭来，人们可能会梦到自己在跳降落伞等。

2. 有意想象

有意想象是在一定目的、意图和任务的影响下有意识地进行的想象。有意想象又分为创造想象、再造想象和幻想。

不依据现成的描述和图示，独立地创造出新形象的过程叫创造想象。例如服装设计师想象设计出一款新式服装。

再造想象是根据语言的描述和图形的示意，在头脑中形成相应形象的想象。例如，消费者根据营销者语言的描述想象自己穿上所购买的服装的美丽形象。

幻想是和一个人的愿望相联系并指向未来的想象。所以幻想是人们对未来的憧憬。科学幻想推动着人们去进行科学探索,发现客观规律,为人类造福。没有像鸟一样飞向天空的愿望,人们不会去发明飞机;嫦娥奔月的神话反映了人们走向太空的愿望。对于一个人来说他对未来的憧憬反映了他想成为一个什么样的人,即他的理想。新时代青年要树立远大理想(新时代青年要树立马克思主义信仰、对中国特色社会主义的信念、对中华民族伟大复兴中国梦的信心,到人民群众中去,到新时代新天地去,让理想在创业奋斗中升华,让青春在创新创造中闪光)、热爱祖国,担当起时代责任、勇于砥砺奋斗、练就本领、锤炼品德修为。为实现理想而奋斗对一个人来说也是一种动力。所以幻想并不是坏事,问题在于只有对未来憧憬而没有实现这种愿望的努力,愿望没有实现的可能,幻想就成了空想。比如,有的消费者不努力工作赚钱,就想买辆豪华轿车,这就是空想。空想对人的行为没有推动的作用,因而是消极的。我们应该有理想,有抱负,并且让这种理想和抱负成为鼓舞我们刻苦工作,努力奋斗的动力。

消费者在购买商品时常常伴随有想象活动,比如,想象自己穿上某一件衣服的漂亮,想象装饰品摆在自己家里的美丽、温馨,想象与爱人携手旅行的浪漫等。消费者在购买活动中,他们买还是不买某种商品,常取决于购买对象与想象中的追求是否相吻合,如果吻合就会欣然买下,不吻合就带有几分遗憾地放弃。

想象在一定程度上对于推动顾客购买行为具有积极作用。由于想象往往带有感情色彩,积极的想象会使人们对未来产生美好的憧憬,对商品往往倾向于肯定态度,所以,在某些情况下可能会导致顾客的冲动性购买。例如,消费者对某些商品赋予了象征意义,如名车、名表等商品,在购买这类商品时,往往有更多的想象参与,他们能够想象使用这些商品给自己带来的隐性效应而进行购买。而实际上许多顾客并不是因为急用才购买某种商品,而是在想象的支配下采取的购物行为。例如,电视画面上有关轿车的广告,呈现出驾驶的舒适、飞奔的畅快,有些消费者受电视广告的诱惑,想象出自己体验的感觉,产生了冲动,进而激发其购买的行为。因而,营销者在进行营销服务时要注意激发消费者的积极想象。例如从商品的陈列、橱窗的布置、商品的展示和广告设计等方面着手,引起消费者的兴趣、刺激其积极的想象,以提高促销效果。

第二节　消费者心理活动的情绪情感过程

一、情绪情感的定义

情绪情感是指人对客观事物是否满足需要而产生的态度体验。人们体验到的喜、怒、哀、乐等就是情感。人在认识世界和改造世界过程中,对于客观事物不是无动于衷的,而是产生肯定或否定的态度。态度的产生有两个因素;客观事物与个人需要。态度就是对客观事物是否符合个人需要而产生的反应或行为倾向。凡符合个人需要的事物就产生肯定的态度,不符合个人需要的事物就产生否定的态度。人体验到肯定的态度就会产生愉快的情绪情感,体验到否定的态度就会产生不愉快的情绪情感。

情感和情绪,既有区别又有联系。它们的区别首先在于情绪往往同生理需要相联系,比如饿了得到食物就会体验到满意、愉快;情感是与社会需要相联系,比情绪复杂,比如爱国主义情感、集体主义情感。其次，情绪具有情境性、冲动性、外显性和不稳定性。它往往是由某情境引起，一旦发生即表现于外，不易控制，当情境影响减弱时，情绪也随之减弱和消失。所以情绪是一种不稳定的、经常变化的体验。情感比情绪稳定、深刻、内隐。再次，在儿童情感发展中，情绪反应出现在先，情感体验发生在后。新生儿一个月内就可出现愉快、痛苦的情绪反应；只有在后来，婴儿与母亲之间形成了依恋性之后，婴儿发生的社会性反应带有体验的性质时，才产生情感。

情感与情绪又有密切联系。一方面，情感依赖于情绪。人的情感总是在各种不断变化的情绪中表现出来，离开人的具体情绪，人的情感及其内容就不可能存在和表现。另一方面，情绪也依赖于情感。情绪的不同变化，一般都受已经形成的社会情感的影响。因此，这两个概念有时可以互相通用。

二、情绪情感的种类

(一)情绪分类

按情绪状态，就是情绪发生的速度、强度和持续时间的长短，情绪可划分为心境、激情和应激。

1. 心境

心境是一种微弱、持久而又具有弥漫性的情绪体验状态，通常叫作心情。心境并不是对某一事件的特定体验，而是以同样的态度对待所有的事件，让所遇到的各种事件都具有当时心境的性质。愉快的心境使人觉得轻松愉快，看待周围的事物都带上愉快的色彩，动作也显得比平时敏捷。不愉快的心境使人觉得沉重，感到心灰意冷，对什么事情都不感兴趣，即心境具有弥漫性。心境所持续的时间短的只有几小时，长的可到几周、几个月，甚至更长的时间。心境往往由对人有重要意义的事件引起，但人们并不见得能意识到引起某种心境的原因，而这种原因肯定是存在的。心境对人的生活、工作和健康会产生重要的影响，积极乐观的心境会提高人的活动效率，增强克服困难的信心，有益于健康；消极悲观的心境会降低人活动的效率，使人消沉，长期的焦虑会有损于健康。经常保持积极乐观的心境，善于调整自己的心态，克服不良的心境是一种良好的性格特点。消费者的良好心境有助于其购买活动的进行。营销场所的环境、营销者的服务态度、商品本身的特点等因素都可以影响到消费者的心情。所以，需要营销者注意这些问题，以消费者为中心高质量完成营销工作。

2. 激情

激情是一种强烈的、爆发式的、持续时间较短的情绪状态，这种情绪状态具有明显的生理反应和外部行为表现。激情往往由重大的、突如其来的事件或激烈的意向冲突引起。激情既有积极的，也有消极的。在激情状态下，人能做出平常做不出来的事情，发挥出自己意想不到的潜能。但也能使人的认识范围变得狭窄，分析能力和自我控制能力降低，因而在消极的激情状态下人的行为也可能失控，甚至会发生鲁莽的行为。人应该善于控制自己的激情，学会做自己情绪的主人。消费者购买到心仪已久的商品时欣喜若狂，受到营销者不友好、不礼貌的服务暴跳如雷都是激情状态的表现。

3. 应激

应激是在出现意外事件或遇到危险情景时出现的高度紧张的情绪状态。能够引起应激反应的事物叫应激源，它对个体来说是一种能引起高度紧张、具有巨大压力的刺激物，是个体必须适应和应对的环境要求。应激源既有躯体性的，比如高温或低温、强烈的噪声、辐射或疾病，也有心理社会性的，比如重大的生活事件、难以适应的社会变革和文化冲击，以及工作中的应激事件等。个体对应激事件所作出的反应叫应激反应，包括生理反应和心理反应。生理反应可以包括身体各系统和器官的生理反应。心理反应包括认知、情绪和自我防御反应。比如出现认知障碍、焦虑、恐惧、愤怒、抑郁，或采取某种行动以减轻应激给自己带来的紧张。强烈和持久的应激反应会损害人的工作效能，还会造成对许多疾病或障碍的易感状态，在其他致病因素的共同作用下使人患病。对付应激可以调整自己的情绪，比如重新评价应激源或采取某种行为(如饮酒、服用镇静剂、听音乐、从事体育活动、寻求亲友的安慰和帮助)，也可以集中精力解决面对的问题，或者在不具备解决问题的条件时采取回避的策略。消费者在购物过程中遇到营销场所突然失火易造成应激反应，甚至形成对该场所的恐惧，拒绝到该场所进行购买。因而，企业应该注意防范，避免一些不良的应激事件的发生。

(二)情感的分类

人的高级情感包括很多种，主要的有道德感、美感和理智感。

1. 道德感

道德感是指按照一定的道德标准评价人的思想、观念和行为时所产生的主观体验。它包括热爱祖国、热爱人民、热爱社会的情感。集体荣誉感、责任感、同情感等都是同道德感评价相联系的情感。一个人具有高尚的品德，人们会觉得这个人值得尊敬；一个人损人利己，人们会觉得他卑鄙，这些都属于道德情感的范畴。

2. 美感

美感是按照一定的审美标准评价自然界、社会生活及文学艺术品时所产生的情感体验。人的审美标准既反映事物的客观属性，又受个人的思想观点和价值观念的影响，所以美既是客观的，又是主观的，是主客观的对立统一。优美的自然环境可以陶冶人的情操；善良、纯朴的人格特征，公正无私、舍己为人的高贵品质给人以美的感受；奸诈狡猾、徇私舞弊、损人利己的行为让人厌恶和憎恨。美感体验的强度受人的审美能力和知识经验的制约，对美感的培养和进行美的教育是精神文明建设的重要组成部分。营销者要向消费者提供具有美感的商品和服务，这也是尊重消费者的表现。

3. 理智感

理智感是在智力活动过程中所产生的情感体验。例如，对未知事物的好奇心、求知欲和认知的兴趣；在解决问题过程中表现出来的怀疑、自信、惊讶，以及问题解决时的喜悦等都是理智感。理智感不仅产生于智力活动的过程中，而且对推动人学习科学知识，探索科学奥秘也有积极的作用。消费者在饥饿时购物很容易购买过量的商品或不急需的商品就是缺乏理智感的表现；有些消费者生气时，用花钱购物寻求排解心中的愤懑，这也是不理智的表现。只有按照购买过程的程序进行购买才是具有理智感的表现。

挖掘消费者的情感价值对于企业提升品牌的美誉度和增强消费者对品牌的忠诚度有重要意义。哈佛商学院的杰格尔德教授的一项研究表明，95%的消费者对品牌的认知存在于潜意识里。这说明消费者的购买决策大多是非理性的，70%以上的消费者行为带有冲动性，情感在消费者购买行为中具有重要的作用。消费者通过认识的过程了解商品信息，但这种认识过程总是和消费者的情感体验联系在一起，消费者在对品牌认识的基础上产生喜欢或讨厌的情感，情感过程在购物行为中具有主要的调节作用。尤其是在以消费者的情感需求为中心的买方市场条件下，企业要培养消费者的品牌情感，需要在不断满足其物质需求的同时满足其个性和情感需求。比如，人们去星巴克咖啡店不仅是喝杯咖啡，也是去享受它给人们带来的情感上的愉悦和友善的环境。

对于营销者而言，应该在营销工作中具备良好的情感倾向性，时时刻刻把消费者的利益放在第一位，学会控制自己的情感，以极大的热情投入到工作中去。

超级链接：情绪智力

心理学家常常会面对孩子们的提问："你知道我心里想什么吗?"这是一个充满童稚而又专业化的问题。在日常生活中，人们不仅在反观自己的内心世界，而且还试图走进别人的心理世界，探察他人的想法，感受他人的情感。这里就涉及有关"情绪智力"这个热门话题。

情绪智力的概念是由美国耶鲁大学的萨罗威和新罕布什尔大学的玛伊尔提出的，是指"个体监控自己及他人的情绪和情感，并识别、利用这些信息指导自己的思想和行为的能力"。换句话说，情绪智力也就是识别和理解自己和他人的情绪状态，并利用这些信息来解决问题和调节行为的能力。在某种意义上，情绪智力是与理解、控制和利用情绪的能力相关的。

"情商"是相对智商而言的，是指情绪智力的高低。高尔曼在其著作《情绪智力》一书中明确提出"真正决定一个人成功与否的关键是情商而非智商"。到目前为止，人们对"情商"的提法仍存在着分歧和争议，情商能否和智商一样加以定量测量还有待进一步研究。但是，情绪智力是决定人们成功的重要因素这一思想正逐渐被人们所接受。

情绪智力包括一系列相关的心理过程，这些过程可以概括为三个方面：准确地识别、评价和表达自己和他人的情绪；适应性地调节和控制自己和他人的情绪；适应性地利用情绪信息，以便有计划地、创造性地激励行为。

情绪智力作为人类社会智力的一个组成部分，是人们对情绪进行信息加工的一种重要能力。情绪智力有很大的个体差异。情绪智力高的个体可能更深刻地意识到自己和他人的情绪和情感，对自我内部体验的积极方面和消极方面更开放。这种意识使他们能对自己和他人的情绪作出积极的调控，从而维持自己良好的身心状态，与他人保持和谐的人际关系，有较强的社会适应能力，在学习、工作和生活中取得更大的成功。因此。培养和发展人们的情绪智力对全面提高人的素质具有重要的意义。

第三节　消费者心理活动的意志过程

一、意志的含义

为了实现一定的目的所作出的自觉的坚持不懈的努力，它是与克服困难相联系的心理过程。例如，消费者想买一件价格昂贵的物品，为了实现这一目标，努力工作，积极储蓄，最后终于达到了预定的目的。这个心理过程就叫意志。由于意志与行动紧密相连，故常把有意志参加的行动称为意志行动。

二、意志的特征

人的意志是人类所特有的心理过程，其特征有以下三点。

1. 自觉的目的性

意志行动是经过深思熟虑对行动目的有了充分认识之后所采取的行动。不是勉强的行动，也不是一时的冲动。意志行动目的的自觉性有两个根本的标志：一是行动目的确定符合客观事物发展的规律；二是行动目的服从于社会公认的社会准则。人不论参加何种社会实践活动，都要履行社会的义务和责任。因此，一个人的世界观和道德观念是决定其意志行动目的自觉性的根本依据。这样，人对于符合预定目的的行为对社会有利的行为，虽有困难或阻力也要坚持进行到底，对于不符合预定目的的行为、不利于社会的行为坚决予以制止。

2. 克服各种困难

人的意志行动与调动人的积极性去克服困难、排除行动中的障碍总是分不开的。平时轻而易举的事，比如拿饼干充饥，就谈不上意志努力，必须是作出巨大努力的自觉行动才是意志行动。意志行动中克服的困难不外乎两类：一类是外部困难，即在实现目的的过程中所遇到的客观阻力(如，物质条件不足、社会阻力很大、自然条件太差、陈规旧习的束缚等)；另一类是自身内部的困难(如，经验不足、能力较差、思想矛盾、情绪干扰、懒惰等)。有无意志努力的一个标志，就在于能否发挥意识的能动作用，想尽一切办法去克服内外困难，排除前进道路上的阻力。能否克服困难，取决于：①行动目的是否伟大，目的越伟大，克服困难的毅力越强；②对行动后果的社会意义是否认识，对后果意义认识越充分，克服困难的决心就越大，成功的可能性就越大；③有无必要的物质条件与科技知识，物质条件齐全，科技知识丰富，就有利于克服困难实现目的。在克服困难时，先要克服自身的内部困难，然后才能集中精力发挥积极性和创造性去克服外部困难，达到预定的目的，表现出顽强的意志努力。

3. 控制自己的行为

意志是表现在行动中的心理过程，离开人的行动，就谈不上什么意志。意志对自己的行为起控制作用。这个控制行为的作用表现在：①支配自己去确定行动方向，明确行动目的；②制止、排除与行动无关的因素的干扰；③发动人去积极行动，执行行动的计划；④控制行动进程，通过反馈校正行动中的偏差；⑤控制自己克服重重困难，百折不挠，最终实现目的。意志的自我控制作用，是提高工作质量、形成良好品质的重要因素。

三、消费者意志行动的过程

消费者的复杂意志行动的心理过程一般分为采取决定、执行决定和评价决定三个阶段。

(一)采取决定阶段

这是意志行动的准备阶段，也叫决策阶段。它决定意志行动的方向和行动的方法、步骤。

1. 动机的斗争

意志行动是有目的、有方向性的活动过程。在决定行动的方向时，往往存在着动机的斗争。在同一时间内，个体的多种需要不可能同时满足，而且其中有些可能是互相矛盾的。那么可为与不可为，孰先孰后，就会出现矛盾，产生动机斗争，也就是思想斗争。动机斗争解决以后，才能确定行动目的，意志就表现在动机斗争之中。

2. 确定行动目的

通过动机斗争，解决了思想矛盾，优势动机决定行动，行动的目的也就可以确定下来。一般来说，行动目的的社会价值越高、越明确，对人的激励、鞭策作用就越大，实现目的的决心和意志也就越坚定。

3. 选择行动的方法

行动的目的确定后，为实现目的可能有多种不同的方法，必须经过精密、紧张的思维操作，选择最有效、最经济、最优化的方法。选择实现目的的方法时，要根据客观规律、实际条件、道德规范等，从全局出发，全面衡量后作出决定。

4. 制定购买行动计划

根据确定的行动目的和选择的方法，制定行动的具体计划(包括行动程序)，使其按计划行动，顺利实现行动目的。但制定计划时，首先要全面了解情况，进行调查研究，收集各种信息，然后认真地进行分析研究，才能抓住重点，制定出切实可行的计划。经过动机斗争，确定了目的，选定了行动方法，制定了计划，就完成了采取决定的阶段，或称决策阶段。决策之后，就进入执行决定的阶段。消费者在购买商品时，往往在同一时间内有着多个购买目标。比如，某人既想买车又想买房，在几个购买目标的驱使下，根据现有的自身经济能力和市场商品的供应情况，该消费者进行取舍，最终确定商品购买的先后顺序。这一过程中根据人的意志活动的参与，使消费者迅速确定购买目标，收集有关购买的商品的相关信息，并进行比较分析，确定购买的品牌、功能甚至相应的价格以及购买途径、付款方式等。

(二)执行决定阶段

执行决定阶段是意志行动的关键，也是意志努力集中表现的阶段。即把决定认认真真地去实践的阶段，在执行阶段了解新情况发现新问题，随机应变，得到理想的结果，才能真正体现一个人的意志水平。

执行决定是意志行动、情感体验和认识活动协同作用的过程，也是克服困难的过程。任何一项有社会价值的意志行动，总是以一定的动机目的为动力，且伴随着种种积极的或消极的情感体验。同时，要想实现预定的目的，必然要随着主客观情况的变化而运用自己的知识经验，对行动作必要的调整。因此，执行决定的过程，就是多种心理因素协同作用的过程。并且在执行过程中，总会遇到这样那样的困难。如果能克服困难，就可能实现目的。如果被困难阻止或被困难吓倒，就会半途而废，或遭到失败。所以执行决定也是与困难作斗争的过程。

困难可能来自内部，即主观上的困难。内部困难，可能是由于动机斗争不彻底，原先被压抑的动机又重新抬头，产生新的动机斗争，使行动犹豫动摇，或在行动中产生新的与之相反的动机，导致与原有的动机目的相矛盾，干扰行动的进程；或者自己的知识经验不足；或者消极心境的影响；或者原有的懒惰、保守、坏习惯等消极个性品质的干扰；或者对行动本身不感兴趣；或者是对行动的信心不足。这时必须充分发挥自己的主观能动性，当机立断，与这些内部诱因作斗争，克服内部困难。

在执行的不同阶段中，有时可能成功，有时也可能失败。这就需要运用意志来调节成功或失败的心理反应。

消费者在执行购买决定的过程中有时不是一帆风顺的，比如，想购买的商品暂时无货、价格涨了、颜色与既定的不符、款式不喜欢等。这都需要消费者克服困难，重新调整购买方案，也有可能为了实现购买目的，需要消耗很大的精力、体力和时间。因此，这一过程的顺利完成需要人的意志活动的参与。

(三)评价决定阶段

这是消费者意志行动的最后阶段，是消费者检验和评价自己意志决策好坏的阶段，也是消费者在亲身使用所购买的商品过程中，表现出来的心理过程。比如，对商品是否符合自身需要，是否有质量问题，商品是否有介绍的那么好等其他的评价。如果消费者发现所购买的商品与原来的预期相符，就会感到满意，而后消费者会向朋友进行介绍或产生再次购买的心理。但是如果使用效果不好，就会产生不满或遗憾，同样也会产生消极的诋毁效应，或去商场与营销部门理论、投诉甚至产生不再到该商场购买的念头。

本 章 小 结

消费者一般的心理过程包括认识过程、情感过程和意志过程。认识过程中感觉是最基本的心理过程，它是知觉事物的基础，人们通常把感觉和知觉两个概念结合在一起叫作感知。感知是认识过程的低级阶段，是认识的重要途径，离开感知人们就无法认识大千世界。注意、记忆、思维和想象阶段是认识过程的深入发展阶段，消费者在感知的基础上，初步认识商品，再通过注意、记忆、思维和想象加深对商品的认识。

情感过程是消费者对客观事物是否能满足需要而产生的态度体验过程。消费者的情绪情感与商品、服务和环境因素有关。商品、服务和环境满足消费者的需要，消费者会产生愉快的情绪体验，就会乐于接受商品和服务。

意志过程是心理过程的又一阶段，消费者的购物过程有意志成分的参与，主要包括三个阶段，即消费者采取决定阶段、执行决定阶段和评价决定阶段。

消费者的心理过程是每个人所共有的心理活动，它包括认识过程、情感过程和意志过程。这三个过程是统一的心理过程的三个方面。认识过程、情感过程和意志过程彼此渗透，交互作用，不可分割。情感依靠感知、记忆等活动，同时情绪又左右认识活动。积极的情感促进认识活动的发展；消极的情感抑制认识活动的深入。认识活动是意志的基础，认识又离不开意志努力，人对商品的情感可以左右意志。它可以推动或阻碍人的购买意志和行为，意志又能控制情绪，进而促使人客观冷静地分析自己的购买行为。

课 程 思 政

通过对消费心理学的学习，可以更好地了解消费者的心理过程，正确地认识世界，客观地认识世界，控制自身行为，养成坚强的意志和优良的品德，培养学生集体主义情感和爱国主义情感。

思 考 题

一、简答题

1. 试述感觉的定义和知觉的定义，并说明感觉与知觉的关系。

2. 知觉的规律性有哪些？

3. 试述注意在企业营销中的作用。

4. 消费者在购物活动中的情感受哪些因素的影响？

5. 消费者在购物过程中的意志行动包括哪些阶段？

二、判断题

1. "知觉是多种感觉的简单相加"你认为这句话正确吗？请说明理由。

2. "注意是独立的心理过程"你认为这句话正确吗？请说明理由。

案 例 分 析

面对体验化的世界，品牌唯有不断制造独家体验

2021 年 7 月 19 日，法国明星室内设计师 Pierre Yovanovitch 于巴黎开设了公寓风格的陈列室，以展示他的第一个家具系列商品。Pierre Yovanovitch 解析道："陈列室位于公司旁边的 18 世纪私人豪宅中，看起来是一个整体的家的形态，有一个真正的厨房、一个餐厅、一个客厅，整个室内空间布置了具有流行色彩的当代艺术作品，在这样的空间里，现代生活可以融入经典之地。"

Pierre Yovanovitch 表示这一家居系列共有 45 件作品，为了能够展示全部作品，陈列室的装饰也会定期更新，以让每一件家具都能焕发光彩。未来这一项目会扩大成一个类似于画廊的形式并在纽约进行展示，这样的陈列方式可以帮助参观者在沉浸式环境中更好地了解商品。

美国万事达卡(Mastercard)全球首席营销官 Raja Rajamannar 认为："当今的世界正在变得更加'体验化'，人们对于美好体验的需求是无限的，而品牌生产的内容是有限的，因此品牌需要充分利用消费者的力量去生产品牌故事。"体验式营销正是这一需求下的产物。

1. 体验式营销：让消费者深度参与，借此改进未来策略

哥伦比亚商学院国际品牌管理中心主任 Bernd H. Schmitt 在其所著的《体验式营销》(Experiential Marketing)一书中指出，体验式营销是站在消费者的感官(Sense)、情感(Feel)、思考(Think)、行动(Act)、关联(Relate)五个方面，通过消费体验不断传递品牌或商品的好处。

根据美国体验营销服务公司 RedPeg Marketing 首席执行官 Brad Nierenberg 的说法，体验式营销是消费者深度参与的实时的互动，目的是让消费者能够与品牌建立联系。相较于将消费者视为信息的被动接收者，体验式营销的关键在于将消费者纳入营销计划的制作和共同创造之中。

美国数字营销网站 Hubspot 的数据显示，创新的体验式营销活动使得 82%的参与者在体验后与他人谈论品牌，62%的人会上网浏览品牌信息，65%的人改变了看待品牌的方式，53%的人会在体验后进入零售店购买品牌。

与消费者建立联系是体验式营销开始推行并成为趋势的主要原因。美国移动营销协会(Mobile Marketing Association) 和美国广告科技公司 MediaMath 联合研究发现，81%的消费者对他们看到的广告感到疲倦，67%的人认为广告和他们没有关系。美国《广告周刊》(Adweek)高级编辑 Kristina Monllos 表示，越来越多的人在浏览网页时使用广告拦截器、关闭电视广告，这促使了品牌转向体验式营销这一新型营销方式以更好地与消费者对话。

营销的目标之一是教育消费者了解商品，而这只有在消费者参与时才有效。而体验式营销将品牌、商品与有趣的体验结合在一起，以帮助消费者在融入的氛围内了解商品。根据美国品牌营销公司 D2 Seattle 的数据，65%的消费者表示，现场活动、商品演示比任何商业或其他方法都有助于他们更好地了解商品。

在了解商品和品牌、享受体验的同时，这些消费者愿意以交换个人信息作为他们想要参加的活动或体验的"入场费"。在英国战略营销公司 M4 Communications 的市场营销和客户体验总监 Sue Duris 看来，这些获取的数据对于体验式营销的投资回报率 (Return on investment)至关重要，"这些获取的实时数据和消费者观点可以使品牌更灵活地找到消息传递的方式，提高消费者的现场参与度，并在未来改进或巩固他们的营销策略从而吸引更多的受众"。从战略角度考虑，这也是推行体验式营销的另一大原因。

2. 化被动接收为主动参与分享

体验式营销支持并鼓励消费者去触摸、感受商品。美国营销公司 NVE Experience Agency 总裁 Brett Hyman 表示，各个行业都在利用体验营销改变客户体验："执行得好的体验行为可以将消费者从被动的观众转变为主动的参与者。"

(1) 雷克萨斯：开启重振身心健康之旅。

2021 年年初，丰田旗下豪华汽车品牌雷克萨斯与美国生活方式类媒体平台 Mindbodygreen 合作，共同发起了健康旅行体验新方式：在为期五天的旅行中驾驶雷克萨斯 2021 IS 轿车，入住美国豪华酒店并开启"风景优美的恢复之旅"。

这一豪华公路旅行计划旨在帮助客人放松，为潜在购车者和雷克萨斯的粉丝提供疫情后急需的喘息空间。客人将在豪华度假村与酒店居住四晚，五天的行程包括冥想、芳香疗法、引导式呼吸练习、健康食物等有益身心的特别策划活动，车内另配有精心制作的音频以满足驾车途中聆听音乐的需求。

雷克萨斯营销副总裁 Vinay Shahani 在声明中表示："如今，逃离城市去往开阔道路以重振身心的想法从未如此诱人""雷克萨斯不仅提供了精心策划的豪华旅行，也通过一系列健康活动提升了经典公路旅行的体验感"。Mindbodygreen 联合创始人兼首席执行官 Colleen Wachob 认为，这是"真正独特且真正关注人们健康的体验"。

(2) 宜家家居：创造极致的商品体验。

以"为更多人创造更美好的日常生活"为愿景的瑞典宜家家居是体验式营销的先锋企业，在巨大的宜家家居店里，精心布置的起居空间、舒适愉悦的体验环境、品类丰富的商品准确地向消费者传达了某个外观特定的家具和其放置在室内时的整体感觉。

在商品体验方面，宜家以"请坐上去！感觉一下它是多么舒服"取代众多家居店"样品勿坐"的标语，消费者可以光脚在地毯上走一走感受地毯的质感，坐在沙发休息一会儿感受沙发的舒适性，打开台灯看一看是不是刺眼，所有的展示品既用于销售也是闲逛过程中可以使用的商品。在样板间设计上，宜家提供了家具的各种搭配组合，并展示了不同风格、不同面积的搭配方式，用创意性的搭配帮助用户寻找家具布置的更多可能性。在服务态度上，宜家摒弃了传统的销售人员推销的方式，仅有极少数工作人员在家居馆中走动，并在用户需要时给予帮助。

疫情前的 2019 财年，宜家中国的 28 家商场共接待了 1.08 亿人次访客，销售额共计 157.7 亿元，几乎达到了全球销售额的二分之一。美国购物学鼻祖 Paco Underhill 在其著作《顾客为什么购买：新时代的零售业圣经》(Why We Buy: The Science of Shopping)一书中表示，顾客在商店逗留的时间和他购买商品的数量是呈正比的。宜家正是凭借极致的体验营销取得了不俗成绩。

(3) 29 Rooms：在互动中强化品牌认知。

由美国时尚生活网站 Refinery29 发起的名为"29 Rooms"(29 个房间)的展览活动是"风格、文化和技术的互动乐园"，展览将 29 个房间布置成 29 个不同的沉浸式体验场所，主题包含艺术、时尚、政治、新技术等，房间类型共有 4 类：与知名艺术家合作呈现，品牌呈现，艺术家与企业合作呈现，与非营利组织联合呈现。

2019 年加拿大的"29 Rooms"活动中，美国美妆品牌 CoverGirl 布置了一个闪亮的少女空间以宣传品牌即将上市的睫毛膏，房间内到处都是涂着睫毛膏的闪亮眼睛，参观者也可以穿上房间内提供的服装融入闪亮环境；2017 年位于美国布鲁克林的"29 Rooms"活动中，品牌戴森(Dyson)呈现了风车转动的装置艺术，将其商品 Supersonic 戴森吹风机变成驱动风车旋转的风能，组成风车墙的每一个风车随着吹风机的启动不断旋转，现场观众可以参与其中,感受吹风机的风力。

与直接的商品型体验营销不同,在"29 Rooms"展览中,商业品牌并不直接售卖商品,而是通过互动装置、表演等艺术表达方式进行不同主题的呈现,并邀请参观者参与,同时分享到社交网站上进行更广泛的传播。根据南非约翰内斯堡活动公司 Chaos Theory 的数据,98%的体验营销活动参与者会在参与活动后在社交平台上发布信息。

(4) Krispy Kreme:寓企业社会责任于体验。

美国大型甜甜圈连锁店 Krispy Kreme 在 2021 年 3 月宣布,店铺将向接种新冠疫苗的顾客提供免费的甜甜圈,任何出示有效疫苗接种卡的顾客都可以去全美的连锁店铺每天"兑换"一个免费甜甜圈,这一活动一直持续至 2021 年结束。

Krispy Kreme 此举意在通过提供免费甜甜圈来促进疫苗接种,公司首席营销官 Dave Skena 在新闻发布会上表示:"我们支持每个人尽自己的一份力量,通过立即接种疫苗来确保个人及国家的公共卫生安全。"截至 6 月初,该公司已经通过此种方式送出了超过 150 万个甜甜圈。对于企业来说,"免费体验"一直是行之有效的营销方式。在美国有线电视新闻网(CNN)看来,对于正在扩张且准备上市的 Krispy Kreme 来说,这样具有社会责任感的体验式营销是提高企业知名度的一种方式。

(5) Lipscanner:虚拟试妆实现类真实体验。

除了线下的实体体验,日益成熟的虚拟现实和正在成长的增强现实是加强体验营销的新势力。线上购物也在通过 AI、AR 等新技术带来具有体验感的新的互动方式。2021 年年初,法国美妆品牌香奈儿(香奈儿)宣布入局,推出全新 Lipscanner 应用程序,它可以实现 400 多种香奈儿口红系列商品的虚拟试妆。

消费者可以扫描杂志、社交网络、服装配饰等图像的颜色并上传。根据香奈儿互联体验实验室(CX Lab)和品牌内部彩妆研究团队(Makeup Creation Studio)共同设计的算法,应用程序将会提供与图像颜色最接近的口红系列商品;在确定颜色及质地之后,应用程序的"虚拟试妆功能"可以让消费者实现足不出户的试妆,查看程序推荐的口红商品是否与自己的需求匹配;在尝试之后,Lipscanner 可以直接链接到官网的这一色号,帮助用户实现从寻找色号到购买口红的全流程操作。

香奈儿互联体验实验室(CX Lab)负责人 Cédric Begon 表示:"我们希望不只是品牌粉丝,所有美妆爱好者都能对 Lipscanner 应用程序感兴趣,并且可以通过应用程序尝试香奈儿口红。我们的目标是将商品通过屏幕让用户了解,最后将商品交到消费者手里。"

从线下活动到线上虚拟体验,体验营销的范围在不断扩大。美国体验营销公司 AgencyEA 联合创始人 Fergus Rooney 分析称:"我不清楚传统的营销方法和渠道是否死亡了,广告和品牌内容很少让你有分享的冲动,但是体验可以。"

(资料来源:财联社 App,2021.07.29)

案例讨论

体验式营销的作用。

第三章　消费者个性心理特征

【本章导读】

通过对本章内容的学习，了解消费者个性心理特征的内容。掌握气质、性格和能力的概念、分类、特征及其在商品买卖中的不同表现。了解人的气质、性格和能力的测试。

心理学主要研究心理过程和个性心理。认识、情感和意志是心理过程，每一个人都通过这些心理活动认识着外界事物，反映着这些事物与自己的关系，体验着情感，支配着自己的活动。但是，每个人在进行这些心理活动的时候，都表现出了与他人不同的特点。这就是个性心理。比如有的消费者在购买商品时非常果断，有的却犹豫不决；有的善于与营销者沟通，有的却少言寡语，这都是由于消费者不同的个性所致。个性包括个性倾向性和个性心理特征，前者是个性的动力，后者是个体间的差异。人的个性心理特征包括气质、性格和能力。本章将对消费者的气质、性格和能力作详细论述。

第一节　消费者的气质

一、气质的定义及特征

气质表现为典型的、稳定的心理特征，是人的心理活动的动力特征。这种动力特征指心理活动的强度、稳定性、灵活性、倾向性等方面。其中强度指情绪的强弱、意志努力的强度、耐受力大小等；稳定性指情绪的稳定程度，注意力集中时间的长短等；灵活性是指兴奋与意志转换速度的快慢，注意转移的难易；倾向性是指倾向于外部世界还是内心世界。例如，有的消费者热情活泼、善于交际、表情丰富、行动敏捷；有的消费者迟钝缓慢、冷漠、不善言谈、自我体验深刻；有的消费者情绪容易激动、紧张、心烦意乱、爱与人争吵，这都是由于气质不同所致。

我们平时所说的"脾气"就是指气质。气质在很大程度上是由遗传素质决定的，俗语说，"江山易改，本性难移"，这个"本性"指的就是气质。刚出生的婴儿，有的大声啼哭，四肢动作很多；有的安静，哭声很小。这是气质最早、最真实的流露。实践证明，年龄越小，气质表现越明显，小孩的遗传素质越接近，气质的表现也越接近。例如，对具有相同遗传特征的同卵双生儿的研究，把两个同卵双生儿分别放在两个不同的生活和教育环境下培养。他们的气质比遗传特性不完全相同的异卵双生儿相似得多，而且在长时期内没有发现有显著差别。可见，气质具有天赋性和相对稳定性。

气质的特性，在一定限度内，由于生活和教育特别是早期教育的影响，也可以发生一定的变化。实践证明，遗传对气质的影响有随人的年龄增长而减弱的趋势，而环境对气质的影响有随年龄增大的趋势。例如，少年期由于兴奋过强，抑制过弱，在日常生活中往往表现为好动、敏捷、热情、积极；中年期时，兴奋与抑制趋于平衡，行为表现也变得深沉、坚毅、机智；老年期兴奋过弱，抑制相对加强，表现为更沉着、安静、迟缓、自信、多虑等特征。

二、气质的分类

1. 体液说

古希腊医师希波克拉底提出，人体内有四种液体，黏液、血液、黄胆汁和黑胆汁。每一种液体和一种气质类型相对应。黄胆汁相对于胆汁质，血液相对于多血质，黏液相对于黏液质，黑胆汁相对于抑郁质。一个人身上哪种液体所占比例大，他就具有和这种液体相对应的那种气质类型。

多血质：热情、善交际、反应快、精力充沛。黏液质：缓慢、少言语、独立性强。胆汁质：好斗、易激动、不冷静、暴躁、反应快。抑郁质：呆板、害羞、安静、孤僻、多愁善感、优柔寡断、多疑。

2. 体型说

20世纪20年代德国精神病医生克雷奇米尔根据自己的临床观察发现，病人所犯精神病的种类和他的体型有关。躁狂抑郁症的患者大多是矮胖型的；精神分裂症的患者多是瘦弱型或强壮型、发育异常型的。他认为正常人和精神病人之间只有量的区别，没有质的区别。所以，根据一个人的体型特征可以预见他的气质特点。

3. 血型说

血型说在日本比较有影响，这种学说是古川竹二提出来的。古川竹二认为，A型血的人温和老实、消极保守、焦虑多疑、冷静但缺乏果断，富于情感；B型血的人积极进取、灵活好动、善于交际、轻诺寡信、好管闲事；O型血的人胆大好胜、自信、意志坚强、爱支配人；AB型血的人，其外表像B，内在却像A。在实际生活中血型相同而气质类型不同，或者气质相同而血型不同的现象并不少见，所以血型说是不太严格的。

4. 激素说

美国心理学家伯曼按内分泌腺把人分为4种，即甲状腺型、垂体腺型、肾上腺型和性腺型，并认为内分泌腺类型不同的人气质也不相同。例如，甲状腺型的人，甲状腺分泌过多者精神饱满、意志坚强、感知灵敏，甲状腺分泌不足者迟缓、冷淡、痴呆、被动；垂体腺型的人智慧聪颖；肾上腺型的人情绪容易激动；性腺型的人性别角色突出等。

虽然内分泌腺的活动影响了人的行为和心理，但是，内分泌腺的活动并不是孤立的，因为，内分泌腺的活动也受神经系统的支配。所以，不能把气质只看作是由内分泌腺决定的。

5. 巴甫洛夫高级神经活动类型说

巴甫洛夫认为，高级神经活动有两个基本的过程，即兴奋和抑制。同时巴甫洛夫根据强度、平衡性和灵活性三个特征把人的气质分成 4 种。兴奋型：兴奋过程占优势，易激动、暴躁、热情、倔强、外向。活泼型：兴奋性强，表现力强、感染力强、敏感、变化快、灵活、兴趣。安静型：迟缓、情绪稳定、冷静、忍耐力强、反应慢。抑制型：反应慢、敏感多心、言行谨小慎微、易激动、消沉。

无论你是哪种气质类型，都可能有向积极方向发展的一面，也可能有向消极方向发展的一面。气质无好坏之分。气质不决定人的社会价值，也不决定人的智力水平。气质只是心理活动的动力特点，只赋予人的心理活动和行为以独特的色彩。气质对工作方式、工作效率有一定影响，尤其在某些实践领域中，考虑气质因素尤为重要。

超级链接：气质类型测试量表

指导语：下面 60 道题，可以帮助你大致确定自己的气质类型，在回答这些问题时，你认为很符合自己情况的，在题后记 2 分，比较符合的在题后记 1 分，介于符合与不符合之间的记 0 分，比较不符合的记-1 分，肯定不符合的记-2 分。

测试题如下：

(1) 做事力求稳妥，不做无把握的事。

(2) 遇到可气的事就怒不可遏，想把心里的话全说出来才痛快。

(3) 宁肯一个人做事，不愿很多人在一起。

(4) 到一个新环境很快就能适应。

(5) 厌恶那些强烈的刺激，如尖叫、噪声、危险的镜头。

(6) 和人争吵时，总是先发制人，喜欢挑衅。

(7) 喜欢安静的环境。

(8) 善于和人交往。

(9) 美慕那些能克制自己感情的人。

(10) 生活有规律，很少违反作息制度。

(11) 在多数情况下情绪是乐观的。

(12) 碰到陌生人觉得很拘束。

(13) 遇到令人气愤的事，能很好地克制自我。

(14) 做事总是有旺盛的精力。

(15) 遇到问题常常举棋不定，优柔寡断。

(16) 在人群中从不觉得过分拘束。

(17) 情绪高昂时，觉得干什么都有趣；情绪低落时，又觉得干什么都没意思。

(18) 当注意力集中于一件事时，别的事很难使我分心。

(19) 理解问题总比别人快。

(20) 碰到危险情境时，常有一种极度恐惧感。

(21) 对学习、工作、事业怀有很高的热情。

(22) 能够长时间做枯燥、单调的工作。

(23) 符合兴趣的事情，干起来劲头十足，否则就不想干。

(24) 一点小事就能引起情绪波动。

(25) 讨厌做那种需要耐心、细致的工作。

(26) 与人交往不卑不亢。

(27) 喜欢参加热烈的活动。

(28) 爱看感情细腻、描写人物内心活动的文艺作品。

(29) 工作、学习时间长了，常感到厌倦。

(30) 不喜欢长时间谈论一个问题，更愿意实际动手干。

(31) 宁愿侃侃而谈，不愿窃窃私语。

(32) 别人说我总是闷闷不乐。

(33) 理解问题常比别人慢些。

(34) 疲倦时只要短暂的休息就能精神抖擞，重新投入工作。

(35) 心里有事宁愿自己想，也不愿说出来。

(36) 认准一个目标就希望尽快实现，不达目的，誓不罢休。

(37) 学习、工作一段时间后，常比别人更疲倦。

(38) 做事有些莽撞，常常不考虑后果。

(39) 老师或师傅讲授新知识、新技术时，总希望他讲慢些并多重复几遍。

(40) 能够很快忘记那些不愉快的事情。

(41) 做作业或完成一件工作总比别人花的时间多。

(42) 喜欢运动量大的剧烈体育活动，或参加各种文体活动。

(43) 不能很快地把注意力从一件事转移到另一件事上去。

(44) 接受一个任务后，希望把它迅速完成。

(45) 认为墨守成规比冒风险强些。

(46) 能够同时注意几件事物。

(47) 当我烦闷的时候，别人很难使我高兴起来。

(48) 爱看情节起伏跌宕、激动人心的小说。

(49) 对工作抱认真严谨、始终一贯的态度。

(50) 和周围人的关系总是相处得不好。

(51) 喜欢复习学过的知识，重复做已经掌握的工作。

(52) 希望做变化大、花样多的工作。

(53) 小时候会背的诗歌，我似乎比别人记得更清楚。

(54) 别人说我"出口伤人"，可我并不觉得这样。

(55) 在体育活动中，常因反应慢而落后。

(56) 反应敏捷，头脑机智。

(57) 喜欢有条理而不甚麻烦的工作。

(58) 兴奋的事常使我失眠。

(59) 老师讲新概念，常常听不懂，但是弄懂以后就很难忘记。

(60) 假如工作枯燥无味，马上就会情绪低落。

确定气质类型的方法：

(1) 将每题得分填入下表中相应的得分栏。

胆汁质	题号	2	6	9	14	17	21	27	31	36	38	42	48	50	54	58	总分
	得分																
多血质	题号	4	8	11	16	19	23	25	29	34	40	44	46	52	56	60	总分
	得分																
黏液质	题号	1	7	10	13	18	22	26	30	33	39	43	45	49	55	57	总分
	得分																
抑郁质	题号	3	5	12	15	20	24	28	32	35	37	41	47	51	53	59	总分
	得分																

(2) 计算每种气质类型的总得分数。

(3) 确定气质类型。

① 某种气质类型如果得分均高出其他 3 种 4 分以上，那么可判定自己是该气质类型。如果该气质类型得分超过 20 分，就属于典型的该气质。如果得分在 10～20 分之间，就属于一般型气质。

② 两种气质类型得分接近，差异低于 3 分，而且又明显高于其他两种 4 分以上，可定为该两种气质类型的混合型。

③ 三种气质类型得分相接近且均高于第四种，就属于三种气质类型的混合型。

三、消费者的气质在购买中的表现

多血质和胆汁质类型的消费者在购买过程中表现较积极，能够主动与营销者进行沟通，有时还会主动询问在场的其他消费者的意见，表现得十分活跃。胆汁质类型的消费者容易受广告宣传和营销者的劝说影响，冲动购买，也易购买流行、时尚的商品。同时，多血质消费者情感丰富，易买有象征意义的商品。胆汁质消费者直率，营销者的不良服务容易激怒该气质的消费者而造成双方的争执，黏液质和抑郁质为主的消费者在购买中表现得比较被动，不愿主动与营销者沟通或询问有关商品问题，表现为细心观察、精心挑选或比较，并对商品间微小的价格差特别在意，在购买过程中获取的商品信息很多，分析很透，购买过程较慢。购买后对所购买的商品使用时特别用心，在意商品的实际功效。

第二节　性　　格

一、性格的定义

性格是指一个人对现实的态度和行为方式中经常表现出来的稳定倾向。

不是任何态度和行为方式都能表明人的某种性格，关键是偶然性的还是经常性的，只有是经常性的才能称之为性格。性格不同于气质，它受社会历史文化的影响，有明显的道德评价意义，直接反映了一个人的道德风貌。所以性格更多地体现了人的社会属性，个体之间的个性差异的核心是性格的差异。

二、性格的结构和特征

性格是由许多个别特征所组成的复杂的心理结构。由于每个人性格特征组合的情况及表现形式不同，因而，形成了形形色色不同的性格。从总体上看，根据一个人对现实的态度以及在心理过程上表现的特点，性格的结构特征可从下列四个方面分析。

1) 性格的态度特征

性格的态度特征主要指的是一个人如何处理社会各方面的关系的性格特征，即他对社会、对集体、对工作、对劳动、对他人以及对待自己的态度的性格特征。性格的态度特征，好的表现是忠于祖国、热爱集体、关心他人、乐于助人、大公无私、正直、诚恳、文明礼貌、勤劳节俭、认真负责、谦虚谨慎等；不好的表现是没有民族气节、对集体和他人漠不关心、自私自利、损人利己、奸诈狡猾、蛮横粗暴、懒惰挥霍、敷衍了事、不负责任、狂妄自大等。

2) 性格的意志特征

性格的意志特征指的是一个人对自己的行为自觉地进行调节的特征。按照意志的品质，良好的意志特征是有远大理想、行动有计划、独立自主、不受别人左右、果断、勇敢、坚韧不拔、有毅力、自制力强等；不良的意志特征是鼠目寸光、盲目性强、随大流、易受暗示、优柔寡断、放任自流或固执己见、怯懦、任性等。

3) 性格的情绪特征

性格的情绪特征指的是一个人的情绪对他的活动的影响，以及他对自己情绪的控制能力。良好的情绪特征是善于控制自己的情绪，情绪稳定，常常处于积极乐观的心境状态；不良的情绪特征是事无大小，都容易引起情绪反应，而且情绪对身体、工作和生活的影响较大，意志对情绪的控制能力又比较薄弱，情绪波动，心境又容易消极悲观。

4) 性格的理智特征

性格的理智特征是指一个人在认知活动中的性格特征。例如，认知活动中的独立性和依存性。独立性强的人能根据自己的任务和兴趣主动地进行观察，善于独立思考。依存性强的人容易受到无关因素的干扰，愿意借用现成的答案。想象中的现实性：有人现实感强，有人富于幻想。思维活动的精确性：有人能深思熟虑，看问题全面；有人缺乏主见，人云亦云或钻牛角尖。

性格结构特征的性质有以下三个方面。

1）性格结构的整体性

在一个人的性格结构里，许多个别特征不是孤立存在的，而是相互依存，协调地组合成为一个统一的整体，并表现其独特的风格。例如一个勇敢顽强的人，他的主导心境一定是振奋的，性格情绪特征是强烈的，性格的理智特征是积极主动的，性格的意志特征是独立坚强的。由于性格的个别特征之间具有内在的联系，且协调地组合成一个统一的整体，所以只要了解一个人某一种或某几种性格特征，一般就可以推测出其他特征。

2）性格结构的复杂性

性格是一个统一的整体，但它的表现又十分复杂。一个人往往在这一场合表现性格的某一方面，在另一场合又表现性格的另一方面。究其原因，主要有以下几种。首先，从客观上看，是社会的不同方面提出了不同的要求所致。其次，从主观上分析，是由于人的行为方式和对事物的态度两者之间并不完全一致。再次，是由于各人的性格结构完整和完善的程度不同。有的人性格比较完整、完善，在任何场合下都表现一致，有的人则不然，在不同场合表现出不同的性格特征，即具有所谓的"双重性格"。

由于性格结构具有复杂性，因此要了解一个人的性格，必须通过在不同情境下全面、系统地反复考察，并要求在考察时分清主次，辨别真伪。

3）性格结构的稳定性与可塑性

人的性格反映人对现实的稳定态度和相应的习惯化的行为方式，具有稳定性。正因为这样，当我们真正了解某一个人的性格后，就可预料到他在某种情况下将采取什么样的态度和行为。营销者在进行营销活动时要善于观察消费者的性格特征，有效地开展工作。

性格具有稳定性，但它不是一成不变的，而是随着生活条件和客观需要的变化而变化的，这就是性格的可塑性。因此，消费者应该力图在活动中历练自己良好的性格，逐渐改变原来的不良性格。

超级链接

一、了解性格的途径

1. 通过活动

人的性格是在日常生活的各种活动中形成和发展的，也是在活动中表露出来的。为此，我们可通过各种活动去了解一个人的性格。

2. 通过言语

"言为心声。"言语是了解一个人性格特征的重要途径。一个人经常说哪些方面的话？话说多少？用什么方式说话？说话的内容真诚与否？语言的风格如何？通过这些，可以了解一个人的某些性格特征。例如，有的人经常说些炫耀自己和贬低别人的话，这就表现出他的骄傲自满、妄自尊大的性格特征。有的人说话经常言过其实或以假乱真，这就反映出他的浮夸和不诚实的性格特征。

3. 通过表情

人们常常以自己身体各部分的动作表达自己的情感状态。一个人习惯了的并和其心理活动相联系的面部表情，可作为用以了解其性格特征的依据。人们脸上的皱纹不仅是年龄的反映, 也是面部肌肉习惯性运动的结果。比如有些人经常"春风满面", 而有的人经常"满脸愁云", 这就使面部肌肉运动习惯有所不同, 于是留下了不同"烙印"的皱纹。据此也可判断一个人的某种性格特征。又如, 从微笑本身也可以表现不同的性格特征。而人的眼睛是心灵的窗口, 也是最能表达情感体现性格特征的器官之一。此外, 身段表情也能了解一个人的某些性格特征。例如, 傲慢的人走起路来往往是昂首挺胸, 旁若无人; 虚伪的人往往是装模作样, 故作殷勤; 谦逊的人往往躬身俯耳, 侧耳恭听; 胆怯的人往往提肩缩颈, 体向后倾。

二、性格鉴定的方法

性格鉴定的方法很多, 常用的有自陈法和投射法。

自陈法就是让受测者回答量表中一定数量的问题, 据此评分, 然后经过统计得出结论。自陈法常用的性格测验量表有: 明尼苏达多相人格测验量表, 有 560 多个题目; 卡特尔 16 因素测验量表, 有 180 多个题目; Y—G 性格检查表, 有 120 个题目; 向性(内向、外向)检查表, 有 50 个题目。

以卡特尔 16 因素测验为例, 卡特尔认为性格有 16 种因素, 只要测定一个人的这 16 个因素达到什么程度, 就能知道这个人的性格。16 个因素分别是: ①乐群性, ②聪慧性, ③情绪稳定性, ④好强性, ⑤兴奋性, ⑥有恒性, ⑦敢为性, ⑧敏感性, ⑨怀疑性, ⑩幻想性, ⑪世故性, ⑫忧虑性, ⑬激进性, ⑭独立性, ⑮自律性, ⑯紧张性。卡特尔用这 16 个因素编成 16 个组的问题, 每一组有十几个问题, 再把这 180 多个问题编成测验量表, 每个问题都让受测者从"是""不一定""不是"中选出一个答案, 按 0、1、2 分来评。经统计法换算成标准分填入有格的图表, 最后得出性格的结论。

投射法是主测者向被测者提供一些无确定含义的刺激, 让被测者在不知不觉之中自由地把自己内在的思想感情流露出来, 投射出来, 以确定其性格特征。投射法有两种主要形式: 罗夏墨渍测验和主题统觉测验。该方法在第一章绪论中已经详尽论述。

三、性格类型测试量表

回答以下 50 个题目。如果你认为自己的情况符合题目内容, 就在"是"上画"√"; 如果不符合就在"否"上画"√", 要求对 50 个题目尽量作出选择, 若对某个题目实在拿不准, 可以不回答。

(1) 独断专行   是(否)

(2) 快乐主义的人生观   (是)否

(3) 喜静安闲   是(否)

(4) 对人十分信任   (是)否

(5) 筹划思考 5 年以后的事   是(否)

(6) 遇到集体活动愿意在家不参加   是(否)

(7) 能在大庭广众下工作   (是)否

(8) 常做同样的工作   是(否)

(9) 觉得集体乐趣与个别交际无异   (是)否

(10) 三思而后行   是(否)

(11) 不愿别人提示，而是自作主张　　　　　　　　　　(是)否

(12) 安静而非热烈地娱乐　　　　　　　　　　　　　　(是)否

(13) 工作时不愿人在旁观看　　　　　　　　　　　　　是(否)

(14) 厌弃呆板的职业　　　　　　　　　　　　　　　　(是)否

(15) 宁愿节省而不愿耗费　　　　　　　　　　　　　　是(否)

(16) 不愿分析自己的思想和动机　　　　　　　　　　　(是)否

(17) 好做冥思幻想　　　　　　　　　　　　　　　　　(是)否

(18) 自己擅长的工作愿意人在旁观看　　　　　　　　　(是)否

(19) 发怒时不加抑制　　　　　　　　　　　　　　　　是(否)

(20) 工作因为受到赞赏而改变　　　　　　　　　　　　(是)否

(21) 喜欢兴奋紧张的劳动　　　　　　　　　　　　　　(是)否

(22) 常回想自己做过的事　　　　　　　　　　　　　　是(否)

(23) 愿作群众运动的领袖　　　　　　　　　　　　　　(是)否

(24) 喜欢公开演说　　　　　　　　　　　　　　　　　(是)否

(25) 使梦想成为现实　　　　　　　　　　　　　　　　是(否)

(26) 很讲究写应酬信　　　　　　　　　　　　　　　　是(否)

(27) 做事粗心大意　　　　　　　　　　　　　　　　　(是)否

(28) 深思熟虑　　　　　　　　　　　　　　　　　　　是(否)

(29) 能将强烈的情绪(如喜、怒、悲)表现出来　　　　　(是)否

(30) 做事不拘小节　　　　　　　　　　　　　　　　　(是)否

(31) 待人处事小心谨慎　　　　　　　　　　　　　　　是(否)

(32) 愿与观点不同的人交流　　　　　　　　　　　　　(是)否

(33) 疑心过重　　　　　　　　　　　　　　　　　　　是(否)

(34) 轻信人言，不假思索　　　　　　　　　　　　　　(是)否

(35) 愿意读书，不愿做实际工作　　　　　　　　　　　是(否)

(36) 好读书不求甚解　　　　　　　　　　　　　　　　(是)否

(37) 常写日记　　　　　　　　　　　　　　　　　　　是(否)

(38) 在群众中默默无闻　　　　　　　　　　　　　　　是(否)

(39) 常不得已而工作　　　　　　　　　　　　　　　　(是)否

(40) 不愿回想往事　　　　　　　　　　　　　　　　　(是)否

(41) 工作有计划，有规律　　　　　　　　　　　　　　是(否)

(42) 常变换工作　　　　　　　　　　　　　　　　　　(是)否

(43) 遇到麻烦事愿避免不愿承担　　　　　　　　　　　是(否)

(44) 爱听并重视小道消息　　　　　　　　　　　　　　是(否)

(45) 信任别人　　　　　　　　　　　　　　　　　　　(是)否

(46) 非极熟悉的人不轻易信任　　　　　　　　　　　　是(否)

(47) 愿研究别人而不愿轻易信任　　　　　　　　　　　(是)否

(48) 放假期间愿找一静地而不喜欢热闹场所　　　　　　是(否)

(49) 意见经常改变而不固定　　　　　　　　　　　　　　(是)否

(50) 任何说话场合均愿参加　　　　　　　　　　　　　　(是)否

说明：凡带括号的"是"或"否"代表外向，无括号的代表内向。50个题目中，25个属外向，25个属内向。

结果解析：向性指数=(外向性反应总数+1/2没有回答的总数)/25×100

向性指数为200者，性格属极端外向；向性指数为0者，性格属极端内向；向性指数在0～100之间者，性格偏于内向；向性指数在100～200之间者，性格偏于外向。

三、消费者的性格在购物中的表现

有的消费者在购物过程中非常理性，严格遵守购买程序，有的消费者就表现得很情绪化，有时冲动购买，不考虑自身是否需要或商品是否适合自己；有的消费者习惯于购买和使用某种商品，习惯于光顾自己熟悉的老店，有的消费者却乐于购买时尚商品、超前商品；有的消费者购买时表现果断、迅速，有的却犹豫、迟缓；有的消费者购买行为比较节俭，有的却表现出奢侈、放纵；有的消费者乐于购买自己所需的商品，有的却乐于为家人购买；有的消费者在购物中很有主见，很独立，有的却易受他人影响和左右，这都是不同的性格特征在消费者身上的体现。

第三节　消费者的能力

一、消费者能力的定义

能力是顺利、有效地完成某种活动所必须具备的心理条件，是人格的一种心理特征。比如辨别能力、观察力、形象记忆和形象思维能力等。能力是和完成某种活动相联系的个性心理特征，离开了具体的活动或任务的抽象能力是没有的。

二、能力的种类

1. 按能力发挥作用的领域划分

按照能力发挥作用的领域划分，能力可分为一般能力和特殊能力。一般能力是顺利完成各种活动所必需的基本能力，比如观察力、记忆力、想象力、思维能力等，其中以抽象思维能力为核心。这些在认识中表现出来的一般能力通常叫智力。特殊能力是顺利完成某种专业活动所必备的能力，比如音乐听觉能力、色调辨别能力、艺术想象能力等。

一般能力和特殊能力是有机地结合在一起的。一般能力愈是发展，就愈能为特殊能力的发展创造有利条件，而特殊能力的发展也促进了一般能力的发展。

2. 按能力创造性大小划分

按照能力创造性大小划分，能力可分为再造能力和创造能力。再造能力，是指在活动中能顺利地掌握别人积累的知识和技能，并按现成的模式进行活动的能力。学生在学习活动中培养的主要是再造能力。创造能力，是指在创造活动中能创造出具有社会价值的、独特的、新颖的商品的能力。比如服装设计师设计出新款服装是创造能力的表现。再造能力和创造能力二者是相互联系的，再造能力一般都含有创造因素，而创造能力的发展又需要再造能力。

3. 按能力的功能划分

按照能力的功能划分，能力可分为认识能力和操作能力。认识能力包括观察能力、思维能力等。操作能力包括运动能力、操纵器械的能力、制作能力等。

超级链接：能力测量

能力测量是一种心理测验。它是以某种量表来测量一个人的能力，并用量化的方法加以表示。

一、一般能力测验(智力测验)

比奈智力量表(1905 年制定的第一个智力测验表)是用来测量儿童智力发展水平的。量表中每个年龄组都有六个条目，每个条目代表两个月的智力。如果一个 4 岁儿童通过 4 岁组的全部条目，又通过 5 岁组的三个条目，那么这名儿童的心理年龄就是 4 岁半。比奈首次用心理年龄，即智力年龄($M \cdot A$)表示儿童智力水平。后又由德国的斯腾和后来的特曼提出智力商数(通称智商或 IQ)的概念，即以智力年龄($M \cdot A$)与实际年龄($C \cdot A$)的比率来表示智力测验结果。计算公式为：

$$IQ=智力年龄(M \cdot A)/实际年龄(C \cdot A)×100。$$

例如：一个儿童实际年龄为 5 岁，智力年龄也为 5 岁，那么 IQ=100，这个儿童属于一般水平。如果儿童实际年龄是 5 岁，智力年龄是 6 岁，IQ=120，这个儿童智力就高于同年龄儿童的一般水平。如果实际年龄为 5 岁，智力年龄为 4 岁，IQ=80，这个儿童智力就低于一般水平。经大量测验和统计处理得出，智商为 90～110 的人最多，属智力中等；智商为 110～120 的人较多，属智力略高；智商在 140 或 140 以上的人很少，属才智出众；智商 90～70 的人属于智力偏低；智商在 70 以下的人也极少，属低能。

二、特殊能力测量和创造力测量

这类测验主要用于职业定向指导，就职人员选拔和安置，儿童特殊能力的早期诊断与培养。

特殊能力测量，就是对特殊职业活动能力的测量。比如对运动能力、音乐能力、绘画能力等的测量。例如，音乐能力测量，有音高、音强、时间、节奏、记忆、和谐六个项目。数学能力测量，有对数学材料的迅速概括能力、解题时迅速简化的能力等项目。特殊能力测量需对特殊活动进行分析，找出它所要求的心理特征，列出测验项目，为进行广泛预测制订出测验量表。

创造力测量，是 20 世纪 60 年代初美国芝加哥大学首创的测验。主要测量被试者的求异思维水平，了解被试者思维的流畅性、变通性和独创性。这个测验由五个项目组成：①词的联想；②物品用途；③隐藏图形；④寓言；⑤组成问题。创造力测验答案不固定，一般要求回答得越多越好，并要有新颖性和创造性。

三、能力发展的个体差异

1. 能力发展水平的差异

能力发展水平有高低的差异，但就全人类来说，能力的个体差异呈正态分布。

智力的高度发展叫智力超常，一般把智商高于 140 的儿童叫超常儿童，这类儿童大约占全人口的 1%；智力远低于中等水平叫智力落后，一般把智商低于 70 的儿童叫弱智儿童，这类儿童大约占全人口的3%。

智力水平的高低并不是一个人成就大小的唯一决定因素。智商高成就低或智商较低成就较高的例子并不少见，智力水平只是一个人创造成就的基本条件。但是，除智力水平这一条件之外，机遇和一个人的人格品质也是极为重要的条件。很难设想一个懦弱的人会有克服重重困难争取胜利的毅力。

2. 能力类型的差异

不同的人在能力的不同方面上所表现出来的差异也是很大的，这包括感知能力、想象力，以及特殊能力方面的明显差异。例如，有的人听觉灵敏，有的人视觉发达；有的人记忆力强，有的人想象力强；有的人善于分析，有的人善于综合；有的人音乐能力强，有的人善于绘画等。而消费者消费能力与其消费实践经验和审美情趣相关。

3. 能力发展早晚的差异

有的人很小就表现出非常聪明，或能作曲，或能写诗，或有极强的运算能力，人们常把这种儿童叫"神童"。有的人则大器晚成，到了中年甚至老年才创造出成果。大器晚成的人可能是因为早期没有得到良好的教育或发展的机会，或因为早期的生活道路比较坎坷，也可能因为成果的创造需要长期的准备和积累。

四、能力对消费者购买活动的影响

1. 消费者的一般能力

消费者的一般能力是其能否顺利完成购买活动的保障。具体的一般能力包括感知商品的能力、分析和评价商品的能力，以及使用商品的能力。消费者感知商品后，对商品进行分析判断，深入认识商品的实际价值和具体的功能，进行消费决策。确定购买后，进行适当的挑选、购买。而后，进行实际的操作和使用。消费者的使用能力是很重要的，和其自身的知识水平和动手能力有关，使用能力强就能更好地享受现代商品给我们带来的便利。消费者的一般能力也可以帮助消费者辨别商品和营销手段的真伪，有效地保护自己。

2. 消费者的高级能力

消费者的鉴赏力是消费者的高级能力，是与消费者自身的审美水平相联系的能力。现代社会物质丰富，商品繁多，在五花八门的商品中挑选出符合自己审美需求的商品是每一个消费者所追求的。好的鉴赏力可以提高消费者的生活质量，使其在服饰搭配、家庭装饰、美容美发、礼品选择等方面获得成功。

3. 消费者的特殊能力

消费者的特殊能力是消费者购买专业商品所必备的能力，现代社会，商品的科技含量增多，消费者在感知、分析判断这方面商品的能力也要适当提高。比如，买钢琴、买房子、买装饰材料、买轿车等，这都需要消费者提高自己相关方面的能力，更好地保证自己的权益，更好地提高自己的生活质量。

本 章 小 结

消费者的个性心理包括个性心理特征和个性倾向性。个性心理特征主要指人的气质、性格和能力。个性就是人的独特的风格，是一个人区别于其他人的重要标志。树叶没有完全一样的，人的个性也是如此。消费者的气质、性格、能力的差异表现在消费活动中也是千差万别的。营销者需要了解消费者的个性特点，更好地开展营销工作。每个人作为消费者本身，也应该理解自己的个性特点，学会在购物中更科学地消费。

课 程 思 政

消费不仅是一个经济问题，更是一个政治问题和社会问题。消费是人民群众满足生存、发展需求的途径，是人民群众享受劳动成果、促进自身自由全面发展的方式，提升消费水平是人民群众合理、正当的要求。但是，鼓励消费不等于鼓励浪费，不等于走向消费主义、拜金主义、享乐主义。倡导艰苦奋斗，反对铺张浪费，是中华民族的传统美德。因此要大力进行社会主义核心价值观教育，特别是要加强理想信念教育，通过学习课程树立"节俭消费""理性消费""健康消费""绿色消费"的理念。

思 考 题

一、简答题

1. 什么是气质？消费者的气质对购买的影响表现在哪些方面？
2. 性格结构特征包括哪些方面？
3. 能力对消费者购买活动的影响有哪些？

二、判断题

"气质有好坏之分"你认为这句话对吗？请说明理由。

案 例 分 析

不同气质类型消费者面对这些问题的情况

"如果您去商店退换商品，售货员不予退换怎么办？"这一问题通常有这样几种答案。

(1) 耐心诉说。尽自己最大努力，慢慢解释退换商品的原因，直至得到解决。

(2) 自认倒霉。向商店申诉也没用，商品质量不好又不是商店生产的，自己吃点亏，下回长经验。缺少退换的勇气和信心。

(3) 灵活变通。找好说话的其他售货员申诉，找营业组长或值班经理求情，只要有一个人同意退换就有望解决。

(4) 据理力争。决不求情，脸红脖子粗地与售货员争到底，不行就向报纸投稿曝光，再不解决就向工商局或消费者协会投诉。

案例讨论

以上四种答案各反映出不同顾客的哪些气质特征？

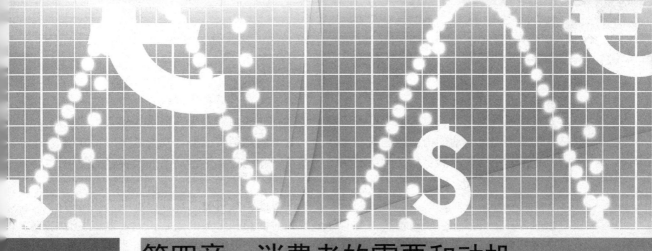

第四章　消费者的需要和动机

【本章导读】

通过对本章内容的学习，掌握消费者的需要和动机的概念与类型；研究消费者消费的特征和形态，把握消费者需要的发展趋向；了解消费者由需要产生动机的概念和内涵，消费者需要和动机之间的关系；了解动机的类型，把握动机的特征；学会运用动机原理分析影响购买行为的因素。

第一节　消费者的需要的概念及分类

消费者的消费行为受到诸多心理因素影响，其中需要和动机占有特殊的地位。在现实生活中，各种各样的购买行为都是由消费者的购买动机引起的，而购买动机以消费者的需要为基础。当一种需要未得到满足时，人们的内心便会产生紧张。这种紧张状态激发人们争取实现目标的动力，即形成动机。在动机的驱使下，人们采取行动以实现目标。目标达到，需要得到满足，内心紧张状态消除，行为过程即告结束。就一次行为过程而言，直接引起、驱动和支配行为的心理要素就是需要和动机，其中动机又是在需要基础上产生的。因此，需要是消费者行为的最初原动力，动机是消费者行为的直接驱动力。消费者的个体行为的一般规律为：需要决定动机，动机支配行为，这是一个不间断的循环过程。

正是因为需要、动机与行为之间有着紧密的内在联系，任何消费行为都是在需要和动机的直接驱动下进行的，因而有必要深入研究消费者需要与动机的内容、特性和变化趋势，以便把握消费者心理与行为的内在规律。

消费者行为的根本原因是需要。需要与刺激都是动机产生的条件，而需要是最基础的。研究消费者的需要是企业经营活动的起点，满足消费者的需要是企业经营的最直接的目标。一般而言，人们不仅要求衣、食、住、行等基本需要得到满足，还有更高层次的对娱乐、教育等精神商品的需要。消费者对满足需要的基本商品和服务的品牌与形式有着强烈的偏好。

需要是个体由于缺乏某种生理或心理因素而产生内心紧张，从而形成与周围环境之间的某种不平衡状态。其实质是个体对延续和发展生命，并以一定方式适应环境所必需的客观事物的需求反映，这种反映通常以欲望、渴求、意愿的形式表现出来。

消费需要包含在人类的一般需要之中，它反映了消费者某种生理或心理体验的缺乏状态，并直接表现为消费者对获取以商品或服务形式存在的消费对象的需求和欲望。这些需要是人们从事消费活动的内在原因和根本动力。为了满足消费需要，消费者努力实施相应的消费行为。原有需要满足后，又会产生新的需要，新的需要又推动新的消费行为发生，如此循环往复，形成无尽延续的消费行为序列。

任何需要都是有对象的，消费者的需要总是针对能满足自身生理或心理缺乏状态的物质对象而言。在商品社会中，消费需要具体体现为对商品和劳务的需要。倘若现实生活中不存在或社会尚不能提供某种商品，对这种商品的消费需要就无从产生，需要本身也就变得毫无意义。

值得指出的是，有时消费者并未感到生理或心理体验的缺乏，但仍有可能产生对某种商品的需要。例如，面对美味诱人的佳肴，人们可能产生食欲，尽管当时并不感到饥饿；华贵高雅、款式新颖的服装，经常引起一些女性消费者的购买冲动，即便她们已经拥有多套同类服装。这些能够引起消费者需要的外部刺激(或情境)称为消费诱因。消费诱因按其性质可以分为两类：凡是消费者趋向或接受某种刺激而获得满足的，称为正诱因；凡是消费者逃避某种刺激而获得满足的，称为负诱因。心理学研究表明，诱因对产生需要的刺激作用是有限的，诱因的强度过大或过小都会导致个体的不满或不适，从而抑制需要的产生。例如，如果处在一个广播广告或电视广告接连不断宣传的环境之中，消费者就可能产生厌恶和抗拒心理，拒绝接受这些广告。需要产生的这一特性，使消费者需要的形成原因更加复杂化，同时也为人为地诱发消费需要提供了可能性，即通过提供特定诱因，刺激或促进消费者某种需要的产生。这也正是现代市场营销活动所倡导的引导消费、创造消费的理论依据。

一、需要的概念

1. 需要的本质

需要是指人对某种目标的渴求或欲望。它是机体、自身或外部生活条件的要求在脑中的反映，通常以缺乏感和丰富感被人体验。形成需要必须同时满足两个条件：一是个体缺乏某种东西，确有所需；二是个体期望得到这种东西，确有所求。消费者的需要，在商品经济条件下，表现为购买商品或劳务的欲望或愿望。需要是人活动动机的源泉，人们有了某种需要，才能为自己提出活动目的，考虑行为方法，去获得所需要的东西，以得到某种程度的满足。需要得到满足，给人以愉悦的情绪体验，使人焕发新的热情；需要得不到满足，就会使人产生焦虑或挫折感，势必影响活动的效能。

2. 需要的产生

个人需要的产生，即指一个人从无意识的状态到有意识的反映和体验，最后到需要的存在。它有赖于个体当时的生理状态、认知水平、社会情境等因素。

首先，需要产生于生理均衡状态的打破。有机体生理状态的均衡，是维持个体生存的必要条件，随着时间的推移，环境的变化，机体内某种东西缺乏就会破坏均衡，从而使人产生饥饿感、紧张感，于是出现生理及安全的需要。这种学说可以解释许多和生理相关的需要的产生，但不能解释高级需要的产生，例如尊重、自我实现等。

其次，需要产生于社会环境的变迁。个体从一种社会环境进入另一种社会环境，例如从学校走上工作岗位，在新环境的各种因素刺激下会产生与新环境趋同的心理。其中一些精英充当了意见领袖的作用，他们的衣着、品位、举止言行都成为新的需求的来源。

最后，需要深受个人认知因素的影响。研究表明，人的思想特别是想象和幻想可能使一个人不断地产生欲望。如果一个人想象自己置身于某一社会情境之中，就可能加强其在这一方面的欲望。而且，他就会将其中某些欲望付诸实现，以满足他的需要。

二、需要的种类

1. 从心理学的角度分类

从心理学的角度出发，消费者的需要可以分为生理性需要和社会性需要。

生理性需要是人与生俱有的，它反映了人对维持生命和延续后代所必需的客观条件的需求，比如饮食、睡眠、休息、阳光、水、空气等。表现在从外部获得一定的物质为满足，与精神需要相比，物质需要是有限的，容易被满足。人和动物都有对物质的需要，本质的区别在于人在劳动中主动地发现和满足自己的需要，而动物只是依赖现成的天然物来满足需要。

社会性需要是在进行社会生产和社会交往过程中形成的，是人类所特有的，比如，对劳动、交往、友谊、求知、尊重、道德的需要等。社会性需要因社会历史发展的不同、经济和社会制度的不同、民族的风俗习惯和行为方式的不同，而有显著的个别差异。这类需要也是人的生活所必需的，如果人的这类需要得不到满足，人就会产生痛苦和忧虑等情绪。随着社会经济的发展，人们物质方面的需要逐渐被满足，社会性的需要开始逐渐成为人们的主要需要。其特点是：不是由人的本能决定的，而是后天学习中逐渐形成的，需要的强度和需要的主要方面是由社会条件所决定的；它往往蕴藏于一个人的内心世界，不容易被人察觉；它从人的精神方面获得满足，弹性限度很大。

2. 从消费者的角度分类

从消费者的角度出发，消费者的需要可以分为劳动的需要、物质文明的需要、文化与精神生活的需要和社会性需要。

劳动的需要包括职业劳动、创造性劳动、社会公益性劳动等。物质文明的需要包括衣食住行的基本需要与较高水平的耐用品的需要。文化与精神生活的需要包括学习、文艺、体育、旅游、娱乐等。社会性需要包括社会活动、交往和谐、参加组织、友谊与爱情、尊重与荣誉等。

把人的需要进行分类，只具有相对的意义。人们对精神需要的满足离不开物质需要的保证，比如对服饰爱美的需要就要有美的时装和精致的首饰作前提。同时物质需要又渗透着精神需要，穿衣不只是为了御寒或蔽体，还包含对衣服的颜色、款式、质地、品牌的追求，体现出美的需要。人的生理性需要也要依赖一定的文化条件作为满足。在人类社会历史发展过程中，由于社会生产和文化艺术的发展，人们的需要也在不断地产生和发展，并且受到社会生活条件的制约。了解有关需要及需要的种类，对于营销活动有着重要意义。

消费者多种多样的需要，不仅使人们的生活能够变得丰富多彩，而且也给工商企业发展新商品、开辟新市场提供了机会。

三、需要层次理论

人的需要多种多样，各种需要不是孤立存在的，而是彼此联系的，是一个统一完整的需要结构。各种需要的关系怎样？各种需要又怎样构成人的动机体系？心理学界对此进行了多种形式的分类。美国心理学家马斯洛提出的需要层次论，被认为是回答这些问题较为全面、系统的一个理论。

(一)需要层次论的基本内容

马斯洛认为，人的一切行为都是由需要引起的，而需要是分层次的，人的需要从低层次到高层次依次为：生理的需要、安全的需要、社交的需要、尊重的需要、自我实现的需要，如图4.1所示。一个人只有当低层次的需要获得满足后，高层次的需要才会产生。

图 4.1　马斯洛的需要层次理论

1. 生理上的需要

这是人类维持自身生存的最基本要求，包括衣、食、住、行等方面的要求。如果这些需要得不到满足，人类的生存就成了问题。在这个意义上说，生理需要是推动人们行动的最强大的动力，这是人们最重视的，也是人不惜代价要达到的一个目标。马斯洛认为，只有这些最基本的需要满足到维持生存所必需的程度后，其他的需要才能成为新的激励因素，一旦得到满足，这些需要也就不再成为激励因素了。

2. 安全上的需要

安全的需要分为面对大自然和面对社会的个人需求(保护、秩序、稳定等，心理上要求自身可以长久享有某种状态的需要)。这是人类要求保障自身安全、事业稳定、财产安全和身体健康的需要。当这种需要一旦相对满足后，也就不再成为激励因素了。

3. 情感的需要

这一层次的需要包括两个方面的内容。一是亲情、友情、爱情的需要，即人人都需要一个完整的家庭，需要伙伴之间、同事之间的关系融洽或保持友谊和忠诚；人人都希望得到爱情，希望爱别人，也渴望接受别人的爱。二是归属的需要，即人都有一种归属于一个群体的感情，希望成为群体中的一员，并相互关心和照顾。

4. 尊重的需要

人人都希望自己有稳定的社会地位，要求个人的能力和成就得到社会的承认。尊重的需要又可分为内部尊重和外部尊重。内部尊重是指一个人希望在各种不同情境中有实力、能胜任、充满信心、能独立自主。总之，内部尊重就是人的自尊。外部尊重是指一个人希望有地位、有威信，受到别人的尊重、信赖和高度评价。尊重需要得到满足，能使人对自己充满信心，对社会满腔热情，体验到自己活着的价值。

5. 自我实现的需要

这是最高层次的需要，即实现自己理想的需要。它和自尊的需要不同，自我实现的需要是努力实现自己的潜力，使自己成为自己所期望的人物。

(二)需要层次论的解释

在马斯洛看来，人类价值体系存在两类不同的需要：一类是沿生物谱系上升方向逐渐变弱的本能或冲动，称为低级需要和生理需要；一类是随生物进化而逐渐显现的潜能或需要，称为高级需要。

人都潜藏着这五种不同层次的需要，但在不同的时期表现出来的各种需要的迫切程度是不同的。人最迫切的需要才是激励人行动的主要原因和动力。人的需要从外部得来的满足逐渐向内在得到的满足转化。低层次的需要基本得到满足以后，它的激励作用就会降低，其优势地位将不再保持下去，高层次的需要会取代它成为推动行为的主要原因。高层次的需要比低层次的需要更具有价值。

第二节　消费需要的特征及形态

消费需要包含在人类一般需要之中，体现为消费者对以商品形式存在的消费品的直接需要。消费行为不仅来源于人类一般需要，并且带有消费需求的基本特征。在社会生产、科学技术和文化艺术日益发展的今天，消费者希望提高物质和精神欣赏水平的各种需要也不断产生。

一、消费需要的基本特征

消费需要千变万化，各不相同，并随着时代和社会的进步而不断发展变化。尽管如此，消费需要仍存在一些共同的规律性，这些共同的规律性体现在消费需要的基本特征之中。

1. 多样性

由于不同消费者在年龄、性格、工作性质、民族传统、宗教信仰、生活方式、生活习惯、文化水平、经济条件、兴趣爱好、情感意志等方面存在不同程度的差异，使得消费者心理需求的对象与满足方式纷纭繁杂，对主导需要的抉择也是不一致的。比如职业带来需求的多样性，知识分子在结婚时一般有购置写字台、书橱的习惯，而其他人结婚时则会购置装饰橱和梳妆台等。再如，年龄带来需求的多样性，青年人一般喜欢电影、流行音乐、舞蹈等现代化的艺术形式，而大多数老年人偏爱传统的地方戏、评书等。

消费需要的多样性还表现在同一消费者对某一特定消费对象常常同时兼有多方面的要求。比如对衣服既寻求款式新颖，又要求做工精细，还要求是大品牌，而且价格还要经济，这体现出消费者在同一个体内部仍具有绝对的多样性。

企业面对消费者千差万别、多种多样的需要，应根据市场信息和自身能力，确定目标市场，向消费者提供具有个性化特点的商品，才能真正满足消费者的需要，企业也才能在市场上站稳脚跟。

2. 层次性和变化发展性

消费者的消费需要是有层次的。按照不同的方法，可以把消费需要划分为若干个高低不同的层次。通常，消费者首先要满足低层次的需要，在低层次需要得到满足的基础上才能追求高层次需要的满足。但在特殊情况下，需要的层次顺序也可以改变，即消费者可能跨越低层次需要首先去满足高层次需要，也可能在高层次需要得到满足之后，转而寻求低层次需要的满足。

消费需要的内容，从静态分布上看是多样化，从动态观点上看就是由低到高、由简到繁，不断向前推进的过程。随着商品经济的发展，需要会不断地产生新的对象，消费者对某项需要一旦满足以后，就不再受该项需要激励因素的影响，而渴望并谋求其他更高一级的需要，并不断向新的需要发展。

从"三大件"的历史变迁，可以看出人们消费需要的发展性。20世纪70年代，中国人民将手表、自行车、缝纫机视为家庭"三大件"。跨入80年代，新的"三大件"——彩电、冰箱、洗衣机给我们的生活带来了又一个惊喜。到了90年代，中国人注重提高生活质量，此时的"三大件"被概括为空调、电脑、电话。新世纪以来有人说新的"三大件"为私人住宅、小轿车和现代通信设备，更多的人认为，今日中国人消费已走向了多元化，很难再对"三大件"作出一致的判定。回顾家庭耐用消费品发展变化的轨迹，我们可以看到这样一个事实：短短30年间，中国城镇家庭消费走完了从"旧三件"到"新三件"的历程，正在全力追求更有质量和品位的生活。"三大件"这种烙有年代印痕的俗称也会从人们的记忆中消失。

就不同需要来说，当某种需要获得某种程度上的满足后，另一种新的需要又产生了，任何时候都不可能有绝对的满足。从这个意义上说，需要是永无止境的，消费者的需要是随社会的发展而发展的。随着改革开放的进行，部分地区和个人先富了起来，我国部分城乡居民的消费，20世纪50年代主要追求"吃饱穿暖"，80年代中期到90年代就要"吃讲营养，穿讲漂亮，住讲宽敞，用讲高档"，这也成了当时社会上消费心理的新动向。

需要的发展，与客观现实刺激的变化有很大的关系，社会经济与政治体制的变革、道德风尚的变化、生活或工作环境的变迁，乃至宣传广告的改变，都可促使消费者产生需要的转移和变化。企业认识到消费者需要的这一特征后，在生产经营中须以消费需求发展的程度和趋势为标准，提供性能更好、质量更高、款式更新颖、与国际消费潮流接轨的商品。

3. 可诱导性

消费者决定购买什么样的消费品，采用何种消费方式，怎样消费，既取决于自己的购买能力，又受到思想意识的支配。周围环境、社会风气、人际交流、宣传教育、文学艺术等，都可以促使消费者产生新的需要。或者由一种需要向另一种需要转移；或者由潜在的需要变成现实的需要；或者由微弱的欲望变成强烈的欲望。因此，消费者的需要可以引导、调节而形成，也可以因外界的干扰而消失或变换。广告在商品经济发达的社会既"泛滥成灾"，又是消费者不可缺少的生活向导。一部电影能使某种时尚家喻户晓，风靡全球；一则新闻又能置某种商品于十八层地狱，永世难得翻身。

企业不仅应当满足消费者需要，而且应当启发和诱导消费者需要，即通过对发达国家经验的借鉴等有效的途径，引导消费者需要的发展变化，使其愈趋合理化，改变落后的消费习惯，使物质消费与精神消费协调统一，逐步达到消费结构和需求结构的优化。

4. 周期性

每个消费者都有一些需要在获得满足后，在一定时间内不再产生。但随着时间的推移还会重新出现，显示出周而复始的特点。不过这种重复出现的需求，已经和原来的需求有许多不同。消费需要在形式上总是不断翻新的，也只有这样，需要的内容才会丰富、发展。皮鞋总是在方头、圆头、尖头、平跟、中跟、高跟之间翻来覆去变花样，这种周期性往往和自然界环境变化的周期相适应，也同商品寿命、社会风尚、购买习惯、工作与闲暇时间、固定收入获得时间等相关联。比如许多商品的销售淡旺循环变化是由自然季节决定的；服装流行周期与社会风尚变化相呼应等。因此，研究周期性，对企业加强生产、经营的计划性有着重要意义。企业可根据需要周期的发展变化规律，安排好包括商品种类、销售时间、销售方式、销售对象及销售地点等在内的产、供、购、销、调、存。

一般而言，精神商品往往不具备重复消费的周期规律，尽管旅游可以"故地重游"，读书可以"手不释卷"，但精神商品的生产不宜重复和仿造，否则就会滞销。比如电影，如果都是一个题材，演员形象雷同、导演手法雷同、情节内容雷同的话，消费者(观众)就会感到乏味。

5. 伸缩性

伸缩性表现在消费者对心理需要追求的层次高低、项目多少和程度强弱上。在现实生活中，消费者的需要，尤其是以精神商品满足的心理需要，具有很大的伸缩性，可多可少，时强时弱。当客观条件限制了需要的满足时，需要可以抑制、转化、降级，可以滞留在某一水平上，也可以是以某种可能的方式同时或部分地兼顾，以满足几种不同性质的需要。在有些情况下，人还会只满足某一种需要而放弃其他需要。例如，高考复习阶段的学生，为了能学好知识迎接高考，放弃了旅游、看电影、电视、小说、打球及休息的需要。

消费者需要的伸缩性，是人们用于解决"需要冲突"的适应性行为。企业在进行生产和经营时，必须从我国消费者当前的实际消费水平和民族消费历史、消费习惯的特点出发，注意将满足物质需要和精神需要两方面有机地结合起来。首先解决最基本的需要，再逐步提高科学文化教育等方面需要的满足程度。

6. 时代性

消费者的心理需要还会受时代风气和环境的影响，时代不同，消费者的需求和消费习惯也会不同。不甘落后于时代，随周围环境变化而变化，是一般人常有的心理特征。例如，20 世纪 50 年代，中国与苏联关系密切，苏联姑娘习惯穿的连衣裙在中国极为流行。到了 80 年代牛仔裤、旅游鞋传入中国，迅速影响我国人民的消费习惯。再如，随着经济条件的普遍好转和科学知识的普及，我国消费者现在越来越讲究科学消费，对有利身心健康的消费习惯积极地采纳，对不利人体健康的消费习惯则采取坚决摒弃的态度。

二、消费者心理需要在购买活动中的表现形态

心理需要推动着消费者去进行必要的活动。消费者的心理需要，必然直接或间接地表现在购买活动之中，影响其购买行为。消费者在购买活动中，其心理需要主要有以下一些表现。

1. 习俗心理需要

地理、气候的不同，区域、民族的不同，宗教、信仰的不同，历史、文化的不同，传统、观念的不同，都会引起消费者不同的习俗心理需要。拿洗脸来说，我国北方人和南方人的洗脸方式往往不同。大多数北方人洗脸时，先将双手浸入水中，把脸抹湿，再抹上肥皂，然后用手捧水把脸洗净，最后用毛巾把脸擦干。南方人却喜欢先把毛巾在水里浸湿，拧干之后再擦脸。两种不同的洗脸方式，使南方人和北方人各自对毛巾的薄厚、柔软程度、吸水性能等产生不同的要求。北方人要求毛巾厚实、吸水性能好；南方人要求毛巾质感柔软，大小适中，便于拧干。以上例子只是一般归纳，目的在于说明营销厂家应该根据不同的销售地区，消费者不同的习俗和消费需求，组织生产、销售不同的商品。

2. 同步心理需要

人是在社会中生活的，人与人互相接触，群体意识规范群体中人的行为，从而使群体中的人在生活的各方面要求上趋于同化。这在消费行为中称之为同步心理需求。群体中的意见领袖引导群体发展的潮流和方向，群体中的成员在群体规范和群体压力之下纷纷效仿，从而形成一定时期的消费潮流、风气、消费习惯和心理。

3. 便利心理需要

在购买日用消费品时，消费者普遍都希望能获得方便、快捷的服务，还要求商品携带、使用、维修方便等。生产出给消费者提供方便的商品，无疑是时代发展的要求。如今商品设计越来越多地转向为消费者带来方便，比如有人嫌打领带费事，便有了"一拉得""一挂得"领带；有人照相懒得记光圈、速度的要诀，便有了"傻瓜"照相机；电视可以使人坐在家中，眼观全世界，已经够"方便"的了，可连替你换频道这样的举手之劳也有人想到，于是发明了遥控器。实践证明，企业只有大开"方便"之门，才能既能拥有目前市场，又能把握未来市场。

4. 高性价比心理需要

城镇居民(消费者)的收入，一般主要是依靠货币工资收入，他们的消费品全靠购买。对每个家庭和个人的消费结构来说，影响最大的是收入水平，生产部门提供的商品能否成

为家庭和个人的消费内容，主要取决于消费者的收入。商品价格是消费者购买活动中最重要、最敏感的因素，消费者的购买心理活动与价格相关。消费者总希望付出较少的货币，获得较多的物质利益，即通常对商品要求物美价廉、经济实惠。

5. 个性化心理需要

有些消费者由于受习惯爱好、学识修养、职业特点、生活环境等因素影响，会对某类商品稳定、持续地追求与偏爱。比如有人对集邮、收藏、钓鱼等特别喜欢，就会经常关注、反复购买此类商品；某些消费者由于长期使用的习惯或对某个商店、某个商品产生特殊的好感，而在购买和消费时往往习惯性地选择某个产地、某个商标、某个牌子的商品，或长期到某个值得信赖的商店购买。

上述心理需要，构成消费者不同的购买动机。消费者的心理需要错综复杂地交织在一起，可能几种心理需要兼而有之，也可能主次不同。

三、消费者需要的基本形态

消费者需要存在形态的差异，对消费需要激发购买动机的强度以及促成购买行为的方式有着直接影响。研究消费需要的存在形态，对于了解市场需求的构成状况和变动趋势具有重要意义。从消费需要和市场购买行为的关系角度分析，消费者的需要具有以下几种基本存在形态。

(1) 现实需要：随时可以转化为现实的购买行为的消费者需要。

(2) 潜在需要：指目前尚未显现或明确提出，但在未来可能形成的需要。

(3) 退却需要：指消费者对某种商品的需要逐步减少，并趋向进一步衰退之中的需要。导致需要衰退的原因通常是时尚变化、消费者兴趣转移；新商品上市，对老商品形成替代；消费者对经济形势、价格变动、投资收益的心理预期等。

(4) 不规则需要：又称不均衡或波动性需要，指消费者对某类商品的需要在数量和时间上呈不均衡波动状态。

(5) 充分需要：又称饱和需要，指消费者对某种商品的需求总量及时间、市场商品供应量及时间基本一致，供求之间大体趋于平衡。但任何供求平衡都是暂时的和相对的，不可能永远存在下去。

(6) 过度需要：指消费者的需要超过了市场商品供应量，呈现出供不应求的状况。其主要是由于外部刺激和社会心理因素引起的。

(7) 否定需要：指消费者对某类商品持否定、拒绝的态度，因而抑制其需要。

(8) 无益需要：指消费者对某些危害社会利益或有损于自身利益的商品或劳务的需要。

(9) 无需要：又称零需要，指消费者对某类商品缺乏兴趣或漠不关心，无所需求。

从上述关于需要形态的分析中可以得到重要启示，即并不是任何需要都能够直接激发动机，进而形成消费行为的。并不是任何需要都能够引导正确、有益的消费行为。所以，正确的方法应当是区分消费者需要的不同形态，根据具体形态的特点，从可能性和必要性两方面确定满足需要的方式和程度。需要是决定销售和消费的力量，熟悉和掌握消费者的心理需要，对于了解社会消费现象，预测消费趋向，以便在商品生产和商品经营中进行精心的商品设计和周到的销售服务,这些对于促进营销活动的作用是不可低估的。

另外,人的需要心理活动是永远不会停止的,因而需要也是永远不会得到满足的。认识到这一点对于市场营销十分重要,因为消费者的需要不满足的状态是经常存在的,而且从市场学的角度看,消费者的需要不满足,正是市场策略的第一步。21世纪初,某地一家鞋帽公司适时推出一种新型女性绒帽,在市场上十分抢手,估计需要20万顶,但这家公司先抛出15万顶,造成供不应求的局面,结果再抛出12万顶,还是卖光了。这一例子充分说明研究消费者需求心理对制定营销策略的作用。

第三节　我国消费需求发展趋势

随着21世纪的来临,现代消费者面临的消费环境发生了一系列极其深刻的变化,具体表现在:科学技术的日新月异和社会生产力的迅猛发展,加速了产品的更新换代,新产品和各种高科技产品层出不穷,推动了消费内容和方式的不断更新。发展中国家市场化进程的加速和发达国家区域联盟的建立,促进了全球经济一体化和国际大市场的形成,现代消费者直接面对国际市场和各国产品,由此使消费者选择商品的范围得到了极大扩展。电子商务的迅速发展和广泛应用,为消费者实现购物方式和消费方式的根本变革提供了可能性。现代交通和通信技术的日益发达,迅速缩小了地域间的空间距离,促进了国际交往的增加,使不同国家、民族的文化传统、价值观念、生活方式得以广泛交流,各种新的交叉文化、消费意识、消费潮流不断涌现,并以前所未有的速度在世界范围内广泛扩散、传播。

现阶段社会经济的飞速发展,给消费者的消费观念和消费方式带来多方面的深层影响,并使消费需要的结构、内容和形式发生了显著变化。结合我国消费者现阶段的需求动态以及当今世界的消费发展潮流,我们将这一变化归纳为以下趋向。

【行业报告】2021年,我国消费市场呈现这7大趋势!

一、新消费引领国内大循环

相较于传统的以产品为主的消费模式,新消费更加以消费者为中心,注重掌握、了解和预测用户的需求,继而系统性地创造产品、场景来满足不同消费群体的真实需求和潜在需求。在国家政策推动以及数字经济发展趋势之下,未来我国线上消费、无人零售、智慧消费、共享消费、信息消费、体验式消费等新业态新模式将快速发展,大型商业综合体、商业超市将加快数字化转型。

二、高性价比消费持续回归

受国际形势依然严峻复杂、国内经济增速下滑等因素的影响,2021年我国消费者的收入预期仍将相对保守,消费者消费理念回归理性,更加倾向于有计划地减少超前消费、冲动性消费和奢侈消费,继续增加家庭储蓄,追求在预算范围内最大化地满足消费需求。简约适度、实用性强、性价比高的产品和服务将更加受消费者青睐。

三、银发消费市场不断扩大

我国人口老龄化趋势的影响逐渐显现，银发消费市场规模将不断扩大。根据国家统计局数据，截至 2019 年年末，我国 60 岁及以上人口约有 2.54 亿，占总人口的 18.1%。未来，我国人口老龄化趋势将明显加强，预计未来与颐养休闲、医疗用品、健康保健、文化娱乐等相关的养老性服务产业将迎来发展机遇，老年用品、看护料理等消费需求迅速增加。

四、国货品牌成为消费时尚

我国生产企业借助电商平台等渠道，加快自主品牌建设，优化国产品牌商品供给，满足国内消费者需求，以拼多多为代表的新电商平台成为促进国货品牌消费增长的引擎之一。截至 2020 年 6 月底，拼多多平台销售的国产品牌数量超过 50 万个，其中商务部认定的中华老字号品牌达 212 个。未来国潮品牌、国产商品将在市场上大量涌现，更受国内消费者认可。

五、社交互动消费需求凸显

随着人工智能等现代技术的发展，消费多样化、个性化、小众化发展趋势显著，同时消费者之间的信息交流显著增强，社交互动消费需求逐渐凸显。直播带货、社交拼团模式在我国率先发展，为促进社交互动消费贡献活力。预计 2021 年社交互动消费将继续是一大主流趋势。

六、绿色健康消费备受关注

根据麦肯锡研究报告，疫情期间居民对于生鲜食品和健康食品的需求大幅增加，疫情过后将持续关注绿色食品。以新电商平台拼多多为例，2020 年上半年平台健康产品的销售额较上年同期上涨了 224%。随着人们对生态保护和身体健康的重视度提升，2021 年绿色健康消费仍将是消费热点。

习近平总书记在二十大报告中指出：推动绿色发展，促进人与自然和谐共生。

大自然是人类赖以生存发展的基本条件。尊重自然、顺应自然、保护自然，是全面建设社会主义现代化国家的内在要求。必须牢固树立和践行"绿水青山就是金山银山"的理念，站在人与自然和谐共生的高度谋划发展。

我们要推进美丽中国建设，坚持"山水林田湖草沙"一体化保护和系统治理，统筹产业结构调整、污染治理、生态保护、应对气候变化，协同推进降碳、减污、扩绿、增长，推进生态优先、节约集约、绿色低碳发展。

我们要加快发展方式绿色转型，实施全面节约战略，发展绿色低碳产业，倡导绿色消费，推动形成绿色低碳的生产方式和生活方式。深入推进环境污染防治，持续深入打好蓝天、碧水、净土保卫战，基本消除重污染天气，基本消除城市黑臭水体，加强土壤污染源头防控，提升环境基础设施建设水平，推进城乡人居环境整治。提升生态系统多样性、稳定性、持续性，加快实施重要生态系统保护和修复重大工程，实施生物多样性保护重大工程，推行草原森林河流湖泊湿地休养生息，实施好长江十年禁渔，健全耕地休耕轮作制度，防治外来物种侵害。积极稳妥地推进碳达峰碳中和，立足我国能源资源禀赋，坚持先立后破，有计划分步骤地实施碳达峰行动，深入推进能源革命，加强煤炭清洁高效利用，加快规划建设新型能源体系，积极参与应对气候变化全球治理。

七、个性定制消费加速普及

在数字经济迅速发展、年轻人独立意识增强的趋势下，消费者的个性需求将进一步被挖掘，多元化、个性定制化消费将持续成为消费热点。我国 90 后、00 后等年轻消费者愿意分享自己的数据，企业以此为依据提供更加个性化、针对性强的产品和服务，定制化订单数量显著增加。2021 年，在我国企业推动数字制造、柔性生产等发展趋势下，个性定制消费将加速普及。

第四节　消费者购买动机的作用与类型

人们所从事的任何活动都是由一定的动机所引起的，消费者的任何购买行为也总是受一定的购买动机所支配。消费者的动机是十分复杂和多样的，并按照不同的方式组合、交织在一起，相互作用，相互制约，构成各种各样的动机体系，指导、激励、制约着消费者沿着一定的方向行动。

购买动机是在消费需要的基础上产生的引发消费者购买行为的直接原因和动力。动机把消费者的需要行为化，消费者通常按照自己的动机去选择具体的商品类型。因此，研究消费动机可以为把握消费者购买行为的内在规律提供更具体、更有效的依据。营销厂家要想探知消费者的心理并分析消费者的购买行为，就必须研究是什么动机促使消费者产生一系列的购买行为。

一、购买动机的含义及作用

动机的原意是引起行为的念头。在普通心理学中把推动和指引人们去从事各种活动的内部动因或动力叫作动机。在消费心理学中，把能够引导人们购买某一商品，选择某一商标、劳务或选择某一货币支出投向的动力，称为购买动机。

动机是一种基于需要而由各种刺激引起的心理冲动，它的形成要具备一定的条件。首先动机的产生必须以需要为基础，其次动机的形成还需要相应的刺激条件。当个体受到某种刺激时，其内在需求才会被激活，使内心产生某种不安情绪，形成紧张状态，这种不安情绪和紧张状态会衍化为一种动力，形成动机。最后需要产生以后，还必须有满足需要的对象和条件，才能形成动机。

在消费者动机的形成过程中，上述三方面条件缺一不可，其中尤以外部刺激更为重要。因为在通常情况下，消费者的需求处于潜伏或抑制状态，需要外部刺激加以激活。外部刺激越强，需求转化为动机的可能性就越大。否则，需求将维持原状。比如女孩对美丽的追求动机在孩童时代处于潜伏状态，上学后在其他同学和老师的示范作用下才逐渐开始显现，毕业后走上社会面对各个方面信息的刺激，使得她们对美丽的追求达到极致，甚至会拿出她们收入的绝大部分购买化妆品、做美容等来满足自己对美丽的追求。因此，如何给消费者以更多的外部刺激，是推动其购买动机形成乃至实现购买行为的重要前提。

人的各种活动都是由一定的动机引起的，它体现着人的需要对其行为活动的激励作用，把人的活动引向一定的、满足他们所需要的具体对象上。人的绝大部分动机，都是需要的具体表现，或者说是需要的动态表现。需要若处于静态时，则不能成为动机。

心理学认为，动机在激励人的行为活动方面具有下列功能。

1. 发动和终止行为的功能

动机作为行为的直接动因，其重要功能之一就是能够引发或终止行为。消费者的购买行为就是由购买动机的发动而进行的。

2. 指引和选择行为方向的功能

动机不仅能引发行为，还能将行为导向特定的方向。这一功能在消费者行为中，首先表现为在多种消费需求中确认基本的需求，比如安全、社交、成就等。其次表现为促使基本需求具体化，成为对某种商品或服务的具体购买意愿。在指向特定商品或服务的同时，动机还势必影响消费者对选择标准或评价要素的确定。通过上述过程，动机使消费行为指向特定的目标或对象。同时，动机还可以促使消费者在多种需求的冲突中进行选择，使购买行为朝向需求最强烈、最迫切的方向进行，从而达到消费行为效用和消费需求满足的最大化。

3. 维持与强化行为的功能

动机的作用表现为一个过程。在人们追求实现目标的过程中，动机将贯穿行为的始终，不断激励人们努力采取行动，直至最终实现目标。另外，动机对行为还具有重要的强化功能，即由某种动机强化的行为结果对该行为的再生具有加强或减弱的作用。消费者在惠顾动机的驱使下，经常对某些信誉良好的商店或商品重复光顾和购买，就是这一功能的明显体现。

当消费动机实现为消费行为的时候，有的动机直接促成一种消费行为；有些动机则可能促成多种消费行为的实现；在某些情况下，还有可能由多种动机支配和促成一种消费行为。动机与消费行为之间并不完全是一一对应的关系。

二、购买动机的特征

与消费需要相比，消费者的购买动机较为具体直接，有着明确的目的性和指向性，但同时也具有更加复杂的特性。具体表现在以下方面。

(一)主导性

现实生活中，每个消费者都同时具有多种动机。这些复杂多样的动机之间以一定的方式相互联系，构成完整的动机体系。在这一体系中，各种动机所处的地位及所起的作用各不相同。有些动机表现得强烈、持久，在动机体系中处于支配性地位，属于主导性动机。

有些动机表现得微弱而不稳定，在动机体系中处于依从性地位，属于非主导性动机。一般情况下，人们的行为是由主导性动机决定的。尤其当多种动机之间发生矛盾和冲突时，主导性动机往往对行为起支配作用。

(二)可转移性

消费者的购买行为主要取决于主导性动机。但在动机体系中处于从属地位的非主导性动机并非完全不起作用，而是处于潜在状态。可转移性是指消费者在购买或决策过程中，由于新的消费刺激出现而发生动机转移，原来的非主导性动机由潜在状态转入显现状态，上升为主导性动机的特性。

(三)内隐性

动机并不总是显露无遗的。消费者的真实动机经常处于内隐状态，难以从外部直接观察到。现实中，消费者经常出于某种原因而不愿意让他人知道自己的真实动机。除此之外，动机的内隐性还可能是由于消费者对自己的真实动机缺乏明确的意识，即动机处于潜意识状态。这种情况在多种动机交织组合，共同驱动一种行为时经常发生。

(四)冲突性

当消费者同时具有两种以上动机且共同发生作用时，动机之间就会产生矛盾和冲突。冲突的本质是消费者在各种动机的利害结果中进行权衡比较和选择。在消费活动中，常见的动机冲突有以下几种。

1. 利-利冲突

在这种情况下，相互冲突的各种动机都会给消费者带来相应利益，因而对消费者有着同样的吸引力。但由于消费条件限制，消费者只能在有吸引力的各种可行性方案中进行选择，吸引力越均等，冲突就越厉害。由于对各种利益委决不下，因此消费者通常对外界刺激十分敏感，希望借助外力作出抉择。此时，广告宣传、销售人员的诱导、参照群体的示范、权威人士的意见以及各种促销措施常常会使消费者发生心理倾斜，促使其作出实现其中一种利益的动机选择。

2. 利-害冲突

在这一情况下，消费者面临着同一消费行为，既有积极后果，又有消极后果的冲突。其中，引发积极后果的动机是消费者极力追求的，导致消极后果的动机又是其极力避免的，因而使之经常处于利弊相伴的动机冲突和矛盾之中。利-害冲突常常导致决策的不协调，使消费行为发生扭曲。解决这类冲突的有效措施就是尽可能减少不利后果的严重程度，或采用替代品抵消有害结果的影响。

3. 害-害冲突

有时，消费者同时面临着两种或两种以上且均会带来不利结果的动机。由于两种结果都是消费者企图回避或极力避免的，但因情境所迫又必须对其中一种作出选择，因此两种不利动机之间也会产生冲突。面对这类冲突，消费者总是趋向选择不利和不愉快程度较低的动机作为实现目标，以便使利益损失减少到最低限度。此时，如果采取适当方式减少不利结果，或从其他方面给予补偿，将有助于消费者减轻这方面的冲突。例如，分期付款、承诺售出商品以旧换新等方式，可以使消费者的购买风险大大减少，从而使动机冲突得到明显缓和。

三、购买动机的分类

消费者的需要和欲望是多方面的，其消费动机也是复杂的、多层次的、交织的、多变的。在购买过程中，有时看起来很简单的行动，却包含丰富的心理活动，很难说是一个或几个动机所推动的。从不同角度可以对动机的类型作多种划分。按照需要的层次，动机可以分为生存性动机、享受性动机和发展性动机；按照动机形成的心理过程，动机可以分为情绪性动机、理智性动机、惠顾性动机；按照动机作用的形式，动机可以分为内在的非社会性动机、外在的社会性动机等。就购买活动而言，消费者的购买动机往往十分具体，其表现形式复杂多样，与购买行为的联系也更为直接。因此，对于企业经营者来说，深入了解消费者形形色色的购买动机，对于把握消费者购买行为的内在规律，用以指导企业的营销实践，具有更加现实的意义。针对消费者购买商品的原因和驱动力而言，又可将消费者的动机分成以下四种模式。

(一)本能模式的购买动机

消费者由于生理本能上的需要而产生的购买动机和行为叫作本能模式的购买动机。比如，人类为了维持和延续生命，都有饥渴、寒暖、作息等生理本能。具体表现为以下几个方面。

维持生命动机：比如购买食品、饮料、餐具等行为。

保护生命动机：为御寒而购买衣服鞋袜、为治病而购买药品等行为。

延续生命动机：组织家庭、抚育儿女而购买商品的行为。

发展生命动机：为生活方便、舒适，为掌握、提高劳动技能和知识而购买商品的行为。

一般地讲，为满足本能需要的商品，供求弹性比较小，多数是日常生活中不可缺少的必需品，购买具有经常性、重复性和习惯性的特点。正是由于生理性购买动机的上述特征和作用，鉴于我国人民目前的消费水平，消费结构仍然以生存资料为主，而不是以享受发展资料为主。因此，作为商品生产者和经营者的企业，要从保证人民群众基本生活必需品的生产和供应的角度去做企业、做营销。

(二)心理分析模式的购买动机

消费者为满足自己的心理性需要而产生的购买动机叫作心理分析模式的购买动机。由于消费者心理性需要而引发的心理性购买动机，比之生理性购买动机更为复杂多样。特别是社会经济的发展和人民物质文化生活水平的提高，引起人们购买行为的心理性动机逐渐占据重要的地位。比如人际交往中的送鲜花：春有水仙，夏有玫瑰，秋有菊花，冬有康乃馨。探病人、访亲友、庆生日、贺开张、市民的生活、人际的交往，都已离不开鲜花。鲜花走进了千家万户，也带动了花卉业的兴起。因此，研究消费者购买的心理性动机，对于把握消费的发展趋向来说既有理论意义又有实践意义。心理分析模式动机具体又可表现为以下三种。

1. 感情动机

感情动机由情绪动机和情感动机两方面组成。情绪动机是由人的喜、怒、哀、欲、爱、恶、惧等情绪引起的动机。消费者由于这种动机而从事购买活动时，往往表现出冲动且不稳定的特点。比如小孩由于欢乐的动机买玩具；有些小康家境或准备结婚的青年，看到同事家有架钢琴，不管自己是否需要，也要买上一架，以装点门面。情感动机是由道德感、群体感、美感等人类的高级情感引起的动机。比如人们为了爱美而购买化妆品，为了友谊而购买礼品，或购买能够显示自己经济能力和身份、威望的商品等。这种动机总是与理智相联系，因此具有相对的稳定性和深刻性。

2. 理智动机

理智动机是建立在消费者对商品客观认识的基础上，经过充分地分析比较后产生的购买动机，它具有客观性、周密性和可控性的特点。在理智动机驱使下的购买行为，比较注重商品的设计和品质，讲究实用、可靠、便宜、方便和效率等。

3. 惠顾动机

这是对特定的商店、厂牌或商品，产生的特殊信任与偏好，使消费者重复地、习惯地前往一定的商店，购买同一厂家、同一商标的商品的一种行为动机。产生这一动机的原因往往是由于某商店地点便利、服务周到、秩序良好、商品丰富、服务态度文明、价格公平等；或是某一品牌地位权威；或是消费者个人的嗜好心理倾向。而以满足个人爱好为目的的购买动机，一般有集邮、钓鱼、收藏、养花等。又如湖南人、四川人，走到哪里都爱吃辣等。另外嗜好心理还具有民族性，据社会学家热拉尔·梅尔梅在其《从统计看欧洲人》一书中，曾这样说道，比利时人最爱养猫，平均每四户人家有一只猫咪；爱尔兰人的家庭是最大的狗迷，40%的家庭养狗；德国人是做啤酒和香肠的冠军，他们有1456种香肠；法国人喝葡萄酒是无人可与之匹敌的，人均每年消费75升等。

(三)社会模式的购买动机

因为每个人都在一定的社会中生活，并在社会的教育影响下成长，因此，人们的购买行为无不受到来自社会的影响。这种后天的、由社会因素引起的购买行为动机就叫社会模式的购买动机。社会模式的购买动机主要受以下3个方面的影响和制约。

1. 社会文化

社会文化泛指被社会所公认的，已经形成的信念、价值观念、态度体系、习惯方式以及各种形式的行为规范。文化使人们建立起一种适合本民族、本地区、本阶层的是非观念，从而影响消费者行为。

社会文化给予人们的教育，使不同文化程度的人，不论在生活标准、兴趣爱好与行为模式上都显示出各种差异。人类的文化为他们提供了价值和行为的模式，以帮助他们有效地适应周围环境。比如反映在购买动机上，一般地说，文化程度愈高，理智程度也愈高，对商品品质的要求也愈高，对文化娱乐的要求也愈高，特殊的需求也愈多。比如对高档乐器、高级艺术品、古玩等的需求。

2. 社会风俗

社会风俗是指一个地区或一个民族的消费者共同参加的群体消费行为，是受共同的审美心理支配，在长期的消费活动中沿袭下来的一种消费风俗习惯。在社会风俗消费活动中，人们具有特殊的消费模式。它包括人们的饮食、婚丧、节日、服饰、娱乐等物质与精神商品的消费。不同的种族、地域、历史文化传统、宗教信仰、社会制度、职业等都可引起不同的购买心理动机，构成不同的风俗习惯。这些差异表现在人们的购买行为上，就形成了各种各样的消费习俗。

消费习俗的表现和种类繁多，主要有以下 6 种。

(1) 种族性消费习俗。这是由于消费者的种族不同而引起的消费习俗。如一般黑种人爱穿浅颜色的衣服，白种人爱穿花衣服，黄种人爱穿深颜色的衣服等。

(2) 国别性消费习俗。这是由于国家的社会经济政治条件、历史发展阶段、语言文字不同所引起的不同消费习俗。例如，我国人民在除夕有放烟花的消费习俗，这是表现人们对新一年美好的向往；德国、巴西等国在每年 3 月第三周，有火烧纸模型，载歌载舞地进行狂欢活动的习俗，也称"狂欢节"；我国云南省傣族要过泼水节；瑞士农民要过"葡萄丰收节"；丹麦渔民要过"捕豚节"等。

(3) 地域性消费习俗。这是由于气候、地理条件不同，只限于少数地区的消费习俗。比如热带人爱吃清淡食物，寒带人爱吃味道浓郁的食物。在我国有"南甜北咸"的饮食习俗。

(4) 传统性消费习俗。这是由于历史文化、风俗习惯的渊源不同所引起的不同消费习俗。比如中国人办喜事吃九个菜，表示长长久久，吃十个菜，表示十全十美；广东人过春节喜欢吃蚝豉(方言即好事的谐音)，代表"好事"频频；香港人喜欢以"发菜"送礼，表示恭喜"发财"等。我国的传统节日有元宵节、清明节、端午节、中秋节等，在这些节日里，人们往往要消费不同的食品，比如汤团、青团、粽子和月饼等。

(5) 信仰性消费习俗。这是由于消费者的某种信仰而引起的消费习俗，一般是指宗教信仰。在许多国家，信仰性消费习俗已与国民的消费生活融合在一起了。缅甸 80%以上的人口信奉佛教，泰国 90%以上的人口也信奉佛教，埃及有 92%的人口信仰伊斯兰教，印度有 88% 的人信奉印度教。

(6) 职业性消费习俗：这是由于劳动条件、工作种类、工作性质、工作地点不同而产生的消费习俗。比如在中国目前的情况下，知识分子因工作需要和长期养成的习惯，消费结构中文化生活的消费支出总要占据一定的比重，其中报纸杂志和专业书籍是主要的。退休人员工作上无迫切需要，故一般情况下文化生活的消费支出较少，其中，看电影戏剧及晚报是主要的。青年工人有这方面的支出，但大多数偏重于文化娱乐内容。

3. 社会群体

人们总是在一个乃至几个相对固定的群体中劳动和生活，因而总是互相结合成为一定的群体。比如一个工厂、一个家庭，都是一个群体。换句话说，消费者总是在一定的生活圈子内生活。这些比较固定的社会群体，往往形成一定的群体性格、群体习惯，从而影响该群体中每个人的态度和看法、生活标准和行为，也影响着人们的购买行为和购买动机。

在群体中，人们的消费方式、消费习惯、消费趋势都是相互影响的。有些人还会不断地选择自己消费活动的榜样，不断地学习、仿效自己所羡慕的人的消费行为。群体中的模仿、流行、从众等心理现象是客观存在的。

(四)需要层次模式的购买动机

需要层次的学说认为，人们购买商品，首先是满足穿衣吃饭占优势的生理需要，其次是满足安全需要。这些需要基本满足之后，又产生归属与爱的需要。这时购买商品首先是为了获得最密切的人的喜爱，其次是尊重的需要、地位的需要，以及审美、求知与理解、创造的需要。

1. 消费者的具体购买动机类型

消费者的具体购买动机主要有以下这些类型。

(1) 求实动机。这种动机倾向的基本点着重于消费品或劳务对消费者的实际价值。此类消费者购买商品时特别重视商品的实际效用和功能质量，讲求经济实惠、经久耐用，不大追求外观的美丽或商标的名气等。他们是中低档和大众商品的主要购买者。

(2) 求新、求美、求异动机。这种动机倾向是由消费者追求异质、奇特、喜爱新东西及其审美意识所决定的。求美、求新也是人的自然情感的表现，人是有好奇心的，人的注意和兴趣往往会被新异刺激所吸引。由于有了好奇就产生了探索求知的心理。此类动机的消费者在经济条件较好的青年男女中较为多见。这些人往往是高级化妆品、首饰、工艺品和家庭陈设的主要消费对象。

(3) 求便动机。此种动机倾向的核心是消费者把消费品使用方便和购买方便与否作为选择消费品和劳务以及消费形式的第一标准，以求在消费活动中尽可能地节约时间。特别是在购买日常生活用品，比如油、盐、肥皂等时，力求方便、简捷，很少有人顾及商标和商店等。购买家电时，多考虑售后服务方便。

(4) 求廉动机。此种动机以追求价格低廉为主要目标，其表现在购买活动中对商品价格的敏感反应。这类消费者喜欢购买处理价、特价、折价的商品。这些人是低档商品、残次、积压商品的主要推销对象。

(5) 储备动机。此种动机的消费者以占有一定量的紧俏商品为主要目标。

(6) 惠顾动机。此种动机的消费者以对特定商店或商标产生特殊的信任与偏好，重复地、习惯地前往一定的商店，或反复地、习惯地购买同一厂家、同一商标的商品。此种动机的消费者具有经常性和习惯性特点。

(7) 求名动机。此类消费者以追求所购商品能显示自己的地位和名望为主要目标的购买动机。其核心是"炫耀""显名"。东西要名贵，商标要名牌，产地要正宗，以此来显示自己的经济能力和社会地位，从中获得一种让人羡慕的高贵心理。

(8) 好胜心理动机。这是一种以争赢斗胜为主要目的的心理动机。这种人购买某种商品往往不是由于急切的需要，而是为了赶上他人，超过他人，以求得心理上的满足。这种购买往往具有偶然性的特点和浓厚的感情因素。目前，城市中有些家庭为了"好胜"，买钢琴等高档消费品作为摆设的为数不少。

(9) 嗜好心理动机。这是一种以满足个人特殊偏好为目的的购买动机。比如有人喜爱栽花木、养盆景，有人喜爱古董字画，有人喜爱鸟兽鱼虫等。这往往同某种专业特长、专门知识和生活情趣相关。这种动机是建立在消费者对于商品的客观认识基础上的，是经过分析之后产生的购买动机。因此，这种动机的购买行为比较理智，指向也比较集中和稳定，且具有经常性和持续性的特点。有些消费者宁愿省吃俭用，也要省下钱来买自己的嗜好物品。

(10) 安全心理动机。这种动机倾向的核心是要求消费品或劳务的消费不会给自己的生命和身心健康带来危害。这种动机在消费者对药品、食品、家用电器等用品的选择上表现得更为突出。

(11) 自尊心理动机。人都有一种自尊心，都期望自己的消费行为能得到社会的承认和其他消费者的尊重。这种心理动机表现在具体的消费行为中，就是消费者尽量使自己的消费行为不被别人看不起，不失体面，从而使自己的自尊得到满足。当然，凡事都有一定的"度"，自尊心太膨胀，就会成为不健康的虚荣心。

(12) 攀比心理动机。具有攀比消费心理的消费者，都有一个基本特征，就是不管自己是否真有这种消费需求，是否具备这种消费条件，而片面强化个人的消费欲望。例如，表现在服装上，会不顾自己的身材、年龄、职业而模仿别人穿着。

由此可见，了解和掌握消费者的购买动机是十分重要的，因为生产企业从商品设计、投产以及生产成本、生产数量的决策，都要以消费者的购买动机为依据，它会促进工商企业的经营者以不同方式去适应消费者的需要，加快商品生产和流通的速度。

2. 消费者消费动机的冲突

1) 动机冲突

动机冲突是指在个体活动中，同时产生两个或两个以上的动机，其中某一个动机获得满足，而其他动机受到阻碍时，所产生的难以作出抉择的心理状态。在日常生活中，当一个人要采取某种重大行动之前，往往就处于这种心理状态，并有紧张的情绪伴随。

消费动机冲突是消费者在采取购买行为前或在购买行为中发生的动机冲突，表现为几个相互矛盾的消费动机之间的斗争，不知如何购买商品。常见的消费动机冲突有：是买这种牌号还是买那种牌号的商品；是先买空调器还是先买音响；外出旅游，是乘火车还是乘汽车等，这些都是消费冲突的例子。

2) 对消费动机冲突的分析

(1) 从消费者具体购买行为的角度分析，动机冲突主要表现为：①对于两种或几种商品选购上动机的冲突。如上所说，一个人存了一笔钱，是买空调还是买音响，久决不下，这就是典型的选购动机冲突。很显然，这是买哪一个更好的问题。因此，他买空调的动机和买音响的动机有了对抗的关系，由此而产生了"买哪一样"的选择。②对于同一种商品买与不买的冲突。比如某人需要一个电冰箱，但是他不能马上决定买与不买。一方面，他需要买，因为他需要有一个冰箱，在夏天可以很方便地喝到冷饮，还能储藏食品，可以节省买菜的时间，根据这些动机产生的心理力量，促使他倾向于购买冰箱。另一方面，由于他经济上不充裕，限制了其购买力，这又产生了阻碍购入的心理力量。于是，在某人的心理状态中，便由倾向其购入的力量和阻碍其购入的力量形成"心理场"。

(2) 从消费者动机冲突表现形式的角度分析，动机冲突可以表现为：①双趋冲突。指消费者个人具有多个都倾向购买的目标而产生的动机冲突。这时消费者不知怎么办才好，显得踌躇不定，比如周末既想看电影又想跳舞。在这种情况下就需要作出一般不带有痛苦感的决定，只要采取"两利相权取其重"的目标，基本上就可以消除冲突。②双避冲突。指消费者个人有多个想要避免的目标而产生的动机冲突。比如某消费者从服务态度不够理想的售货员手中买了高档的收录机，回家后发现质次价高，想要退货，但是一想起退货时可能发生的不愉快的情景，于是选择忍气吞声。在这种情形下消费者也不是真正愿意不声不响地蒙受损失，只是不愿意看到不愉快的面孔罢了。解决这类冲突，消费者的苦恼就要大一点，最佳的选择是采取避大害式选择，即"两害相权取其轻"。又如，一个消费者认为碰上营业员不友好的面孔更难受，那么，他就会忍气吞声地蒙受损失，而另一个消费者认为蒙受损失更难受，他会冒着同营业员争执吵闹的可能要求退货，把钱要回来。③趋避冲突。指个人面临的目标，在想趋近的同时又想避开而造成的动机冲突。它在消费者同时面临能引起愉快，又能引起不愉快的商品时发生。比如当一种新商品面市，消费者对它还不熟悉、不了解时，既想购买，又怕上当；买大件耐用品时，既想买价格便宜的，又唯恐质量没有保证；高压锅因省时、节能受到人们喜爱，但若使用不当，或质量不过关，又有危险等，在这种冲突下，可采用趋利避害式选择。

应当提醒的是，在消费者动机冲突的情况下，营销人员及时给予提示和指导，这对消费者的购买抉择意义重大。

3. 消费者购买动机的特点

1) 转移性

这是指主导性动机和辅助性动机的相互转移或转化。一个购买行为往往受多种动机驱使，其中的主导动机起主要作用。但在决策或选购过程中出现了较强的新刺激，比如商品不合格，质量有问题，价格不理想，或到购物现场看到式样更新、功能更全的商品时，主辅动机就会相互转化。

2) 内隐性

消费者虽然知道自己的动机，但不愿对别人讲明。比如国外有人在自己的院子里修建了一座游泳池，主动机是为了向别人夸耀自己的财富，表明自己的生活档次，但却对别人说是为了锻炼身体，促进健康。

3) 模糊性

消费者的购买动机可能是在有意识的心理状态下体现的，也可能是在潜意识下体现的，有时还可能是由许多种动机交织在一起，连消费者本人也不知道自己的购买动机。比如有人在家铺地毯，既可能是为了显示优越感，也可能是为了居室清爽少尘。

4) 冲突性

消费者在购买时内心出现矛盾心理，左右为难的情形，也叫动机斗争。而冲突的形式和解决冲突、实现购买的情况，在上面已经分析过，这里就不赘述了。

本 章 小 结

需要是人们为了延续和发展生命，以一定的方式去适应生存环境，从而产生对客观事物的要求和欲望。需要在人们的心理活动中具有十分重要的作用；需要能影响人的情绪；需要有助于人的意志的发展；需要对人的认识与活动也具有重要影响。消费者需要是指消费者对以商品形式存在的消费品的要求与欲望。消费者需要是包含在人的一般需要中的，消费者需要通常产生于消费者的某种生理或者心理体验的缺乏状态，它是消费者购买行为的内在原因和根本动力。现实生活中，消费者需要是非常复杂的，可以从不同的角度进行分类。本章从五个角度对其进行划分。消费者需要具有多样性、发展性、层次性、伸缩性、周期性、可诱导性以及互补性等特征。消费者需要具有以下几种基本存在形态：现实需要、潜在需要、退却需要、不规则需要、充分需要、过度需要、否定需要等。营销管理者应该根据不同形态的特点，从可能性与必要性两个方面决定满足需要的方式和程度。

动机是引起个体活动、维持已引起的活动并促使活动朝某一目标发展的内在作用力。早期的动机理论包括本能说、精神分析说和驱动理论。现代动机理论主要有马斯洛需要层次理论、双因素理论和显示性需要理论。

购买动机可以分为显性动机和隐性动机，前者可经由询问消费者了解，后者需要通过动机研究等较为复杂的研究技术来获得。心理学认为，动机在激励人的活动方面具有始发、导向、维持、强化和终止等作用。

课 程 思 政

在"二十大"报告中强调"人民群众的美好生活需要不断提高"，这包括消费品质量、安全、便利性、可持续性等方面的提高。同时，将社会主义核心价值观融入消费者的消费动机中，可以引导消费者更加理性、健康、绿色、公正地进行消费，促进社会和谐、可持续发展。

首先，社会主义核心价值观强调公平、正义、诚信等价值，这些价值观会影响消费者对于商品和服务的选择和偏好。

其次，社会主义核心价值观也包括绿色、环保、健康等方面的价值观。这些价值观会影响消费者在购买商品时的选择，例如更偏爱绿色环保的商品或是更愿意购买有机食品和环保产品。

最后，社会主义核心价值观强调共同体意识和责任感，这些价值观会影响消费者的消费行为和态度。例如，消费者可能更愿意支持社会公益事业、减少浪费和保护资源等，而不是过度追求个人享受和短期利益。

思 考 题

1. 什么是动机？消费者动机形成的条件有哪些？
2. 马斯洛需要层次理论对研究消费者行为有何启示？
3. 描述一种有代表性的动机冲突。
4. 消费者的需要和动机之间的关系是什么？
5. 谈谈你对需要、欲望和需求的理解，说明它们的区别和联系。

案 例 分 析

海尔借卡萨帝开拓高端市场

随着消费升级，各大家电集团都加大了在高端市场的投入。2017年3月9日，海尔旗下的高端家电品牌卡萨帝在2017中国家电及消费电子博览会(AWE)上，展出了包括"F+自由嵌入冰箱"、纤见洗衣机、升级版固态制冷酒柜等7款新品，进一步优化其在高端系列商品的布局。

《21世纪经济报道》在现场采访发现，卡萨帝的新品价格不菲，平均要万元以上，但并未减退经销商的订货热情。"以前买一台万元的洗衣机可能觉得很夸张，但现在好一点的洗衣机都要四五千元了，而且对比起房价，家电价格真不算高。"一位参会的经销商对记者表示。

海尔在2006年创立卡萨帝品牌之初就确定要走高端路线，但直到近几年尤其是各种家电补贴政策彻底退出市场后，整个高端家电市场才迎来迅速扩容。

据最新发布的《高端家电商品消费者调查报告》显示，有79.3%的消费者近半年里有购买高端家电的计划。这些人群中在一线城市的，家庭月收入在30000元以上，在其他城市的家庭月收入在15000元以上。值得一提的是，消费者的购买理由主要是出于提升生活品质和家电更新换代的需求，其中提升生活品质的需求占比高达七成。

"10年前我们就认定了中国消费者不会一直买低端机、便宜货。"时任海尔集团副总裁、中国区总经理的李华刚表示，十几年前的家电下乡潮是从零到一、从无到有的普及，"那时候强调的是价格，驱动的是补贴，而好的商品从来都不是价格驱动，而是价值驱动。"

据了解，此次卡萨帝发布的"F+自由嵌入冰箱"搭载了抗氧保鲜科技，这是海尔继法式、意式之后在全球冰箱行业开创的新品类，完成了对"细胞级养鲜"技术的第三次迭代。而纤见洗衣机则主要针对洗护容量小、程序选择烦琐等用户痛点，设计出能够连入物联智能检测纤维，进而自动设定洗护程序的洗衣机。

对于目前国内高端家电质量水平不一的情况，李华刚认为，不变里子只变面子的品牌没有长远价值。"原创力是来自一个品牌对未来市场的洞察，更重要的是来自于这个品牌对消费者负责。"李华刚说。

时任海尔家电产业集团营销总经理的宋照伟表示，在近年家电行业整体低迷之际，消费者对高端商品的需求不降反升，而海尔将借助卡萨帝进一步开拓高端市场。"目前海尔已经积累了全球的科技资源和顶尖的设计团队，同时打造了互联工厂，抢先占领高端市场与用户资源。"宋照伟说。

(资料来源：《21世纪经济报道》，2017-03-09.)

案例讨论

用需要动机等相关理论谈谈海尔开拓高端市场的策略。

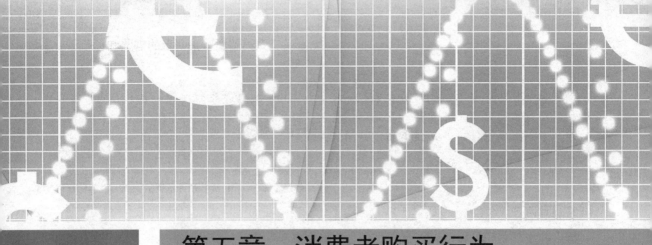

第五章　消费者购买行为

▓▓▓ 【本章导读】

通过对本章内容的学习掌握消费者购买行为的一般模式、消费者购买行为过程与类型，了解消费者储蓄与投资行为。

消费者的购买行为非常复杂，消费者对自己的需要和欲望的理解是一回事，实际行为可能是另外一回事。消费者可能并没有触及自己的深层动机，他们往往会受到影响而在最后一刻改变主意。本章将通过研究消费者购买行为的一般模式、购买行为过程与类型，以及消费者的储蓄与投资行为等问题来把握消费者购买行为的特点与规律。

第一节　消费者购买行为的一般模式

一、消费者购买行为的含义及特征

(一)消费者购买行为的含义

行为是指人们在外部刺激的影响下，经由内部经验的折射而产生的、具有目的性的活动。它是个体与环境交互作用的结果。由于每个人都是一个独特的个体，虽然在相同的环境下，却可能表现出不同的行为。同时，人的行为也受环境的影响，不同的环境也会导致不同的行为。购买行为就是指消费者为满足某种需要而在购买动机的驱使下，以货币换取商品的行动。

消费者购买行为是指人们为了满足个人、家庭的生活需要或者企业为了满足生产的需要而发生的购买商品的决策过程。每个人为了维持其生存，都必须不断地消费他们所需要的各种物品，以满足其生理和心理需要。所以，消费者购买行为是人类社会活动中最具普遍性的一种行为方式。从广义上讲，消费者的购买行为是指消费者个人或其家庭为满足需要而进行的一切活动，包括寻找、购买、评价商品和劳务等一系列的过程。购买行为的形成是一个交织着复杂的理性和感性因素，既涉及消费者自身原因，又关系到商品及社会环境的过程。

(二)消费者购买行为的特征

由于影响消费者购买行为的因素很多，而且行为本身又常常是复杂多变的，所以我们只能以抽象的方式来分析其一般特征，具体包括以下几个方面。

1. 消费者的购买行为和其心理现象的相互联系

消费者的购买行为是消费者心理的外在表现，消费者的心理现象是消费者行为的内在制约因素和动力。消费者的心理活动过程和个性心理特征是消费者心理现象的两个方面，它们制约着消费者的一切经济活动，通过消费者的购买行为具体地表现出来。

2. 消费者个人的消费行为必然受到社会群体消费的制约与影响

消费者的消费行为不仅受自身支配，而且作为某种社会群体的成员，其消费行为必然受到社会群体的影响，这种社会群体，可能是一个家庭、一个社会阶层、一个民族或种族等。

3. 消费者购买行为具有复杂性和多变性

个体的差异使得不同的消费者在同一外界环境、同一社会发展阶段下，购买行为的层次及侧重点不同，即使对同一需求、同一商品、同一场景下不同的消费者或同一消费者，在不同的场景下，也会有不同的具体偏好，呈现出明显的差异性。同时，消费者市场的购买行为不是静止不变的，它会受到各种社会条件的影响和制约，会随着环境的变化以及自身内在的发展而变化。

4. 消费者购买行为具有可诱导性和伸缩性

大多数消费者由于缺乏专门的商品知识，属于非专家购买，容易受到广告等促销活动的引导和调节，使消费者的购买发生变化和转移。此外，随着社会环境、经济条件和节令的变化，消费者的购买行为具有伸缩性。

5. 消费者购买行为具有联系性和替代性

联系性是指消费者对某一商品的购买会引起对与此相关商品的购买。替代性是指消费者的某种购买是可以用其他商品来满足的。

6. 消费者购买行为具有连带性和转移性

连带性是指消费者在购买商品时顺便购买了其他商品。引起连带的原因是消费者对某种商品或某个店铺产生了偏爱和信任。转移性是指因商品质量差或价格高，或对服务人员的态度产生了反感而转移到另一商店去购买同种或类似商品的现象。因服务人员态度差所引起购买的转移性往往是永久的，并且具有极强的扩散力。

7. 消费者购买行为具有流行性和便捷性

在现代市场经济条件下，消费者对商品或劳务的购买在某一特定时期内会形成某种"热潮"。过了这段时间，这种商品或劳务就不时兴了，而由另一种商品或劳务所取代，这就是消费者购买行为的流行性。此外，随着人们生活节奏的加快，消费者越来越倾向于购买那些能够省时省力的商品或劳务。

二、消费者购买行为的一般模式

在现代社会生活中，由于购买动机、消费观念、消费方式与购买习惯的不同，各个消费者的购买行为千差万别，不尽相同。尽管如此，在形形色色的消费者购买行为中，仍然存在着某种共同的带有规律性的特征。刺激-反应模式是对消费者的行为进行分析的最为普遍的模式，很多学者都从这个角度建立过自己的模式，其中以霍华德-谢思模式较为实用，也较为著名，如图5.1所示。下面以这一模式为代表加以介绍。

图 5.1　消费者购买行为的一般模式

霍华德-谢思模式认为人们的行为是一种内在的心理过程，是消费者内部自我完成的，看不见摸不着，像一只"黑箱"，是一个不可捉摸的东西，外部的刺激经过黑箱(心理活动过程)产生反应引起行为，只有通过行为的研究才能了解心理活动过程。所有消费者的购买行为都是由刺激引起的，这种刺激既来自外界环境，比如社会的经济情况、政治情况、科技水平、文化因素、企业市场营销的刺激(商品、价格、渠道、促销)等，也来自消费者内部的生理和心理因素，比如需要、动机、个性、态度、观念、习惯等。消费者在各种刺激因素的作用下，经过复杂的心理活动过程，产生购买动机，在动机的驱使下，作出购买决策，采取购买行动，并进行购后评价，由此完成了一次购买行为。这一模式表明，市场营销刺激与其他刺激进入购买者的意识后，购买者的特征和决策过程导致了购买决策，如图5.2所示。

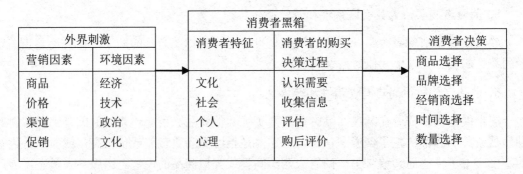

图 5.2　消费者购买行为模式

1. 消费者暗箱

在当今市场上要从事有效的营销活动，就要搞清楚五个"w"和一个"h"，即"what"(什么)、"who"(谁)、"where"(哪里)、"when"(何时)、"why"(为何)、"how"(如何)。这六个方面是研究消费者行为的基本内容。下面分别加以叙述。

"what"(什么)，即了解消费者知道什么、购买什么。通过了解，既可以清楚市场占有率和不同牌号的销售情况，也可以搞清楚消费者的爱好，以提供适合需要的商品和服务。

"who"(谁)，即既要了解消费者是哪些人，又要弄清购买行动中的"购买角色"问题。消费者是谁，指的是企业的目标顾客是谁。购买角色，即研究在不同的购买中不同人的位置和作用。严格地说，购买者有别于消费者，而购买者，通常指的是实际完成购买行动的人，他可能是商品的消费者，也可能不是，这在不同的商品购买行动中有很大差异。因此，要搞清楚在消费者的购买行动中，谁是决策者，谁是使用者，谁对决定购买有重大影响以及谁去把商品买回来。

"where"(哪里)，即了解消费者在哪里购买，在哪里使用。在哪里购买，即了解消费者在购买某类商品时的习惯。比如，出售祛斑霜就要搞清楚购买此商品的顾客愿意在百货商店里购买，还是更相信药店里出售的商品。在哪里使用，就是要了解消费者是在什么样的地理环境、气候条件，甚至于什么场所、什么场合使用商品。根据消费者使用的地点、场所的特征，使企业提供的商品和服务更具适应性。

"when"(何时)，即了解消费者在一年中的哪季，一季中的哪个月，一月中的哪个星期，一个星期中的哪一天以及一天中的什么时间实施哪类购买行动和需要什么样的商品或服务。搞清楚消费者什么时候消费哪类商品的服务，对于开发新商品，拓宽服务领域，增加服务项目有重要的意义。

"why"(如何)，既包括了解消费者怎样购买、喜欢什么样的促销方式，又包括要搞清楚消费者对所购商品如何使用。企业清楚了这两个问题之后，不仅可以针对不同商品的用途突出商品的差异，还可以作出适当的促销决策。有的特定地区、特定阶层消费者更宜接受人员推销的方式，企业便可适当减少对这个地区的广告攻势而组织人员销售，以适应这部分人对促销方式的要求。

"how"(为什么)，即了解和探索消费者行为的动机或影响其行为的因素。消费者为什么喜欢这个品牌的商品而不喜欢其他品牌；为什么单买这种包装、规格的商品而拒绝接受其他种类等。只有探明了原因与动机，企业才可以比较全面地了解消费者的需要。

前五个问题比较容易观察和了解，但至此，还不能算作彻底地了解了消费者的行为。原因在于没有解决这第六个问题——为什么购买。这个问题是隐蔽的、错综复杂的和难以捉摸的。购买行为的发生或拒绝接受的行动都是这黑箱运转的结果，但从外面却看不到内部的活动。霍华德和谢思认为，购买者行为模式是一种外部刺激的输入和由此产生的输出的过程，它可以记录由什么刺激而产生什么结果。刺激和反应之间的黑箱包括两个部分：一部分是购买者特性，包括购买者的社会和文化的、个人和心理的特征，不同特性的消费者对同一刺激会产生不同的理解和反应；另一部分是购买者的决策过程，它会影响购买者的最后选择。而消费者行为的内部过程是消费者信息处理的过程即消费者在接受外部刺激时的思想和所作出的反应。它可以补充上述消费者购买行为模式中的黑箱，即原来模式中的黑箱可以被消费者信息处理过程所代替，从而成为更完善的模式。

2. "市场营销刺激"引起"购买者行为反应"

"黑箱"的提出，使我们有可能了解购买者行为心理过程的隐蔽性，这隐蔽的部分恰恰是市场研究人员最想知道、最应明了也最难观察的。营销人员试图利用行为心理学家沃森的"刺激-反应"理论，从各种各样的"市场营销刺激"对购买者行为所产生的反应中，推断出"黑箱"中的部分内容，也就是购买行为产生的影响。

行为心理学的创始人沃森建立的"刺激-反应"原理，指出人类的复杂行为可以被分解为两部分：刺激和反应。人的行为是受到刺激后的反应。刺激来自两方面：身体内部的刺激和体外环境的刺激，而反应总是随着刺激而呈现的。按照这一原理分析，从营销者角度出发，各个企业的许多市场营销活动都可以被视作对购买者行为的刺激，比如商品、价格、销售地点和场所、各种促销方式等。所有这些，我们称之为"市场营销刺激"，是企业有意安排的、对购买者的外部环境刺激。除此之外，购买者还时时受到其他方面的外部刺激，比如经济的、技术的、政治的和文化的刺激等。所有这些刺激，进入了购买者的"黑箱"后，经过了一系列的心理活动，产生了人们看得到的购买者反应——购买还是拒绝接受，或是表现出需要更多信息。比如购买者一旦已决定购买，其反应便通过购买决策过程表现在购买者的购买选择上，包括商品的选择、厂牌选择、购物商店选择、购买时间选择和购买数量选择。尽管购买者的心理是复杂且难以捉摸的，但这种种神秘的、不易被窥见的心理活动可以被反映出来而使人们认识。营销人员可以从影响购买者行为的诸多因素中找出普遍性的方面，由此进一步探究购买者行为的形成过程，并在能够预料购买者的反应的情形下，自如地运用"市场营销刺激"。

第二节　消费者购买行为过程与类型

一、消费者购买行为过程

消费者购买行为过程不仅是一个用货币交换商品和服务的简单行为，还是一个既包括购买中的心理活动，又包括公开购买行为的复杂过程。这个过程在具体购买行动之前就已经开始，并且还包括购买后的行为。

(一)消费者购买行为心理过程

消费者购买行为心理过程是指消费者购买行为中，心理活动的全部发展过程，是消费者不同心理现象对客观现实的动态反映。这一过程的心理状态变化，主要包括以下三种心理过程。

1. 认识过程

这是消费者购买活动的先导，也是其他心理活动的基础。消费者对商品的认识过程，是从感性到理性，从感觉到思维的过程。这个过程主要是通过人的感觉、知觉、记忆、联想等心理机能活动来实现的。经过认识过程，可以确定消费者的行为导向。它包括以下两个阶段。

(1) 感性认识阶段。主要是通过感觉、知觉得到商品的直观形象方面的认识，并通过记忆进行经验的积累。其实质是对商品信息的接收和储存。

(2) 理性认识阶段。消费者通过思维、联想、判断等方式，获得对商品更为全面和本质的认识，其实质是对商品信息进行加工和再储存。

2. 情绪过程

消费者对商品有了一定的认识，不一定会采取购买行动，他还会受到情绪过程的影响。情绪过程是消费者心理活动中一种特殊的反映形式，即对客观现实是否符合自己的需要而产生的态度的体验。消费者对商品的情绪过程可分为以下四个阶段。

(1) 喜欢阶段。消费者在认识的基础上形成的对商品的初步印象，表现为满意或不满意、喜欢或不喜欢的态度。

(2) 激情阶段。消费者对商品由于喜欢而引起了一时的、强烈的购买欲望和购买热情，但还没有决定购买。

(3) 评估阶段。消费者在购买欲望的推动下，对商品进行经济的、社会的、道德的、审美的评价，使自己的感情与理智趋于统一。

(4) 选定阶段。消费者经过对商品的价值评估，产生了对某种商品的信任和偏好，并对它采取行动，形成购买行为。

3. 意志过程

意志过程是消费者自觉地确定购买目标，并支配其购买行为以达到既定购买目标的心理过程。意志对消费者购买行为过程起着发动、调节或制止的作用。消费者意志的心理过程可分为以下两个阶段。

(1) 作出购买决定阶段。具体为权衡购买动机、确定购买目的、选择购买方式和制定购买计划。

(2) 实施购买决定阶段。采取实际行动把意志作用外化，即根据既定的购买目标采取行动，把主体意识转化为现实购买的实际行动。

以上三个心理过程之间是相互转移、发展、渗透的，它们之间的变化也十分迅速。同一个心理过程，通常既是认识的，又是情绪的，还是意志的。因此，消费者对商品的心理过程，是认识、情绪、意志三个过程的统一。

(二)消费者购买行为程序过程

消费者购买行为的心理过程，是购买者在头脑中进行的内隐活动，而消费者的购买活动，是购买者的外显行为。它们之间彼此交错，统一在整个购买行为过程中。消费者的购买活动，也称为购买程序，是消费者从产生需要到满足需要的过程。一般购买行为分为确定需要、收集信息、评价方案、购买决策、购后行为五个阶段，这是一种典型的购买决策过程，如图 5.3 所示。下面分别就这五个阶段进行分析。

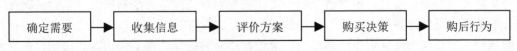

图 5.3 购买行为的决策阶段

1. 确定需要

确定需要是消费者决策过程的起点，这个阶段对于营销者和消费者都极为重要。以下这些原因促使消费者确定需要。

(1) 通过消费，在某些物品即将用尽时进行补充。比如电池的电快用尽了，要换新的；油盐快用完了，要重新买等。

(2) 对现有的东西不再满意。比如衣服旧了，或者款式不合潮流了，要买新的；对过去买的彩色电视机不满足了，要买液晶电视等。

(3) 收入的变化。收入的增加和减少对消费者都有一定的影响。收入增加了会使消费者认识新的问题，产生更多的需求；收入减少了消费者会减少开支，降低需求标准。

(4) 需求环境的改变。新环境下会产生新的需求。比如新婚夫妇要买家具、买室内装饰品、要外出旅行等。刚分配了工作的年轻人要为父母买些礼物、与朋友相聚等。

(5) 对新商品的需求。由于技术的发展、新商品不断涌现，看到丰富多彩的消费品，消费者会产生强烈的购买欲。

(6) 对配套商品的需求。买了西装，可能就会买衬衫和领带等。

2. 收集信息

消费者一旦对所需要解决的需要满足问题进行了确认，便会着手进行有关信息的收集。所谓收集信息就是寻找和分析与满足需要有关的商品和服务的资料。

消费者一般会通过以下几种途径去获取其所需要的信息。

个人来源：家人、朋友、邻居、熟人。

商业来源：广告、推销员、经销商、包装、展览。

公共来源：大众传播媒体、消费者评价机构。

经验来源：商品的检查、比较和使用。

消费者所要收集的信息主要有三方面内容。

(1) 恰当的评估标准。例如某消费者欲购买一块手表，他首先要确定他所要购买的手表应具有哪些特征，这些特征便是评估的标准。消费者一般先根据自己的经验判断一块理想的手表应具备哪些特征。一旦他感到自己经验有限，他就会向朋友打听，查阅报纸杂志，或向销售人员征询。

(2) 已经存在的各种解决问题的方法。比如目前有多少种手表在市场上出售。

(3) 各种解决问题的方法所具备的特征。比如目前市场上各种手表的款式、功能、品牌信誉、价格等方面情况。

消费者所面临的可解决其需要满足问题的信息是众多的，他们一般会对各种信息进行逐步筛选，直至从中找到最为适宜的解决问题的方法。图 5.4 描述了一个想要购买洗衣机的消费者对于各种有关信息的筛选过程。

从图中我们可以看到，消费者一般不可能收集到有关商品的全部信息，他们只能在其知晓的范围内进行选择；对于其所知晓的信息进行比较筛选后，会挑出其中一部分进行认真的选择；最终又会在它们中间选出两三个进行最后的抉择，直至作出购买决策。在逐步筛选的过程中，每进入一个新的阶段都需要进一步收集有关商品更为详细的资料和信息。如果某一商品在这一选择过程中被首先淘汰，除因为其不适应消费者的需要之外，很大程度上是由于所提供的信息资料不够充分。因此，积极向消费者提供商品和服务的有关资料在消费者收集信息阶段是十分重要的。

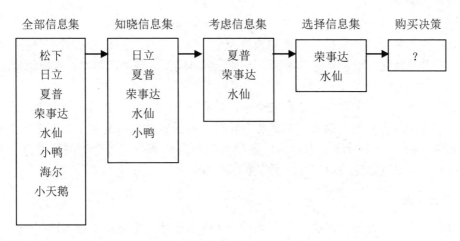

图 5.4　消费者信息收集与筛选过程

3. 评价方案

消费者在充分收集了各种有关信息之后，就会进入购买方案的选择和评价阶段。该阶段消费者主要要对所收集到的各种信息进行整理，形成不同的购买方案，然后按照一定的评估标准进行评价和选择。

根据消费者进行评价和选择的评估标准及评估方法的不同，评价方案的阶段会有以下四种情况。

1) 单因素独立评价

单因素独立评价的原则就是消费者只用一个评估标准为依据挑选商品(或品牌)。例如，某些消费者选择某一商品时可能会以价格作为唯一的评估标准，在所有同类商品中购买最便宜的一种。实际上商品成千上万，消费者个性及环境差异也很大，因此在具体进行单因素独立评价的过程中，形式是多种多样的。不同的消费者对同种商品会采用不同的评估标准，同一个消费者对不同的消费品也会采用不同的评估标准。单因素独立评价是一种绝对的形式，实践中并不多见。

2) 多因素联合评价

多因素联合评价的原则就是指消费者在购买商品时同时考虑该商品的各方面特征，并规定各个特征所具备的最低标准。例如，消费者购买耐用消费品时要考虑它的价格、款式、功能、操作方式、售后服务等。

3) 词典编辑式评价

词典编辑式评价的原则实质是单因素独立评价原则的扩展，即当消费者用他认为最重要的评估标准选购商品，但未能选出令人满意的商品时，便用他认为第二个重要的标准进行挑选。如果用第二个重要标准仍然不行，就采用第三个重要的标准进行选择，以此类推。事实上在消费者心目中商品各种评估标准的重要性是不同的，因此在进行方案评价时客观上会有一个逐次按不同标准进行筛选的过程。

4) 排除式评价

排除式评价的原则就是消费者在选择商品时逐步排除那些不具备最低要求的品牌。例如，消费者购买服装首先考虑知名度高的商品，杂牌的服装不在考虑之列；其次预定价格的大致范围，超出这一范围不予考虑；再次是款式；第四是色彩等。消费者会不断地把不符合其基本指标的商品一一排除，直到满意为止。但采用这种评价方法的消费者往往会发现，最后没有一件商品能使其感到满意，于是或放弃购买，或修改标准，重新选择。

5) 互补式评价

互补式评价原则与上述四种原则完全不同。它不是根据几个因素决定取舍，也不是按照最低标准决定取舍，而是纵观商品的各个特性，取长补短，综合利用，在考虑信息集或选择信息集中挑选一个最满意的商品。如果可以给各个商品的各个评估标准分别打分的话，互补式评价是以总分最高作为购买方案选择的原则。

4. 购买决策

消费者在进行了评价和选择之后，就形成了购买意图，最终进入作出购买决策和实施购买的阶段。但是，在形成购买意图和作出购买决策之间，仍有一些不确定的因素存在，会使消费者临时改变其购买决策。这些因素主要来自两方面：一是他人的态度；二是意料之外的变故，如图 5.5 所示。

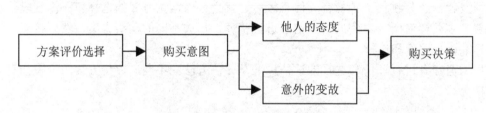

图 5.5　影响购买决策的因素

其他人如果在消费者准备进行购买时提出反对意见或提出了更有价值的建议，就有可能使消费者推迟购买或放弃购买。他人态度影响力的大小主要取决于两点：反对的强烈程度及其在消费者心目中的地位。反对得越强烈，或其在消费者心目中的地位越重要，其对消费者购买决策的影响力也就越大；反之，就越小。

在消费者准备进行购买时所出现的一些意外变故也可能使消费者改变或放弃购买决策。比如消费者家中突然有人生重病，需要大量治疗费用；消费者突然失去工作或稳定的收入来源等都是一些有可能改变消费者购买决策的突变因素。

影响消费者进行最终购买决策的根本问题是消费者对购买风险的预期，如果消费者认为购买之后会给其带来某些不利的影响，而且难以挽回，消费者改变或推迟购买的可能性就比较大。所以企业必须设法降低消费者的预期购买风险，这样就可能促使消费者作出最终的购买决策。

在消费者决定进行购买以后，他还会在执行购买的问题上进行一些决策，大体上包括五个方面。

(1) 商店决策：到哪里去购买。

(2) 数量决策：要购买多少。

(3) 时间决策：什么时候去购买。

(4) 品种决策：购买哪种款式、颜色和规格。

(5) 支付方式决策：扫码、现金、支票或分期付款。

5. 购后行为

消费者购买了商品并不意味着购买行为过程的结束，因为其对于所购买的商品是否满意，以及会采取怎样的行为对于企业目前和以后的经营活动都会带来很大的影响，所以注重消费者买后的感觉和行为并采取相应的营销策略也很重要。图 5.6 展示了消费者购买后的感觉及行为特征。

满意还是不满意是消费者购买商品之后最主要的感觉，其买后的所有行为都基于这两种不同的感觉。满意还是不满意一方面取决于其所购买的商品是否同其预期的欲望(理想商品)相一致，若符合或接近其预期欲望，消费者就会比较满意，否则就会感到不满意；另一方面取决于他人对其购买商品的评价，若周围的人对其购买的商品持肯定意见的多，消费者就会感到比较满意，持否定意见的多，即使他原来认为比较满意的，也可能转为不满意。

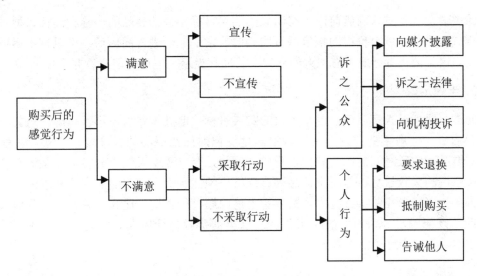

图 5.6　购买后的感觉和行为

感到满意的消费者在行为方面会有两种情况：一种是向他人进行宣传和推荐；另一种是不进行宣传。当然，消费者能够对企业的商品进行积极的宣传是最为理想的，企业要设法促使消费者这样去做。

感到不满意的消费者行为就比较复杂，首先也有采取行动和不采取行动之分。一般而言，若不满意的程度较低或商品的价值不大，消费者有可能不采取任何行动。但是如果不满意的程度较高或商品的价值较大，消费者一般都会采取相应的行动。不满意的消费者一种是采取个人行为，比如到商店要求对商品进行退换，将不满意的情况告诉亲戚朋友，以后不再购买此种品牌或此家企业的商品等。消费者的个人行为虽然对企业有影响，但是影响的程度相对小一些。消费者另一种可能的做法就是将其不满意的情况诉诸公众，比如向消费者协会投诉，向新闻媒体披露，甚至告上法庭。事实上，即使出现消费者不满意的情况，企业若能妥善处理，也是能够使消费者转怒为喜的。比如妥善处理好退换商品的工作，耐心听取消费者意见并诚恳道歉，公开采取积极的改进措施，在必要的情况下，主动对消费者进行赔偿等。

消费者并不是在购买每件物品时都要经过这五个阶段。消费者在作出购买决策时，由于商品性质和重要程度等方面的不同，在不同商品上所花的时间和精力也是不同的。消费者可能跃过其中的某个阶段或倒置某阶段。这个模式所展示的是消费者面临新的或较复杂的购买情况时所进行的一系列考虑和活动，是一个较全面的购买过程。

二、消费者购买行为类型

在购买活动中，每个消费者的购买行为都各不相同，不同类型的消费者购买行为是存在很大差异的。根据不同的标准，可对消费者的购买行为做以下分类。

(一)根据消费者购买目标的选定程度划分

1. 确定型

此类消费者在进入商店前，已有明确的购买目标，包括商品的名称、商标、型号、规格、样式、颜色，以至价格的幅度都有明确的要求。他们进入商店后，可以毫不迟疑地买下商品。这类消费者一般不需他人的介绍、帮助和提示，但这类消费者并不多见。

2. 半确定型

此类消费者进入商店前，已有大致的购买目标，但具体要求还不甚明确。这类消费者进入商店后，一般不能向营业员明确清晰地提出对所需商品的各项要求，实现其购买目的，需要经过较长时间的比较和评定阶段。例如，今年夏季天气十分炎热，某消费者确定了要买空调的大致目标，但对空调品种、规格、性能、价格等方面的具体要求尚未完全确定。为此，消费者在购买过程中，需要对上述问题进行咨询、比较，并希望得到他人的参谋帮助，以便确定一个明确的购买目标。这类消费者易受他人观点的影响，成交时间较长。在实际生活中这类消费者为数众多。

3. 不确定型

这类消费者无论是进店前还是进店后，都没有任何明确的购买目标，进入商店一般是漫无目的地看商品，或随便了解一些商品销售情况，碰到感兴趣的商品也会购买。购买行为究竟发生与否，与商店的购物环境、气氛及消费者心理状态密切相关。

(二)根据消费者购买态度与要求划分

1. 习惯型

消费者在消费过程中，对某些品牌的商品具有特殊的感情，喜欢购买并长期使用。这种类型的消费者往往认定一种或几种品牌的商品，一家或几家商店的商品，购买时习惯光顾自己熟悉的商店，而且在购买商品时成交速度快，购买行为表现出很强的目的性。可见，这种购买类型的人，其购买是建立在了解或信任的基础上，较少受广告宣传和时尚的影响。

2. 理智型

此类型消费者购买行为以理智为主，感情为辅。他们喜欢收集商品的有关信息，了解市场行情，在经过周密的分析和思考后，做到对商品特性心中有数。在购买过程中，他们的主观性较强，不愿别人介入，受广告宣传及售货员的介绍影响甚少，往往会对商品经过细致的检查、比较、反复衡量各种利弊因素后，才作出购买决定。

3. 经济型

这类消费者对商品的价格非常敏感，选价心理较重，往往以价格的高低作为选购标准。这类消费者又可以细分为两种类型：一种是以价格高低评价商品优劣的消费者，他们认为价格高的商品质量一定好，价格越高越要买；另一种是对廉价商品感兴趣的消费者，他们对同类商品价格的差异十分敏感，喜欢购买优惠价、削价、处理价、降价甩卖的商品。

4. 冲动型

此类消费者的心理反应敏捷，易受商品外部质量和广告宣传的影响，以直观感觉为主，新商品、时尚商品对其吸引力较大，一般能快速作出购买的决定。

5. 感情型

此类消费者兴奋性较强，情感体验深刻，想象力和联想力丰富，审美感觉也比较灵敏。因而在购买行为上容易受感情的影响，也容易受销售宣传的诱引，往往以商品的品质是否符合其感情的需要来确定购买决策。

6. 疑虑型

这类消费者性格内向、优柔寡断、多虑多疑。他们在购买前三思而后行；购买中细致选择，挑来挑去时常拿不定主意；购买后还会疑心上当受骗。

7. 随意型

这类消费者缺乏主见，在选购商品时一般都希望获得销售人员的提示和帮助。对所购商品缺乏认真的分析比较，常常受大众同一购买趋向的影响，从众购买自己并不急需的商品。有的消费者在生活上不挑剔、不苛求，表现在购买行为上也比较随便，此类消费者也属随意型。

(三)根据消费者在购买现场的情感反应划分

1. 温顺型

这类消费者神经过程比较脆弱，生理上会尽量避免任何过大或过小的神经刺激，表面上很少受外界环境的影响，但内心体验却很深刻。表现在购买行为方面，从选购商品到最后实现购买，他们都愿意听从销售人员的介绍和意见，对其较信任，所以能很快作出购买决定。这类消费者对所购商品本身的情况考虑得不是很全面，而对销售人员的服务态度却很敏感。

2. 反抗型

此类消费者具有高度的情绪敏感性，对外界环境的细小变化都能有所警觉，显得性情乖僻、多愁善感。在选购中，往往不能接受别人的意见和推荐，对营业员的介绍异常警觉，抱有不信任态度。

3. 沉着型

这类消费者神经过程比较平静，反应缓慢沉着，购买决定一经作出，就不容易改变，也很少受外界环境因素的影响。在购买行为中，除了购买商品所必需的语言，始终保持沉默，感情内隐，抑制力强，交际适度，但不是很随和。

4. 激动型

这种人由于具有强烈的兴奋过程和较弱的抑制过程，因而情绪易于激动，暴躁而有力，在言谈、举止和表情中都有狂热的表现。此类消费者选购商品时表现有不可遏止的劲头，在言语表情上显得傲气十足，甚至用命令的口气提出要求，对商品品质和营业员的服务要求极高，稍不如意就可能发脾气。这类消费者虽然为数不多，但营业员需要用更多的注意力和精力接待好这类顾客。

5. 健谈型

这类消费者神经过程平衡而灵活性高，善于适应各种环境，有广泛的兴趣爱好，但容易变化。表现在购买行为上，显得活泼、健谈，在购买和挑选商品的过程中，愿意与人接近、交谈，主动与顾客或营销人员交换意见。

总之，在购买活动中，受购买对象、时间、地点、环境、个性心理等诸多因素的影响，不同的消费者会表现出不同的购买行为类型。

(四)根据消费者行为的复杂程度和所购商品本身的差异划分

1. 复杂性购买行为

复杂性购买行为主要是对于那些消费者认知度较低、价格昂贵、购买频率不高的大件耐用消费品。由于价格昂贵，购买决策的风险就比较大，购买决策必然比较谨慎；由于消费者对商品不够熟悉，需要搜集的信息比较多，因此消费者选择的时间也比较长。

2. 选择性购买行为

同样是价格比较昂贵的商品，有较大的购买决策风险，但是由于消费者对于此类商品比较熟悉，知道应当怎样进行选择，因此在购买决策时无须再对商品的专业知识作进一步地了解，而只要对商品的价格、购买地点以及各种款式进行比较选择就可以了。

3. 简单性购买行为

对于某些消费者不太熟悉的新商品，由于价格比较低廉，购买频率也比较高，消费者不会花很大的精力去进行研究和决策，而常常会抱着"不妨买来试一试"的心态来进行购买，所以购买的决策过程相对比较简单。

4. 习惯性购买行为

对于那些消费者比较熟悉而价格比较低廉(通常商品的稳定性也比较好)的商品，消费者会采用习惯性的购买行为，即不加思考地购买自己习惯用的品种、品牌和型号。若无新的强有力的外部吸引力，消费者一般不会轻易改变其固有的购买方式。

综上所述，四种购买行为的特点和决策风险高低各有不同，如图5.7所示。

对产品的熟悉程度

		低	高
购买 决策 风险	高	复杂性购买行为	选择性购买行为
	低	简单性购买行为	习惯性购买行为

图 5.7 购买行为的类型

(五)根据消费者对商品的认识程度划分

1. 深涉型

这类消费者对有关商品的知识有较深的了解，能通过各种手段对商品进行全面分析。在购买过程中，他们善于比较和挑选，比较自信并能向销售人员提出各种商品技术方面的细节问题，有把握按照自己的意愿购买商品。

2. 浅涉型

这类消费者对所购商品的知识只有粗浅的了解，他们期望销售人员提供更丰富的商品知识，加深自己对该商品的认识。他们有时对商品有一些似是而非的认识，这会影响他们的购买选择。这类消费者所占比例较大。

3. 初涉型

他们对某些具体的商品缺乏认识，也缺乏购买和使用的经验，在购买过程中表现为走极端：要么不假思索，在销售人员的推荐下毫不犹豫地购买，要么犹豫不决，希望销售人员更深入地介绍商品。

第三节 消费者的储蓄与投资行为

广义的消费者行为，不仅限于即期消费，还包括各种中、长期消费行为。其中，储蓄与投资行为作为中长期消费行为的主要形式，在很大程度上影响着消费者远期的购买力和近期的购买行为。研究消费者的储蓄与投资行为具有重要的现实意义。

一、消费者的储蓄行为

消费者的储蓄行为，是指狭义的储蓄，即消费者在银行和其他金融机构存入各种储蓄存款的行为活动。随着我国居民收入水平的提高，居民用于满足生存需要的消费支出占其收入的比重逐渐降低，储蓄率逐渐提高。根据全球知名市场调查机构尼尔森公司最新发布的消费者调查报告，中国消费者信心指数高于全球，尤其是消费者储蓄率也明显高于全球水平。调查结果显示，储蓄是中国消费者处理"闲钱"的传统方式。一项有趣的数据是：在中国仅有 3％的受访者表示，每月除去花销，几乎没有什么积蓄，57％的中国消费者表示将选择把闲钱存入银行。储蓄存款来源于消费者的货币收入，其最终目的还是为了消费。但在一定时期内货币收入水平不变的情况下，如果储蓄增加，购买力和消费支出便减少；反之，如果储蓄减少，购买力和消费支出便增加。所以，储蓄的增减变动会引起市场需求规模和结构的变动，对企业的营销活动会产生或近或远的影响。因此，有必要研究消费者的储蓄心理。

(一)消费者的储蓄心理

1. 勤俭节约的心理

储蓄率的高低和一个国家的文化背景相关。亚洲各国的消费形态和西方国家不同，东方的宗教和文化对于居民的消费习惯有着巨大的影响。勤俭节约一直是中华民族的传统美德，拥有儒学背景的亚洲国家的储蓄率明显高于西方国家。

2. 不安全的心理

从社会制度变迁的角度看，收入分配体制、消费体制、社会保障体制、价格体制、教育体制以及金融体制等方面的改革，使居民更多地面临未来收入与支出的不确定，短期内加大了居民的未来支出预期，制度性变迁的预期使当前居民的储蓄倾向进一步增强。子女教育费用、养老、住房排在中国居民总消费的前三位，当前中国居民储蓄的目的依次是"攒教育费""养老""买房及装修"。

3. 储币待购心理

在市场经济条件下，消费品市场在保持基本平稳的基础上，有些商品的价格仍时有较大波动，并且不时存在"消费陷阱"。消费者为了减少个人损失，不敢消费、不愿消费，而愿将钱存入银行，导致有效需求不足。在这种市场态势下，有些消费者就会产生暂时储蓄，待物价回落再买的心理。

4. 保值生利的心理

这是以储蓄保值或获取收益为目的的储蓄心理。这类消费者一般收入较高，生活结余较多，对于暂时不用的货币，会受到物价上涨和通货膨胀的威胁。存入银行会获得一定的利息收入，从而弥补物价上涨和通货膨胀带来的部分损失。储蓄存款是实现其保值生利目的风险最小、变现最快的一种方式。这类消费者，金融意识较强，他们希望货币升值，在储蓄时，对利息多少比较重视，在储蓄中，总是选择利率高的储蓄种类和方式。此外，遇有金融债券、国库券、股票等利率较高的有价证券吸引，常常就会取出存款转向利率较高的金融资产。

5. 随意型储蓄心理

具有这种心理的消费者，储蓄无明确目的，是由下意识的原因或生活宽裕、有余钱而形成储蓄。这类消费者的储蓄行为特征表现为随意，存取时间、金额、频率均无规律性。

这类储蓄存款很不稳定，这类消费者一般乐于听取银行工作人员的意见和建议。

(二)影响消费者储蓄行为的主要因素

影响消费者储蓄行为的因素很多，我们着重从以下两方面进行分析。

1. 外界因素的影响

(1) 最主要的因素是存款利率和通货膨胀率的比例。存款利率低，通货膨胀率高，那么把钱存在银行就会亏本。比如，银行一年定期存款扣税后利率是 1.8%，如果通货膨胀率高于 2%，那么，把钱存在银行本身就在贬值，这样消费者就不愿意把钱存在银行，而是把钱拿去进行投资或其他活动。

(2) 其次就是金融市场的繁荣程度。这样说来有点空洞，从目前我国的基本情况来看，就可以直接说成股市的走势。比如，如果股市萧条，那么大家都把钱存进银行；如果牛市来了，人们又会纷纷把钱从银行中取出来投入股市。

其他影响储蓄的外界因素还有很多，但是其影响相当有限，可以忽略不计。

2. 消费者自身因素的影响

消费者的职业、经济收入、家庭消费习惯、个性心理特征等都会影响其储蓄行为。例如，经济收入不高的家庭，日常生活节俭，储蓄倾向较强，一般选择风险最小的银行存款作为保值生利的手段；经济收入较高的家庭，除以银行存款为保证外，还会选择购买有价证券来达到保值生利的目的。消费者的个性心理特征也会影响其储蓄行为：保守型的消费者储蓄意识较强，即使在负利率的情况下，也会储蓄一部分收入以应付未来开支，"先挣后花"的观念对这部分消费者起主导作用。开放型的消费者储蓄意识淡薄，不愿推迟对物质生活的享受，这种心理在青年消费者中较为多见。为了适应这种负债消费的需要，银行贷款扩展到了个人消费领域。

(三)消费者储蓄行为的作用与影响

1. 储蓄对宏观经济的作用与影响

(1) 为国家积累资金，支援现代化建设。银行以信用形式，吸收个人暂时不用的货币成为储蓄存款。货币在存入银行这一段时间，个人的消费资金不再以个人购买力形式出现，而是被银行利用，相应地增加社会可用资金总量，支持社会生产的发展，促进了社会积累的形成或增长。我国对公民的存款储蓄采取鼓励和保护的政策，储蓄的种类和方式灵活多样，储蓄的网点遍布城乡各地，这样就能把居民手中的闲置资金集中起来，为国家的经济建设积累大量的资金。

(2) 调节市场货币流通。在市场经济条件下，货币流通顺畅，能促进生产的发展。货币流通中的现金流通量是否适当，对于市场供求平衡、物价稳定、人民生活水平及社会的安定都具有重要的作用。储蓄存款能够有效地调节货币流通，稳定币值，保证生产的健康发展和社会稳定。银行吸收公民个人储蓄存款，将公民劳动所得的一部分作为资金投入流通，国家把这笔款转化为生产、建设资金，一方面可以控制购买力的增长，另一方面可以支持紧缺商品的生产，增加商品供应，促进货币购买力和商品供应的平衡。

2. 储蓄对消费者购买行为的影响

储蓄实际上是把一部分即期购买力转到未来实现。为了满足未来消费的需要，消费者可以利用储蓄手段来调节即期消费，同时为长期消费目标的实现提供资金保证。公民储蓄存款，不仅是一种投资行为，而且是计划消费的行为。公民在基本生活资料得以满足的情况下，通过储蓄有计划地安排生活，既有利于增加个人收入，也有利于培养勤俭节约的社会风尚，是科学合理的消费习惯和文明健康的生活方式的体现。

二、消费者的投资行为

(一)消费者投资行为的含义

消费者投资行为属于个人经济行为，即消费者通过个人支出来获取一定收入的一种投资活动。通常表现为消费者把个人收入的一部分用于购买股票、债券等有价证券，通过持有这些生利的有价证券来获取一定的收益。由于投资意味着将个人收入的一部分转化为非消费支出，因此消费者的投资行为必然会对其近期消费及远期消费产生影响。消费者投资行为不外乎有两种动机：保值和生利。投资行为既可能取得收益，又具有很大的风险性。

(二)常见的投资方式

如今人们的投资渠道越来越多。选择什么投资渠道能获得比较理想的收益，需要根据情况作出判断。下面就是家庭理财的主要渠道的详解。

1. 最传统渠道：储蓄

这是普通家庭采取的传统做法，所占比重最高。储蓄投资安全可靠，能够赚取利息，但其回报率低。同时，存款利息无法弥补通货膨胀所带来的资金贬值。

2. 风险与收益同在：债券

国内债券种类有国债、企业债和金融债，个人投资者不能购买金融债。国债由于有国家财政担保，被视为"金边债券"，而且国债的安全性、流通性在债券中是最好的，基本没有什么风险，并且收益比较稳定。国债不收利息税，收益比同档次银行存款要高。最近几年人们购买国债的热情很高，可以说有些供不应求。企业债利息较高，但要交纳较高的利息税，且存在一定的信用风险。

3. 保障性投资：保险

保险作为一种纯消费型风险保障工具，只要通过科学的保险计划，就能充分发挥资金的投资价值，又能为家人提供一份充足的保障。

4. 专家理财：投资基金、信托

与个人单独理财相比，基金、信托理财属于专家理财，省时省心，而且收益较高。集中起来的个人资金交由专业人员进行操作，他们可以凭借专业知识和经验技能进行组合投资，从而避免个人投资的盲目性，以达到降低投资风险、提高投资收益的目的。但其收益比较不固定，也有一定风险性。基金适合长期投资。

5. 高风险投资：股票

这种投资工具是获利性最强、最快、最多的，但也具有风险性、不稳定性和不安全性，稍不留心就可能血本无归。

6. 实实在在的投资：收藏

这种投资不仅具有安全性、可靠性，而且它还能陶冶情操，增强生活情趣，提高生活品位，同时也极具增值潜力，其收益性至少是几倍，甚至几十倍、几百倍，乃至上千倍、上万倍。不过要求有这方面的专业知识，因为不是任何藏品都有升值潜力的。

7. 最"万幸"投资渠道：彩票

彩票是一种成本较小、趣味性强、带有娱乐性质的投资。其收益极具戏剧色彩，且具有偶然性，风险一般为零。也可能获得一些回报，也可能中上大奖，骤然暴富。这种投资一般很难指望其有回报，只把它当作一种娱乐行为便好，不要抱过大的希望。

(三)投资行为的收益与风险

消费者进行投资所获得的报酬，即为收益，比如股息分红、债券利息、资产增值等。从时间上考察，投入本金在前，获取收益在后，在这段时间差中会存在诸多不确定因素，从而导致投资行为的风险性。

产生投资风险的因素很多，有来自经济、道德、法律等各个方面，其中以来自经济方面的风险为主。这类风险大致可分为以下四种。

1. 市场价格波动风险

以股市为例，无论是成熟股市，还是新兴股市，价格波动风险都是存在的。因为波动是股市的本质特征，是不可避免的。在大的价格波动中，会有投资者损失惨重，血本无归。

2. 利率风险

利率的波动会直接影响股票、债券的价格，从而影响投资者的收益或使其遭受损失。

3. 通货膨胀风险

投资者的本金和收益都是以货币形式存在的，货币的价值自然会受通货膨胀的影响而降低，投资者即使在货币收入有所增加的情况下，因通货膨胀的影响其实际收益也可能为零或负数。

4. 政策风险

政策风险在新兴市场表现得尤为突出。作为新兴市场，从试点到规范运作，有一个政策、法规出台和调整的过程。每一项政策、法规的出台或调整，对市场都会有一定的影响，有的甚至会产生大的影响，从而引起市场较大波动。

(四)投资决策的原则

投资决策的内容主要包括选择投资对象和确定投资金额两个方面。决策的正确与否，是投资活动成败的关键。为保证投资决策的正确性，应遵循以下原则。

1. 安全性原则

消费者在进行投资决策时必须首先注重投资资金的安全性，尤其在目前中国市场经济发育尚不健全，且大多数消费者收入水平仍然较低，风险承担能力较弱的情况下，更是如此。安全性原则要求消费者在投资时必须充分考虑自己的经济实力，选择适合自身条件和能力的投资方式，做到量力而行；投资前要尽可能多地掌握有关信息和知识，并作出分析比较，随时检查和调整自己的投资行为。

2. 流动性原则

流动性，是指消费者在购买金融资产时，应保证这部分占用资金在急需时能及时变现，并且在价值上不至于遭受损失。一般来说，资金实力较弱的消费者会选择流动性较强的投资对象，以便在需要时能及时变成现金，免受急于融资的价值损失；经济实力较强的消费者在投资决策时通常不太重视流动性，而注重于投资的盈利性。

3. 盈利性原则

追求盈利，是所有消费者投资行为的共同特征，也是其进行投资活动的内在动机。在盈利动机的支配下，投资者会综合权衡各种生利金融资产的盈利水平、支付方式和时间，确定投资对象和资金比例，并把握好投资时机，提高收益水平。

以上三项原则从投资活动的整体利益和长远利益来看是统一的，但在实际运用中也存在着一些矛盾。不同收入水平、职业、家庭状况、个性特征的消费者在进行投资决策时，考虑的侧重点通常是不同的。例如，个性较保守的消费者会选择风险小、收益稳定的投资方式，而富于挑战性的消费者选择风险较大而收益也较高的投资方式。但是，一般讲，消费者在进行投资决策时，要统筹兼顾三项原则，综合考虑，谨慎定夺，才能作出正确的投资决策，保证投资行为达到增值获利的目的。

本 章 小 结

购买者行为模式是指具有一定潜在需要的消费者，受到企业的营销活动刺激和各种外部环境因素的影响而产生购买取向的，不同特征的消费者对于外界的各种刺激和影响又会基于其特定的内在因素和决策方式而作出不同的反应，从而形成不同的购买取向和购买行为。

消费者购买行为过程具体表现为购买行为心理过程和购买行为程序过程。购买行为心理过程分为三个阶段：认识过程、情绪过程、意志过程。购买行为程序过程一般分为五个阶段：确定需要、收集信息、分析评价、购买决策、购后行为，这是一种典型的购买决策过程。

我国居民乐于储蓄，自身和外在的多种因素都会对消费者储蓄产生影响。储蓄对宏观经济和消费者的购买行为都发挥着作用。投资是消费者支配收入的另一种方式，每种投资方式都有各自的特点。在投资过程中，投资者要充分认识可能存在的各种风险，坚持基本的投资原则。

课 程 思 政

　　消费行为是一个人或群体在市场上购买商品和服务的行为，而社会主义核心价值观则是社会主义道路的价值基础，是人民对美好生活的共同追求。消费行为与社会主义核心价值观之间有着密切关系。社会主义核心价值观强调人们的社会责任感和自我约束能力，这可以帮助消费者理性地选择消费产品和服务，并养成节约、环保等正确的消费习惯。同时，社会主义核心价值观也鼓励人们对商品和服务的质量、安全、可靠性等方面进行客观评价，这些可以引导消费者作出理性、负责任的消费决策。"二十大"报告中提出了加快构建节约型、环保型、绿色型消费模式，培育新兴消费市场等举措。这与推动经济发展、保障人民美好生活的目标相一致，也与构建和谐、公平、可持续的社会主义现代化国家的要求相一致。

思 考 题

1. 消费者购买行为的特征是什么？
2. 消费者购买行为的一般模式是什么？
3. 消费者购买行为过程一般要经过哪几个主要阶段？
4. 影响储蓄的因素有哪些？

案 例 分 析

案例1　零点直击上海迪士尼开票：6月16开园日门票被秒抢，网站崩溃

　　【新民网·独家报道】3月28日零点，上海迪士尼门票正式开售，与之同步开启预订的还有上海迪士尼度假区内的两家主题酒店以及《狮子王》音乐剧。新民晚报新民网记者在上海迪士尼度假区官方网站、官方微信公众号以及上海迪士尼度假区阿里旅行官方旗舰店看到，开园首日(6月16日)的门票被秒抢，而阿里旅行官方旗舰店，6月16日的库存票已经显示"不可选"。平日门票价为370元，高峰日门票价为499元。

　　27日晚至28日，新民晚报新民网多位记者开启"体验抢票"模式，感受上海迪士尼开票的情况。

1. 迪士尼开票首日系统故障，门票出现秒光

　　28日零时，第一路记者登录上海迪士尼官网的购票系统，选择了一张6月16日标准票进行购买，但系统一直显示"我们目前无法处理您的请求，请稍后重试"。而后再试，显示系统错误。

　　与此同时，第二路记者尝试通过上海迪士尼度假区官方微信进行购票。官微显示"3月28日凌晨零点零一分乐园门票正式开售"。12点整记者尝试购票，点击进入"购票服务"，预订页面所有日期均显示为无票状态；再次刷新进入预定，屏幕显示"出现了一点

小问题"，提示"如反复出现该问题拨打热线电话 400-180-0000"。记者随后拨打电话，得到自助语音回复"目前是非工作时间，可浏览官方网站查询相关信息。"直至记者截稿前，官微仍处于无票状态。

新民晚报新民网第三路记者关注的是同样属于官方渠道的阿里旗舰店，记者了解到，27 日的零点刚过，就有网友买到了迪士尼首日的门票，该网友表示已经完成了结算。记者发现，在官方正式开票前的 20 分钟(27 日的晚上 11 点 40 分左右)，阿里旅行官网上 6 月 16 日开园当天的 1 日门票已经售罄，两日联票则还有库存。直到 28 日的凌晨零点 10 分，开园当天的两日联票售罄。

2. 三大在线旅游企业开设迪士尼专页，抢票页面均被挤爆

上海迪士尼度假区公布的合作伙伴名单中有 30 家旅游企业，包括携程、途牛、驴妈妈等多家在线旅游机构。这三家旅游企业均为上海迪士尼推出抢票专页。新民晚报新民网记者在开票前浏览网页后发现，点击预订购买门票的链接均无法顺利打开网页。不过三家网站内除含有迪斯尼乐园的门票以及主题酒店的售票区，还推出了特色周边游套餐，例如驴妈妈旅游网推出售价 525 元的上海迪斯尼与南京明孝陵的特惠套餐票，途牛旅游网也显示有尚未开票的"上海迪斯尼+乌镇+苏杭双飞五日游"等各种国内自助游套餐。

(资料来源：环球时报，2016-03-28.)

案例讨论

上海迪士尼开园门票"一票难求"的原因是什么？

案例2　百雀羚连续两届获得 IFSCC 青年科学家奖，以科学之名，定格年轻

近日，百雀羚再度荣获全球化妆品科技联盟 IFSCC 颁发的青年科学家奖，继 2019 年后，已连续两届将这一重磅奖项收入囊中。

全球 IFSCC 大会被誉为化妆品学术领域的奥运会，众多国内外知名品牌都在此盛会上探讨及分享最新美妆科研成果，在 2018—2021 年中，百雀羚成为中国首家三次荣获全球 IFSCC 国际大奖、两年上榜十佳海报的国货品牌。纵观 IFSCC 历年奖项，科学探索始终推动着美妆行业的蓬勃生长，今天的护肤常识和美妆习惯背后，是科学家孜孜不倦钻研的身影。

科学之光织梭了每一刻的日常。作为民族品牌的百雀羚深知，那些轻轻一抹间所蕴含的智慧，沉淀着对前沿科技的不懈追求以及生生不息的科研精神。

1. 前沿探索笃志求新，找到科学护肤新可能

2017 年，百雀羚受邀成为 IFSCC 在中国唯一的"亚洲荣誉金牌会员企业"，迄今已在 IFSCC 会议上完成了 36 次论文投递和研究发表。在令人骄傲的诸多成绩面前，百雀羚始终步履不停，以科技硬实力续写品牌历史，令东方之美，昂首世界。在 2021 年 IFSCC 第 26 届大会上，百雀羚科学家左锦晖投稿发表《护肤品的抗衰老新途径，从皮肤生理到皮肤"心理"》一文，从肌肤表里抗老走向心理抗老，向国际前沿的科研领域积极探索求新。历经专业评审的严苛选拔，他最终成为本届青年科学家奖得主。左锦晖表示："作为百雀羚科研团队的一员，将始终探索美之科技，不断突破，追寻科学护肤新可能，为东方女性带来更多精深专研、专属定制的护龄方案。"

2. 携手全球优质资源，专为东方女性定制

2020 年起，百雀羚集团携手北京工商大学，对 5000 多名中国女性在皮肤本态研究实验室进行跟踪研究，发现在皱纹、弹性、肤色和水分等 20 几个不同的维度上，东西方女性的皮肤存在巨大差异，进而推导发现东方女性更容易面临"断崖式衰老"的肌肤问题。

针对这一研究，百雀羚经过持续的科研探讨，与有 350 多年历史的德国默克集团进行深度战略合作，打造出具有高科技功效的植物复合抗老成分原初因 ProVTA，并将这一核心成果融入全新淡纹帧颜系列商品中，从根源上解决因皮肤衰老导致的细纹问题。百雀羚科研团队提出："我们不能够逆转自己的实际年龄，但可以重塑肌肤健康年轻态。"

积微成著，笃行致远。2021 年，百雀羚作为唯一的中国品牌跻身 Brand Finance 美妆榜单 TOP15。作为民族品牌，百雀羚从未故步自封，多年携手国际优质资源链，与法国图尔大学、意大利 ISPE 实验室等开展长期合作，孜孜以求，持续提升研发实力。

3. 科学大事，只为守护日常小事

从家喻户晓的冷霜到备受好评的淡纹帧颜霜，百雀羚始终呵护着东方女性的年轻未来。品牌创立 91 年来，百雀羚的科学大事始终落地在东方女性的护肤"小事"中。精益求精，结合基因、细胞和皮肤模型等前端生物技术，用科技赋能草本，为东方女性带来精准、优效、温和、安全的草本护肤体验。这也是百雀羚的"科技新草本"时代。

科学大事只为日常小事，于百雀羚而言，心之所向，步履皆往。将科技赋能美丽，只为改变东方女性的历历日常。

(资料来源：《北京晚报》官方账号，2022-03-02.)

案例讨论

百雀羚成功的主要原因是什么？

案例 3 打造社会责任"软实力"，飞鹤以创新引领发展

科技是第一生产力，品质是企业长足发展的重要保障。飞鹤在 2022 年 5 月 30 日发布的 EGS 报告中指出，坚守长期主义，进一步筑牢产业生态，积极推动品质创新、产业共荣、生态循环、以人为本、爱与责任五个重点领域的可持续发展。

同时，飞鹤还建立了严格的商品标准体系，制定《奶源管理要求》《有机奶源管理要求》等内部管理标准，通过供应商牧场审核、现场管理等举措严格把控商品质量。ESG 报告显示，2021 年，飞鹤 202 个供应商全部通过 ISO9001 质量管理体系、FSSC22000 食品安全管理体系和 ISO22000 食品安全管理体系认证。

1. 加强科技创新，促进企业发展

以自主创新为引领，飞鹤横向组建全球创新与研发平台，纵向建立产业链深度研究体系，构建"一横一纵"的研发格局，持续推进行业高质量发展。

横向上，飞鹤先后与不同专业合作伙伴共同建立多个研究平台，在中国母乳、中国人体质和营养学等领域开展深入的研究。ESG 报告显示，2021 年，飞鹤研发投入 4.3 亿元，同比增长 60.5%，全年专利申请量再创新高达 171 件，其中授权专利 105 件；在研发成果

方面，飞鹤在 2021 年仅中国母乳研究方面就在国际顶级期刊发表 SCI 文章 4 篇；"中国母乳研究及成果应用"项目还获得 2021 年中国乳制品工业协会"技术进步奖"一等奖，这些成果被陆续应用在飞鹤系列商品中。近日，飞鹤再次完成行业内乳铁蛋白产业化"0"的突破，应用当前国内最先进的生产技术，建成了行业内第一条乳铁蛋白自动化生产线，实现关键原辅料的国产化和核心技术自主掌控。

纵向上，飞鹤于 2006 年打造中国婴幼儿奶粉行业第一个产业集群，后更致力于全产业链深度研究，于 2019 年联合中国农科院奶业创新团队创立飞鹤婴幼儿配方奶粉全产业链创新中心，探索从一棵草到一头牛、再到一罐奶粉的全产业链技术创新，全面提升产业链工艺标准与企业科研创新水平。

2. 关注消费者体验，打造多元化服务渠道

飞鹤始终高度重视与消费者的有效沟通，打造多元化的消费者沟通渠道，持续提升服务效率和用户体验。例如，飞鹤定制化育儿平台"星妈会"，通过小程序、直播、微博、视频号为会员提供育儿、家庭营养健康服务。截至 2021 年年末，"星妈会"会员人数超 4500 万人，公众号粉丝量突破 2000 万。

此外，飞鹤定期举办线下讲座，定制适合不同月龄宝宝的活动项目。飞鹤每年都会邀请营养专家，在全国各大城市举办线下讲座，通过科学喂养、营养补充、日常护理、亲子关系、儿童早教等各方面内容的讲解，帮助新手爸妈更好地照顾好孩子，并助力营造儿童友好型的社会环境。此外，飞鹤还会在全国各地举办适合不同月龄宝宝的活动项目，例如"爬爬赛"和"超萌运动会"，通过活动打造沉浸式亲子陪伴空间，向全社会公益倡导高质量陪伴理念的初衷。

飞鹤用创新科技打造出质量过硬的奶粉商品，走出了一条国产奶粉稳健发展的道路；同时飞鹤以国际化的科研平台、覆盖农牧工的产业集群和遍布全国的终端服务网络，构建起了"用户第一"的服务生态，必将持续为消费者带来更好的商品和服务。

(资料来源：新浪网，2022.07.24.)

案例讨论

作为中国婴幼儿配方的龙头企业，飞鹤的成功之处是什么？

第六章　消费者群体心理

【本章导读】

通过对本章内容的学习，了解消费者群体、群体规范、消费习俗及消费流行的概念和分类；理解不同消费者群体的特征；理解消费者的内部沟通对个人消费行为的影响；理解影响消费习俗的因素以及消费流行的规律，在此基础上正确掌握消费者群体心理。

第一节　群体心理的形成与类型

一、群体概述

(一)群体

群体是两人或两人以上的集合体，他们有共同的利益，遵守共同的行为规范，在心理上互相依赖，在思想上互相影响。群体是相对于个体而言的，但不是任何几个人就能构成群体。群体成员有着类似的价值观念、性格、习惯，为了一定的目的而结合，他们相互依赖、相互作用，可谓是"物以类聚，人以群分"。

群体有正式群体和非正式群体之分，正式群体是指由组织结构确定的、职务分配很明确的集合体。非正式群体是那些既没有正式结构，也不是由组织确定的联盟，它们是人们为了满足社会交往的需要而在所处的生活工作环境中自然形成的。非正式群体通过满足其成员的社会需要而发挥着重要的作用。

群体一般具有以下特点。

(1) 有一定数量的社会成员。群体成员至少有两个人，这是构成群体的主体基础。在较大的群体中，还有一定的组织结构和一定的分工协作，并且有权威人物的存在。

(2) 有进行共同活动的需要。群体成员在共同活动中彼此交往、相互作用，并因此产生一系列诸如人际关系、暗示、从众、模仿、社会知觉等社会心理现象。

(3) 有一定的为群体成员所接受的目标。群体目标是群体功能的具体体现，也是群体的灵魂。没有目标的群体是不可能存在的。群体目标不是单一的，而是一种多层次的目标系统，且以满足群体需要为基础。

(4) 有一定的行为准则。群体规范有明文规定的，也有约定俗成的，用以实现对群体成员的监督，调节群体成员的社会行为，保证群体有秩序地、协调地开展活动。

(5) 时间上具有一定的持续性。任何群体都是现实的社会实体，它不仅占有一定的空间位置，而且在时间上也具有一定的持续性。

(6) 有一定的内聚力。群体以感情为纽带，基于价值目标的一致性而形成，一致性越高，内聚力越大。这种内聚力使群体成员在心理和行为上互相影响，形成归属感。

(二)群体的分类

1. 根据消费者群体组织的特点，群体分为正式群体与非正式群体

正式群体是指有明确的组织目标、组织结构，成员有着明确的角色与分工的群体，比如消费者协会等。非正式群体是指由于共同兴趣、爱好而自发形成的群体，该群体没有严格的组织与制度约束，比如旅游时临时组建的购物团体等。

2. 根据群体对消费者心理影响作用的大小，群体分为主导群体和辅助群体

主导群体与消费者的社会生活有着极其密切的关系，构成其社会生活的本质基础，比如同事、朋友、邻里等。辅助群体是由消费者的兴趣、信念、追求或特殊需要相同或相似而形成的群体。他们之间存在着交往，但交往频率往往相对较低，信息交流面较窄。辅助群体影响作用仍时常在消费者的行为中表现出来，比如对社会消费趋势的看法、群体成员间消费取向的相互模仿，以及对消费品的相互推荐等。从严格意义上讲，主导群体与辅助群体的划分不是绝对的，常因个人的生活经历、生活环境而异。

3. 根据与消费者实际状况相似与否，群体分为所属群体与参照群体

所属群体是消费者正生活在其中的群体，它直接影响消费者的消费行为，甚至可以逐步改变消费者的习惯。参照群体是消费者希望加入的群体，它对消费者的消费行为有着很强的引导和示范作用，常常促使消费者通过比较、追求、模仿而改变自己的消费习惯。

4. 根据消费者对某一群体的自我意识区分，群体分为自觉群体和回避群体

自觉群体是消费者根据自身的各种条件主观上把自己归属于某一个群体。这种群体成员之间根本不存在任何直接的交往关系，比如知识分子群体等。尽管这种群体无直接交往，但消费者却能自觉地利用这一群体的消费行为特征来约束自己的消费行为，追求与这一群体相同的消费时尚。回避群体是消费者自以为与自己不相符的、尽量避免归属的群体。消费者会极力避免与该群体的消费行为雷同，比如很多知识女性，即使生活比较富裕，也会拒绝浓妆艳抹，拒绝佩戴过多的首饰，避免别人把自己看作是"暴发户"。

5. 根据消费者加入群体的时间长短，群体分为长期群体和临时群体

长期群体是消费者在一段相对较长时间内参与的群体。该群体成员之间有比较长且稳定的交往关系，对消费者消费行为影响较大，有时能在群体中形成一定的消费习惯，形成相近的商品评价标准和价值观念。临时群体是消费者暂时处于其中的群体。这种群体对消费者的影响是暂时且不稳定的，但在特殊的情况下会对消费者的购买欲望有很大的激发作用。比如在某一商品的购买现场，临时群体中一些成员的抢购会激发其他成员的购买欲望。

二、消费者群体

(一)消费者群体

消费者群体是指某些具有共同消费特征的消费者所组成的群体。同一消费群体内部的消费者在购买行为、消费心理及习惯等方面有许多共同之处；不同消费者群体之间则存在诸多差异。

(二)消费者群体形成的原因

消费者群体的形成是消费者的内在因素和外部因素共同作用的结果。

1. 消费者因其生理、心理特点的不同形成不同的消费者群体

消费者彼此之间在生理、心理特性方面存在诸多差异，这些差异促成了不同消费者群体的形成。例如，由于年龄的差异，形成了少年儿童消费者群体、青年消费者群体、中年消费者群体、老年消费者群体；由于性别的差异，形成了女性消费者群体、男性消费者群体；由于个性特征及价值观念的差异，形成开放型消费者群体、保守型消费者群体、享受型消费者群体、节俭型消费者群体等。这种根据消费者自身生理及心理特点划分的各个消费者群体之间，在购买行为、消费心理、消费需求等方面有着不同程度的差异，而在本群体内部则有许多共同特点。

2. 不同消费者群体的形成还受一系列外部因素的影响

外部因素主要包括生产力发展水平、地理气候条件、文化背景、民族、宗教信仰等，它们对于不同消费者群体的形成具有重要作用。

生产力的发展对于不同消费者群体的形成具有一定的催化作用。随着生产力的发展和生产社会化程度的提高，大规模共同劳动成为普遍现象，人们所能从事的职业种类也越来越多，因而客观上要求劳动者之间进行细致的分工。分工的结果使得社会经济生活中的职业划分越来越细，比如农民、工人、文教科研人员等。不同的职业导致人们劳动环境、工作性质、工作内容和能力素质不同，心理特点也存在差异，这种差异必然要反映到消费习惯和购买行为上来。久而久之，便形成了以职业划分的农民消费者群体、工人消费者群体、文教科研人员消费者群体等。

地理气候条件对消费者群体的形成也有很大影响，同一地区的消费者在需求方面往往类似，尤其当信息沟通和供销渠道受到限制时，地区之间消费者的需求差异极为明显，这样就可以按地理气候条件把消费者划分为不同的群体。例如，我国可根据消费者所处地区的地理气候条件差异，把消费者划分为东北地区消费者群体、华北地区消费者群体、西北地区消费者群体、西南地区消费者群体、华南地区消费者群体、华东地区消费者群体和华中地区消费者群体等。

国家、宗教、民族等方面的差异，也可以使一个消费者群体区别于另一个消费者群体。此外，按收入不同，消费者群体可划分为最低收入群体、低收入群体、中低收入群体、中等收入群体、中高收入群体、高收入群体等。

消费者群体形成后，并非固定不变，而是随着时间、地点、环境条件的变化而不断发

展变化。经济的发展和社会生产力的提高，使社会分工越来越细，更多行业从无到有、从小到大，新的消费者群体便会从中应运而生。随着科学教育文化事业的普及，全国人民的文化素质不断提高，消费者的内在素质也会发生变化，从而导致消费者群体不断呈现出新的面貌。

(三)消费者群体的类型

消费者群体可以采用多种标准加以划分。划分的标准不同，消费者群体也呈现出多种不同类型。

1. 根据自然地理因素划分

自然地理因素是划分不同消费者的一个基本变量。其主要依据是处在不同地理位置的消费者对商品会有不同的需要，因而他们对企业所采取的市场营销战略，比如企业的商品策略、价格策略、分销渠道、广告宣传等市场营销措施也会有不同的反应。具体又可分为以下两种情况。

(1) 按国家地区，消费者群体可分为国内消费者群体、国外消费者群体；欧洲地区消费者群体、东南亚地区消费者群体；东北地区、华北地区消费者群体等。

(2) 按自然条件、环境及经济发展水平，消费者群体可分为山区、平原、丘陵地区消费者群体；沿海、内地、边远地区消费者群体；城市、乡村消费者群体等。

由于地理位置的差异，各个地区的自然环境、社会政治经济环境不同，消费者的习惯和需要也不尽相同。因国家不同而形成的消费者群体，其消费水平、消费结构、消费习惯都有所不同。例如，欧美人偏爱肉类食品，中国人以粮食为饮食主体。由于城乡差别而形成的城市消费者群体和农村消费者群体的消费需求也不尽相同。例如，农村消费者由于自建住房的需要，对建筑材料的需求长期存在，城市消费者以购买商品房为主；部分边远地区供水供电不足，限制了农民对洗衣机、电冰箱、电视机等的消费，城市居民则不存在此类问题。

2. 根据人口统计学因素划分

人口统计学因素是指诸如人们的性别、年龄、职业、民族、经济收入、受教育程度等人口变量。这些变量一般很容易确认和测量，而且这些特征可能经常与特定商品的使用联系在一起。

(1) 按性别，消费者群体可分为男性消费者群体、女性消费者群体。

(2) 按年龄，消费者群体可分为少年儿童消费者群体、青年消费者群体、中年消费者群体和老年消费者群体。

(3) 按受教育程度，消费者群体可分为小学文化消费者群体、中学文化消费者群体、大学文化消费者群体。

(4) 按职业，消费者群体可分为工人、农民、知识分子、经理人员、政府公务人员等消费者群体。

(5) 按收入水平，消费者群体可分为高收入、中等收入、低收入消费者群体。

(6) 按家庭类型，消费者群体可分为多代家庭、核心家庭、单亲家庭、单身家庭等消费者群体。

(7) 按民族，消费者群体可分为汉族、回族、满族、苗族、壮族等消费者群体。

(8) 按宗教，消费者群体可分为信仰佛教的消费者群体、信仰基督教的消费者群体、信仰伊斯兰教的消费者群体、信仰天主教的消费者群体等。

上述不同类型的消费者群体，在消费心理和消费习惯等方面存在着显著差异。例如，不同职业的消费者由于工作性质和工作环境的不同，必然产生不同的心理体验。农民素来有勤劳简朴的美德，一般日常消费以节约为原则，但受传统风俗的影响，婚丧嫁娶等重大消费活动却又很铺张。所以农民对日常消费品要求并不高，而在婚丧嫁娶中经常超量消费；工人消费者群体的消费比较均衡，吃、穿、用都有适度的计划，但用于智力投资、文化生活方面的消费相对较少；知识分子消费者群体对智力投资、文化消费较其他消费者群体更为重视，消费支出也较多。

3. 心理因素

现实生活中，人们会发现许多消费者尽管在年龄、性别、职业及收入等方面具有相似的条件，但表现出来的购买行为却不尽相同。这种差别往往是由于心理因素造成的。因此我们可以根据消费者的心理因素来细分消费者群体，比如消费者的个性、购买动机、生活方式、态度和兴趣等。

(1) 按生活方式，消费者群体可分为不同风俗民情的消费者群体、不同生活习惯的消费者群体、紧追潮流的消费者群体、趋于保守的消费者群体等。

生活方式是指消费者对物质享受、娱乐等消费生活活动的特定习惯和倾向性。消费者群体的生活方式不同，消费心理和购买行为也有明显差异。紧追潮流的消费者，具有好奇、易变、喜欢新事物的消费心理，生活方式具有时代感；趋于保守的消费者，具有求稳、求安全、不易被感染的消费心理，生活方式墨守成规。

(2) 按性格，消费者群体可分为勇敢或懦弱、支配或服从、积极或消极、独立或依赖等群体。

以性格为标准进行划分的困难较多，因为准确地判断消费者的性格并非易事。但性格对消费者行为的影响是显而易见的，因此有必要作为群体划分的依据。

(3) 按心理倾向，消费者群体可分为注重实际、相信权威、犹豫怀疑等不同消费者群体。

注重实际的消费者对商品的实际效用、质量、价格等有更大的倾向性；相信权威的消费者更倾向于注重商品的品牌、商标、生产厂家；对于犹豫怀疑的消费者，要通过提供咨询、广告宣传或现场示范来争取。

4. 根据消费者对商品的现实反映划分

消费者对商品的现实反映不同，购买行为表现也不尽相同。

(1) 按购买商品的动机，消费者群体可分为求实、求新、求廉、求美、求奢、求同等。

(2) 按对商品品牌的偏好，消费者群体可分为非常偏好、比较偏好、一般偏好、无偏好、反感、很反感等消费者群体。

(3) 按对商品使用时间，消费者群体可分为未曾使用、初次使用、长久使用、潜在使用等消费者群体。

(4) 按对商品的使用量，消费者群体可分为大量使用、一般使用、少量使用、不使用等消费者群体。

(5) 按对商品要素的敏感性，消费者群体可分为对价格敏感、对质量敏感、对服务敏感等消费者群体。

总之，上述因素都是导致不同消费者群体类型产生的原因。应该指出的是，这些因素相互关联、相互作用，共同对消费者群体心理与行为产生影响。企业必须针对多种因素共同影响下形成的不同消费者群体类型的特点，采取营销对策，才能取得最佳效果。

此外，应该注意到，消费者群体并非是一个正式且稳定的群体，它会随着时间、地点、环境条件的变化而不断变化。某些消费者群体可能解体，某些可能重新组合，新的消费者群体也会不断涌现。

随着我国社会经济发展水平的提高，消费者群体将呈现以下趋势。

(1) 不同消费者群体的数量会增加，个性化消费的趋势将越来越明显，消费者群体的划分越来越细化。

(2) 消费者群体的内在因素不断提高，消费者群体的演变速度加快。

(3) 随着网络的普及，消费者群体的力量将变得越来越大，从而出现消费者群体利用定制的方式控制企业的现象。

(四)消费者群体形成的意义

现实生活中，消费者群体的形成主要有以下两个方面的意义。

1. 消费者群体能够为企业提供明确的目标市场

通过对不同消费者群体的划分，企业可以准确地细分市场，并根据自身实际和市场需求潜力来选定目标市场，从而减少经营的盲目性并降低经营风险。企业一旦确认了目标市场，明确了其服务的消费者群体，就可以借助对群体的调查、研究和预测，寻找该群体消费需求、购买行为的规律，从而制定出正确的、有针对性的营销策略，取得最佳的经济效益。

2. 消费者群体对消费活动的意义在于调节、控制消费，使消费活动向健康的方向发展

任何消费，当作为消费者的个体单独活动时，对其他消费者活动的影响，以及对消费活动本身的推动都是极为有限的。当消费活动以群体的规模进行时，不但对个体消费产生影响，而且会对社会整体消费状况产生重大影响，进而影响国民经济的运行和发展。因为消费由个人活动变为群体行为的同时，将使消费活动的社会化程度大大提高，而消费的社会化又将推动社会整体消费水平的提高。

此外，消费者群体还为有关部门借助群体对个体的影响力，对消费者加以合理引导和控制，为其向健康的方向发展提供了条件和可能。

三、消费者群体对消费心理的影响

研究消费者群体，主要是通过对消费者群体的分析，揭示消费者群体以什么样的形式及在哪些方面对消费心理产生影响。

1. 消费者群体为消费者提供有关的购买信息

消费者决策时的一个最重要的决定因素，便是对有关商品及供应者的知识的了解，而群体的作用之一，正是可以给其成员提供大量的这种信息。虽然群体的影响随着商品种类和商标而变化，但把群体作为一个信息来源在所有的商品和商标上都是一样的。更重要的是，群体成员容易相信本群体提供的信息。

2. 消费者群体为消费者提供可供选择的消费行为或生活方式的模式

社会生活是丰富多彩和变化多样的。处于不同群体中的人们，行为活动会有很大差别。例如，营业员在为顾客服务时，要求仪表整洁、服装得体、举止文雅，但不要打扮得过于时髦。而电影明星在表演时要适应剧中角色的要求，更换各种流行服装和发型。这些不同的消费行为通过各种形式传播给消费者，为其提供模仿的榜样。特别是对于缺乏消费经验与购买能力的人，他们经常不能确定哪种商品对他们更合适。在这种情况下，消费者对消费者群体的依赖性，超过了对商业环境的依赖性。

3. 消费者群体引起消费者的仿效欲望，从而影响他们对商品购买与消费的态度

模仿是一种最普遍的社会心理现象，但模仿要有对象，即我们通常所说的偶像。模仿的偶像越具有代表性、权威性，就越能激起人们的仿效欲望，模仿的行为也就越具有普遍性。在消费者的购买活动中，消费者对商品的评价往往是相对的，当没有具体的模仿模式时，不能充分肯定自己对商品的态度。但当消费者群体为其提供了具体的模式、标准，而消费者又非常欣赏时，就会激起其强烈的仿效愿望，从而形成对商品的肯定态度。在消费活动中，我们还会看到一些消费者经常作出一些示范性的消费行为，以引起他人注意，让人仿效或重复他们的消费行为。

4. 消费者群体促使消费行为趋于某种"一致化"

消费者对商品的认识、评价往往会受到消费者群体中其他人的影响。这是因为相关群体会形成一种团体压力，使团体内的个人不自觉地符合团体规范。例如，当消费者在选购某种商品，但又不能确定自己选购的这种商品是否合适时，如果群体内其他成员对此持肯定的态度，就会促使他坚定自己的购买行为。反之，如果群体内其他成员对此持否定的态度，就会促使他改变自己的购买行为。

第二节 不同消费者群体的心理特征

消费者群体心理是消费者处在某一实际的社会群体中而在外部行为上表现出来的经常的和稳定的心理特点。

在一定时期内，任何一个消费者都从属于某一群体，而在同一群体内的人们由于受多种等同或近似因素的影响，有着相同或相似的消费需要、消费方式、消费结构和消费水平。同样，不同社会群体的人由于所处社会地位不同，所扮演的角色不同，生理特征和心理特征上存在的差异，又导致了他们的消费需要、消费方式、消费结构和消费水平各具特色。本节主要考察常见的消费者群体的心理特征。

一、不同年龄消费者群体的心理特征

归纳消费者的心理特征首先要考虑的是年龄特征。有关学者根据我国国民的特点,对人的年龄阶段进行了划分:出生至 1 岁为乳儿期;1 岁至 6 岁为幼儿期;6 岁至 15 岁为少年期;15 岁至 30 岁为青年期;30 岁至 60 岁为中年期;60 岁往上为老年期。不同年龄阶段的消费者有着不同的生理特征和心理特征,加之所受教育程度不同,社会阅历不同等因素,人们的社会需求和消费心理有很大差别,因而对商品的规格、样式、结构等有着不同的要求。

(一)少年儿童消费者群体的心理特征

少年儿童消费者群体是由 0～17 岁的消费者组成的群体,这部分消费者在人口总数中占有较大比例。从世界范围看,年轻人口型国家中,0～14 岁的少年儿童占 30%～40%;西方老年人口型国家中,少年儿童比例也占 30%左右。新中国成立后少儿比例一直在30%～40%之间。这一年龄阶段的消费者构成了一支庞大的消费大军,形成了具有特定心理的消费者群体。

少年儿童消费者群体又可根据年龄特征分为儿童消费者群体(0～11 岁)和少年消费者群体(11～17 岁)。这里分别就这两个年龄阶段的消费者群体的心理特征进行探讨。

1. 儿童消费者群体的消费心理

从出生婴儿到 11 岁的儿童,受一系列外部环境因素的影响,他们的消费心理变化幅度最大。这种变化在不同的年龄阶段表现得最为明显,即乳儿期(0～3 岁)、幼儿期(3～6岁,又称学前期)、学初期(6～11 岁,又称童年期)。在这三个阶段中,儿童的心理出现三次较大的质的飞跃,即开始了人类的学习过程,逐渐有了认识能力、意识倾向、学习、兴趣、爱好、意志及情绪等心理品质,学会了在感知和思维的基础上解决简单的问题。这种心理特征在消费者活动中表现为以下几种情况。

1) 从纯生理性需要逐渐发展为带有社会性的需要

儿童在婴幼儿时期,消费需要主要表现为生理性的,且具有纯粹由他人帮助完成的特点。随着年龄的增长,儿童对外界环境刺激的反应日益敏感,消费需要从本能发展为有自我意识加入的社会性需要。例如,四五岁的儿童就学会了比较,表现出了有意识的支配行为,年龄越大,这种比较也就越深入。然而,这时的儿童仅是商品和服务的使用者,而很少成为直接购买者。处于幼儿期、学前期的儿童,已经具有一定的购买意识,并对父母的购买决策产生影响。有的还可以单独购买某些简单商品,即购买行为由完全依赖型向半依赖型转化。

2) 从模仿型消费逐渐发展为带有个性特点的消费

儿童的模仿性非常强,尤其在学前期,对于其他同龄儿童的消费行为往往有强烈的模仿欲望。随着年龄的增长,这种模仿性消费逐渐被有个性特点的消费所代替,购买行为也开始有了一定的目标和意向,比如自己的玩具用品一定要好于其他同龄儿童等。

3) 消费情绪从不稳定发展到比较稳定

儿童的消费情绪极不稳定,易受他人感染也易变化,这种心理特性在学前期表现得尤为突出。随着年龄的增长，儿童接触社会环境的机会增多，有了集体生活的锻炼，意志得到增强，消费情绪逐渐趋于稳定。

总之，儿童的消费心理多处于感情支配阶段，购买行为以依赖型为主，但已有影响父母购买决策的倾向。

2. 少年消费者群体的消费心理

少年消费者群体是指 11～17 岁年龄阶段的消费者。少年期是儿童向青年过渡的时期。在这一时期，生理上呈现第二个发育高峰。与此同时，心理上也有较大变化，有了自尊与被尊重的要求，逻辑思维能力增强。总之，少年期是依赖与独立、成熟与幼稚、自觉性和被动性交织在一起的时期。少年消费者群体的消费心理特征可以从以下几点表现出来。

1) 有成人感，独立性增强

有成人感，是少年消费者自我意识发展的显著心理特征。他们认为自己已长大成人，应该有成年人的权利与地位，要求受到尊重，学习、生活、交友都不希望父母过多干涉，而希望能按自己的意愿行事。在消费心理上，表现出不愿受父母束缚，要求自主独立地购买所喜欢的商品。他们的消费需求倾向和购买行为尽管还不成熟，但有时却会与父母发生矛盾，处在形成之中。

2) 购买的倾向性开始确立，购买行为趋向稳定

少年时期的消费者，知识不断丰富，对社会环境的认识不断加深，幻想相对减少，有意识的思维与行为增多，兴趣趋于稳定。随着购买活动次数的增加，他们的感知性经验越来越丰富，对商品的分析、判断、评价能力逐渐增强，购买行为趋于习惯化、稳定化，购买的倾向性也开始确立，购买动机与实际的吻合度有所提高。

3) 从受家庭的影响转向受社会的影响，受影响的范围逐渐扩大

儿童期的消费者主要受家庭的影响。少年消费者由于参与集体学习、集体活动，与社会的接触机会增多、范围扩大，受社会环境影响比重逐渐上升。这种影响包括新环境、新事物、新知识、新商品等内容，其消费影响媒介主要是同学、朋友、明星、书籍、大众传媒等。与家庭影响相比，他们更乐于接受社会的影响。

(二)青年消费者群体的心理特征

青年消费者群体的年龄范围为 18～35 岁。在青年期，随着身体的急速发育，青年的抽象思维能力、记忆能力、感知能力以及对环境的认识能力和适应能力等获得了充分发展。尤其个性基本形成，兴趣广泛且稳定，自我意识基本成熟，智力发展达到了高峰期，情感日益丰富，意志的目的性和坚持性获得了重要的发展。他们走出家庭，步入社会，在纷繁复杂的社会关系中实现自我的愿望强烈。与青年的心理发展相适应，其消费心理也独具特色，主要表现在以下几方面。

1. 追求时尚，表现时代

青年消费者的典型心理特征之一就是内心丰富，热情奔放，思想活跃，具有冒险精神。对新事物、新知识充满好奇，富于幻想和探索精神。在消费心理和行为方面，表现出强烈的追求新颖时尚、追求美的享受的倾向。他们始终对现实世界中的新兴事物抱有极大的兴趣，渴望更换品牌体验不同的感受。青年消费者强烈的求新、求异思维决定了他们往

往是新商品、新消费方式的追求者、尝试者和推广者，也因此成为消费趋势和消费潮流的领导者。

2. 追求个性、表现自我

处于青年时期的消费者自我意识迅速觉醒和增强，他们不相信传统，追求个性独立，希望确立自我价值和完美的个性形象，每一个语言，每一个行动，都力图表现出"我"的内涵。体现在消费心理上，就是要在消费活动中充分展示自我，喜欢具有个性的商品，不愿意自己使用的商品与他人雷同。所谓"另类""叛逆""自己风格"即这种心理的突出表现。

3. 注重情感、冲动性强

青年消费者处于少年到成年的过渡阶段，思想倾向、志趣爱好、性格气质等还不完全稳定，行动易受感情支配，爱冲动，容易走极端，加之参加工作后经济独立，消费意愿越发不可遏止。上述特征反映在消费活动中，表现为青年消费者容易受客观环境的影响，情感变化剧烈，客观条件和外界环境都会对他们的消费心理与购买行为产生突出影响，经常发生冲动性购买行为。同时，直观选择商品的习惯使他们往往忽略综合选择的必要，款式、颜色、形状、价格等因素都能单独成为青年消费者的购买理由，这也是冲动购买的一种表现。

4. 追求实用、表现成熟

青年消费者的消费倾向趋于稳定和成熟，因而在追求时尚、表现个性的同时，也注重商品的实用性和科学性，并要求商品经济实用、货真价实。由于青年消费者大多具有一定的文化水准，接触信息较多，因而在选择与购买过程中盲目性较少，购买动机及购买行为表现出一定的成熟性。

(三)中年消费者群体的心理特征

中年消费者的年龄范围为 36～60 岁。这个年龄的消费者，心理上已经成熟，有很强的自我意识和自我控制能力。他们有丰富的社会阅历，有既定的生活方式和比较固定的行为模式，消费潜力极大。其特点主要表现在以下几个方面。

1. 经验丰富，理智性强

中年消费者生活阅历广，购买经验丰富，情绪反应一般比较平稳，能理智地支配自己的行动，感情用事的现象较少见。体现在消费心理上，就是注重商品的实际效用、价格与外观的统一，从购买欲望形成到实施购买行为往往要经过分析、比较和判断的过程，随意性很小。在购买过程中，即使遇到推销人员不负责任的介绍与夸大其词的劝诱，以及其他外界因素的影响，他们一般也不会感情用事，而是冷静理智地进行分析、比较、判断与挑选，使自己的购买行为尽量正确、合理。

2. 量入为出，计划性强

中年处于青年向老年的过渡阶段，而中年消费者大多肩负着养老育幼的重任，是家庭经济的主要承担者。在消费上，他们一般奉行量入为出的原则，养成了勤俭持家、精打细算的习惯，消费支出计划性强，很少出现计划外开支和即兴消费的现象。他们在购物时往往格外注重商品的价格和实用性，并对商品的品种、品牌、质量、用途等进行全面衡量后再做选择。一般来说，物美价廉的商品往往更能激发中年消费者的购买欲望。

3. 注重身份，稳定性强

中年消费者正处于人生的成熟阶段，他们大多数生活稳定，不再像青年时那样赶时髦、超前消费，对流行商品的反应不像青少年消费者那么敏感。他们更注重个人气质和内涵的体现，注意建立和维护与自己所扮演的社会角色相适应的消费标准与消费内容，往往用更高档的商品显示自己的成就和社会地位。

(四)老年消费者群体的心理特征

老年消费者群体一般是指退休后离开工作岗位的消费者组成的群体。在我国这部分人占人口总数在增加。由于自然规律的作用，人在步入老年后，其生理和心理都会发生明显的变化。老年人大多记忆力减退，对事物的认识、反应能力及推理、判断能力下降，情感反应单调，个性趋于小心谨慎，思想趋于保守，不愿冒风险。老年消费心理正是由老年生理和心理变化过程中所表现出来的特征决定的，归纳起来，老年消费心理有以下特点。

1. 消费习惯稳定，消费行为理智

老年消费者在几十年的生活实践中，不仅形成了自身的生活习惯，而且形成了一定的购买习惯。这类习惯一旦形成就较难改变，并且会在很大程度上影响老年消费者的购买行为。反过来，这也使得老年型商品市场变得相对稳定。因此，为争取更多的老年消费者，企业要注意"老字号"及传统商标品牌的宣传，经常更换商标、店名的做法是不明智的。由于年龄和心理的因素，与年轻人相比，老年人的消费观较为成熟，消费行为理智，冲动型热情消费和目的不明的盲目消费相对要少。对消费新潮的反应会显得较为迟钝，不赶时髦，讲究实惠。

2. 商品追求实用

老年消费者把商品的实用性作为购买商品的第一目的，他们强调质量可靠、方便实用、经济合理、舒适安全。至于商品的品牌、款式、颜色、包装装潢是放在第二位考虑的。我国现阶段的老年消费者经历过较长一段时间的并不富裕的生活，生活习惯一般都很节俭，价格便宜对于他们选择商品有一定的吸引力。但是随着人们生活水平的改善和收入水平的提高，老年消费者在购买商品时也不是一味地追求低价格，品质和实用性才是他们考虑的主要因素。

3. 消费追求便利

老年消费者由于生理机能逐步退化，对商品消费的需求着重于易学易用、方便操作，以减少体力和脑力的负担，同时有益于健康。老年消费者对消费便利性的追求还体现在对商品质量和服务的追求上。对商品质量和服务质量的要求也高于一般消费者，这是老年消

费者的特征。此外，老年商品的陈列、位置及高度要适当，商品标价和说明要清晰明了，同时应做到服务周到。质量高、售后服务好的商品能够使老年消费者用得放心，用得舒服，并且能提高老年消费者的满意程度。

4. 需求结构发生变化

随着生理机能的衰退，老年消费者对保健食品和用品的需求量大大增加。只要某种食品或保健用品对健康有利，价格一般不会成为老年消费者的购买障碍。同时，由于需求结构的变化，老年消费者在穿着及其他奢侈品方面的支出大大减少，而对满足其兴趣、嗜好的商品购买支出明显增加。比如穿着类商品需求下降的原因是老年人不再追求时尚流行，活动、运动少，一件衣服可以穿许多年，所以添置的少。而用的商品，从生活日用品占较大比重开始转向对旅游、休闲、娱乐、健身用品的需求比例上升。

5. 部分老年消费者抱有补偿性消费心理

在子女长大独立、经济负担减轻之后，部分老年消费者产生了强烈的补偿心理，试图补偿过去因条件限制而未能实现的消费愿望。他们不仅在美容美发、穿着打扮、营养食品、健身娱乐、旅游观光等方面和青年消费者一样有着强烈的消费兴趣，而且还乐于进行大宗支出。针对以上老年消费者的消费心理特点，企业不但要提供老年消费者所希望的方便、舒适、有益于健康的消费品，还要提供良好的服务。同时，要考虑老年消费者娱乐休闲方面的要求，提供适合老年人特点的健身娱乐用品和休闲方式。

6. 注重健康，增加储蓄

对于一些身体状况较差的老年人来说，健康无疑是他们最关心的问题。这些人一般更加注重保养身体，较多购买医疗保健品。此外，老年人退休之后，他们的收入都有所下降，特别是大多数农村的老年人，一旦不再劳作，就几乎没有收入来源，而要依靠自己以往的储蓄来生活或是由子女赡养。因此，随着年龄的增加，为了保证以后有足够的医疗支出，他们会更加节省开支以增加储蓄，为以后治疗疾病做更多的准备。

二、不同性别消费者群体的心理特征

由于男女在生理上、心理上及社会生活等方面存在巨大不同，导致市场需求客观上存在性别差异。按性别不同，消费者群体可分为女性消费者群体和男性消费者群体。

(一)女性消费者群体的心理特征

在以性别区分的消费者群体中，女性消费者尤其值得我们注意和重视。据国家统计局发布数据：2021 年年末，从性别构成看，总人口性别比为 104.88(以女性为 100)，女性消费者不仅人数众多，而且在购买活动中起着特殊重要的作用。她们不仅主宰自己的消费需求，而且在家庭中对其他的消费者群体起决定性的影响作用。在市场营销活动中，女性是绝大多数儿童用品、老年用品、家庭用品的主要购买者。概括起来女性消费心理主要表现在以下几方面。

1. 情感性心理

女性消费者在个性心理的表现上具有较强的情感性特征，即感情丰富、细腻，心境变化剧烈，富于幻想和联想。这种特征反映在消费活动中，就是消费行为更倾向于感性化，会在某种情绪或情感的驱动下产生购买欲望从而进一步产生购买行为。吸引女性消费者的因素不一定是商品的质量和功能，有可能会是商品名称、款式、色彩、包装，甚至还是广告或者营业场所的温馨氛围等，这些都可以使女性萌发购买欲望，甚至产生冲动性购买行为。在给丈夫或男朋友、子女、父母购买商品时，她们的这种心理特征表现得更加强烈。情感性心理还表现在她们经常受到同伴的影响，喜欢购买和他人一样的东西。

2. 购买商品挑剔

由于女性消费品品种繁多，弹性较大，加之女性特有的细腻、认真，因而她们通常在选择商品时比较细致认真，注重商品在细微处的差别。通俗地讲就是更加"挑剔"，商品某些细微的优点或不足都会引起女性消费者的注意。另外，女性通常具有较强的表达能力、感染能力和传播能力，善于通过说服、劝告、传话等方式对周围其他消费者的购买决策发生影响。企业如果能争取到一个女性消费者，就有可能争取到一个消费者群体。

3. 有较强的自我意识和自尊心。

女性消费者对外界事物反应敏感，有较强的自我意识和自尊心，她们往往以挑剔的眼光来对待商品和商家，希望自己购买的是最有价值的商品，自己的选择是最明智的。她们往往以选择的眼光、购买的内容及购买的标准来评价自己和别人。即使作为旁观者也愿意发表意见，并希望被别人所采纳。在购买活动中，营业员的表情、言语，广告宣传及评论，都会对女性消费者的自我意识和自尊心产生影响，进而影响到消费行为的实现。比如营业员所说的"您穿这件衣服衬得人特别年轻"，诸如此类的赞美话语会鼓动起女性的购买欲望。

4. 注重商品的实用性和细节设计

由于女性消费者在家庭中的地位及从事家务劳动的经验体会，使她们对商品的关注角度与男性有所不同。她们在购买生活日常用品时，更关注商品的实际效用，关心商品带来的具体利益。商品在细节之处的设计优势，往往更能博得女性消费者的欢心，促成购买行为。比如，家庭洗涤剂精巧的喷头设计、家用微波炉使用的专用器皿、多用途的家庭刀具等。她们在购买商品时所表现出来的反复询问、了解使用方法等行为，使人明显感觉到女性消费者的细心。

5. 注重商品的便利性和生活的创造性

在现代社会中，中青年妇女的就业率很高，她们既要工作，又要担负着家庭的大部分家务劳动，因此，她们对日常生活用品的方便性具有强烈的要求。每一种新的、能减轻家务劳动强度、节省家务劳动时间的便利性消费品，都能博得她们的青睐。例如，人性化设计的整体洗碗机、多用搅拌切片机、消毒柜、微波炉等以家庭为对象的厨房用品，成为现代女性的新选择。同时，女性消费者对于生活中新的、富于创造性的事物，也充满热情，以显示其创造性，比如购置新款时装，布置新房间，烹调一道新菜等。

6. 攀比炫耀心理

对于许多女性消费者来说，之所以购买商品，除了满足基本需要之外，还有可能是为了显示自己的社会地位，向别人炫耀自己的与众不同。以购物来显示自己某种超人之处的心理状态，是攀比炫耀心理的一种具体表现。当代女性，特别是家庭收入较高的中青年女性，喜欢在生活上和人攀比，总希望比自己的同事、亲友过得更舒适，显得更富有。她们在消费活动中除了要满足自己的基本生活消费需求或使自己更美、更时髦之外，在攀比炫耀心理的支配下，还可能通过追求高档次、高质量、高价格的名牌商品，或在外观上具有奇异、超凡脱俗、典雅、洒脱等与众不同的特点的商品，或前卫的消费方式来显示其地位上的优越、经济上的富有、情趣上的脱俗等。因此，只要商品能显示自己的身份和地位，她们就会乐意购买。

7. 求美心理

俗话说"爱美之心，人皆有之"，对于女性消费者来说，更是如此。不论是青年女性，还是中老年女性，她们都愿意将自己打扮得美丽一些，充分展现自己的女性魅力。尽管不同年龄层次的女性具有不同的消费心理，但是她们在购买某种商品时，首先想到的就是这种商品能否展现自己的美，能否增加自己的美，使自己显得更加年轻和富有魅力。例如，她们往往喜欢造型别致新颖、包装华丽、气味芬芳的商品。求美心理还表现在女性消费者非常注重商品的外观，将外观与商品的质量、价格当成同样重要的因素来看待，因此在挑选商品时，她们会非常注重商品的色彩和式样。

(二)男性消费者群体的心理特征

男性消费者主要是指成年男性消费者，他们去商店一般都有明确的购买目标。男性消费者与女性消费者相比，消费心理要简单得多。一般来说，男性消费者群体的消费心理比较突出地表现在以下几点。

1. 购买动机具有被动性

就普遍意义讲男性消费者不像女性消费者经常料理家务、照顾老人小孩，因此，他们的购买活动远远不如女性频繁，购买动机也不如女性强烈，比较被动。在许多情况下，男性的购买动机的形成往往是由于外界因素的作用，比如家里人的嘱咐、同事朋友的委托、工作的需要等，动机的主动性、灵活性都比较差。我们常常看到这样的情况，许多男性顾客在购买商品时，事先记好所要购买的商品品名、式样、规格等，如果商品符合他们的要求，就采取购买行动，否则，就放弃购买动机。

2. 求新、求异、求癖心理

男性相对于女性而言具有更强的攻击性和支配性。这种心理在消费上表现为求新、求异、求癖心理。他们对新商品的奇特性往往有较高的要求。此外，男性大多数有特殊嗜好，例如有人烟酒成癖，有人爱好钓鱼、养花、养鸟，也有人酷爱摄影、集邮、收集古董、珍藏古画等，而这些在女性中表现得不太普遍。

3. 购买商品的目的明确，果断性强

男性的个性特点与女性的主要区别之一就是具有较强的理智性和自信性。他们在购物时往往都有明确的目标，进商场后就直奔目标而去，碰到符合心理要求的目标时，他们能果断决策，将购买愿望立即转化为购买行动。即使是处在比较复杂的情况下，比如当几种购买动机发生矛盾冲突时，他们也能够果断处理，迅速作出决策。特别是许多男性不愿"斤斤计较"，购买商品也只是询问大概情况，对某些细节不予追究，也不喜欢花较多的时间去比较、挑选，即使买到有瑕疵的商品，只要无关大局，也不去计较。男性购物后不满意和退货的情况比女性少。在消费行为上敢于冒险、富有主见、个性和独立性明显，有时甚至比较武断等，这些都是男性消费心理特征的表现。

4. 注重商品的整体质量和使用效果

男性消费者购物多数为理性购买，他们对商品，特别是一些价格昂贵、结构复杂的高档商品的性能与知识了解较多，购物时很注重商品的整体质量。只要整体质量可靠，他们就能作出购买决策。同时，男性消费者购物时善于独立思考，很注重商品的使用效果，不会轻易受外界环境的影响。

5. 购买商品时力求方便、快捷

一般男性消费者很少逛商场，即使去商场也很少像大多数女性消费者那样花很多时间"闲逛"。遇到自己所需要的商品，他们一般会迅速购买，尽快离店。他们对商家出售商品时的种种烦琐的手续、拖延时间的作风十分反感。男性消费者这种力求方便、快捷的心理，在购买日常生活用品时表现得尤为突出。

总之，性别对消费者心理有着比较大的影响，但是就具体的消费者而言，性别对消费心理的影响程度也不尽相同，而且消费心理的这种性别差异是综合地、混杂地反映在消费者的购买行为上的。

超级链接：农民消费者群体的心理特征

农民消费者群体占我国消费者的绝大多数，在社会消费中占有重要地位。长期以来，由于农村生活环境相对落后，农民平均收入水平和文化水平较低，受各种传统消费习俗的影响很大，并存在明显的地区差异。因此，农民消费者群体形成了一些共同的心理特征。

1. 农民消费者群体的心理

(1) 实用性的消费动机较为普遍。就总体而言，我国大多数农民的消费水平还处于较低层次。与此相适应，注重商品的实用性成为农民消费者普遍的主导动机。

(2) 求廉的消费动机较为强烈。我国农民的平均收入水平较低，价格仍然是影响农民购买的首要因素。物美价廉是他们选购商品的基本标准。

(3) 储备性的消费动机较为明显。我国农村的地域、交通、商业网点设置、发展水平以及农业生产特点造成的收入季节性差异等，使得农民的购买行为带有集中性和储备性特点。

(4) 受传统习俗的影响较为深刻。世代相传的传统习俗在广大农村有着深厚的作用基础和统御力量，从而对农民消费者的购买决策和行为产生了深刻影响。

鉴于农民消费者群体的心理特征，面对农村消费市场的企业应提供物美价廉、实用性

强、适合当地传统习俗的商品，以满足广大农村消费者的需要。

2. 农民消费者群体的新趋势

近年来，随着市场经济的发展，我国农村市场发生了深刻变化，农民的消费行为也呈现出一系列新的特点。

(1) 吃的方面。恩格尔系数(即食品消费支出占生活消费总支出的份额)有下降的趋势，主食消费下降，高能量、富有营养的副食消费上升。

(2) 穿的方面。衣着的消费比重逐步下降，对棉布、化纤布、呢绒、绸缎等的需求平稳，中低档服装尤受欢迎，但对款式、花色的要求提高，对高档服装的需求也有一定增长。

(3) 用的方面。用品消费的比重在不断上升。农民建房消费逐步转向用的消费，增长最快的是家用电器，耐用消费品加快更新换代，对洗衣机、电视机、冰箱等的需求旺盛。

(4) 住的方面，对室内装修用品的消费需求有增无减。

(5) 行的方面。农民消费者已不再满足于自行车，目前购买摩托车、机动三轮车甚至小型汽车的农民越来越多，他们对交通工具提出了更高的要求。

农村消费在我国国民经济中一直占有举足轻重的地位。农村消费的重大转变，必将对消费市场，进而对国民经济的许多行业和企业及其生产结构、商品结构产生深刻影响，也必将给生产经营者带来大量商机。因此，生产经营企业应特别重视农民消费心理与行为的转变及发展趋势，在满足农民需要的同时，大力挖掘农村消费市场的潜力。

第三节　消费者群体规范与内部沟通

消费者群体作为一种特殊的社会群体类型，有其自身的活动规律和活动方式，其中群体的内部规范和内部信息沟通状况对成员及其群体的消费行为具有重要影响。

一、群体规范概述

(一)群体规范

群体规范是群体的行为标准和准则，界定着群体成员可被群体接受(或不被接受)的程度及范围。群体一旦形成，就需要一定的行为准则来统一其成员的信念、价值观和行为，以保障群体目标的实现和群体活动的一致性，这种约束群体成员的准则就是群体规范。它是群体成员之间相互期望的行为基础。

(二)群体规范对消费行为的影响

群体规范通常有成文和不成文两种表现形式。成文的规范通常通过组织、行政、政策乃至法律等手段和方式，明确规定人们可以做什么，不可以做什么，以及应当怎样做。但更多的规范是以不成文的形式对内部成员进行相应的约束，比如，一个地区的风俗习惯、一个民族的传统习俗等即属于不成文的规范形式。不管是成文的规范还是不成文的规范，对于消费群体成员都有着不同程度的约束力，但二者的作用形式又有所区别。

成文的规范通常是强制性地影响和调节消费者的行为。例如，中小学校规定，中小学生在校内不许戴首饰和着奇装异服，课堂内不准吃零食，这些规定都强制性地对学生的消费行为进行了限制。在旅游城市新加坡，国家法律明文规定，不允许在公共场合食用口香糖，以减少口香糖造成的环境污染和不卫生。我国也有许多以法律条文形式制定的消费行为规范。例如，野生动物保护法禁止人们捕杀、食用、消费那些濒于灭绝的生物物种及其消费制品。

不成文的规范表现为通过群体压力迫使消费者调整自身的行为，以适应、顺从群体的要求。例如，我国在 20 世纪 80 年代以前，穿西服或其他非传统服装会被大多数人视为不合常规的特殊行为，穿着者会因此受到他人的非议、诘问甚至非难。迫于这种不成文的规范压力，偏爱西服的消费者只有望而兴叹。

在各种成文与不成文的群体规范中，有些规范限制甚至禁止人们进行某种形式的消费，有些规范则鼓励人们进行某种形式的消费。例如，西欧一些国家为加强环境保护，一般不提倡家庭使用煤、汽油类燃料，而鼓励消费者多使用电能等清洁能源，因而规定高污染类燃料的消费量越大，需要支付的费用就越高；清洁能源的消费量越大，支付的费用就越低，受到的奖励也越多。这一国家政策就限制了前一类商品的消费，而鼓励了后一类商品的消费行为。

(三)群体规范的功能

1. 群体规范有利于增进凝聚力，促进群体生存

群体规范通过保护群体的特性，拒绝其成员的越轨行为，强化那些能够增加成功机会的规范，把群体成员的意见和行为统一起来，实现共同的目标，从而尽量减少其他群体和个人的干扰，防止"一盘散沙"，增强群体的整体性，对群体起到维护作用。

2. 群体规范有利于增加群体成员行为的可预测性

群体规范通过建立共同准则和行为基础来促进群体的平稳运行，降低人们预期行为中的不确定性，从而使群体和群体成员能够相互预测彼此的行为，简化群体的工作方式，并作出适当的反应，从而提高群体的效率。

3. 群体规范有利于减少摩擦，改善人际关系

群体规范通过界定成员间的适当行为，有利于减少和避免尴尬或难堪的人际关系，从而尽可能减少人际摩擦，防止对抗，使群体成员在一种相对"安全"的心理环境中进行工作。

4. 群体规范有利于表现群体的核心价值观

群体规范通过清楚地界定"我们的群体是什么""我们的群体应该是什么？"等关键问题来表达群体的核心价值观，并使群体成员能够以此指导自己的行为，正确处理与群体外部人群的相互关系，强化和维持群体的存在。

(四)消费群体规范对消费者心理的影响

消费者群体规范对消费者的消费行为产生重要影响的原因在于群体的压力。社会群体内部的信念、价值观和群体规范会对消费者形成一种无形的压力，我们把这种压力称为群

体压力，其行为标准要求群体内的每一位成员都必须遵守。这些规范不是规定成员的一举一动，而是规定对成员的行为可以接受和不能忍受的范围与限度。消费心理学的研究表明，信念和价值观对消费者个体的压力不带有强制性因素，而群体规范对消费者个体形成的压力有趋于强制性的倾向。这是因为，在一般情况下，消费者个体的信念和价值观与所属群体相似。同时，群体成员之间的相互接触与交流有增强群体共同信念及价值观的作用。群体规范作为所有群体成员必须遵守的行为标准，虽然来自群体的信念和价值观，但作为标准或模式，它具有强制性倾向。当群体成员在群体中与多数人发生某种分歧或行为偏离准则时，他会感到这种压力，只要群体的成员不遵从群体标准，就可能受到嘲讽、讥笑、议论等心理压力或心理处罚，于是消费者便处于一种紧张、恐惧的心理状态。要消除这种心理状态，往往就会产生从众的心理倾向，保持群体消费行为的一致性。因此，通常场合下，消费者会自觉遵守群体规范，使个体行为符合群体规范的要求，避免压力的产生和存在。消费群体规范对消费者心理影响包括以下几个方面。

1. 个体对群体的信任感，使消费者产生服从心理

在多数情况下，消费者个人的心理活动总是与所属群体的态度倾向是同向或一致的，这是群体压力与个体成员对群体的信任共同作用的结果。当群体某一成员在最初独立的情况下采取某一种立场，后来发现群体成员采取与之相反的立场时，如果这个群体是他最信任的，那么由于服从心理的支配，他就会改变原有的立场，与群体采取同一立场。

2. 个体对偏离群体的恐惧，也使消费者产生服从心理

无论在什么情况下大多数人都希望自己与群体保持一致。在群体中，如果一个成员的行为与群体的行为标准不一致，他的选择只有两个：脱离这个群体，或者改变自己原有的行为。对一般人而言，往往更倾向于选择后者，即改变自己原有的行为。因为多数人是不希望自己偏离或脱离群体的，总是希望自己能成为群体中受欢迎、受优待者，而不希望自己成为群体的叛逆，成为群体厌恶的对象。为了避免这种后果，个体总是趋于服从。例如，现代人情消费不断升级，这对众多的消费者无疑是一个沉重的思想包袱和经济负担。然而由于受所属群体约定俗成的规范制约，为和群体成员保持一致，就产生了从众行为。这种从众行为并非己愿，于是便出现了极为矛盾的心理：若为之，自己承受经济重压；若不为之，内心又承受一种无形的压力，担心他人会如何看待自己，但此种压力相对于经济压力而言要大得多。

3. 个体对群体的服从

个体对群体的服从一般分为主动服从和被动服从。主动服从，即个体成员的行为心理与群体一致。被动服从，即个体成员的行为心理与群体不一致，但由于服从心理的作用，使其接受群体观点而放弃自己的观点。消费者对所接触的事物有自己的判断标志与评价标准，当个体消费者与群体标准不一致时，群体一致性的压力对消费者的判断力就会产生巨大的影响。

4. 群体规模对个体心理的影响

个体消费者的服从心理或群体对个体成员的压力强弱与人员的多少是一致的。一般来

讲，群体人数越多，对个体成员的压力越大，个体的服从心理也越强；反之，压力相应降低，个体的服从心理也逐步减弱。这种群体规范对消费者心理的影响，尤其在日常购物活动组成的临时群体中表现得最为明显。例如，某消费者一人去商场购物，除了有明确的目标外，面对其他商品时往往犹豫不决，而两个或三四个人同时结伴购物，就很容易作出是否购买的决策。

现代社会中，无论消费者从属于哪一类型的群体，群体对其都将产生一定的强化作用。当此作用为正强化时，会使消费者形成正确的消费心理和消费行为，对群体的认可和接受处于心悦诚服之态。当此作用为负强化时，就会误导消费，这时消费者行为上虽和群体保持一致，但其内心却有着强烈的逆反和抵触情绪，严重时就会出现逃避、掩饰、背叛或破坏群体的现象。为此，我们应妥善地利用群体这一影响消费者心理的社会因素，对消费者的心理和行为进行合理的引导和调控，并以此来诱导消费者产生一定的消费行为，把握好消费市场。就此而言，在市场经济条件下，企业营销活动应努力掌握这一影响因素，为企业的发展创造一定条件。

二、消费者的内部沟通对个人消费行为的影响

(一)消费者群体的内部沟通

消费者将获取的商品信息，以及购买、使用商品后的评价及心理感受，向群体内的其他消费者转告、传播、倾诉，以求得其他消费者的了解、理解和认同，这一过程就是消费者群体的内部沟通。内部沟通是群体内部消费者之间互动的基本形式。有效的沟通对消费者个人的行为以及群体的共同行为都有重要影响。

(二)内部沟通的方式

消费者群体的内部沟通可以分为积极的沟通和消极的沟通。

1. 积极的沟通

积极的沟通是指消费者在购买、使用某种商品后获得了满意的体验，心理上得到了极大满足，会出现传话效应，把自身良好的心理感受和经验转告他人。

积极的沟通不仅使消费者满意的消费体验得到宣传，还会为企业的生产、经营活动带来良性的反馈作用。在广告中使用或显示著名建筑师、影星、运动员、企业家、专家等权威人物的赞许、满意的评价；向年轻的母亲免费赠送或优惠出售婴幼儿营养品，并通过她们影响其他消费者，都可以获得有效的沟通效果。

2. 消极的沟通

消极的沟通是指消费者在购买、使用商品的过程中，由于各种原因而产生不满的心理体验，通过抱怨、发泄、投诉等方式，将消极性的信息传递给其他消费者或经营企业，以求得到同情或补偿。消极沟通通常发生在以下情况中：消费者在购买行为中，遇到经营单位的欺骗、强卖、威胁、侮辱；使用商品时发现质量存在严重问题；使用中商品出现破损、腐蚀、电击、中毒、爆炸等伤害消费者身心健康的问题等。

当消费者的利益受到上述不同程度的损害时，必然会产生不满意的心理体验，从而形成消极的情绪反应，并且由此引发把不满情绪加以宣泄的强烈愿望和冲动。其结果既阻碍了消费者本人的下一次消费行为，还势必会对其他消费者的行为造成严重影响。显然，对企业来说，消极沟通的传话效应是十分有害的。

消极沟通通常有以下三种表现形式。

(1) 抱怨。消费者会抱怨经营单位的商品质量和服务态度，主动找有关部门的负责人反映情况并要求协调处理质量问题。

(2) 传话。消费者会把自己所受到的利益损失情况转告其他消费者，希望得到他人的同情。与此同时，消费者也会把对经营单位不利的信息传给其他消费者，使接收这些信息的消费者对该经营单位产生戒备心理，从而给经营单位的形象造成不良影响。

(3) 投诉。这是消费者运用舆论、行政或法律手段保护自己的利益时采用的一种方式。当消费者受到重大利益损失、出现严重后果时，如果经营单位不能及时妥善加以解决，消费者就会将权益诉诸舆论工具、有关政府机构及消费者权益保护组织乃至法律，希望得到公平的解决。

消费者如果出现上述消极沟通，经营单位应该及时指定专人负责解决问题，尽快赔偿消费者的利益损失，消除其不满情绪，以便使传话人的传话行为尽快得到终止，并通过媒体宣传在广大消费者中澄清事实、转变态度、消除影响，从而使消极沟通产生的不良后果减小到最低程度。

第四节　消费习俗与消费者心理

一、消费习俗概述

(一)消费习俗概念

习俗是指风俗习惯。一般来说，风俗是指历代相沿积久而成的一种风尚。习惯是指由于重复或练习而巩固下来的并变成需要的行动方式。习俗也是一种社会现象，因此它的范围极其广泛，不仅有政治、生产、消费等方面的，也有思想、语言、感情等方面的。

消费习俗是一个地区或一个民族的人们在日常消费生活中，由于自然的、社会的原因所形成的独具特色的消费模式。消费习俗主要包括人们对信仰、饮食、婚丧、节日及服饰等物质与精神商品的消费习惯。

消费习俗是人们在长期的消费过程中世代相传而形成的，是具有一定倾向性的消费习惯，是人类各种习俗中的重要习俗之一。消费习俗一旦形成就不易改变，它可以被后代继承与传续。作为社会生活习俗的重要组成部分，消费习俗不仅会对人们的日常消费行为产生直接的影响，也会给人们的消费心理带来重要影响。

消费习俗在一定的人群中是被普遍接受和共同遵循的。不同的消费习俗具有不同的商品需要。研究消费习俗，不但有利于企业组织好消费品的生产与销售，而且有助于正确、主动地引导健康消费。了解目标市场消费者的禁忌、习俗、避讳、信仰、伦理等是企业进行市场营销的重要前提。

(二)消费习俗的特点

消费习俗是整个社会风俗的重要组成部分。不同国家、不同地区、不同民族的消费者，在长期的生活实践中形成了各种各样的特点。尽管如此，消费习俗仍具有某些共同特征。

1. 消费习俗的长期性

消费习俗是各地区、各民族、各国家的民众在漫长的生活实践中，由于政治、经济、文化、社会历史等方面的原因而逐渐形成、发展与流传下来的消费方式。一种习俗的产生、形成和发展要经过若干年乃至更长的时间，已经形成的消费习俗又会在人们长期的生活中潜移默化，世代相传地进入社会生活的各个方面，以稳定的、不知不觉的强有力影响对人们的消费心理和消费行为发挥作用。

2. 消费习俗的社会性

消费习俗是在共同的社会生活中互相影响产生的。它的产生和发展离不开社会环境，它是社会生活的有机组成部分，带有浓厚的社会色彩。也就是说，某种消费活动在社会成员的共同参与下，随着社会的发展，才能发展成为消费习俗。在社会环境、社会形态、社会意识的影响下，某些具有较强社会性的消费习俗，随着社会的进步与发展，也会发生一定的变化。例如，"圣诞节""情人节"这些外国节日在中国流行，而"春节"等中国节日在国外也在流行。

3. 消费习俗的地区性

消费习俗的地区性使我国不同地区形成了不同的地域风情。从某种意义上讲，消费习俗是特定地区范围内的社会生活的产物，和当地的生活传统相一致，是当地的地方消费习惯。各种历史原因、地区间交往频繁程度及气候、地区环境等因素，导致各地方的消费习俗各具特色。比如广州人有喝早茶的习惯，四川人有吃辣椒的嗜好，北方人喜欢喝花茶，南方人喜欢喝绿茶等，都反映了消费习惯的地区性特征。随着经济的不断发展，科学技术的日益进步，信息沟通手段、范围、速度和内容的变化，使人们的交往范围不断扩大、频率不断加强，使得消费习俗的地区性有逐渐淡化的趋势。

4. 消费习俗的非强制性

消费习俗的形成和流行往往不是强制发生的，而是一种无形的社会习惯，它通过无形的相互影响和社会约束力量来影响消费者。这种社会约束力量具有无形的、强大的影响力，它以潜移默化的方式发生作用，使生活在其中的消费者自觉或不自觉地遵守这些习俗，即使是外来人，有时也不得不"入乡随俗"，以此规范自己的消费行为。当然，这些消费习俗也会随着社会经济生活的变化而变化，有些不文明、不健康的生活习惯，要靠耐心地说服和长期地教育加以改变。

5. 消费习俗的周期性

某些消费习俗具有周期性的特点，这导致消费行为产生周而复始的现象。许多节日性的消费行为都呈周期性，比如中国人每年端午节吃粽子、中秋节吃月饼等习俗都是周期性的表现。消费习俗的周期性变化取决于制约消费者心理活动的、由历史原因形成的、稳定的习俗心理。

二、消费习俗的分类

在人们的社会活动中，由于所处时代的政治经济发展水平不同，民族的文明程度、宗教信仰以及地理位置等也不同，消费习俗同样是千差万别、种类各异，我们把它们归为以下几种类型。

1. 物质类消费习俗

物质类消费习俗主要是由自然、地理及气候等因素影响而形成的习俗，主要涉及有关物质生活范畴。物质消费习俗与社会发展水平之间具有反向关系，即经济发展水平越高，物质消费习俗的影响力越弱，这类消费习俗主要包括以下三个方面。

(1) 饮食消费习俗。这是由于受地理、自然及气候等因素影响而形成的消费习俗，不仅国家之间不同，同一国家由于地域不同，习俗也不同。在我国，除了各地人们的口味习惯外，还有北方人以面食为主，南方人以大米为主的饮食习惯；沿海居民喜欢鲜活食品，广东人爱喝早茶，山西人爱吃醋等。俗语说"南甜、北咸、东辣、西酸"，这反映出不同地区的消费者有不同的口味与饮食习惯，北方人喜欢吃饺子，南方人爱吃汤圆也是如此。这些饮食习惯基本上是受供应条件限制而形成的，但是近年来随着经济发展、科技进步以及运输业的发达，这种地域限制造成的习俗差异越来越小。

(2) 服饰消费习俗。服饰方面的消费习俗，主要是由于各地气候、环境、生活交往的差异，或由于民族传统而形成的消费习惯。由于我国气候差别大，南方和北方的服饰也因此有很大的差异。南方的服饰清爽、舒适、相对瘦小；而北方的服饰宽松、厚实。同时，我国是多民族国家，少数民族大多是按地域聚居，因此也形成了各具特色的服饰消费习惯，表现出强烈的民族特色。

(3) 住宿消费习俗。受不同地区生活环境及经济发展差异的影响，人们住房建造与住宿方式也有很大的不同。例如，在北方牧业地区，人们习惯于住蒙古包，即使随着经济的发展可移动的蒙古包越来越少，但是人们在建造固定住房和室内装修时仍习惯于采用蒙古包的建造装修方式。又如，在陕北地区，人们习惯于把住房建成窑洞式。

2. 社会文化类消费习俗

社会文化消费习俗特指受社会、经济及文化影响而形成的非物质方面的习俗。这类消费习俗比物质消费习俗具有更强的稳定性。

(1) 喜庆性消费习俗。人们在日常生活中遇到结婚、生子、考取大学、职位升迁等喜庆的事情常会庆贺一番，以表达美好感情和良好愿望，这是人类共同的习惯。喜庆性的消费习俗是社会文化类消费习俗中最主要的一种形式，是人们为表达各种美好愿望而引起的各种消费需求。由于这种习俗的演化时间较长，覆盖地域范围广泛，常常是从远古时代人们对大自然、太阳以及某种图腾的崇拜逐步演化而来的，因此不同地区、不同民族、不同国家的民众，喜庆的风俗各不相同。例如中国人过春节，俗称过年，而传说中的"年"是一种怪兽，过年放爆竹是为了驱赶怪兽，祝愿人们来年风调雨顺，获得丰收。

(2) 纪念性消费习俗。纪念性的消费习俗是一种十分普遍的消费习俗，是人们为了表达对某人某事的纪念之情而形成的消费风俗与习惯。纪念性的消费习俗大多与重大历史事件相关，因各国家、民族的不同而形式各异，具有较强的地域性和民族性。例如，我国人民在清明节扫墓祭祀逝者；西方人吊丧习惯穿黑衣、送鲜花等都属于纪念性的消费习俗。纪念性的消费习俗虽然具有浓厚的地区性和民族性特点，但也具有相当广泛的影响，是一种十分普遍的消费习俗。

(3) 宗教信仰性消费习俗。宗教信仰性的消费习俗是由于宗教信仰而引起的消费性风俗习惯。这类消费习俗受宗教教义、教规、教法的影响，并由此衍生而成，所以宗教色彩极为浓厚。多数宗教对于教徒的婚丧嫁娶、饮食娱乐、衣着服饰等方面都有规定，而宗教的规定对于教徒具较强的约束力。比如基督教的圣诞节、复活节、万圣节等活动；伊斯兰教的开斋节等，在这些宗教规定的时间里，教徒们将采取特定的生活方式。又如佛教规定教徒禁止食用肉类食品，不允许饮酒等。

(4) 社会文化性消费习俗。这类消费习俗是在较高文明程度的基础上形成的，具有丰富的文化内涵。它的形成、变化和发展与社会经济、文化水平有密切关系，同现代文明有较强的相融性。在我国较有影响的文化消费习俗主要是由过去的民间爱好和娱乐形式演化而来，在开放的条件下逐步形成各具特色的文化活动。比如以山东潍坊为代表的北方地区的放风筝习俗；南北地区风格各异的舞龙、舞狮活动等。我国各地的地方戏剧，更是社会文化性消费习俗的定式化表现，它代表着不同地区的文化消费习俗。

此外，在城乡之间、地区之间由于生产劳动、社会生活不一样，同样形成了各具特色的消费习俗。比如在城市，购物按月计划随时购买使用，购买活动分散且频繁。在广大农村，是在不同季节需要购买较多的、不同的生产性和生活性商品。比如春季购买良种、塑料薄膜，夏季购买化肥农药，秋季要购买一些中小型农机具。一般来说，生活消费是按年计划，在农作物收获以后，有了较多收入，就集中购买各种吃穿用的生活资料。

三、影响消费习俗的因素

消费习俗虽然具有相对的稳定性，但它不是一成不变的。随着经济的发展，人们的相互交往加强，很多习俗发生了一定的变化，尽管变化的过程是漫长的。经营者如果抓住消费习俗变化的规律，采取相应对策，就会更好地满足消费者的需求，增加自身的赢利。引起消费习俗变化的因素主要有以下几种。

1. 新商品的出现

很多新的商品，用料新、质量好、式样好、味道好，并且物美价廉、舒适美观，在推向市场的过程中，人们慢慢就会接受。例如当前人们的通信交往，已经很少用传统的邮票、信封的方式，取而代之的是手机短信、E-mail、QQ 等。

2. 消费者求新求变的心理

人们接受新消费观念或新风俗，表面看是赶时髦、图新鲜，实际上是人们思想深处反映出的一种求新求变的心理。五花八门的洋节日在我国的流行，麦当劳、肯德基等快餐文化被青少年追捧，都是这种求新求变心理的反映。

3. "爱面子""虚荣心"也是人们接受新习俗的心理动因

社会心理学家的一项研究表明，东方人的虚荣心比西方人要强，一些消费者中也存在爱面子、好攀比的因素。在一些国人看来，是否有能力消费与炫富是在社会上有没有"面子"的重要表现，而"面子"的大小、有无也是中国人身份与地位的标志物。

好面子、讲排场、爱虚荣是中国传统习俗沉淀的结果，这种心理推动着社会习俗的变化。例如，原来人们家里的陈设多为字画，因为社会习俗的原因现在改为钢琴等。

4. 超前消费

超前消费是一些高收入阶层的消费观念，这个群体有经济实力，不少人有留学的经历。这些人中大多数欣赏国外消费的品质和消费环境。贷款买房已经被人们普遍接受，贷款购车、贷款上大学、贷款留学等，也正影响和改变着人们的消费习惯。

四、消费习俗对消费者心理的影响

多种不同的消费习俗对消费者的心理与行为有着极大的影响。虽然新的消费方式随着社会的进步不断进入人们的日常生活，时时冲击人们的消费习俗，使人们的生活方式不断变化，但是消费习俗对消费心理的影响还是可以时时感觉到，多数消费者对消费习俗有着顽固性的偏爱。

1. 消费习俗给一些消费者心理带来了某种稳定性

消费习俗是消费者心理接受程度、心理稳定程度及消费心理倾向的反映，是一个国家、民族在长期的生活实践中逐步形成和巩固下来的。消费习俗对社会生活的影响非常大，据此而派生出的一些消费心理也具有某种稳定性。消费者在购买商品时，由于消费习俗的影响，会产生比较稳定的消费心理与购买行为，这表现在消费者对自己的消费习俗引以为荣，往往长期会去购买符合消费习俗的某种商品。

2. 消费习俗强化了消费者的心理行为

由于消费习俗带有强烈的地域性，在特定消费习俗的长期影响下，消费者形成了对地方习俗的特殊心理偏好，并有一种自豪感。这种偏好与自豪感，强化了消费者的一些心理活动，直接影响到消费者对商品的选择，并不断强化已有的消费习惯。

3. 消费习俗影响消费者心理的变化

消费习俗对消费者心理的变化既可以起到阻碍作用，也可以起到促进作用。一般来说，当新的消费方式与消费习俗发生冲突时，由于消费者对消费习俗的顽固性偏爱，消费心理会倾向于旧的消费习俗，对新的消费方式有所抵触，因而改变旧的消费习俗代之以新的消费方式，将是一个长期而困难的过程。此时原有的消费习俗起到了延缓消费者心理变化速度的作用，导致原有的消费习俗变化延缓甚至难以改变。这时消费习俗对消费心理的变化起着阻碍作用；反之，当某种新的消费方式与消费习俗具有共同点和相融性时，消费习俗对新的消费方式的普及，就具有超出其他社会推动力的巨大促进作用。比如由于电视的普及，每年农历除夕的"春节联欢晚会"成为辞旧迎新传统习俗中的重头戏。

第五节　消费流行与消费者心理

一、消费流行概述

(一)流行、消费流行的含义

流行是指在某一较短时间内，社会上相当多的人同时模仿或追求某一种思想或行为方式的现象，也称时兴、时尚、时髦等。心理学把流行解释为以某种目的开始的社会行动，使社会集团的一部分人，在一定时期内能够一起行动的心理强制。

消费流行是指在一定时期和范围内，大部分消费者在消费活动中，消费观念、消费心理和消费行为的某种趋同性表现，对商品或劳务所形成的风行一时的消费模式。具体表现为大多数消费者对某种商品或消费时尚同时产生兴趣和购买意愿，从而使该商品或消费时尚在短时间内成为众多消费者狂热追求的对象，消费者通过对所崇尚事物的追求，获得一种心理上的满足。此时这种商品即成为流行商品，这种消费趋势也就成为消费流行。一般说来，一些吃、穿、用的商品都有可能流行，尤其是穿着类商品和日用商品流行的机会更多。

消费流行是客观存在的，是不以人们的意志为转移的。它一旦在某一消费者群体中出现，便会形成一种强大的社会心理强制，无论人们是喜欢它还是反对它，都难免被卷入其中。例如，每年的除夕夜吃一顿合家欢的年夜饭是中国人的传统。而近些年来越来越多的家庭一改过去在家里吃年夜饭的传统习惯，把除夕团圆饭安排在宾馆饭店的做法，已经成为一种新的节日消费时尚。2008 年春节，仅上海开设的年夜饭数量就超过 1.5 万桌，北京、重庆、河南等地近年来的春节餐饮消费的增幅也都在 20% 以上。

(二)消费流行的特征

1. 消费流行具有突发性

消费流行的兴起，从速度上看，常常表现为一种具有强制性的爆发式的扩展和向外延伸。消费流行往往表现为消费者对某种商品或劳务需求的急剧膨胀。

2. 消费流行具有短暂性

消费流行的兴起从持续的时间上看，时效性很强，一般表现为在短时间内大量涌现，也在短时间内迅速变化。变化的结果有两个：一个是消失无形；一个是固定下来，转变成固定的生活习惯，而把流行之位让给其他事物。

3. 消费流行具有从众性

消费流行是多数人参与和追求的现象，具有数量上的优势。正是这一点，使得流行与时髦有所区别。社会心理学家认为时髦是流行于社会上层极少数人中间，以极端新奇方式出现的现象，一般没有广大的追随者。而流行则不同，它是多数人，特别是社会中下层人士所乐于跟随和加入的。

4. 消费流行具有重复性

消费流行的变迁常常呈现出一种重复性特征。在消费市场上,今天视为时尚的商品,往往供不应求,十分紧俏。但是,只要消费流行一过,这种曾风靡一时的俏货,就会被视为陈旧的物品而无人问津。消失若干时间后,那些早已被人们遗忘的东西,又有可能卷土重来,变成新的时尚。

5. 流行具有反传统性

流行的最主要特征就是与传统相悖。这是因为传统是多年形成的,代表了旧有的习惯,而流行是以标新立异吸引大众。只有新奇、与众不同,才是流行,当大家习以为常后,新式样又推出,又成为流行的内容。一般来讲,传统是长时间不变的,或是约定俗成的。流行就是要不断变化。没有变化,就无所谓流行。

(三)消费流行的分类

1. 按消费商品的性质分类

按消费商品的性质对消费流行进行分类,可分为食用类商品、家用类商品、穿着类商品和服务类商品的流行。

(1) 食用类商品引起的消费流行。这种消费流行是由于商品的某种特殊性质而产生的。这些性质包含的内容比较广泛,流行的商品数量、种类也比较多,而且流行的时间长、地域广。流行食品的价格,往往要高于一般食品的价格。比如二十世纪五六十年代,高热量食品、高蛋白的巧克力、牛奶及其制品、牛肉、鸡蛋等,曾经在一些国家十分流行。二十世纪七八十年代以后,健康无公害食品、天然食品,即绿色食品等概念的引入,形成了消费流行,许多酒店应运而生的土菜、农家菜生意红火。

(2) 家用类商品引起的消费流行。家用类商品由于能给生活带来巨大的便利而产生消费流行。比如电视机丰富了人们的生活,使人们足不出户而知天下事,坐在家里就能欣赏戏剧、音乐,观看电影、电视剧;电冰箱具有食品保鲜、冷冻的特性,人们不必天天采购商品,这样便可以节约时间。家用类商品引起的消费流行,往往是性质相近的几种商品,流行的时间与商品的生命周期有关,流行的范围比较广泛,时间也较长。但比起食用类商品引起的消费流行,在地域和时间上要稍逊色一些。消费流行中家用类的商品一般价格较高。如果这些流行商品具有可替代商品,其价格往往高于可替代品的几倍甚至十几倍,如果没有相应的可替代品,其价格只是稍稍高于价值。

(3) 穿着类商品引起的消费流行。这类商品引起的消费流行,往往不是由于商品本身具有的性能,而是由于商品的附加价值引起了消费者的青睐。比如时装,由于其色彩、款式、面料而形成流行。一般来说穿着类的商品比较少,仅少数几种或者只有一两种色彩、款式的话,其流行的时间也较短。这类流行商品的替代品较多,所以,价格往往要高于非流行商品,但是过了流行期,价格又会大大下跌。

(4) 服务类商品引起的消费流行。这类消费流行是近几年兴起的。由于改革开放以来,人们的收入增加了,消费方式不再局限于衣、食、住、行,而开始向休闲、娱乐、健身方向发展,人们的消费方式更健康,上了一个新的层次。最近几年,旅游业、娱乐业、美容健身业发展速度非常快,并且这种消费流行会愈演愈烈。不过这种消费流行一般受到时间的限制，因为许多人只有节假日才有时间出去消费。

2. 按消费流行的速度分类

商品流行的速度既与商品的市场寿命周期有关，也与商品的分类和性质有关。由于社会生产力不断发展，科学技术迅速进步，商品的市场生命周期呈现逐渐缩短的趋势，因而导致消费流行的速度不断加快。但就消费流行本身而言，其流行的速度还是有快慢之分的。按消费流行的速度分类，有迅速消费流行、缓慢消费流行和一般消费流行。

(1) 迅速消费流行。有些商品，市场生命周期较短，消费者为了追赶流行趋势，立即采取购买行为，因而使流行速度加快。比如新年贺卡、中秋节的月饼等商品，市场的生命周期相对较短。

(2) 缓慢消费流行。有些商品市场生命周期相对较长，消费者需要一个比较、鉴别的过程，稍迟一些时候购买，也能赶上流行期，因此，购买过程发展较慢，消费流行速度也较慢。比如大型家电、房子等商品。

(3) 一般消费流行。生活中的大部分商品都属于这类范畴，商品市场生命周期无严格界限区分，流行速度介于上述两者之间，形成一般消费流行。比如服装、小家电等。

消费流行速度与商品价格形成相关现象。流行商品价格高，流行速度较慢；流行商品价格低，流行速度就快。这是因为消费者在购买商品过程中，消费心理倾向于在购买价格高、贵重的商品时，选择的时间较长，购买比较慎重，而对价格低使用频率高的商品，决策时间短、购买比较迅速。

3. 按消费流行的范围分类

按消费流行的范围分类，有世界性、全国性、地区性消费流行，还有阶层性的消费流行。

(1) 世界性的消费流行。这种流行范围大、分布广，一般来源于人们对世界范围一些共同问题的关心。比如健康食品、保健食品的流行，来源于人们对环境问题的关心和担忧。仿古商品的流行，来源于人们对古代田园式生活情感的留恋。这种流行对发达国家的社会生产、人民消费产生的影响较大。对其他国家而言，这种消费流行的产生来源于两个方面：一是生产厂家为开拓市场、适应市场需要而大力生产、推广此类流行商品；二是发展中国家的高消费阶层为追求消费流行而模仿发达国家，这种情况产生了强烈的示范效应，不断扩大影响。

(2) 全国性的消费流行。我国是一个幅员辽阔的发展中国家，人口众多，经济发展不平衡，所谓全国性的消费流行并不能涵盖所有的消费地区和消费人口，而只是就大部分地区而言。全国性的消费流行有的是受到世界市场消费流行的影响而形成的，比如健康食品和方便食品的流行。但是这种消费流行从总体而言，速度慢、时间长；有时受到消费习惯的制约以及经济发展水平的影响，流行只停留在某些经济发达的地区和高收入阶层。

全国性消费流行一般起源于经济发达地区和沿海城市，呈现出明显的波浪式的特征，在一些地区是流行高潮，在其他地区可能是低潮。过一段时间后，高潮地区有可能转变为低潮时，低潮地区反而可能变为高潮地区。这种流行态势在时装类商品上的表现尤为突出。

(3) 地区性的消费流行。从现象上看，这种消费流行是最普遍、最常见的。从实质上看，这种消费流行有的来源于全国性的消费流行，又带上了地区色彩；有的纯粹是一种地区性流行。全国性消费流行在地区上的反映，其特点是流行起源于大中城市、沿海城市、经济发达地区，流行的商品相同或相似，流行的原因不完全反映商品在该地区的消费特点。有些全国性的消费流行由于流行速度不同，在某个地区形成流行高峰，而在其他地区是低谷，因而给人一种地区性流行的感觉。受全国性消费流行影响的地区性消费流行，其实质是全国性消费流行在一定地区的放大和强化。纯粹意义上的地区性流行是流行发源地的消费流行，由于某种原因未能扩散到其他地区就进入了流行的衰退期。

(4) 阶层性的消费流行。按照市场细分化的原理，有高、中、低档收入阶层的市场；有婴儿、儿童、青年、中年、老年人市场；有大学、中学、小学、低文化程度消费者阶层的市场；有工人、农民、职员、知识分子市场等。有些商品只在某个市场部分引起很大反响，形成一种流行趋势。这种消费流行由于职业、年龄、收入的差异，一般只限于在某个阶层流行，但有时其影响力也超出了阶层的范围。

此外，按消费流行的时间分类，有长期流行(一般在 3～5 年以上)、中短期流行和短期季节流行。按流行时间分类，往往无严格的界限，由于各地区情况不同，即使是同一种商品流行，流行时间也有长有短，因此分类比较复杂。

最后需要指出的是，消费流行不同于消费习俗。消费流行是一种风尚，在一定时期内迅速风行一时，然后消失。而风俗习惯则历史悠久，比较稳定，一旦形成，难以改变。一般来说，当流行的某类事物作为特定现象而被人们普遍接受，并经常重复出现时，流行就演化为风俗习惯。

二、消费流行的规律

(一)影响消费流行的社会、心理因素

消费流行是现代社会的一个突出现象，是现代社会产业化、信息化条件下的重要产物。消费流行不仅取决于一定的物质条件，而且也取决于人们的社会心理因素。

1. 消费流行与生产力发展水平、物质生活条件的丰富程度以及消费水平密切相关

生产力的发展水平是消费流行的前提。只有当社会发展到一定水平、社会化生产程度大幅度提高时，企业才能够大规模地组织生产并把该商品源源不断地投入市场，消费流行才有可能形成。否则，商品在市场上供不应求，消费流行就会受到抑制。另一方面，生活条件的高低也是消费流行的基础，物质生活窘迫者和消费水平很低的人根本就不可能有条件去追逐消费流行。

2. 消费流行与社会大众传播媒介的发达程度密切相关

大众传播媒介促进了消费流行的快速发展，广播通信业的发展，电视的普及，尤其是当代的电子传媒的运用，给消费流行的形成和发展提供了极为有利的物质条件。

首先通过媒体宣传，商业广告对掀起消费流行并使之形成高潮起了极为重要的作用，许多消费者就是看到广告宣传后才禁不住去购买时尚商品的。例如，1992 年年初在京津地区流行的健身呼啦圈，本是美国消费者的一种娱乐方式。之后经天津地区电视、广播等宣

传媒介的推动引导，使这种娱乐方式在津、京地区以至于全国范围内迅速流行开来。因此不论是厂商还是消费者，都对广告十分重视。广告宣传的力度越大、传播面越广，对消费者的心理影响就越大，因而对促进流行的作用也就更大。

其次，文化传播也是诱发流行的一个重要原因。好的电视剧、文学作品等往往把人们带入到某种情境与文化之中，引起广大消费者的关注，其中某些人物的形象、服饰穿戴、行为举止、消费模式如果符合了人们的某种社会心理要求，便有可能在众人的追捧下而流行开来，从而成为一种社会时尚。

此外，旅行也会促进流行的发展。现代交通工具把成千上万的人从一个地方带到另一个地方，使各地的社会公众可以目睹世界各地的服饰文化、饮食文化等，促进了不同地区的文化、消费方式和消费行为的借鉴、交流与相互渗透，因而在某一地方流行的商品和消费行为、消费方式，能很快传播到世界其他地方。

3. 消费流行是人们个性意志的产物

每个人都有求新、求美、乐于表现自我的心理需求，好胜心理也是人们个性意识的反映。人们总是要从周围的环境中寻求新的刺激，以满足自己的好奇心。随着经济的不断发展，商品不断更新换代、推陈出新，当一种新事物出现时，其与众不同的特点就会引起人们更多的注意与兴趣。多数消费者试图通过对这些新事物的追求来表明自己的身份、地位、爱好、兴趣和个性特点。随着时间的推移，一旦新事物被人们普遍接受，不再具有新意时，人们心理上就会产生厌倦，转而追求更新的东西，如此循环。这就是消费流行得以发展、变化的心理基础。

4. 消费流行与人们的从众心理特征密切相关

流行是社会上一部分人能够一起行动的心理强制。任何一种消费行为要形成流行趋势，必须得到一定时空范围内消费者个人或群体的承认和参与。由于消费流行总是表现出其超前性和时尚性，可以体现参与者的某种殊荣和优越感，这就为众人创造了一种无形的压力——如果不加入流行的行列，就会在众人面前显出自己对新事物的麻木，而且还体现出自己某些方面明显劣势于他人。多数人不愿作落伍者，便纷纷仿效流行"带头人"的行动。因此，当流行使越来越多的消费者加入时，在公众中便产生了一种趋同的心理需求，于是消费流行便开始形成并逐步扩大。这种从众心理也是消费者寻求社会认同感和心理安全感的表现。服从多数人的心理趋势和个体自觉接受社会行为规范的倾向是流行得以产生的重要条件。

5. 模仿是人们普遍的心理现象

人们在成长中，就是要不间断地模仿和学习，以适应社会。在消费流行的初期，那些最先使用新的商品、选择新的生活方式的前卫派人物，常常成为模仿的榜样，参与者通过模仿流行带头人的消费行为，加入流行潮流中来。模仿的人数越多，流行的热潮升温就越快，就意味着某种新商品或新的生活方式得到了多数人士的认同和参与。这种模仿心理与行为则成为流行发展的一个重要的心理基础与条件。没有模仿就不会有流行，但流行的从众者并非出于同一目的，有些人是因为羡慕、敬畏别人的行为而模仿，属于虔诚的模仿；有些人是想超过别人而模仿，称之为竞争模仿。一般情况下，如果被模仿者具有较高的权威、影响力，就会使模仿者亦步亦趋，完全模仿。在当今社会由于社会活动的广泛性，引起人们模仿的榜样数不胜数，比如影视明星、体育明星、时装模特、企业领袖、政府首脑等，他们的着装打扮和言行举止，通过各种传播媒体的宣传，很快就会引起追随者的效仿。

总之，消费流行受多种因素的影响和制约。可以说，社会生产力的发展水平影响并制约着消费流行的水平和层次；大众传媒影响并制约着消费流行的强度、范围；个人意志的自我表现是影响并制约消费流行的内在动力；从众与模仿心理影响并制约着消费流行的方式。

(二)消费流行的传播规律

从现象上看消费流行的变化十分复杂，流行的商品、流行的时间、流行的速度都不一样，但是从市场的角度考察，消费流行仍有其自身的运动过程和发展变化的一般规律，因而也是可以预测的。企业可以通过了解和掌握消费流行的运动规律以及消费者由此产生的心理效应，引导消费，掌握市场经营的主动权。

1. 消费流行的运行规律

消费流行具有周期性。按照市场营销学的一般理论，商品在其自身发展过程中，由于市场环境、社会发展水平及消费心理影响，形成了自己的生命周期，即商品生命周期。从消费心理学角度考察，处于消费流行中的商品也有其自身的生命周期，它和一般商品生命周期的各个阶段不完全一样，带有流行商品自身的特点。

市场营销学中的商品生命周期分为四个阶段，即商品的市场引入期、成长期、成熟期、衰退期。其主要特点是，商品在进入成长期和成熟期的过程中，利润、销售量及市场占有率呈平稳上升趋势，并且可维持一段较长的时间。消费流行的阶段与商品生命周期相互联系但又有所区别。流行商品的生命周期，分为流行酝酿期、流行发展期、流行高潮期、流行衰退期四个阶段。①流行酝酿期的时间一般较长，消费者要进行一系列意识、观念以及舆论上的准备。②在流行发展期，流行商品由于其鲜明特色和优越性能吸引了一些有名望、有社会地位的权威人物和具有创新消费心理的消费者，他们对商品的使用产生了强烈的社会示范效应。③进入流行高潮期，大部分消费者在模仿、从众心理的作用下，自觉或不自觉地卷入到流行中，市场销售增长率呈直线上升趋势，消费流行走向高潮。④流行商品与一般商品的最大不同是市场成熟期十分短暂，当新商品在市场大量普及之时，流行的势头就已经开始减弱，流行高潮期过去以后，人们的消费兴趣发生转变，流行进入衰退期。所以商品成熟的同时也意味着衰退期的到来，高潮期与衰退期是交织在一起的。

随着科技的发展和商品更新换代速度的加快，消费流行的周期有越来越短的趋势。

2. 消费流行的地域、品种和时间差异

一般而言，世界性消费流行是先从经济发达地区开始，进而发展到一些富裕国家和地区。这种消费流行的地域差表现为波浪式运动：当发达国家处于消费流行的第一阶段时，其他国家还未形成流行；当发达国家处于消费流行的第二阶段时，一些新兴工业国家和地区开始进入消费流行的第一阶段；当发达国家处于消费流行的第三阶段，新兴工业国家处于消费流行的第二阶段时，广大发展中国家则刚刚进入消费流行的第一阶段。

我国国内形成的消费流行从地域角度分析，具有这样一些特点：商品一般从北京、上海、广州等大城市开始流行，然后逐渐向中部地区(南京、武汉、郑州等)转移，接着进入西安、重庆、兰州等地区。穿着类商品的流行有时是从南到北逐渐流行。广州、上海等地区处于消费流行的第一阶段，其他地区尚未开始流行；广州、上海等地区进入第二阶段，南京、武汉等地区进入第一阶段；广州、上海等地区进入第三阶段，东北地区刚刚开始流行。这种消费流行地域差别变化十分复杂，也不能一概而论，有时时装流行从大连、青岛、天津等地开始进入内地，有时又直接从北京开始传遍其他地区。

　　消费流行还表现出流行商品品种上的差别。例如，发达国家及地区流行的商品质地优良、功能比较完善，而在其他地区，就会衍变出价格较为低廉的品种。比如使用便宜一些的原料，减少一些使用功能等。但是，这种品种差别变化要建立在商品流行特色不变的前提下。这种品种差别来源于收入差别，有时也来源于气候环境的不同。例如，同一种流行的时装款式，在我国南方和北方流行时，南方多使用轻薄、柔软的面料；而在北方，特别是在东北地区流行时，就会使用厚实一些的面料。消费流行中品种差异的存在，客观上为增加流行商品品种、丰富商品种类提供了一种可能性。因此，按照消费流行的特点，在市场营销中，应研究本地区消费心理，创造出适合本地区消费流行商品的不同品种。

　　在消费流行的各个地区，出现时间有早有晚，持续时间有长有短，因而表现出消费流行时间上的差别。消费流行时间差的存在，和消费流行的地域差、品种差是分不开的。一种消费流行在发达国家或发达地区流行时，在同一时间内，其他地区还没有多大反响，发达国家和地区流行一段时间后，其他国家和地区才开始流行，因此，消费流行在时间上是先后继起。

　　消费流行的地域差、品种差、时间差实际上是消费流行在不同地区、不同时间的表现形式，是我们综合、全面认识消费流行的重要方面。

3. 消费流行的人员结构规律

　　消费流行作为人类的社会行为，反映出消费者消费需求的阶段性和层次性的变化。消费流行的人员结构的变化一般有三种规律。

　　(1) 自上而下的流行。

　　这种流行方式是指由社会上有地位、有身份的上层人士首先倡导或者实行，然后逐渐向下传播，最终形成流行时尚。一般来说，社会的政治领袖、著名企业家、影视歌星等都有可能成为流行时尚的倡导者，通常这种方式传播的流行速度都比较快，这就是我们通常所说的"上行下效"。例如，2001 年 10 月，亚洲及太平洋经济合作组织在中国召开高峰会议，期间前国家主席江泽民送给每位与会国家元首两件体现中华民族传统特色的唐装，深受各国元首的欢迎，不久，唐装就在中国各大城市流行起来，形成一股唐装的消费潮流。

　　(2) 自下而上的流行。

　　这种流行方式是指社会下层消费者首先采用，然后逐渐向上渗透，直到较高社会阶层的人们也采用，最终形成一种流行时尚。由于这种流行时尚是社会下层的消费者率先倡导的，因而其流行速度很慢，但是持续时间较长且稳定。例如，牛仔服原是美国西部牧牛人的工装，现在已成为下至平民百姓、上至美国总统的风行服装；领带源于北欧渔民系在脖子上的防寒布巾，现在则成为与西装配套的高雅服饰。

(3) 横向传播的流行。

这种形式是由于社会阶层之间的相互传播，即在同一社会阶层内互相影响，或在不同社会阶层之间相互传播、延伸，最终形成流行时尚。例如，近年来，外资企业中白领阶层的消费行为经常向其他社会阶层扩散，从而引发流行。运动服就是通过这种方式在我国各阶层人士中流行起来的。

三、消费流行与消费心理

我们研究消费时尚与流行，既要看到消费心理对消费流行形成与发展的影响，同时也要看到消费流行如何引起消费心理的变化。

(一)消费心理对消费流行的影响

消费心理对消费流行形成与发展的影响除前面所涉及的以外，还有不同阶层的影响。对消费流行产生影响的主要是以下几个社会阶层。

(1) 高收入阶层。比如金融业者、企业家、成功商人等。由于收入高，消费水平也高，这一阶层人士生活消费支出有很大的选择自由，生活消费表现为高层次、多样化，对购买新商品的态度坚定。他们以强劲的购买力和追求高端商品的享受而成为流行的制造者。

(2) 社会地位较高阶层。比如演员、歌星、艺术家等。这一阶层人士由于其职业而受人瞩目，他们的生活消费也比较注意选择，由于其职业特点对新商品比较敏感，所以对美观、富于欣赏性的商品非常喜爱，勇于购买使用，他们追求的是较高审美价值的商品所带来的心理愉悦，是时尚品牌价值的发现者。从消费心理角度考察，这部分人具有较高的商品认知能力，购买商品追求新颖、美观、名牌，对制造时尚和流行的影响作用很大。有些新商品因具有较多的功能，便利、实用，符合高收入者中一部分人的购买心理偏好而产生消费流行。为了显示自己的社会地位和名望，有些人就专门购买名牌、贵重商品。当一种商品进入市场后，符合这些人的消费心理，这种商品就会形成一种消费流行浪潮，产生消费流行的第一阶段。

(3) 其他阶层。对消费流行影响较大的还有一部分消费者，他们的收入属于中等偏上或刚刚进入较高收入的行列，也具有某种社会地位但不及前一部分人社会威望高，比如富家子弟、高级白领等。这些人往往为平衡自己的社会地位而表现出较强的炫耀性消费心理，他们的消费选择是攀比心理、模仿消费，这种消费带有较大的盲目性。当一种新的商品进入市场后，他们会紧跟第一、第二种人的购买行为，由此带动消费流行的发展。有些企业就抓住这种心理，加强对有一定社会地位、社会威望人士所使用商品的宣传，博得众多消费者的效仿，带动消费流行的产生和发展。这些中等收入阶层人数众多，产生购买行为后，对其他人影响作用也较大，他们的模仿消费心理可以带动社会其他阶层的从众消费心理，从而使消费流行进入其发展的第二阶段。

(二)消费流行对消费心理的影响

在一般情况下，消费者购买商品的心理活动过程存在着某种规律性。例如，在购物的收集信息阶段，心理倾向是尽可能地多收集有关商品的信息，在比较中进行决策。在购物后，通过对商品的初步使用，产生对购买行为的购后心理评价。这些心理活动有一种正常的发展过程，即循序渐进。但是，在消费流行的冲击下，消费心理发生了许多微妙的变化，考察这些具体变化，也是消费心理学研究的重要内容。

1. 消费者认知态度的变化

按正常的消费心理，顾客对一个新事物或一种新商品，往往在开始时持观望、怀疑态度。按照一般的学习模式，对这个事物有一个学习认识的过程。有的是通过经验，有的是通过亲友的介绍，还有的是通过大众传播媒介传送的信息来学习。当然，这种在消费心理意义上的学习过程，不同于正规的知识学习，它往往只是对自己感兴趣的商品知识有选择的接受。但消费流行的出现，却会导致大部分消费者认知心理的变化。首先是观望、怀疑态度弱化，肯定倾向增加；其次是学习时间缩短，接受新商品时间提前；三是唯恐落后消费潮流。在日常生活中，许多消费者非常在意消费流行的变化，一旦购买条件成熟，马上积极购买，争取走入消费潮流之中，这就是消费者认知态度的变化。从本质上说，消费流行强化了消费者的购物心理。

2. 消费驱动力的变化

人们购买商品，是出于不同的需要，比如生活必需、休闲娱乐以及社会交往等。需求产生了购买商品的心理驱动力，这些驱动力使人们在购物时产生了生理动机和心理动机。按一般消费心理，这样的购买动机是比较稳定的。但是在消费流行的驱使下，购买商品的驱动力会发生新的变化。比如有些人明明没有消费需要，但看到时尚商品后也加入了购买的行列，对流行商品产生了一种盲目的购买驱动力。这种新的购买驱动力可以划入具体的购买心理动机之中，比如求新、求美、求名、从众心理动机。但有时购买者在购买流行商品时，并不能达到上述心理要求，因此，只能说是消费流行使人产生了一种新的购买心理驱动力。研究这种驱动力对于认识消费流行为什么来势凶猛具有重要的意义。

3. 消费心理反向的变化

在消费流行中，原有的一些消费心理会发生反向变化。比如，在正常生活消费中，消费者要对商品比值比价，在心理上作出评价和比较后，再去购买物美价廉、经济合算的商品。但是消费流行使这种传统的消费心理受到冲击，有些消费者甚至会放弃这些基本原则，明明知道价格严重背离价值，但因为是流行商品，常常不予计较，乐于购买，甚至以买高价格的商品为荣。相反，原有的正常商品的消费行为有所减少。比如为了购买时装，对其他服装产生了等一等或迟一些时候再购买的消费心理。还有一种情况就是，在正常的消费活动中，消费者购买消费品是某种具体的购买心理动机起主导作用，比如购买消费品注重实用性和便利性的求实心理动机。但在消费流行中这种心理动机就会发生变化，从而对实用便利产生了新的理解。因为一些流行商品从总体上看具有老商品所有的功能，能给生活带来新的便利，特别是一些食品和家庭用品更是如此。

4. 消费习惯和偏好的变化

在消费活动中，有些消费者具有惠顾和偏好的心理动机。消费者由于对某种商品的长期使用，产生了信任感，或者对印象好的厂家、商店经常光顾，形成了购买习惯，购物时非此不买。在消费流行的冲击下，一些消费者原有的习惯和偏好心理受到冲击并因此发生改变。虽然这些人对老商品、老牌子仍有信任感，但整天耳濡目染的都是流行商品，不断地受到家人、亲友使用流行商品时炫耀心理的感染，所以他们也会逐渐失去对老商品、老牌子的惠顾心理。这时，如果老商品、老牌子不能改变商品结构、品种、形象，不能适应消费流行的需求，就会有相当一部分消费者转向流行商品。如果这些企业赶不上流行浪潮，就会失去这部分消费者。

消费者购物偏好心理是消费生活中较长时间的习惯养成的，这种习惯心理的养成是建立在个人生活习惯、兴趣爱好之上的。在消费流行中，这种偏好心理也会发生微妙的变化。有时是消费者个人认识到原有习惯应该改变，有时是社会风尚的无形压力使之动摇、改变。

在消费流行的影响下，人们的消费心理会或多或少地发生变化，但综合来看，消费者心理变化的基础仍然是原有的心理动机强化或转移，它并未从根本上脱离原有的消费心理动机。

本 章 小 结

消费者群体是指某些具有共同消费特征的消费者所组成的群体。它的形成是消费者的内在因素和外部因素共同作用的结果。消费者因其生理、心理特点的不同而形成不同的消费者群体。此外，生产力发展水平、地理气候条件、风俗文化、文化背景、民族、宗教信仰等因素，对于不同消费者群体的形成也具有重要作用。按照不同的标准划分，消费者群体呈现出不同的类型。现实生活中，消费群体的作用不容忽视，它可以为企业提供明确的目标市场；它可以调节、控制消费，帮助有关部门借助群体对个体的影响力，对消费者加以合理的引导和控制；它还可以为消费者提供可供选择的消费行为或生活方式的模式，从而改变他们对商品购买与消费的态度，并促使消费行为趋于某种"一致化"。

在一定时期内，任何一个消费者都从属于某一群体。我们通常把他们划分为：少儿消费者群体、青年消费者群体、中年消费者群体、老年消费者群体、女性消费者群体、男性消费者群体、农民消费者群体等，不同的消费者群体有着不同的消费心理与行为。

消费者群体有其自身的活动规律和活动方式，其中群体的内部规范和内部信息沟通状况对成员及其群体的消费行为具有重要影响。消费者群体规范对消费行为产生重要影响的原因在于群体的压力。

消费习俗是一个地区或一个民族的人们在日常消费生活中，由于自然以及社会的原因所形成的独具特色的消费模式，主要包括人们对信仰、饮食、婚丧、节日及服饰等物质与精神商品的消费习惯。消费习俗有长期性、社会性、地区性、非强制性和周期性的特点，消费习俗具体包括：物质类消费习俗(饮食消费习俗、服饰消费习俗、住宿消费习俗)和社会文化类消费习俗(喜庆性消费习俗、纪念性消费习俗、宗教信仰性消费习俗、社会文化性消费习俗)。多种不同的消费习俗对消费者的心理与行为有着极大的影响，它给一些消费者心理带来了某种稳定性，强化了消费者的行为并影响着消费者心理的变化。

消费流行是指在一定时期和范围内，大部分消费者在消费活动中，消费观念、消费心理和消费行为的某种趋同性表现，对商品或劳务所形成的风行一时的消费模式。消费流行的特征有突发性、短暂性、从众性、时期性和反传统性。按不同的标准，消费流行可划分为不同的类型。按消费流行的性质分类，可分为食用类商品、穿着类商品、家用类商品和服务类商品的流行；按消费流行的速度分类，可分为迅速消费流行、缓慢消费流行、一般消费流行；按消费流行的范围分类，可分为世界性、全国性、地区性消费流行，还有阶层性的消费流行。影响消费流行的因素主要有生产力水平和人们的物质生活条件的丰富程度以及消费水平，社会大众传播媒介的发达程度，人们个性意志、从众心理及模仿心理等。流行商品的生命周期，分为流行酝酿期、流行发展期、流行高潮期和流行衰退期四个阶段。消费流行存在地域、品种和时间差异。消费流行的人员结构规律有三种表现形式：自上而下的流行、自下而上的流行、横向传播的流行。消费流行对消费心理的影响表现在：改变消费者的认知态度、使消费者的消费驱动力发生变化、使消费者的心理产生反向变化、改变消费者的消费习惯和偏好。

课 程 思 政

社会主义核心价值观是中国作为社会主义国家的根本价值追求，包括爱国主义、集体主义、社会公德、诚实守信、勤俭节约、尊重他人等内容。消费者群体行为不仅受个体意志和购买力的影响，也受到社会环境和文化价值观的制约。在现代市场经济中，消费者被视为最终决定产品是否成功的核心力量之一。如何引导消费者群体塑造正确的消费观念，更好地适应社会主义核心价值观是至关重要的。

具体来说，引导消费者在消费时注重产品的质量、安全、环保等因素，鼓励消费者多选择符合社会主义思想的产品或服务。同时，通过进一步弘扬社会主义精神，培育和增强消费者的社会责任感，让消费者能够更加积极地参与并引领社会的发展和进步。

总之，社会主义核心价值观是中国特有的文化和社会意识形态，将其融入消费者群体的消费观念和行为中，有助于构建更加健康、公正、可持续的市场经济发展模式。

思 考 题

1. 什么是消费者群体？
2. 消费者群体对消费心理的影响有哪些？
3. 消费者的内部沟通对消费者心理有何影响？
4. 什么是消费习俗？消费习俗的特征是什么？
5. 消费习俗对消费者心理的影响有哪些？
6. 什么是消费流行？消费流行的方式有几种？
7. 消费流行对消费心理的影响是什么？

案 例 分 析

案例1 "五星级"儿童日托中心

加拿大蒙特利尔的"伊丽莎白旅馆"是一座五星级旅馆，1994年8月，该旅馆开设了儿童日托中心。

这个名为"小女王"的儿童日托中心是"女王旅馆"与一家名为"热闹的会议"的机构合办的。他们之所以开办这样一个日托中心,是因为他们注意到,越来越多的旅客带着儿童开会,不仅需要随身携带手提电脑,而且要随身携带尿布。据美国旅行数据中心的统计,仅1993年内,美国公差旅行人次有1.2亿,其中15%的出差者旅行时是带着儿童的。

这个儿童日托中心机构设在旅馆里面,面积为110平方米,可以接收1个月到14岁的少年儿童。该中心照看儿童与旅馆照看儿童不一样。这不仅因为儿童中心有经验丰富的老师,而且它是艺术和手工艺制作的活动中心,儿童在日托中心可以下棋、看书、看电影、录像以及学习手工制作等。

儿童日托中心一周七天都对外开放,接受儿童的原则是方便顾客,如有特殊要求可以延长日托时间。父母可以为自己的孩子预订各式各样的午餐或晚餐,由服务人员向日托中心送热饭菜。

儿童日托中心的收费为每名儿童每小时5加元,两名儿童为8加元;餐费另计,每餐约3加元。这个收费标准对于一般的旅客来说都付得起。

案例讨论

1. 类似"小女王"式的日托中心在中国能否开办? 为什么?
2. 如果在中国开办这种日托中心或其他类型的儿童服务项目,应注意什么问题?

案例2　一花引来万花开

有一天,萨耶下班回家,看见桌上放着一块布料,他知道这是妻子买的,心里就很不高兴。因为这种布料在自己店里积压了很多卖不出去,干吗还要去买别人的呢? 妻子任性地说:"我高兴嘛! 料子不算太好,但花式流行啊。"萨耶叫了起来:"我的天! 这种衣料自去年上市以来,一直卖不出去,怎么会流行起来?""卖布的小贩说今年的游园会上,这种花式将会流行起来。"妻子还告诉萨耶,在游园会上,当地社交界最有名的贵妇瑞尔夫人和泰姬夫人都将穿这种花式的衣服。妻子还嘱咐他不要把这个消息说出去。萨耶对女人在服饰方面这种"不甘人后"的心理早就习以为常了,那两位贵妇可以说是当地妇女时装的向导,女人对她们心目中仰慕的女人一向盲从。

萨耶并没有把这件事挂在心上,甚至他店中的这种布料都被一个布贩买走,也没有引起他的注意。可是游园那天,全场妇女中,只有那两名贵妇及少数几个女人穿着那种衣服,萨耶太太也是其中之一。她因为与那两名贵妇穿的是一种花式的衣服,格外引人注目,因此出尽了风头。游园结束时,许多妇女都得到一张通知单,上面写着:瑞尔夫人和泰姬夫人所穿的新衣料,本店有售。

萨耶暗自惊讶,他不得不佩服那个小贩的推销手段。第二天,萨耶找到那家店铺,只见人群拥挤,争先恐后地在抢购这种布料。等他走近一看,才知道这个店铺比他想象的更绝:店门贴着一行大字——衣料售完,明日来新货。那些购买者唯恐明天买不到,都在预先交钱。伙计们还不断地解释说,这种法国衣料因原料有限,很难充分供应。萨耶当然知道这种面料进货不多,并非因为缺少原料,而是因为销路不好,才没有继续进货。看到这个小贩如此巧妙地利用女人的心理,直到最后还利用缺货来吊她们的胃口,萨耶自叹不如,从心里折服了。

案例讨论

这则案例生动地揭示了女性怎样的消费者心理？试再举一例加以说明。

案例3 春节饮食习俗

春节是我国最隆重、最热闹的传统节日，在千百年的历史发展过程中，形成了特定的饮食习俗，尤其是年味十足、相传至今的传统食品必不可少。

饺子，饺子在我国传统佳节的饮食中具有重要地位。按照习俗，过年时全家要一起动手包饺子。春节子时是两年之交、辞旧迎新的时刻，一家人尽情欢乐地品尝饺子，具有喜庆团圆和吉祥如意的寓意。

鱼。鱼既美味又有营养，而"鱼"与"余"同音，象征着年年有余的吉祥意义。春节期间，家家户户饭桌上少不了鱼，这寄托着人们的美好祝愿。

酒。除夕夜，阖家同堂，摆酒聚餐，开怀畅饮，称之为"分岁酒"。因为除夕是新旧年交替的分界线，吃分岁酒，意即新旧岁由此夜而分。

豆腐。"腊月二十五，推磨做豆腐。"在我国许多地方，过春节都有吃豆腐的习惯，因"腐"字与"福"字同音，吃豆腐寓意着幸福、祝福。

腌腊肉。"无腊味，没年味。"临近春节，走在一些城市的大街小巷，总能看见一串串自制的腊肉香肠挂晒在窗户或门前，浓浓的年味扑面而来，成为民间一道靓丽的风景线。

案例讨论

简述消费习俗与消费者心理的关系。

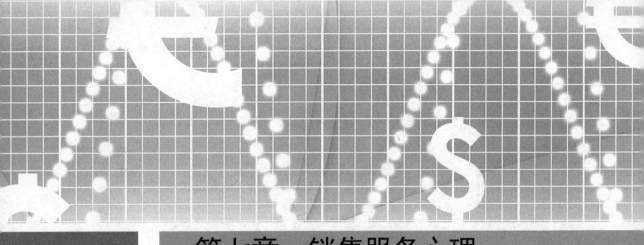

第七章 销售服务心理

【本章导读】

通过对本章内容的学习，使学生掌握销售服务特点和心理效应；了解和熟悉销售服务的类型划分，掌握销售服务的原则；掌握售前、售中、售后顾客的心理取向和影响因素；掌握售前、售中和售后服务的心理策略。

一种商品的市场占有率，不仅取决于消费者对该种商品购买力的大小，还取决于消费者对该种商品心理向心力的大小。消费者的心理特征是消费者行为最直接的、最具决定性的影响因素。因此，研究市场上消费者的需求，不能只注重物质需求和功能性需求，还需充分研究目标市场上消费者的心理需求。研究营销过程的售前、售中和售后各阶段购销双方的心理活动和商品市场对消费者心理影响的规律，并按其心理活动规律经营推销商品，这对于指导市场经济的实践活动，提高营销工作的效率和经济效益，促进商品的销售，最大限度地实现企业的经营目标具有十分重要的意义。

第一节　销售服务的内容和类型

一、销售服务的概念

销售服务是指商品在销售前后，为最大限度地满足消费者需要而采取的各种措施，是伴随商品流通(商流和物流)而提供的劳动服务。顾客满意是销售服务的核心理念，服务不仅是交换的形式，而且是商品交换的手段、内容和条件，是实现销售目标的途径和竞争的手段，贯穿于商品流通的全过程。有些营销学者曾预言：21世纪的竞争是服务的竞争。

销售服务是商品经济的产物。在商品经济的初期，生产者为了实现商品交换，在市场上向使用者进行商品功能宣传，是销售服务的原始形态。随着商品经济的发展，销售工作日益完善化。20世纪50年代，大中型企业发展到具有专门为市场服务的销售服务部门。20世纪70年代以来，商品质量和服务形式的竞争加剧，不少企业建成了一支强大的销售服务队伍和服务网点，随后中间商也争设服务网点，开展销售服务工作。满足现代消费者要求周到服务的心理，是做好销售服务工作的出发点和归宿。

二、销售服务的特点及类型

销售服务是一项综合性很强的复杂工作，其特点主要有以下几方面。

(1) 技术服务工作与销售结合，销售是服务的前提，服务是销售的保证。

(2) 销售前服务、销售中服务和销售后服务相互结合，成为系统性服务。

(3) 服务工作具有技术性、综合性和经营性，要求营销人员具有多方面的知识。

(4) 服务工作要适应市场快速、多变、及时、可靠等要求。

销售服务按照不同的标准，可以分成不同的种类。

(1) 按照服务的时间分类，可分为售前服务、售中服务和售后服务三类。

(2) 按照服务的性质分类，可分为技术性服务和非技术性服务两类。

(3) 按照服务的形式分类，可分为定点服务、巡回服务、收费服务和免费服务四类。

(4) 按照服务对象分类，可分为对批发企业提供的服务、对零售企业提供的服务和对用户、顾客直接提供的服务三类。

三、销售服务的心理效应

在销售服务中，营销人员与消费者的关系是一种双方相互作用的人际知觉关系，营销人员的主体形象对消费者的行为和心理将产生一定的影响。这种影响作用所产生的心理效应表现在以下几个方面。

1. 首因效应

首因效应又称优先效应，是指在某个行为过程中，最先接触到的事物给人留下的印象和强烈影响，也称第一印象，是先入为主的效应。该效应对人们后来形成的总印象具有较大的决定力和影响力。在现实生活中，先入为主和首因效应是普遍存在的。例如，消费者到某商场购物时，第一次和某位销售人员接触，由于双方的首次接触，总有一种新鲜感，都很注意对方的仪表、语言、动作、表情、气质等，并喜欢在首次接触的瞬间对一个人作出判断，得出一种印象。如果这种印象是积极的，就会产生正面效应；反之，就会产生负面效应。市场营销活动中，如果商品展示陈列丰富多彩，购物环境舒适宜人，销售人员礼貌热情，就会使消费者产生"宾至如归"的积极情感。良好的第一印象为营销沟通和消费行为的实现创造了条件；反之，就会使消费者产生消极的情绪，影响购买行为的进行。消费者许多重要的购买决策和购买行为，都与对服务人员的第一印象有关。

2. 近因效应

近因效应是指在某一行为过程中，最后接触到的事物给人留下的印象和影响。消费者完成购买过程的最后阶段的感受，离开零售网点之前的所见所闻、印象及评价，最近一次购买行为的因果等都可能产生近因效应。与首因效应类似，近因效应也有正向和负向之分，对下次购买行为也会产生积极或消极的影响。优质的服务所产生的近因效应，是促使顾客经常光顾的主要原因。

3. 晕轮效应

晕轮效应又称光环效应或印象扩散效应，是指人们在观察事物时，由于事物所具有的某些特征从观察者的角度来看非常突出，使他们产生了清晰、明显的知觉，由此掩盖了对该事物其他特征的知觉，从而产生了美化或丑化对象的印象。人们常说的"一俊遮百丑""一好百好，一坏百坏"的知觉偏差，就是晕轮效应的典型例子。晕轮效应发生在消费者身上，表现为消费者根据对企业某一方面的突出知觉作出了整个企业优劣的判断。比如企业对售后服务的承诺兑现程度如何、接待顾客投诉的态度及处理方式是否认真等，这些都会使消费者产生晕轮效应，使之形成对整个企业的总体形象的直觉偏差。

4. 定势效应

定势效应是指人们在社会知觉中，常受以前经验模式的影响，产生一种不自觉的心理活动的准备状态，并在其头脑中形成固定、僵化、刻板的印象。消费者对不同的营销人员的个体形象及其评价也有一些概念化的判断标准。这种印象若与消费者心目中的"定势"吻合，将会引起消费者的心理及行为的变化。例如，仪态大方、举止稳重的营销人员，给消费者最直观的感受是"真诚""可信赖"，与消费者的心理定势相吻合，消费者也愿意与其接近，征询他们的意见并接受他们的指导，容易促成交易。反之，消费者对于闪烁其词、解答问题含糊不清、急于成交的营销人员的最直观感受是"不可信赖"，与消费者的心理定势相吻合，消费者就会产生警觉、疑虑、厌恶的情绪并拒绝购买。

四、销售服务的原则

1. 一视同仁的原则

所谓服务一视同仁，就是不管消费者是谁，销售人员都同样热情对待。可在现实生活中，有些营销人员重视的是购买贵重商品、西装革履、行头翻新的消费者，往往冷淡对待购买便宜商品和衣着寒酸的消费者。但是，谁也不能断定，衣着寒酸的消费者口袋里肯定没有钱，或者今天只买小件物品的消费者，明天就不买大件物品。

通常情况下，受款待的人心情舒畅，以后还愿意光顾；受歧视的人心情悲凉，不会再来。因此，无论消费者是谁，都应平等相待，这条原则非常重要。具体的办法是，对购买便宜货和衣衫寒酸的消费者要格外亲切、客气地接待。这样，对购买贵重商品和衣着华丽的消费者，无形中也会自然地做到客气相待，很好地做到服务一视同仁。

2. 符合意愿的原则

服务的核心就是提供符合消费者愿望的帮助。服务得再好，如果不符合消费者的愿望，也就没有价值了。例如，现在有些商店在出售一些走俏的商品时，一定要"搭配"滞销的商品，美其名曰方便消费者。实际上，绝大部分消费者根本不希望搭配，想买一种商品还得蒙受不想要那种商品的痛苦，这种服务只能败坏企业的声誉。服务的真正含义是在消费者需要时，用其希望的方式提供其需要的方便，收不收钱是次要的。中国香港、泰国、澳大利亚等地的一些零售商店，不论你在店里买与不买商品，得到的礼遇都是高档的，售货员会不厌其烦地介绍、展示商品，每个柜台都有商店的包装纸和手纸，消费者可以随便拿；有的店还赠送小商品。这些举动看似免费，其实不是真的不要钱，而是用某种计算方法算在商品的售价中，只是消费者不知不觉罢了。这样做对零售企业来讲是两全其美的好办法，既不损失本企业的利益和形象，又使消费者产生惠顾的心理动机，经常光顾此地，并购买该店的商品。

3. 周到细致的原则

消费者的愿望在某种程度上根据年龄、性别、职业和收入等的不同而相异。为了提供符合消费者不同愿望的服务，当然要求周到细致，不应该草率和粗暴。

无微不至的服务关键在于对消费者体贴入微，它体现在营销人员的诚意上，体现在推销员或营业员的动作和态度上。具体地说，就是急消费者之所急，想消费者之所想。例如，卖出的商品擦拭干净、包装完毕后，还要告诉消费者商品的保管方法和用法。这种周到细微、设身处地为消费者服务的工作精神，取决于营销人员对消费者的感情投入、对本职工作的责任心以及对职业道德规范的执行程度。

第二节　销售服务的心理策略

一、售前服务的心理策略

(一)售前服务的含义

售前服务是整个商品交换过程的重要活动，是争取顾客的重要手段，因此，售前服务对顾客的心理影响是非常重要的。售前服务是指商品从生产领域进入流通领域，但还没有与顾客见面的这段时间里的各种服务，主要包括货源供应、商品运输、储存保管、商品再加工、广告宣传、拆零分装、柜台布置、商品陈列、咨询、培训等服务工作。开展这些服务项目，可以使消费者的购买目标由模糊到明确，作出买与不买、买什么牌子的决策，可以使许多潜在的消费者变成真正的消费者。

售前服务是赢得消费者满意的营销策略，是一个亟待开拓且范围很广的领域。例如，为顾客提供商品说明书；根据用户的需要提供勘察、设计等服务；进行技术咨询；售前技术培训；提供销售路引说明；一些食品商店实行先尝后买、提供盛器等便民措施，都是主动拉住消费者的售前服务工作。

随着有中国特色的社会主义市场机制的建立，商品更加丰富，市场更加繁荣，消费者在方便购买上的要求越来越高，而这种提前送方便以招揽顾客的售前服务工作，无疑是当今工商企业界非价格竞争的一项重要手段。工作做得好，对企业经营就会产生事半功倍的效果；工作做得不好，自然也会直接影响商品销售工作。所以，搞好售前服务，不仅是企业主动为消费者服务、满足消费者心理欲望和需求的体现，而是一个企业不可缺少的营销策略。

(二)售前顾客心理分析

1. 顾客购前心理取向

顾客由于需要产生购买动机，这种购买动机受时空、情境等因素的制约，有着各种各样的心理取向。

1) 顾客认知商品的欲望

售前阶段中顾客最关注的是有关商品的信息。他们需要了解商品的品质、规格、性能、价格、使用方法以及售后服务等内容。这是决定是否购买的基础。

2) 顾客的价值取向和审美情趣

随着社会经济的发展，人们的价值取向和审美情趣往往表现出社区消费趋同的现象。所以，通过市场调研了解社区顾客的价值取向和审美情趣，并以此作为标准来细分市场，对销售大有帮助。

3) 顾客的期望值

顾客在购买以前，往往会对自己要买的商品作出估量。这种估量可能是品牌，可能是价格，可能是性能，也可能是其他因素。这种估量就是所谓的期望值。随着时代的发展，人们对商品的要求越来越高，企业生产与销售商品，一方面要满足顾客的物质需要，另一方面要满足顾客的心理需要。顾客的购买从生理需求占主导地位正逐步转变为心理需求占主导地位，心理需求往往比物质需求更为重要。因此，服务除了要考虑商品的质量等各项功能外，还要考虑人们引申出来的需求。营销人员在售前服务中应根据顾客的心理特征，有效地把握顾客的期望值。

4) 顾客的自我意识

自我意识并非与生俱来，它是个体在社会生活过程中与他人相互作用、相互交往、逐步发展所形成的。所以，要了解顾客的自我意识，为进一步开展营销活动奠定基础。

2. 影响消费者售前心理的因素

营销之父菲利普·科特勒把消费者在购买消费之前的心理活动称之为"神秘的黑箱"。经营者只有打开黑箱、洞悉消费者的心理活动，才能在商战中占有一席之地。因为在一个逐渐由理性消费步入感性消费的时代，消费者对市场上商品取舍的依据不再只是质量、性能、价格等硬性标准，他们开始重视满足感与喜悦感，喜不喜欢、满不满意成为他们所关心的主要问题。一般而言，售前影响消费者心理的因素主要有以下几种。

1) 文化

文化是一个广义的概念，是指人类在社会历史发展过程中所创造的物质财富和精神财富的总和。它包括风俗习惯、行为规范、宗教信仰、生活方式、价值观念、态度体系以及人们创造的物质商品等。人类要进行怎样的消费、优先满足哪些需要、如何满足、采取什么行为，都无一不受到时刻包围着人们的文化的影响。人类创造了文化，文化又成为人类欲望的统治者。人们在生存和发展过程中，会有各种各样的需求，而需求的内容是由文化影响或决定的。同样，人们会产生各种行为活动，但活动的方式也是文化教化的。文化通过满足人们的心理需要和个性，为人们解决问题和参与社会活动，确定了顺序、方向和指南。

2) 流行与时尚

"流行"与"时尚"在本质上是一致的。流行是指在一定时期内社会上迅速传播风行一时的事物，也称作"时兴""时尚""时髦"等。在我国改革开放、市场经济日益发展的今天，外界的新鲜事物如潮水般涌了进来，这一切对人们的传统观念、价值观念产生了巨大的冲击。流行，这个过去鲜为人知的社会现象，如今已成为主宰人们生活的"上帝"。人们对流行的追逐，促进了生产的不断发展，加速了商品的更新换代，也促使消费向更高的层次发展。

3）相关群体与家庭

社会上任何一个人都处某一群体中。不同的群体往往有不同的价值观念、生活方式、行为准则，形成不同的群体规范，而这一切对消费者的消费心理与购买行为有着重要的影响。由于相关群体的范围非常广泛，所以，消费者无时无刻不受到它的影响，其影响大小取决于消费者在群体中的地位、对群体的忠诚与信任等。

家庭是群体的主要形式，与消费行为同样有着极为密切的联系。首先，家庭决定了其成员的消费行为方式。其次，家庭的消费价值观影响其成员的价值观。再次，家庭的消费决策方式会对其成员的消费行为产生一定的影响，并在他们以后的决策行为中反映出来。

4）商品设计

商品投放市场后，能否被消费者所接受以及快速推广，其原因是多方面的。除了商品本身的特点之外，其与消费者的生活方式、消费习惯、价值观念、消费心理以及行为方式等的符合程度也相当重要。可见，判定某种商品成功与否，关键还在于其能否适应消费者的心理需求，能否引起消费者的兴趣与购买欲望。因此，在商品的设计过程中，要特别重视研究商品的各个方面与消费心理的关系。

5）商品广告

随着商品经济的发展，广告已成为人们经济生活中不可缺少的组成部分。人们每天要接收大量信息，其中主要是广告信息。这些广告信息不仅对人们的购买行为产生了重要影响，甚至连人们的消费习惯、生活方式也受到了不同程度的冲击。

(三)售前服务心理策略

在对顾客的售前心理分析基础上，可以从把握顾客心理需要，最大限度满足顾客的相关需求和促使顾客认知、接受商品的角度有针对性地采取相应的心理策略，主要有以下几点。

1. 文化策略

正确的文化策略就是要针对不同地区、不同类型、不同层次的文化，对消费者进行有针对性的文化营销。不同地区、不同类型的文化对消费者心理的影响是大不一样的，绝不可一概而论。例如，一家日本彩电制造商在美国推销其新商品时，用了一个穿比基尼的美女形象，获得了成功。随后，其在中东地区开辟新市场时，仍沿用了在美国的做法，结果一败涂地。究其原因，是因为缺乏对当地文化的足够了解。中东地区的妇女非常保守，身着比基尼的美女形象很容易引起当地人的反感，根本不适合在当地使用。

2. 流行策略

流行是社会生活的重要现象，也是影响消费者购买行为的重要因素。消费流行是社会流行的一个重要内容，是指人们在消费过程中，对商品和劳务所形成的风行一时的消费模式。由于流行具有一种特别的性质——从众性，因此特别适合做促销策略。20 世纪 90 年代，风靡京沪等地的跳舞毯就是一个很好的例子。商家利用青少年喜欢跳舞的特点，开发了跳舞毯这一新商品，投入市场后立即受到青少年的青睐，并迅速蔓延开来，一时非常流行。

3. 家庭策略

在市场销售活动中，消费者购买活动很多是以家庭为单位进行的，但是，购买决策是由家庭中某一个或几个成员决定的。虽然有时一件商品从需求到购买、使用，往往会受到全部家庭成员的影响，但每个成员在其中所起的作用是不同的。美国通用汽车公司、惠普公司、威斯汀豪斯公司及西尔斯公司等企业在开始推销自动洗碗机时没有得到顾客的青睐——人们不相信洗碗机能洗干净碗。不管这些公司怎样宣传，都不能消除人们的偏见，销售情况很不妙，甚至已经威胁到洗碗机的生存。在这种情况下，通用公司经研究后，果断地改变了推销策略，由全面出击改为重点突破，将推销重点转向建筑公司和建筑承包商，把洗碗机打折卖给他们，将其装在建筑的楼房里，供那些家庭主妇们免费使用。这一招果然奏效，洗碗机慢慢地被家庭主妇们接受，并在她们的大力支持下迅速进入了千家万户，遂成为家庭不可缺少的生活用品，这就大大打开了销路。由此可见，家庭策略最重要的是找准"主攻方向"，对家庭中最具决定力的成员进行有针对性的营销并得到其认可，从而获得整个家庭的认可，这样才能事半功倍——这也是家庭策略的精髓所在。

4. 设计策略

从消费心理学的角度来说，新商品的设计与生产应注意：符合社会流行，满足消费者的求新心理；具有艺术魅力，满足消费者的审美需求；具有多种功能，满足消费者的享受心理；具有象征意义，满足消费者的个性心理；赋予威望特征，满足消费者的自尊心理。例如，寒冬季节原本是冰箱销售的淡季，来自欧洲的"伊莱克斯"却抓住上海市民春节期间冰箱开启使用频繁的特点，在沪推出"双重节能"的"省电奇冰"冰箱，用科学数据证明它比传统冰箱省电33%以上，自然赢得了精明的上海人的青睐。

5. 广告策略

经历了上百年发展的广告，现在已经渗透到人类社会生活的每一个角落，其形式越来越多，应用越来越广泛，作用也越来越大。在售前宣传服务中，有效的广告宣传能极大地促进消费者购买行为的发生。例如曾经的孔府家酒、秦池、琴岛-夏普等无不是依靠广告推销战略打动了全国观众的心，从而迅速打开了市场。实践证明，广告已经成为当代社会中传播经济信息和促进商品销售最迅速、最节省、最有效的手段之一。必须指出的是，广告虽然非常有效，但其前提是广告内容必须百分之百的真实可靠，这样才能起到正面的宣传作用。否则会失去信誉，甚至失去消费者，得不偿失。

售前服务具有十分丰富的内容，其核心是方便消费者，迎合其心理，激起其购买欲望从而达到销售的目的。所以，售前服务作为一种营销的方法和策略，可从多方面、多角度着手。

二、售中服务的心理策略

(一)售中服务的含义

所谓"售中服务"是指在商品买卖过程中，直接或间接地为销售活动提供的各种服务。其内容主要包括介绍商品、充当参谋、交货和结账等。例如，热情接待消费者，在业务洽谈中主动、积极、热情地为消费者提供商品情况；提供方便的食宿；办理各种购买手续，比如代为包装、托运，选择合理的售货地点、时间、方式和付款方式等。方便而周到的售中服务，将极大地影响消费者的购买感情，这样不仅可以吸引更多的消费者，增加消费者的信赖感从而促成交易，而且能够建立和强化消费者的忠诚度，便于长期合作。

售中服务核心是为消费者提供方便和实在的物质服务，让消费者体会到占有商品的愉悦。售中服务是工商企业销售活动中不容忽略的首要任务和策略之一。

(二)售中顾客心理分析

顾客在接受售中服务的过程中，大致有以下期望希望得到满足：希望获取详尽的商品信息；希望寻求决策帮助；希望受到热情的接待和尊敬；追求方便快捷等。销售人员要尽最大努力满足顾客的售中期望，针对以下影响因素开展售中服务。

售中影响消费者心理的因素主要有以下几方面。

1. 商品价格

商品价格是商品价值的货币表现，是消费者购买活动中最重要、最敏感的因素。价格合理与否，不仅关系到企业的生产经营，也关系到广大消费者的切身利益。消费者在购买活动中的各种心理反应，都与商品价格密切相关。因此，价格是影响消费者购买心理最重要的因素。价格具有以下几点心理作用。

(1) 商品价格具有衡量商品价值的作用。

(2) 商品价格具有消费者自我意识的比拟作用。

(3) 商品价格具有刺激或抑制消费者需求的作用。

2. 商品包装

从商品整体概念看，包装是商品本身的一个重要的、不可或缺的组成部分，是影响商品销售的主要因素。随着市场竞争的加剧，商品包装策略在营销中的地位越来越重要，现在已成为商品推销的最有效的方法和手段之一。商品包装对消费者购买心理的影响主要体现在指示功能、信任功能、便利功能、美化功能、联想功能等方面。

3. 商品名称与商标

从心理学的角度来讲，商品名称不仅是消费者借以识别商品的主要标志之一，而且是引起消费者心理活动的特殊刺激物。一个好的商品命名，不仅有助于消费者了解商品的特点、记忆商品的形象，还会引发消费者的兴趣，增强消费者对商品的喜爱，形成消费者对商品肯定的态度。

商标是区别不同商品生产者、经营者所生产和经营商品的特定标志。正因为商品具有多种功能，因此，它不仅起着把某一商品与其他同类商品区别开来的作用，同时也起着传达商品信息、促进商品销售的作用。所以，有人将商标称作"微型广告"。

4. 柜台服务

柜台服务即销售服务，是商店营业员销售商品的过程，也是为消费者服务的过程。良好的柜台服务不仅会扩大商品销售、增加企业盈利，而且还会增加消费者的信赖，树立企业的声誉。从销售心理的角度来讲，柜台服务不仅包括营业员的服务技巧、服务态度、服务方式，更重要的是要研究、分析营业员的服务会对消费者行为产生哪些影响，以及如何针对消费者心理活动的变化提供恰当的服务，满足消费者多方面的需求。

5. 店容与店貌

所谓店容与店貌，是指商店内外的容貌、面貌。这是给消费者在购买活动中第一印象的客观事物，往往会引起消费者的不同感受，对经营效果产生微妙的影响。好的店容与店貌就是好的广告，它会招来更多的顾客，使其对商店所经营的商品产生一定的信任与偏爱，引起购买欲望。所以，研究店容与店貌及其对消费者心理的影响并应用到实际销售中，是一个很重要的问题。

(三)售中服务心理策略

1. 价格策略

价格策略在企业销售活动中可称得上是使用最为频繁的策略，特别是在商品成熟阶段，"降价销售""限时特价""限量低价销售""买一送一"等，都是商家惯用的招数。

2019年空调市场价格战激烈上演。这场发生在"双十一"期间的价格战，由格力电器率先"出招"。

11月9日，格力电器宣布"双十一"期间将让利30亿元打击低质伪劣产品，旗下变频空调、定频空调的最低价下调至1599元和1399元。格力还宣布此次活动将在各大授权电商平台和线下3万多家格力专卖店同步展开，统一价格。

格力电器随即遭到其他空调厂商的"反击"，甚至有些厂商暗指格力电器此举意在清理库存。美的空调宣布在区域市场启动"保鲜行动"，明确提出拒绝库存机，承诺不销售生产日期超过一年甚至半年的空调，该动作直指格力电器渠道的高库存。海尔空调也提醒消费者，选购空调时要"认准生产日期，拒绝库存机"。

值得注意的是，格力电器高调发布促销消息后，美的空调、海尔空调连夜调价，挂式空调售价较格力同款机型低100元，柜机低200元。此外，奥克斯空调于11月10日上午也跟进降价。

11月11日，格力电器再次出招。格力电器发布公告表示，对"双十一"活动之前购买"俊越""T爽"系列空调产品而没有享受活动优惠的消费者，公司决定进行补贴。

"双十一"价格大战确实刺激了空调销量激增。格力电器宣布，"双十一"期间，其全品类全平台销售额超41亿元，同比增幅200%。其中格力空调第三方平台全天突破36.4亿元，同比增长178%。美的宣布，"双十一"期间，其全网销售额突破74.4亿元，其中空调销售出近131.6万台。海尔空调宣布，其5分钟全网销售额破亿。奥克斯空调宣布，其从11月1日至11月11日期间全网销售额突破25亿元，同比增长26%。

不论是"让利"也好，"补贴"也罢，都指向了同一个目的——降价。其实，相对于利润率更薄、竞争更激烈空调市场并没有陷入频繁的价格战怪圈，主要是厂商的毛利率基本都保持在20%甚至30%以上，业绩表现较为稳定。

值得一提的是，价格策略并非一味强调低价，高价促销也是方法之一，并已逐渐成为近年来国际、国内市场上较为流行的定价策略。随着商品日益向高附加值方向发展，国际贸易日益扩大。低价商品虽然容易打开市场，但也容易受到各国反倾销的投诉，同时也影响企业的利润。而消费者的收入水平提高后，其购买心理也发生了较大的变化，"不怕价格高，但求商品好"已成为一种主要的购买趋向。尤其是家电商品，在历经几次疯狂的价格大战后已不再是消费者考虑的第一要素了。

2. 包装策略

包装作为形式商品，其作用已不仅仅是保护商品，更重要的是起美化商品、诱导消费的功能。据一些经济发达国家对消费者购买行为的研究表明，有 60%的人在选购商品时，是受包装的吸引而来的。所以商家要充分利用包装来迎合消费者心理，促进销售。例如，某空调的外包装以一幅清新明快的自然风景为背景，给人一种凉爽自在的感觉，自然就容易引起消费者的注意和好感。因此，家电商品的包装应该结合自身特点，努力迎合绝大多数消费者的感受，并充分展示自己的优势。

3. 服务策略

服务的内容非常广泛，包括营业员的仪表、言语、举止以及态度等很多方面。在销售过程中，服务是决定顾客让渡价值大小的主要因素，其质量的好坏往往会直接影响到消费者的最终决定。因此，服务也是各大商家非常重视的一个环节。虽然我们经常能听到"微笑服务""顾客就是上帝"之类的话，但并非每个商家都能真正做到。20 世纪 80 年代末，内地某电子商厦为了吸引消费者，开展有奖投诉活动，鼓励消费者对不满意的服务进行投诉，希望以此提高服务质量、促进销售。然而，令人尴尬的是，该商厦第一天就接到顾客投诉达 20 余次，使得商家在消费者心目中的形象大打折扣，销售额不升反降。可见，要真正做到让顾客满意，并不是那么容易的。

4. 形象策略

良好形象(包括企业形象及商品形象)是企业的无形资产，能够直接或间接地给企业带来经济效益。形象的好坏会直接影响消费者的选择，特别是在日益激烈的竞争环境中，树立起良好的企业形象无异于多出一种有力的竞争武器。而具体的商品形象也会因其名称、质量或外观等因素，影响到该商品在消费者心目中的地位。例如，一提到手机，我们马上就会想到华为、苹果、摩托罗拉、诺基亚等知名品牌，原因很简单，这些企业平时给消费者留下了良好的印象，它们的商品也都是家喻户晓，且市场占有率颇高，如果消费者想买手机，首先考虑的就是这些品牌，这其实都是成功地塑造了企业形象所带来的结果。形象策略的关键应当是一方面注意培养企业形象，另一方面树立良好的商品形象，通过双管齐下，努力赢得消费者的青睐。

三、售后服务的心理策略

(一)售后服务的含义

所谓"售后服务"，就是在商品到达消费者手里、进入消费领域后继续提供的各项服务工作。包括对商品进行安装、调试、维修及培训操作人员等。售后服务是一种附加商品，能够带给消费者附加利益，增加让渡价值。企业依靠诚实的售后服务，树立消费者对商品的安全感和对企业的信任感，不仅可以巩固已争取到的消费者，促使他们继续购买，同时还可以通过这些消费者的间接宣传，争取更多的新顾客，开拓新市场。因此售后服务既是促销的手段，又充当着"无声"的广告宣传员角色。

在当今激烈的竞争中，服务是一项不可忽视的重要内容。一般而言，在质量、价格基本相当的商品中，谁为消费者提供的服务好，谁就卖得快、卖得多，谁就能占领市场。

(二)售后服务心理分析

消费者的售后心理活动主要是在要求退换商品、反映商品的质量、询问使用方法、要求对商品进行维修等过程中产生的，其心理状态表现在以下几方面。

(1) 据理力争的心态。这种心态大多表现在消费者要求退换商品和进行商品维修的时候，性格活跃和自尊心强的消费者容易发生这种情况。

(2) 求援的心态。这种心态大多表现在消费者要求维修商品、询问使用方法和要求退换商品的时候，性格稳定的消费者和购买心理不稳定的消费者容易发生这种情况。

(3) 试探的心态。这种心态大多表现在消费者要求退换商品的时候。由于各种因素的影响，消费者对所购商品的评价可能会出现摇摆不定的情况，消费者来柜台退换商品时大多具有试探心态。

根据消费者的种种心态及要求，售后服务和售前服务一样，既不限于行业，也不拘于一种形式，它有着广泛的内容和未被开拓的领域。

商品售出之后，并不意味着厂商已经完成了任务，因为仍有不少因素会影响消费者的心理，以至于对商品将来的销售和厂商在消费者心目中的形象。影响消费者售后心理的因素主要有以下几种。

(1) 运输与安装。提供从销售到运输、安装、回访一条龙的服务，对商家而言可能会增加一定的成本，但对消费者而言，既避免了运输途中不必要的损耗，又省去了安装的烦恼，清除了消费者的后顾之忧，促进了购买决策的实现。

(2) 维修与保养。对于高档消费品和技术含量高的商品，良好的维修和保养服务往往能够赢得消费者的关注，促成购买；反之，若缺乏该项服务，消费者就会很可能因技术或成本问题而放弃购买。

(3) 承诺与兑现。承诺即厂商为了吸引消费者，在广告中或在销售过程中对消费者所作的口头或书面的保证。此举无非用于吸引、拉拢消费者，事实也证明这一招的确有效，但必须指出的是，承诺的及时、准确兑现是非常必要的。如果出现"开空头支票"或兑现时打了折扣，那么对商家是有百害而无一利的。因此，承诺与否以及承诺的内容应该根据厂商的实际情况量力而定，做诚实守信的商家，提供超值服务。

(4) 售后服务的持续性。一项最新调查中发现：有很多被访者反映自己原来购买的商品生产厂家已不存在或与其他厂家合并了，商品牌子也换了，他们担心其售后服务会发生变化。售后服务是否具有持续性成为消费者今后选择商品时要考虑的又一关键因素。很多行业的企业重组或强强联合已成为一种趋势，那么商家只有做到"换品牌不换服务"才能赢得消费者的信任，打消其顾虑，促成购买。

(三)售后服务心理策略

随着市场由卖方市场向买方市场的转变，售后服务必将成为企业竞争的关键因素之一，从而对顾客的心理产生深远的影响。完美的售后服务能同顾客建立起亲密的关系，其心理策略就是要针对售后服务顾客的心理状况，调节顾客的心理平衡，努力使其建立起信任感和满足感。

1. 提供优良的售后服务

许多顾客挑选商品，在其他条件相同的情况下，售后服务的优劣往往成为决定是否购买的关键。对于高档耐用品而言，尤其如此。良好的质量、合理的价格是商品占领市场并得以取胜的保障，而良好的售后服务是提高企业信誉，取得"第二次竞争"胜利的法宝。具体可以从以下角度完善企业的售后服务体系。

(1) 建立有效的服务网络。企业可以通过建立广泛的服务网点、开通免费电话等方式，向顾客提供及时有效的售后服务。

(2) 提供超值服务，不断创新服务方式。企业通过服务创新，向消费者提供超过预期的、更周全的服务。随着因特网的飞速发展，很多企业已将售后服务搬上了网络，建立自己独特的网络服务系统，全天候在线服务等，为消费者提供了超越传统服务的各项售后服务，最大限度地方便消费者，为消费者排忧解难。例如，长虹、康佳、春兰等知名厂商纷纷在本公司网站上加入售后服务项目，而澳门的爱达利电讯公司更是直接开办了专门的售后服务网站，为广大消费者提供了更多方便，自然也赢得不少消费者的好评。海信集团第一个在家电业推出了自己的服务品牌——"天天服务系统"。"天天服务系统"超越了传统的维修服务，把服务当作贯穿企业经营全过程的理念。

(3) 赔偿服务。"缺一罚十""假一罚百"等就是典型的赔偿服务策略，是商家作出的保证消费者售后利益的承诺。随着市场的不断发展、消费者的日益成熟，单纯的承诺已无法打动更多消费者的心，而巨额赔偿服务策略的实施能有效刺激消费者购买。例如，杭州松下家用电器有限公司于 2000 年 3 月 21 日在杭州向外界宣布惊人消息，浙江求正资产评估事务所公告松下新近推向市场的最新一款洗衣机"龙卷风"离心力洗衣机的投资收益价值为 78 亿元。因此，松下方面将以 78 亿元为基价向国内保险公司寻求保险，其投保内容为防范市场侵权风险。消息一出，市场哗然，消费者自然趋之若鹜。

(4) 完善传统的售后服务方式。这主要包括以下几个服务。第一，送货服务。对购买较笨重及体积庞大的商品，或一次购买量过多、自行携带不便以及有某些特殊困难的消费者等，均有必要提供送货服务。其形式包括自营送货和代营送货，前者是由工商企业用自有设备送货，后者是由企业代客委托固定联系的运输单位统一送货。第二，"三包"服务。"三包"服务是指包修、包换、包退。包修是指对消费者购买本企业的商品，在保修期内实行免费维修，超过保修期限则收取维修费用。有的企业对大件商品还提供上门维修服务，效果更佳。包换是指消费者购买了不合适商品可以调换。包退是指在消费者对购买的商品感到不需要时，能保证退换。现代西方资本主义工商企业把商品退换作为一种促销的竞争手段，是一项重要的经营策略。作为社会主义企业，更应当既对国家财产负责，又要对广大消费者负责，保证商品使用价值的实现。每个工商企业都应根据不同商品的特点和不同的条件，制定具体的商品"三包"办法，正确处理购销矛盾，为消费者提供方便。

第三，安装服务。消费者购买的商品，有的在使用以前需要在使用地点进行安装，由企业派人上门服务，免费安装，还可当场试用，保证出售商品的质量。第四，包装服务。为消费者提供单独商品包装、组合商品包装、散装商品的小包装、礼品包装等。第五，提供知识性指导及商品咨询服务。消费者在购买后的商品使用中，经常遇到这样或那样的问题，企业要负责解答、指导，以保证商品的使用寿命等，企业除了要继续发扬这些传统服务项目外，还应有针对性地改变和改善其服务方式，迎合消费者的各种售后需求。

2. 提升 CS 经营理念，进一步完善企业服务工作

CS 是英文"Customer Satisfaction"的缩写，译为顾客满意。作为现代企业的一种经营手段，顾客满意度建设常被称为 CS 战略。其基本指导思想是：企业的整个经营活动要以顾客满意度为指针，从顾客的观点而不是企业的观点来分析考虑顾客的需求，针对顾客需求个性化、情感化的发展趋势，尽可能地全面尊重和维护顾客的利益。

热情、真诚为顾客着想的服务能带来顾客的满意，所以企业要不断完善服务系统，以便利顾客为原则，用商品所具有的魅力和一切为顾客着想的体贴去感受顾客。谁能提供令消费者满意的服务，谁就会加快销售步伐。

总而言之，工商企业搞好销售服务工作，如同给消费者吃了一颗定心丸，使消费者买时放心、看着称心、用时舒心，从而可以增强企业信誉，扩大销售，提高经济效益。

本 章 小 结

销售服务是指商品在销售前后，为最大限度地满足消费者需要而采取的各种措施，是伴随商品流通(商流和物流)而提供的劳动服务。销售服务的影响作用所产生的心理效应表现在以下几方面：首因效应、近因效应、晕轮效应和定势效应。销售服务由售前服务、售中服务和售后服务三阶段构成。针对商品售前可能影响消费者心理的文化、流行与时尚、相关群体与家庭、商品设计、商品广告等因素，提出了文化策略、流行策略、家庭策略、设计策略、广告策略等心理策略。针对售中可能影响消费者心理的商品价格、柜台服务、商品包装、商品名称与商标、店容与店貌等因素，提出了价格策略、包装策略、服务策略、形象策略等心理策略。针对售后对消费者心理影响最大的运输与安装、维修与保养、服务承诺与兑现等方面，提出了提供优良的售后服务、提升 CS 经营理念，进一步完善企业的服务工作等策略。

课 程 思 政

通过学习本课程，可以加强自身的销售服务能力，而且在"二十大"报告中提出，建设现代化产业体系，要构建优质高效的服务业新体系，推动现代服务业同先进制造业、现代农业深度融合。销售服务作为现代服务业中的一部分，要落实"二十大"精神，贴近社会主义核心价值观，需要做到如下几点。

服务社会：社会主义核心价值观倡导为社会作出贡献，销售服务行业的使命就是服务社会，提供高质量的产品和服务来满足客户需求。

公平和平等：社会主义核心价值观强调公平和平等，销售服务行业需要确保公平的价格和对每个客户平等的服务。

诚信和信任：社会主义核心价值观强调诚信和信任的重要性，销售服务行业需要建立客户信任的基础，提供可靠的产品和服务。

共同发展：社会主义核心价值观鼓励共同发展，销售服务行业需要与客户建立长期合作关系，实现共同发展。

环保和可持续发展：社会主义核心价值观强调环保和可持续发展，销售服务行业需要积极推广环保和可持续发展的产品和服务，为社会和人类的未来贡献力量。

思 考 题

1. 举例说明销售活动中所产生的心理效应。
2. 售中服务中顾客的心理期望有哪些？
3. 影响消费者售前服务的因素和心理策略有哪些？
4. 影响消费者售中服务的因素和心理策略有哪些？
5. 影响消费者售后服务的因素和心理策略有哪些？

案 例 分 析

案例1 沁园：净水器的售前、售中、售后服务

如何做到顾客满意，一直是衡量一家品牌服务的最高标准。特别是在近几年持续受到关注的净水领域，因净水商品的商品特性，更需要其在销售各个环节无缝对接，给消费者以最佳使用体验。中国净水领导者沁园认为，必须将售前宣传讲解、售中安装示范、售后回访"三项全能"服务结合在一起，才能开拓净水市场并使销售可持续发展。

一、净水行业的售前服务

沁园，以"专为中国水质设计"被广大消费者所熟知。沁园市场部的工作人员介绍，净水器的售前服务包括净水市场的调研和目标客户的定位。前者是净水企业确定发展的方向和净水器新品开发的目标，是市场主导企业。后者则是企业主动对市场方向的把握，包括利用媒体、广告等引导市场向本企业的商品发展。值得注意的是，我国地域辽阔，各地水质情况极为不同，提前对当地水质进行了解，并根据实际状况有选择性地购买商品是十分必要的。

二、净水行业的售中服务

从消费者走进沁园的专卖店，沁园就要求工作人员热情接待，详细地向经销商或者客户介绍公司商品及生产企业的经营状况，使他们对商品及生产企业逐渐地认知、认同。要做到这一点，就要求服务人员详细了解商品的性能、特点、优点和使用注意事项，使经销商会卖，用户会用，会维护保养，会简单维修，避免后期因使用不当产生不必要的纠纷。沁园相信，只有自己的销售人员成为净水专家，才能帮助客户提供专业的饮水解决方案。

三、净水行业的售后服务

净水行业的售后服务与其他家电行业比起来，售后服务可以说是至关重要的一环。不同于传统家电行业，净水器商品不仅要搞好维修，而且要经常开展用户走访换芯服务，包括电话走访，指导用户正确使用商品，搞好用户档案，及时提醒用户更换滤芯或进行再生、清洗、反冲等。开展上门服务，征求用户对商品的意见和建议，并及时向质量部门、生产部门、研发部门及有关领导反馈信息，促进商品质量不断提高。

沁园深知净水商品自身的特殊性，因此对售后服务要求尤为严格。沁园以全新的系统为核心搭建了完善的服务体系，服务网点覆盖全营销网络，建立了业内先进的呼叫中心，并在全国推进了标准化的全优净水服务。

以互联网思维为核心，信息化集成技术为依托，对售前、售中、售后进行了全方位升级，沁园为每位用户提供专业、贴心、人性、完善的服务，树立了净水企业的服务典范。

(资料来源：中国家电网，2017-01-05)

案例讨论

根据此案例，谈谈如何做好商品的售前、售中、售后服务。

案例2 "新悦行动"——2021BMW售后服务体验日完美收官

10月29日，2021BMW售后服务体验日活动在北京如期而至。此次活动以"新悦行动"为主题，结合创新体验形式，聚焦售后服务热点话题，模拟BMW服务全流程，打造了一场沉浸式的服务体验。在"马上体验"环节，媒体记者们化身BMW"一日店员"，在"马上约、马上养、马上修、马上秀"四大主题体验区域，零距离感受BMW"以客户为中心"，以"价值、便捷、关爱"为核心的客户服务理念。

华晨宝马汽车有限公司客户服务与支持副总裁康波博士表示："作为客户用车生活的支持者与服务者，BMW一直在探索和深化客户体验，提供便捷，创造价值，让每一位车主都感受到来自BMW的关爱。今年，BMW客户服务与支持部门提出了2025+战略，旨在将售后服务提升到新的高度，令客户获得更多愉悦。"

此次活动在新完成"网络领创升级"的BMW北京晨德宝领创经销店举行。BMW领创经销店采用全新领创概念和设计标准，集展示、销售、售后服务于一体，以贴合数字新时代的新风貌，让众多热爱BMW品牌的客户零距离享受BMW纯粹驾驶乐趣。截至2021年年底，将有超过220家经销店完成领创升级。

1. 马上约——数字加持无缝客户体验

BMW不断完善数字化生态系统，令"以客户为中心"的服务如虎添翼。My BMW App提供包括服务预订、道路救援、上门取送车等在内的60多种中国特有功能，为客户打造无缝的社交体验。迄今，My BMW App在中国的总用户已达到300万。

值得一提的是，在售后服务过程中"E车间"的使用深受客户好评。通过客户的My BMW App与经销商端的DMO App数据打通，客户可以实时地、随时随地查看车辆保养维修进度和过程。"E车间"在自推出以来不到一年的时间里，在进店客户中的使用率已高达77%。

作为数字化服务的重要一环，电商为客户消费、预约都提供了极大的便捷，助力客户畅享无忧的数字化体验。BMW 天猫和京东旗舰店方便客户体验多渠道、"一站式"的 BMW 售后服务。除了线上数字化，BMW 售后服务在数字化创新上的一大亮点当属远程软件升级，仅需短短 20 分钟，客户的座驾便可焕然一新。

2. 马上养——让服务回归刚性需求

让基础服务回归"刚性需求"是"以客户为中心"的立足之本。BMW 提出"按需保养""必要保养"的理念，旨在降低客户的养车成本，节省客户的养车精力，让每一笔消费都"花在刀刃上"。

车况保养维护服务系统(CBS)是 BMW 完成按需保养的关键。该系统根据汽车行驶里程、气候变化以及零件损耗对保养维护需求进行评估，精确锁定下次保养维护的时间，"一车一况"。得益于 CBS 系统的"保姆式"贴心服务，客户只需简单按照提示为车辆安排保养时间，极大程度减少了养车成本和精力。

针对客户不同车龄的保养需求，BMW 除了界定出以发动机系统、空调系统和刹车系统为核心的 10 项"必要保养"内容之外，还为新车主和老车主分别提供了 BMW 长悦保养套餐、BMW 长悦保养回馈计划，以及延长保修等服务套餐，更实惠、更有保障。

3. 马上修——以服务效率缩短时间距离

实现品质与效率的双重提升，是"以客户为中心"的必经之路。着眼于客户日益加快的生活节奏，BMW 关注服务效率和质量的提升，以质效合一的高效服务，向客户不断靠拢。

在保证服务质量的前提下，BMW 售后服务推出"服务效率客户体验提升计划"，其中包含 58 分钟机油保养超时免单、2 小时发动机基础保养以及 8 小时钣喷快修承诺等高效服务。目前，已有 434 家经销商加入"58 分钟机油保养超时免单承诺"活动，恪守对客户服务效率的承诺。不仅如此，BMW 卓越钣喷认证项目在 2020 年率先认证了国内 12 家授权经销店，通过提供贯穿车辆出险前后各个环节的八项服务承诺，为 BMW 整个经销商体系的服务效率提升做出了良好的表率。

2021 年，BMW 国内第六个零件配送中心在合肥正式开业，这个覆盖了中部 7 省的绿色大仓库，实现了合肥本地零件当日达，缩短了 BMW 与经销商之间的距离，更缩短了 BMW 服务与客户之间的距离。

4. 马上秀——个性化服务丰富驾趣

服务多样化与个性化，是"以客户为中心"的不懈追求。BMW 为热爱驾驶乐趣的客户带来丰富多彩的原厂精品、M Performance Parts 高性能改装套件等，用多年的专业研发经验，以运动和性能为导向，为客户带来更为独特的体验。BMW M Performance Parts 高性能套件不仅为专属车辆带来更抢眼的外观设计，还令车辆实现了愈发优异的空气动力特性。所有空气动力学组件均采用轻质的碳纤维材料，并由手工精心打造，为车辆提供强大的下压力，时刻保证车辆在高速状态下的稳定性，强化的运动外观彰显出不凡的性能。

通过 BMW M Performance Parts 高性能套件，BMW 将 M 粉丝与售后服务体验进行了有机结合，通过线上线下打造属于 BMW M 自己的售后改装社区。目前，中国 BMW M 俱乐部已拥有超过 5 万名 M 车主和粉丝，此外还有大量自发的 M 车主俱乐部，基于强大的粉丝基础，将进一步提升售后服务领域的快速发展。

满足客户需求、提升客户体验是场永无止境的旅程。在未来，BMW 客户服务与支持部门将深化"2025+"的服务战略,继续以客户为中心,不仅关注客户满意度,更关注为客户提供愉悦的服务体验;继续丰富售后产品矩阵,探索更加多元化的服务模式;将电动车卓越服务和可持续发展提升至战略高度,让宝马客户之"悦"成为汽车行业售后服务发展的新方向。

(资料来源:新浪汽车综合,2021.11.18.)

案例讨论

请点评一下宝马的售后服务。

第八章 广告与顾客购买心理

【本章导读】

通过对本章内容的学习理解商业广告的含义和基本功能；熟悉商业广告的特征和类型；掌握广告的构成要素和心理功能；熟悉广告活动的程序；了解广告媒体的心理特点；掌握营销广告的传播策略。

第一节 商业广告概述

面对市场经济的激烈竞争，企业要使自己的商品从博大的商品海洋中脱颖而出，赢得消费者的喜爱和信任，就必须以撼人心弦的力量把有关承诺传递给消费者。广告承担了这一任务，它是传播信息的工具，更是开拓市场的先锋。

一、商业广告概念

尽管世界广告业经历了上百年的历史，已极其发达，但至今在广告界对广告还没有形成一个统一的、被公认的定义。现将中外比较有代表性的广告定义做一介绍，以使我们能从不同的角度对商业广告的性质和特点有一个全面的了解和认识。

美国广告委员会对广告下的定义是：广告是一系列付费的大众信息传播，其最终目的是传递信息，改变人们对广告商品的态度，诱发行动而使广告主受益。美国著名的市场营销专家菲利普·科特勒认为：广告是公司用来直接向目标顾客和公众传递有说服力的信息的四种主要促销工具之一。美国市场营销协会对广告的定义是：由明确的广告主在付费的基础上，利用非人际的传播形式对观念、商品或服务进行介绍、宣传的活动。

我国广告界许多专家学者也对广告下过几十种定义，其中在当前国内的广告界较为流行的是唐忠朴等人在《实用广告学》一书中的定义：广告是一种宣传方式，它通过一定的媒体，把有关商品、服务的知识和情报有计划地传播给人们，其目的在于扩大销售，影响舆论。

综合各种意见，我们可以对现代商业广告作出以下认识。

(1) 商业广告是一种有计划、有目的的活动。

(2) 商业广告活动的主体是广告主，而广告活动的对象是广大消费者。

(3) 商业广告活动是通过大众传播媒介进行的，而不是面对面的传播。

(4) 商业广告的内容是经过有计划地选择的商品、劳务或观念信息。

(5) 商业广告的目的是为了促进商品或劳务的销售，并使广告主从中获取利益。

二、商业广告的基本功能和特征

(一)基本功能

商业广告在现代市场经济条件下已经成为企业从事市场营销活动的基本策略和重要手段。广告在企业的经营活动中体现出三个方面的基本功能。

(1) 将有关商品和服务的信息通告给广大的消费者，激发其购买欲望，使其实施购买行为。

(2) 在需求衰退的市场上刺激需求，在匮乏的市场上创造需求。

(3) 现代广告在塑造良好企业形象、与消费者沟通等方面具有重要的作用。

(二)广告的特征

1. 公众性

商业广告是一种高度大众化的信息传递活动，是把商品或劳务信息向非特定的广大消费者作公开宣传，以说服其购买的传播技术。

2. 渗透性

商业广告是一种渗透性很强的促销手段，它已影响到社会生活的许多领域。

3. 表现性

商业广告集经济、科学、艺术和文化于一身，借助文字、音响以及色彩的艺术化应用，通过一定的媒体表现出来。商业广告不仅生动形象地表现出商品的特性，而且富有感染力。

4. 非人格性

商业广告是一种非人员的推销行为，听(观)众没有义务去注意广告并对广告作出反应。

5. 有偿性

商业广告是一种付酬的宣传活动。

三、广告的构成要素

广告由以下几项要素构成。

1. 广告主

广告主是指发布广告的主体，一般是企业或团体，在特定情况下，也包括个人。广告主从事市场经营活动，需要向目标顾客传递商品或服务的信息。

2. 广告媒介

广告媒介是信息传递的中介，它的具体形式包括报纸、杂志、路牌、信函、广告资料等文字媒体，以及广播、电视、电子显示屏、因特网等电子媒体。

3. 广告受众

广告受众是广告信息的接收者，包括目标顾客和一般公众。目标顾客又分为现实顾客和潜在顾客，他们是可能对商品或服务有需要并有能力和意愿购买商品或服务的人，或是将来可能购买商品的顾客。广告要选择好目标顾客作为主要受众才有价值。

4. 广告费用

从事广告活动要支付必要的费用，这些费用包括：市场调查费用、广告策划费用、制作费用、发布费用、效果测定费用、代理费用等。广告主支付费用是一种成本支出，目的是为了增加销售额和利润。

5. 广告信息

信息是广告的具体内容，包括商品、服务、观念等。商品信息主要是指出售商品的质量、性能、价格、地点等信息。服务信息主要是指提供服务活动，比如交通、住宿、旅游、休闲、咨询、娱乐等信息。观念信息主要是倡导某种消费观念、消费意识，引导消费潮流的信息，比如健康营养观念、休闲度假观念、旅游观光观念等，以引起人们的消费欲望。

四、广告的分类

按不同标准给商业广告分类，有利于商业广告的创作和使用。

1. 按传播的信息内容划分

(1) 商品广告。其宣传内容是企业能满足消费者需求的某种或某几种商品或劳务。

(2) 服务广告。其宣传内容是企业能提供给消费者的纯粹的服务和优惠。

(3) 公关广告。其宣传内容是企业精神、实力、规模等，旨在同广大消费者沟通，塑造良好的企业形象。

(4) 启事广告。通知某种非促销性消息，比如企业更名、迁址等。

2. 按广告诉求划分

(1) 感性诉求广告。采取感性的说服方法，向消费者诉之以情，使他们对所宣传的商品(服务)产生良好的情感与态度，进而采取购买行动的广告。简而言之，就是"以情动人"。

(2) 理性诉求广告。采取理性的说服方法，有理有据地介绍商品的优越之处，让顾客依据自己的思考判断，进而作出购买决策的广告。简而言之，就是"以理服人"。

3. 按广告媒体划分

(1) 印刷广告。即以报纸、杂志等印刷品为媒体的广告，包括商品目录等直接邮寄广告。

(2) 电波广告。即以广播、电视等为媒体的广告。

(3) 其他广告。即以其他媒体如车体、橱窗、灯箱等为媒体的广告。

4. 按广告目的划分

(1) 商品广告。广告着重向消费者传达商品信息,推销商品并加速商品的流通。

(2) 企业形象广告。广告着重树立企业的形象,促使消费者形成对该企业的长期信赖感。

五、广告活动的程序

广告活动的程序,主要分为以下五个基本步骤。

1. 确定广告对象

确定广告对象即通过市场调查,确定广告活动的目标。明确谁需要这种商品,向哪些消费者推销这种商品合适,即确定商品推销的目标市场。广告对象也在这个基础上得以确定。

2. 广告策划与设计

广告策划与设计是指确定广告主题、创意,规划广告要素的过程。通过市场调查和心理分析,总结目标市场的消费者喜欢什么样的广告形式和广告创意,以及在什么情况下注意广告或观赏广告,在这一基础上策划出令消费者容易接受的广告创意。

3. 选择广告媒体

选择广告媒体即选择合理的、有效的手段把广告信息传达给消费者。这个过程不仅涉及广告媒体的选择问题,还涉及媒体发布时间、发布位置、发布频率的安排问题,使有限的广告资源发挥出更大的效果,对消费者产生更强大的影响力。

4. 广告实施

广告实施包括广告费用的落实,广告发布的实施操作和流程细分。

5. 广告监测与反馈

广告发布一段时间之后,对广告影响消费者的效果进行跟踪、监测和评估,包括研究消费者的心理变化和购买行为变化。

上述广告活动的五个基本步骤,每一步都离不开对消费者行为心理的研究,只有客观认真地研究消费者的心理与行为之后,广告活动才有针对性,广告信息的传达才能准确到位,对消费者的影响力才能达到最大化、最优化。

六、商业广告的心理功能

广告的心理功能是指广告对消费者所产生的作用和影响。在商业界有这样一种说法:推销商品而不做广告,犹如在黑暗中送秋波。这也体现出广告在营销组合中的重要作用。广告作为企业与消费者之间联系的重要媒介,具有以下几方面的心理功能。

1. 认知功能

广告是为传递商品信息服务的，认知功能是指营销广告向消费者公开传递有关商品的商标、品牌、性能、质量、用途、使用和维护方法、价格、购买时间与地点、服务的内容等信息，使消费者对其有所认识，并在头脑中形成记忆、留下印象。广告采用多种传播渠道和形式，能够打破时间、空间的限制，及时、准确地将商品信息传输给不同地区、不同层次的消费者，从而影响广大消费群体，增强他们对商品和服务的认知。

2. 诱导功能

良好的广告或以理服人，或以情动人，它可以吸引消费者的注意，建立或改变他们对于企业或商品原有的偏见和消极态度，争取好感和信赖，激发其潜在的购买欲望，劝导和说服消费者实现购买行为。

广告的诱导功能有以下两层含义。

(1) 唤起消费者美好的联想，给消费者以某种美的享受，从而改变其对商品的态度，激发其购买的欲望和动力。

(2) 能迅速有效地吸引消费者的注意力，进而激发其对新商品的兴趣和向往，形成新的消费需要，促进购买实现。

3. 教育功能

广告不仅指导消费，而且也影响着消费观念、文化艺术和社会道德。文明、健康的广告，对于扩大消费者的知识领域、丰富精神生活、陶冶情操、引导消费者树立合理的消费观念、丰富人们的精神生活、进行美育教育和促进社会公德等都有潜移默化的作用。具体来说包括以下两个方面。

(1) 增加消费者的商品知识。好的广告以其科学、文明、健康、真实的内容和表现形式，使消费者增长相关的商品知识，开阔视野，使消费者能够正确地选购和使用商品，并引导消费者树立合理的消费观念。

(2) 给消费者以美育教育。设计巧妙、制作精良的广告，通过各种各样的表现形式，使消费者在获得信息的同时，能够丰富精神文化生活，得到美的享受。

4. 便利功能

现代社会，人们的生活节奏越来越快，面对无数的商品，特别是层出不穷的新商品，如果没有广告的介绍和指引，消费者无疑会无所适从。广告能及时、反复地传播商品信息，便于消费者收集有关资料，使其在较短的时间内对各种商品进行较为详尽和有效的对比，为购买决策提供依据，从而为消费者节约搜寻和购买商品的时间和精力。

5. 促销功能

促销功能是广告的基本功能。广告是促销组合中重要而不可或缺的因素。广告通过对商品的宣传，把有关信息传递给目标消费者，从而达到引起消费者注意和产生购买动机的目的。

第二节　广告媒体的特点

一、广告媒体的含义

广告通过各种媒体实现传播。所谓广告媒体是指广告信息传递附着的载体。它是广告信息传递的方式方法，也是广告主与广告受众之间联系的物质手段。概括地说，它是使广告接收者产生反应的物质手段和方法。广告媒体的种类很多，主要的广告媒体有电视、报纸、杂志、广播、网络、售点、户外媒体等。这些广告媒体对广告受众的影响有着不同的心理特点。

二、广告媒体的心理特点

广告媒体的种类很多，不同的广告媒体对受众的影响有着不同的心理特点。

(一)电视媒体

电视媒体以独特的技巧，集视、听、音、色、形于一体，是一种影响力最大的广告媒体，有"爆炸性媒体"之称。它信息量极大并且信息内容很广，具有强大的宣传魅力，已经越来越多地成为广告的主要媒体。在介绍商品的功能、特点以及树立企业的形象等方面，电视广告的效果最佳，它可以编排出不同的情节来吸引消费者。但电视广告费用很高，对中小企业来说难以承受。

电视作为广告媒体具有独特的心理特点，主要表现在以下几个方面。

1. 传播的范围非常广泛

电视现在已基本普及，因此电视广告的传播范围非常广泛。

2. 重复性高

电视广告可以重复播放，对消费者起着潜移默化的作用，使商品在消费者心目中形成牢固的印象。

3. 表现力强

电视广告的表现手法具有多样性和灵活性，它可以综合利用一切广告手段来表现商品的造型、结构、色彩、款式、功能等内外品质，通过视觉形象和听觉形象的结合，使消费者形成对商品的深刻印象。

4. 演示性强

电视广告中，对于一些技术含量高，使用复杂的商品，往往采用现场演示画面的形式，使观众得到清晰、直观的感受，并能较快地掌握使用方法，产生购买的欲望。

5. 作用力强

电视广告能把活动的画面与音响效果相结合，使人犹如身临其境，这样可以增强广告的感染力，使其所产生的影响和作用大于任何其他广告。

但电视广告要受到时间、地点、设备和条件的限制，而且费用昂贵。广告占用时间过长还会引起电视观众的反感，其适应性反而不如其他广告。

(二)报纸媒体

报纸是我国当前使用最普遍的广告媒体。据统计，我国报纸已有数千种，其中地方报纸和专业报纸约占 90%。报纸广告是与电视广告平起平坐的大型广告媒体，虽然它不能编排出精彩的故事情节来吸引人们的注意，有时黑白印刷的效果也不见得美观，但报纸广告的信息保存时间比电视广告要长，介绍商品的特性不但具体而且广告的容量很大，不像电视广告那样比较拥挤。报纸广告的心理特点主要有以下几点。

1. 消息性

报纸广告的基本功能是刊登消息，尤其是新商品研制成功和上市的消息。通过报纸的介绍与宣传往往可以大大促进商品销售。从介绍新商品的全面性、时效性来看，报纸广告是推出新商品的捷径，同时由于报纸具有特殊的新闻性，从而使广告在无形之中也增加了可信度。新闻与广告的混排可以增加广告的阅读率，对广告功效的发挥也有直接影响。

2. 准确性

报纸广告传播及时、准确，它能用相对较快的速度把广告信息准确地传递给消费者，并且可以反复、连续地传播，给消费者留下深刻的印象。而且，由于报纸广告以文字或图案来清晰表达，因此其相对于电视和广播广告更具确定性，不容易被曲解。

3. 经济性

报纸本身售价低，有利于广告的传播。同时，由于报纸发行量大，广告制作成本较低，因此其广告费用相对低廉。另一方面，广告费用根据版面大小和刊登日期长短的不同而有所区别，广告主可以灵活采用。

4. 信赖性

报纸在群众心目中权威性高，广大群众对报纸传递的广告信息往往比较信赖，具有一定的信任感。

5. 保存性

报纸有保存原形的特性，具有保留价值，不易消失，便于消费者反复阅读而且不受时间的限制。所以报纸广告对商品的描述更为详尽细致，更有利于在消费者心目中树立企业及商品的整体形象。

6. 广泛性

随着物质生活水平的提高，人们对精神文化的需求越来越多，报纸的发行量大、传播面广、渗透力强，因此报纸广告的传播范围越来越广，其影响程度也越来越深。

报纸广告的局限性在于时效性短；内容繁杂，容易分散广告受众的注意力；有些报纸印刷技术欠佳，美感不强，缺乏对商品款式、色彩等外观品质的生动表现，在一定程度上影响了广告的效果。

(三)杂志媒体

杂志广告一般以彩色印刷为主，与报纸同属于印刷媒体。它以精美的图案来吸引消费者的注意力，阅读杂志广告的时候也显得轻松自如，不像电视广告那样让人目不暇接，其特点有以下几点。

1. 吸引力强，宣传效果好

杂志广告一般印刷精美、色彩鲜艳、制作讲究，多用彩色摄影技巧，使商品的外在品质得以生动、逼真地展现。此外，杂志广告往往独占一页，不夹杂其他内容，可以详尽地介绍商品特性，从而有较好的宣传效果。

2. 读者集中，针对性强

无论是专业性杂志还是一般消遣性杂志，都拥有较为集中的读者群，因此，杂志可以根据特定消费者的兴趣爱好、个性特点、教育水平、价值观念和生活方式进行有效的广告宣传。例如在女性杂志上刊登服装、饰品、化妆品的广告，更能吸引她们的注意。

3. 保存期长，阅读从容

杂志不像报纸那样时间性强，杂志多为月刊或季刊，阅读周期长，一期杂志可以吸引读者不断阅读或传阅，而且便于长期保存。因而，杂志广告的稳定性强，有利于扩大或深化广告宣传的效果。消费者可以用充裕的时间详细阅读，还可以互相传阅。消费者自己订阅或购买的杂志，一般不会轻易丢弃，而多次阅读能够起到累积宣传的效果。

杂志广告的不足之处是阅读范围相对较小，广告传播面有限；制作周期固定而且较长，导致其灵活性和时效性差；制作和印刷费用较高，成本较高；信息反馈迟缓，降低了时间价值。

(四)广播媒体

广播作为广告媒体，可以在最短的时间内把广告信息传递给千家万户和许多消费者，便于消费者及时作出反应。广播用作广告媒体虽然比报纸、杂志晚，但在短短的几十年便遍及全球，几乎无处、无时不在，其特点如下。

1. 覆盖率高

广播电台遍及城乡，收音机可以随身携带、随时收听。因此，广播是传播范围最广、覆盖率最高的媒体。广播广告的广泛性是其他广告所望尘莫及的。

2. 权威性高

广播电台在我国一直享有较高的威望，因此广播广告具有较高的权威性。

3. 针对性强

广播在特定的时间里播出专题节目，届时都有相对稳定的听众。因此，广播广告可以针对收听专题节目听众的兴趣、性格等心理特征，进行有效的广告宣传。例如，一般喜欢收听体育节目的听众就有可能是购买新式运动鞋的人，此时如果播放新式运动鞋的广告，效果一定不错。

4. 表现力强

作为声音媒体，广播可以将广告信息通过声音传递，配以音乐，穿插对话、情节等独特的广播艺术，具有较强的表现力，可以引发听众的美好联想。

5. 交流性

现在许多电台在广播时，还经常采用开通热线电话答疑的形式与听众进行交流，请专家、顾问答疑解惑，收到互动交流的效果。

6. 渗透力强

广播是一种"一心二用"的媒体，被广泛地用作"背景声音"，因而具有较强的渗透性，能够深入到许多场合，达到潜移默化的宣传效果。当然广播广告也有其不足之处，即声音瞬息即逝，听众记忆不牢；不易集中消费者的注意力，往往不能给消费者留下深刻印象，故需反复灌输。

7. 费用低

与报纸、杂志、电视广告相比，广播广告制作便捷，费用最低。

广播广告的不足之处在于：传递信息的载体只限于声音，而声音转瞬即逝，不易保留，而且由于缺乏视觉刺激，听众记忆中的印象比较模糊，不易让消费者集中注意力，难以给人留下深刻的印象。

(五)网络媒体

近几年来，互联网作为广告媒体，以超常的增长速度、独特的诉求方式受到世人瞩目，它具有以下特点。

1. 即时互动

它可以让受众自由查询，当遇到符合自己需求的内容时可以进一步详细了解，并向企业的有关部门提出要求，让他们提供更多所需要的信息。网络广告是"活"的广告，查询起来非常方便。它由一个感兴趣的问题一步步深入到具体的信息，只要在一般性介绍中有手形标记的关键词上单击鼠标，便可以看到对这个关键词的详细内容。消费者可以通过正在浏览的页面，直接向企业发出 E-mail 进行咨询或下订单。

网络广告可以一年 365 天，一天 24 小时不间断地开通传递信息，消费者无论什么时间都可以随时收看。互联网的信息传播还打破了国界限制，网络广告几乎是"无国界"的。网络媒体还具有随时更改信息的功能，广告主可以根据营销需要随时改动广告信息，并及时将最新的商品信息传递给消费者。

2. 生动的表现手法

网络广告的表现手法以图像、色彩、文字相结合，具有形象、直观、生动的特点。

3. 持久性和可检索性

网络媒体也可以长久地保存广告信息,广告主在互联网上建立有关商品的网站,可以吸引网民的注意力,随时等待已有的和潜在的消费者查询。

网络广告不像电视、广播广告那样被动地接受,而且图像、声音转瞬即逝,网络广告可以随时检索、查阅,且能够保留较长时间。

4. 统计性

网络广告可以有效地进行顾客研究,在网站或网页中可以准确地记录来访者数量和访问次数,甚至可以记录访问者的情况,可获得双向的广告效果信息。

5. 信息容量大,传播范围广

在互联网上,广告主提供的信息容量是不受限制的。互联网是由遍及世界各地大大小小的各种网络,按照统一的通信协议组成的一个全球性信息的传输网络,因此网络广告可以把广告信息全天候不间断地传播到世界各地。

6. 针对性强

网络广告的针对性包括两个方面:一是广告主投放目标市场的针对性;二是广告受众的针对性。一般消费者浏览站点时,只会选择感兴趣的广告信息,所以网络广告信息到达受众的针对性强。

网络广告的不足之处有两个方面:一是网络广告的效果至今仍无法像传统媒体那样容易把握,虽然能够统计点击人数,但是很难确切地掌握广告的影响区域、对象及其购买力等。二是网络广告受众有较大的局限性。据统计 10~60 岁这个年龄段的群体数量占网民总数量的 86.2%。由于这部分上网人群的价值观念、收入、生活方式等有自身特点,所以只能针对他们感兴趣的商品在网上做广告,而对于大多数其他年龄层需要的商品,网络广告没有多少实际的意义。此外,有些上网者目的是浏览新闻、搜索信息、收发邮件,看到广告时,不去点击、观看,甚至会产生反感,影响了广告的传播效果。

(六)售点媒体

售点广告又称现场销售广告,英文为 Point Of Purchase,简称 POP,指在超级市场、百货商场、连锁店、药房、杂货店等零售店的橱窗里、走道旁、货架、柜台、墙面甚至天花板上,以消费者为对象设置的彩旗、海报、招贴、陈列品等广告物。POP 广告的使用,可以弥补其他媒体广告的不足,强化零售终端对消费者的影响力。现场的 POP 广告能唤起消费者的记忆,进一步激发其购买欲望,特别是在自助商店、超级市场等无人售货的销售场所,POP 广告可以代替销售人员起到直接诱导和说明的作用。售点广告还具有小型化、制作简单、成本低廉的特点。它的优点有:美化销售环境;提醒消费者指牌购买;适合于不同层面的消费者。由于 POP 广告简单易懂、便于识别,所以适合不同阶层的消费者。另外由于 POP 广告具有长期反复性,消费者每一次进入商店,都会重复看到售点广告,有利于加深对广告的印象。

(七)户外媒体

户外广告是一类综合性的广告形式，它几乎成了一个地区或一个国家经济繁荣的标志，包括户外的路牌广告、灯箱广告、招贴广告甚至交通广告等形式。这类广告的特点是影响面大，传播信息的时间比较长，户外广告一经设置，往往要经过较长的时间才能重新更换，户外广告的面积、体积一般较大，给消费者印象很深，人们容易从巨大而美观的户外广告来推测这个企业的实力，所以户外广告对树立品牌形象有重要的影响力。

三、广告媒体的应用

商业广告媒体的应用是和商业广告活动内在、外在诸多因素紧密相连的复杂工作，对整个广告活动乃至企业整体营销活动都有重大影响。它主要涉及对各种广告媒体进行有计划、有步骤地选择和组合。

(一)影响广告媒体选择的主要因素

1. 传播对象的特点

广告传播对象是企业目标市场的潜在顾客。这些潜在消费者的年龄、性别、职业、兴趣、文化程度等都不尽相同，从而形成了各自对媒体的接触习惯和方式。任何一种媒体一旦适应了某些消费者的特点，就能拥有这些消费者作为自己较稳定的视听群体。这意味着每一种广告媒体的传播对象都具有各自鲜明的特点。广告人员对传播对象的情况和特点了解得越详细透彻，就越容易找出与之相适应的最佳媒体和组合方式，进行有针对性的直达广告诉求。

2. 宣传的商品特征

商品的特征不同，媒体适用性也不同。广告所要宣传的商品独特的使用价值、质量、价格以及附加服务措施等，要求相应的媒体配合。例如，化妆品广告需要展示化妆效果，需要选用的是具有强烈色彩性的宣传媒介，杂志、电视可以达到要求，而报纸、广播就略逊一筹。高新技术商品或生产资料性工业品，比如精密仪器、机械设备等，需要详细的文字介绍来说明商品的优良性能和专门用途，因此，选择专业性杂志、直邮函件、说明书或展览会的效果不错。

3. 媒体的自身特性

广告借助媒体，把消费者因素、商品因素和市场因素有机结合起来，集中地向特定消费者诉求。我们可以从质和量两个方面去衡量媒体自身的特性。

(1) 媒体特性在质的方面包括媒体的性能、社会威望和吸引力。

媒体的基本性能，比如适应性、时效性、空间性等性能对广告效果具有直接影响。通常来说，杂志的彩色印刷效果高于报纸，报纸和电波媒体的时效性又强于杂志，同一份报纸头版广告的空间性优于其他版面，而商业中心地带的橱窗、路牌广告明显胜过其他区域的广告。媒体的威望是指它在社会中的地位、声誉和影响，左右着广告的影响力和可信度。例如，在《人民日报》上刊出的广告会因为该报的声誉、威望及全国最大的发行量而得到广泛的传播。媒体的吸引力更是广告效果的前提。

(2) 媒体特性在量的方面指媒体的接触度、频率等指标。

对印刷媒体而言,有发行量、阅读率、涵盖率等;对电波媒体而言,有保有率、开机率、视听率等。比较这些指标,才能选出恰当的媒体。例如,收音机、电视机在整个社会的拥有量即保有率指标越高,接收到电波广告的可能性就越大;在电视机保有率低、收音机保有率高的乡村,广播广告是最佳选择。再例如,涵盖率反映了报刊在各个地区发行量的不同和其所能到达的潜在市场的不同。购买儿童用品的主要消费者是妇女儿童,其涵盖率高的报纸可能是《中国妇女报》或《中国少年报》等,而非《人民日报》。

4. 营销战略的类型

广告是营销整体的一部分,营销战略直接影响着广告媒体的选择和组合。企业营销策略有"推"和"拉"之别。所谓"推",是以中间商为促销对象,把商品推进分销渠道,最终推上市场。这种战略主要用于工业品。所谓"拉",是以最终消费者为主要促销对象,首先设法引起潜在顾客对商品的兴趣和需求。这种战略多用于消费品。在"推"式战略下,广告媒体的选择主要采用配合人员推销的各种促销媒体,比如说明书、商品目录等形式,配以广播、电视或报纸等大众传播媒体用于企业广告、公关广告,旨在提高企业的形象和影响力,为人员推销创造好的背景。在"拉"式战略下,广告媒体主要选择大众传播媒体,以便迅速、广泛地把有关信息传送给广大消费者。

5. 市场竞争状况

广告是竞争的主要手段,也是竞争的重要内容。广告要随时注意竞争对手的动态,并根据竞争对手的媒体策略及时调整自己的媒体策略。如果竞争对手少,影响不是很大,那么只要在交叉媒体上予以重视即可。如果竞争对手多,而且威胁较大,就可以采用正面交锋或迂回的战术。正面交锋即以更大的广告支出在竞争媒体和非竞争媒体上压倒对方。迂回战术即采用和竞争对手不同的其他媒体,或者为避免在同一媒体上的正面冲突,提前或推后刊播日期。在广告内容上或针锋相对、互相较量,或别树一帜、突出优势。

6. 广告费用支出

广告费用包括媒体价格和广告作品设计制作费。使用媒体的有偿性要求企业根据自身财力合理选择媒体。不同类型的媒体费用不同,比如电视广告的费用远远大于报纸广告的费用。同一类型的媒体,各媒体的单位费用也有差异,比如报纸的不同版面、电视的不同播出时间等都有不同的收费标准,其中差别可能很大。

除了以上六点外,社会文化和政治法律等也是影响广告媒体选择的重要因素。无论是广告信息本身还是广告媒体的选择,都不可忽视广告还受到文化背景和政策法律的约束。民族特性、宗教信仰、风俗习惯和教育水平等社会文化因素影响着媒体的选择。依据国家制定的广告法规,有些广告媒体不准发布某些商品的广告,比如我国规定香烟广告就不允许在电视等大众媒体上传播。采用国际广告媒体时,更要注意所在国家的政治法律状况和民族文化特点对媒体选择的影响。

综上所述,影响媒体策略的因素是多方面的。因此,选择广告媒体时,不应当孤立地、机械地从某个因素来判断,而应综合地、全面地考虑。

(二)广告媒体的运用方式

企业对媒体的应用，可采用单一媒体或媒体组合等方式。单一媒体方式多适用于小型企业，因其财力有限，只选用一种媒体进行广告宣传。这种简单的媒体运用着重于某一合适媒体，集中宣传力量，针对性强。有时，大中型企业在商品使用者固定、计划性强的广告中也会采用这种方式，比如钢铁、矿石原材料、军工商品，以及铁路、航运、航空航班的公告等。

在现代社会中，广告信息的传播越来越要求复合的传播结构，希望运用多种渠道的结合形式，因此，企业日益重视媒体的组合运用。媒体组合即多种媒体形式组成的有机组合体。运用媒体组合，企业可以同时发布适合多种消费层次的广告信息。针对各媒体的优缺点，采取多媒体协同作战、相互配合的办法，营造一种立体宣传态势，效果往往比运用单一媒体更理想。要达到最佳组合效应，企业首先必须选准主要媒体，然后注意其他媒体的综合利用。在资金上，企业不应平均使用财力，也不宜在某一媒体上投放过大而其他媒体投放明显不足，以致不能发挥良好的协同作用。企业应视财力选择组合体的大小，并且在组合体中保证各媒体投放比例的协调。在宣传内容上，各媒体所特有的传播艺术和传播技巧应彼此配合、相互呼应，推动整体宣传策略的实现。一个企业可以使用多个媒体，多个企业也可以联合起来同时在一个特定媒体上做共同或相关的广告宣传，比如多家商业企业的联合展销广告。这种联合刊播的方式，既可以使消费者同时获得多组相关信息，又可以节约各联合企业的广告费用。

第三节 商业广告传播策略

一、广告传播的心理原理

广告的传播者无不希望自己的广告能深入人心、打动人心，这就必须基于广告心理的研究，采用正确的广告信息传播策略。在广告传播的内容、形式和媒体选择上，必须符合广告传播的心理准则。

(一)注意原理

人们把意识集中到特定的物体或概念上，就是所谓的"注意"。在消费者心理活动和购买行动中，注意是一个心理准备阶段，即广告发挥作用的第一步。广告界有句名言："引人注意的广告已成功了一半。"根据注意的集中和指向规律，一般认为，版面所占面积大、位置独立而突出、画面动感强烈或声音富有变化的广告最易被消费者注意。通常，要吸引和维持消费者的注意，有以下几条规律。

1. 增大刺激物的强度

比如通过加大版面、明艳色彩或增加美妙图案、特殊音乐、香味等有意识地增大广告对消费者的感觉刺激。

2. 增大刺激物之间的对比

对比可以产生强烈反差，使消费者对刺激物形成很显著的条件反射。加强动静、明暗、浓淡、疏密等的对比度，使消费者在心理上处于一种积极、兴奋的状态，对广告的印象自然就深刻。例如，摆放在粗砂石粒上的精美手表的广告画面，一粗一精的强烈对比，使消费者充分注意到手表的精致和华美；在霓虹灯广告中，可以闪动的部分往往成为注意的焦点。

3. 提高刺激物的感染力

刺激物的强度和对比固然吸引消费者的注意，但缺乏感染力就无法维持和深化注意。只有提高刺激物的感染力，激发消费者的情感体验，才能留住有效注意。例如，采用新奇有趣的构思、富于艺术性的形式等方法，能够使广告有更强的感召力和推动力。

4. 善于利用口号和警句

利用相对不变的口号或警句，概括地、艺术地反映商品的特点，往往能使广告醒目易记、朗朗上口，使人耳目一新。例如，飞亚达手表广告中的"一旦拥有，别无所求"；瑞士表广告中的"领导世界新潮流"等。美国可口可乐在固定口号"喝可口可乐吧"的基础上每年还有一个推销口号，如"可口可乐添欢笑""挡不住的感觉"等。而雀巢咖啡广告的一句"味道好极了"，更是效果极佳。利用口号和警句要简单明了，既富有特色又符合商品特性，只要和消费者的利益、情感相联系，就能唤起共鸣。

(二)说服原理

说服就是以某种刺激给予接受者一个理由，使其改变态度或意见，并依照说服者的预定意图采取行动。广告正是说服大众购买商品和劳务的手段。它利用生动的形式和真实的承诺引起消费者的关心和信任，产生思想共鸣，并依照广告的劝导采取购买行动。广告对消费者的说服有诉诸理智和诉诸情感两种。根据一般看法，对于市场上需求十分迫切的商品和劳务广告，多诉诸理智；对于需求滞涩的商品，多诉诸情感。在说服中应注意阐明理由，并依据消费者的个性特点厘定说服重点，运用威胁性说服、反复说服等技巧。例如，一种新的感冒药广告指出"感冒虽是小病，却能引起许多严重病症，如不及时治愈，等于把自己置于危险的境地"；而另一种化妆品广告则警告消费者"岁月催人老，青春难永驻"，然后分别推出自己的商品，承诺使用该商品可免除这些威胁。这种威胁性说服如果由权威人士来宣讲，往往更容易令消费者接受。

(三)个性原理

不同的商品和劳务有着不同的性能和特点，不同的消费者有着不同的个性心理特征。个性原理要求广告传播在内容、形式和媒体上要适应目标消费者的个性。例如，性格活泼和沉静的两位消费者，对广告内容、色彩和媒体的选择，都会有不同的偏好。

(四)记忆原理

记忆是将过去的经验存储在印象中，必要时再浮现出来。对于广告信息的记忆，是消费者思考问题、作出购买决策时不可缺少的条件。广告必须让人容易记忆，因为在消费者获得广告信息后，一般不会立即实施购买。如果广告的视觉、听觉元素难以记忆，在他要采取购买行动时，广告效果就几乎为零。记忆原理要求增强广告的记忆性，具体可以采用以下方法。

(1) 适当减少识记材料的数量，广告信息宜简单明晰。

(2) 充分利用视觉形象的记忆优势，用直观形象的实物或模拟增强知觉度。

(3) 设置鲜明特征或具有明显韵律，以便于识记、回忆和追忆。

(4) 适当地重复。

(5) 引导人们使用正确的记忆方法，比如上海巴士公司用 63848484(绿色巴士、巴士巴士)的电话号码来增强人们对公司的记忆。

(五)暗示原理

暗示就是应用含蓄、间接的方法，对消费者的心理状态产生影响。广告先是以语言或动作的暗示刺激，使被暗示者产生某种概念，然后促使其基于该概念而采取行动。暗示有直接暗示，比如"开业酬宾两天，所有商品九折优惠"，言下之意是"如不来购买将错失良机"。暗示还有间接暗示，如"爱美的我，当然用力士"，含蓄地暗示"假如你要美丽，就快选用力士商品吧"。消费者很难抗拒暗示的力量，而且一般不以为自己是被动地接受劝告，而认为是自己的本意。广告如果善用此原理，就能够成功地影响消费者的购买决策。

二、广告传播的心理过程

成功的广告，能迅速吸引消费者的注意，引发其兴趣、使消费者正确地理解广告中的信息，从而影响其情感和态度，激发其购买欲望，并使消费者在有意或无意中进行记忆，最终在强烈的购买动机驱使下完成购买。这一过程就是广告传播的心理过程。

人们从接触广告到采取购买行为的一般心理过程，可以归纳为 AIDAR 模式，即注意(Attention)、兴趣(Interest)、欲望(Desire)、行动(Action)、再次购买(Repurchase)，如图 8.1所示。

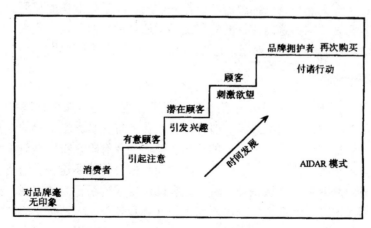

图 8.1　AIDAR 模式

在广告界流传着这样一句话：一则广告只要引起了人们的注意，就已经成功了一半。引起消费者注意是广告传播的开始，也是广告产生效用的前提。而广告注意的产生与维持依赖于广告的内容、广告表现形式等是否能刺激消费者的兴趣和欲望,是否适应消费者的心理需要。广告的有效传播还应使人们从单纯的无意注意过渡到有意注意及对传播内容的必要记忆。因此,上述广告传播一般心理过程的每一个环节都必不可少。要进行成功的广告传播,就必须深入研究广告信息传播的心理特点,以提高传播的效果。

三、广告与消费心理的互动关系

(一)消费需求是广告产生的直接原因

当一个人正常生活的某种缺乏(需要)被意识到后,整个身体能量就会被动员起来,有选择地指向可满足需要的外界对象,从而引发消费。例如,一个人在进行某项活动的过程中感到口干舌燥,这时体内就会产生对水的强烈需要,当他突然看到一处供应饮料的摊点时,马上会激起购买饮料的强烈动机,朝着饮料点直奔而去。饮料品种如此之多,买哪种好呢?购买动机的多样性,促成了满足不同需求层次的广告。由此可见,广告是卖主针对消费者多样、复杂的消费心理,为更好地满足消费需求而采取的一种行之有效的商业手段。其直接目的就是借助于一定的传播媒体,使消费者接受它的观点和所宣传的商品。心理是客观事物以及它们之间的联系在人脑中的反映。一般来讲,广告是通过一定的媒体显现出的事物,反映在人脑中并引起一系列的心理活动及导致某种行为,这样,就使广告与消费者心理产生了一种互为影响的联系。

(二)广告是满足消费需求的重要途径

1. 广告唤起消费者的潜在需要

据美国一家商场的实地调查,发现 72%的购买行为是在消费者只有朦胧欲望的情况下实现的;真正具有明确购买计划的购买行为,才占购买者中的 28%。这个例子说明,在现实的购买活动中,每天都会涌现出无数的新商品,有些商品不但见所未见、闻所未闻,而且连想都没想过,却突然呈现在你面前,让你来试用,满足你潜在的需要。许多购买者在事先并不一定有明确的购买意图和目的的情况下,还是把东西给买了下来。而唤起他们这种潜在的需要,诱发他们的购买愿望,进而产生购买动机的重要因素便是广告。

2. 广告引导消费

消费者有了一定的需要并注意于某种物品之后,便产生了如何来满足自己需要的问题,这时便进入了获得信息的阶段。一般说来,消费者首先是回忆自身的经验,从记忆中获取了有关商品的信息。但是,记忆中的经验和知识毕竟有限,特别是对于大件贵重物品的知识,更要有求于各种信息源,广告便是提供商品信息的重要途径。消费者通过信息的输入,完成其对商品或劳务的认识与了解,这有助于促成购买行为的实现。大量广告信息的反复传递,形成消费者潜意识中的丰厚积存,并逐步表现为对消费生活的指导作用。而面对广告所提出的倡导与号召以及提供的相关信息,消费者并不一定就会下定决心购买。要使商品成交,还得依靠广告采取进一步的有效措施来说服他们,引导他们接受商品甚至是广告所倡导出的观念,以此来吸引住消费群,树立商品及企业的长期威信。

(三)消费心理贯穿于广告活动的全过程

广告实际上是一种有计划的活动，它不仅涉及一系列通过媒介传播的相关广告作品的创作，还包含对企业市场营销情况和传播情况进行分析，制定广告目标，作出战略决策并加以实施。前面已说过，广告是为更好地满足消费者的各种需求而产生的，因此，不管广告活动的哪个阶段都应该是以消费心理为基础而进行的。

1. 广告定位的立足点是消费心理

任何广告都要选择对象，市场就是广告的对象。市场是由那些具有待满足的需要、购买能力和购买愿望的消费者，也就是买主、顾客构成的。由于年龄、性别、收入、文化程度、地理环境、心理等因素的影响，不同的消费者通常有不同的欲望和需求，因而，不同的消费者也就会有不同的购买行为和购买习惯。正是因为这样，企业主只有充分地认识市场、研究市场、看准市场这个对象，才能做好广告，否则不看对象的广告，再精彩也是徒劳无益的。市场调查与分析的主要任务就是了解市场的变化动向，使广告的对象能够具体而形象起来。在有了这些调研资料之后，企业主就可以结合企业的营销目标及广告目标，进行广告定位。

日本某公司曾在市场调查的基础上，按照妇女消费者的年龄，把妇女化妆品市场分为四种类型。第一种类型为 15～17 岁的消费者。她们追求时髦，讲究打扮，对化妆品的需要意识较强烈，但购买的往往是单一品牌的化妆品。第二种类型为 18～24 岁的消费者。她们对化妆品非常关心，积极消费，其特点是喜欢购买成套的化妆品，而不在乎价格的高低。第三种类型是 25～34 岁的消费者，化妆已成为她们生活的习惯。第四种类型是 35 岁以上的消费者，她们也显示了对单一化妆品的需要。最后公司针对不同层次的消费需求，并以其中一类消费市场为重点，制定了各不相同的广告策略，使其旗下的商品呈现一片大卖的景象，风靡一时。

2. 广告策略与消费心理

任何商品都是能够满足消费者某方面的需要的，不能满足一定需要的商品是卖不出去的。而人的需求是多方面的，这自然便决定了消费动机的多样性。不过，诸多需要中经常会有一种优势的需要。能否满足这种优势需要，将直接影响到消费者对该商品的态度和购买行为。从商品本身来说，一种商品是具有多种属性的，究竟突出哪种或哪些属性作为该商品的广告主题，这是广告决策中的重要问题。科学和经验证明，对准消费者的优势需要，作出相应的广告策略是取得成功的重要前提。例如，国外有家制鞋商，以为消费者对鞋的属性的关心顺序首先是式样，然后依次是价格、料子及小饰件。于是，厂商把广告的主题对准了鞋的样式，但销路平平。后来，该公司进行了一些实地调查，询问了五千多位顾客对鞋的关心点。结果发现：42%的顾客表示"穿着舒服"；32%反映是"耐穿"；16%是"样式好看"，9%为"价格合理"。根据所得到的这个调查结果，鞋商果断地改变了广告主题，由原来注重鞋的样式转变为穿着舒适、经久耐穿，之后的收效当然在意料之中。

另外，广告决策是动态的，具有鲜明的时代性。对于大多数消费者来说，其心理活动就是现实生活的动态流程，他们的思想、情感、判断、评价、需求等都处于不停地运动之中，活动速率也往往与社会生活的发展节奏趋于同步。广告的作用就在于适应并引导这种运动。广告的策划不仅需要适应消费者的心理,同时更应该成为生活潮流的助推器,改变和更新人们的消费观念。

3. 广告创意与表现形式是针对特定消费群的消费心理来实施的

广告创意及其表现形式总是针对特定消费群体的消费心理来制作的,在不同的市场领域,由于地理变数的影响(如地区人口规模、生活方式等),消费者对商品和营销组合的需求不同,广告创意也必须针对特定的市场区域采用特定的创意表现,以达到诉求的效果。所以说如果同一商品有不同的目标市场区域,那么所作的广告创意表现形式也应是多样化的。在做广告创意表现之前,必须事先对目标市场的心理作认真细致的考察,找出最佳诉求点,然后围绕这一点展开具体的广告创意。

总体说来,广告自其产生以及其整个活动过程都是围绕消费心理来进行的。无论成功广告的诉求形式是如何的千奇百样,其最根本的核心都是立足于取得消费者的信任和顺应消费者的心理。

四、商业广告传播的心理策略

(一)引起注意策略

商业广告宣传的首要任务是引起受众的注意。在广告策划中要运用心理学的原理向顾客传递对其消费心理产生较大刺激的信息,从而导致其实施消费行为,这是广告成功的关键所在。因此有意识地加强广告的吸引力以引起顾客的注意是广告成功的重要基础。广告制作时首先考虑的是要抓住人的无意注意,并将无意注意迅速转化为有意注意。如此才能增强广告的效果,通常引起顾客注意的策略有以下三种。

1. 增加刺激信号的强度

广告信息刺激信号强度愈大则对顾客的影响力、吸引力也愈大。不仅刺激信号的绝对强度有此作用,相对强度亦有此作用。增大商品模型的体积,提高光线、音响的强度,增加色彩的艳丽程度和画面的新奇程度,采用奇特的表现方式,都能引起受众的极大注意。一个圣诞节前夕,在东京繁华闹市区一座 37 层的大厦上,瑞士一家手表公司把长达 107 米的巨型手表模型悬挂在大厦侧旁,震动了东京,给人留下了难忘的印象。

2. 增加刺激信号的对比

刺激信号对比显著,也会引起顾客的注意。在一定条件下,这种对比信号愈大,对人们的影响力、吸引力也愈大。在商业广告设计策划中,有意识地处理各种刺激信号的对比关系和反差程度,能引起顾客显著的条件反射。比如明暗、浓淡、动静、疏密、大小、厚薄等的对比度,可以使受众心理产生积极与兴奋的情绪,加深对广告的印象。

3. 增加刺激信号的感染力

增加刺激信号的强度与对比能吸引顾客的注意,提高刺激信号的感染力可以维持与深化顾客的注意。有意识地加大广告各组成部分的感染力可以激发顾客对商业广告信息的兴趣,这是深化与维持注意的重要因素。增强刺激信号感染力的途径很多,主要有以下三种。

（1）新奇有趣的构思。出人意料的表现形式；别具一格的广告标题；亲切生动、幽默诙谐与人格化的广告词；奇异新颖、情感动人的广告图案等，都能产生较大的感染力。

（2）独具匠心的艺术加工。广告中的艺术加工是激发兴趣的重要因素。广告画面的色彩、色调、字体、造型、图案的布局；广告人物的衣饰、语言、动作等设计，都能增强艺术性，也必然会增加感染力。

（3）引人关心的题材。广告题材应选择得当，采用社会热点和人们普遍比较关心的题材能给顾客更大的吸引力、号召力和推动力，这是维持顾客对广告主题和内容长期关注并形成深刻印象的重要条件。

(二)加深情感策略

商业广告宣传应能激发与加深受众对商品和企业的情感。任何商业广告所宣传的内容都必须博得受众的信任，而在宣传中融入恰当的情感元素，不仅能引起受众的关注和共鸣，更能加深对企业的感情，产生信任。

1. 安全感

某些家用电器、药品、食品等广告宣传应增强顾客对商品的安全信心，消除顾客对商品存在不安全因素的心理疑虑。

2. 好奇心

好奇心是人们认识新事物、探究其原理的内驱力，是人们的一种普遍的心理状态。人们对新接触到的事物、不了解的事物常有探求其原理的心态。商业广告宣传应结合新商品的特点，设法去激发顾客的好奇心。比如在商品、商店命名时，选用别出心裁的名称，以激发顾客的好奇心，这样便可以促使顾客产生探究或尝试使用商品的愿望与动力。

3. 亲切感

广告宣传应能给顾客关心、爱护、热情、体贴的感受，使顾客产生亲切感，形成"厂商与顾客如同一家人"的感觉。

4. 美感

爱美是人类的天性，美好的事物总能使人心情舒畅、赏心悦目。追求美也是丰富人们生活内容的重要途径。广告策划中，实现满足人们的求美心理是广告成功的一个重要因素。因此在广告设计中应巧妙地运用画面构思、色彩与光线的艺术以及新颖、亮丽、奇特的美学表现手法，可使广告画面给受众以美感冲击。

(三)启发联想策略

在商业广告宣传中采用巧妙的象征、含蓄的语言、比拟或暗示的方法、利用事物之间的内在联系激发顾客产生联想，常常能收到很好的宣传效果。因此在广告宣传中可以充分合理地运用联想的心理方法，使顾客拓宽思维空间，增强其对商品的感情和对企业的认识，增进其购买的欲望。常用的激发顾客联想的方法有以下六种。

1. 形象法

这是利用顾客所熟悉的某些形象来比喻和提高广告商品的形象。例如欧米茄手表就常用皮尔斯·布鲁斯南、琦琦与任达华等名影星、名模来为其手表广告添色。

2. 暗示法

暗示也称暗喻、提示。它采用含蓄、间接的方式对顾客的心理和行为产生影响,从而使顾客产生顺从性反应,或接受暗示者的观点,或按暗示者要求的方式行事。苏联著名心理学家别赫捷列夫认为,暗示是每一个人所固有的一种普遍心理现象,是人类精神方面的正常特性。暗示以文字、语言、动作和联想过程中产生的心理活动为基础,也以机体各种机能活动和行为为基础。

3. 反衬法

它是指广告宣传的商品并不直接对准目标传播对象,而是采用其他形式来表现商品,从另一个侧面间接影响目标传播对象。比如麦当劳公司在我国中央电视台播放了一则电视广告:一个婴儿坐在摇椅上面,面向窗外一上一下地摇动,看到窗外时隐时现的麦当劳广告标志,一会儿笑,一会儿哭。最终妈妈过来才发现,婴儿看到麦当劳的标志时就笑,看不到时便哭。广告从婴儿的情感变化反衬出人们对麦当劳的喜爱。

4. 讲述法

该法即利用文字或画外音来讲述一个传说或典故,以此来显示所宣传商品的名贵和历史的悠久。

5. 比喻法

这是利用某些恰到好处的比喻来宣传商品或劳务的功效。美国凯兹牌童鞋广告的标题为"像母亲的手一样柔软舒适的儿童鞋",广告还以较大的篇幅说明商品的优点,使顾客读了广告后感到十分信服。

6. 对比法

它是利用同类商品中优质品与劣质品的对比或商品使用前后的效果对比来使顾客联想到宣传商品的功效。比如高露洁牙膏抗酸性腐蚀的对比,海飞丝洗发水去头屑功效的对比等,都是这种方法的应用。

(四)增强记忆策略

商业广告宣传的目的之一就是使顾客能记住商品及其有关的信息。因为顾客从接收广告信息到采取购买行动,中间常常有一个时间过程,如果广告看过不久就被遗忘,那么广告宣传不能达到预期的效果。因此,既要使顾客能有意去记忆,也要使顾客在无意记忆中记住商品的信息,这样才能使他们在以后的购买行为中利用这些信息,实施购买行动。增强记忆的方法主要有以下六种。

1. 不断重复法

增强广告信息与受众的接触频率或频次是增强记忆最常用的方法。具体办法有:

(1) 在同一媒体上重复同一广告；

(2) 在不同媒体上重复同一广告；

(3) 在不同广告形式中重复同一商品的重要宣传内容。

2. 艺术表现法

通过对广告所宣传的内容进行艺术加工，采用生动、形象、奇巧的语言、文字、画面、情节，渲染、描述、表现出商品及企业的形象，使顾客产生浓厚的兴趣，进而留下深刻的印象，使顾客在艺术感受中产生轻松愉快的心情，加深对商品的记忆。

3. 现身说法

该法是由使用过某商品的顾客来介绍商品的使用体验，突出商品的功效，或者在销售现场演示商品的功能、用途和使用效果，给观众或听众较深的印象。

4. 音乐效果法

广告宣传过程中配以精心设计的一段优美的音乐旋律及轻松愉快的节奏，并请著名歌唱家演唱或乐器演奏家、乐队演奏，可以使人留下美好的记忆并且熟记音乐的旋律，由此增强对广告宣传商品的记忆。

5. 谐意法

通过语言中的谐音、谐意，使广告易读、易记，加深顾客对广告内容的记忆。比如上海小绍兴的广告语："美好人生，鸡不可失"，其中"鸡"与"机"谐音，借用成语"机不可失"来渲染其销售的"三黄鸡"，这就是语言逻辑记忆的良好应用。此外，还可利用数字谐音使人增强对企业电话号码的记忆。

6. 利用警句法

在广告用语中，使用口号或警句来增强人们的记忆也不失为一种良好的方法。比如飞亚达手表的广告语"一旦拥有，别无所求"，雀巢咖啡的广告语"味道好极了"等，都是言简意赅、易读易记的语句。

(五)说服顾客的策略

说服是传递给需要说服对象一定的信息，给予某种刺激或者一定的理由，使其态度、观念、行为发生按说服者需要的方向变化的活动。商业广告正是试图通过说服促使顾客从原来不买某商品转而购买某商品。因此，广告在策划时就应尽力使内容、表现形式和方式具有很强的说服力。通常，说服的方式有以下两类。

1. 理性诉求

理性诉求指广告诉求定位于受众的理智动机，通过真实、准确、公正地传达广告企业、商品、服务的客观情况，使广告受众经过概念、判断、推理等思维过程，理智地作出决定。运用理性诉求应注意以下问题。

(1) 理性诉求广告首先应确定说服的重点，确定广告商品的定位，把握好广告目标的对象。

(2) 运用好说服中的暗示策略。

(3) 在广告说服中巧妙运用恐惧唤起，即向顾客传递不使用某商品将带来什么样的损失与不良后果。

2. 情感诉求

感性诉求指广告定位于受众的情感动机，通过表现与广告企业、商品、服务相关的情绪和情感因素来传达广告信息，以此对受众的情绪与情感带来冲击，使他们产生购买商品或服务的欲望和行为。运用情感诉求应注意以下几个问题。

(1) 应采用充满情感的语言、文字、形象作用于顾客需求的兴奋点。

(2) 充分地运用好晕轮效应。

(3) 商业广告与公共关系活动密切配合，能收到良好的情感诉求效果。

商业广告集经济、科学、文化和艺术于一身，是极富技巧性的传播活动。在丰富的广告实践中，广告工作者、研究者总结出许多优秀的技巧，具体包括以奇取胜、以新取胜、以巧取胜、以诚取胜、以情取胜等。正确策略和完美技巧相结合的广告有着"不由你不信"的魅力，而缺乏技巧的平庸广告只能传达"信不信由你"的效果。

第四节　商业广告心理效果的测定

广告的效果是指广告活动实现其目的的程度，涉及经济效果、社会效果和心理效果三个方面。广告效果的测定是指运用科学的方法来分析、研究和评价广告的效果。它是广告活动的重要内容之一，目的在于测定广告及其运用的方式和途径是否有效，从而提高广告效果，避免失败。广告旨在通过影响消费者的心理活动与购买行为来促进商品销售。因此，广告信息的传播与消费者的心理活动过程有着必然的联系。我们把广告引起消费者心理反应的程度称为广告的心理效果，反应越强烈则效果越好。

一、广告心理效果测定的指向和主要内容

广告心理效果的测定，可以直接在消费者心理活动过程中进行。企业主要通过测定广告对其心理活动的影响程度来反映广告本身的效果。其重点放在确定广告信息的有效性和消费者的接受程度，以及广告信息能否被正确理解，并起到激发情感、树立信念或改变态度的作用。

在感知程度方面，用注意度、阅读率、视听率等来衡量商业广告是否引起消费者的注意，即调查有多少消费者接触到了这则广告。如果说这些指标生动地反映了感知程度中"感"的方面，那么广告播出后，企业或商品知名度的变化就具体地体现在"知"的方面。知名度是指在消费者中有多少人知道企业的情况或商品的品牌和品质。在调查注意度的同时，应了解知名度的情况。一般来说，理想的广告会以其生动的形式及表现手法在刹那间抓住潜在消费者的视(听)觉，引起注意，传递给消费者清晰的内容，企业或商品的知名度就能得到提高。

人们对关心或好奇的事物才会产生兴趣，兴趣又会反过来促使他们更关心该事物。通

常，在兴趣的基础上才可能有欲求，所以，对情感激发程度的测定也是广告心理效果测定的重要内容。

广告效果的迟效性要求对记忆效率有所测定。往往有一些广告没有立竿见影的效果，却能产生潜移默化的积累性影响。当然，这依赖于消费者对广告的记忆度和理解度。记忆度是指消费者对广告信息保持和回忆的能力与水平，可在广告播出一段时间后请消费者指认商品、回答厂名或叙述广告最明显的风格、商品最突出的特点等。理解度反映消费者在感知的基础上对广告主题、广告观念本质的掌握。了解理解度，可以通过询问消费者广告的意思是什么、宣传了什么观念、结果是什么等问题来实现。一般富有特色和乐趣、中心明确、内容严谨统一的广告便于记忆和理解。正是在记忆和理解的基础上，消费者才会展开思维活动，确立信念，从而推动购买行动的实现。

消费者一般在态度转变或购买信念倾向产生后，才有可能实现购买行动。广告对购买动机的影响成为心理效果测定的最后环节。摸透了消费者采取购买行动的主导动机，并把它反映在广告信息中，便可以使得广告"投其所好"从而产生一定的影响力。购买动机的调查主要是了解消费者购买商品是随意购买，还是受广告刺激才购买，即消费者对广告刺激的见解和倾向如何，以此来测定广告对消费者态度转变的促进作用。购买动机的测定可以通过观察购买者的行为，询问他们对商品的态度和信任度以及购买目的来完成。动机潜藏于消费者的思维中，而且往往不是唯一的，有些消费者又不愿吐露，所以，购买动机的测定相对来说比较困难。

二、心理效果的测定方法

(一)事前测定和事后测定的含义

广告心理效果的测定分为事前测定和事后测定。事前测定是广告作品未经正式传播之前的预测，主要是对印刷广告中的文案，广播、电视广告中的脚本以及其他广告形式信息内容的检验与测定。比如收集消费者对广告作品的反应，以便修改广告作品或从多个广告作品中选择较好的样本；及时纠正在广告策划和传播战略中的不当之处，起到预审、预防的作用。事后测定是在广告作品正式传播之后，对其效果的最终评定，也是对整个广告活动是否达到预定计划与目标的测定。它可以总结经验和教训，为下一个广告活动提供"前车之鉴"。

(二)心理效果测定的方法

无论是事前测定还是事后测定，都要求消费者密切合作，最常用的方式是选样调查。测定的先决条件是选择有代表性的适当的对象，对象的范围不可太大或太小，太大则测定费用太高；太小则缺乏代表性，使测定结果失去准确性和普遍意义。选样调查可根据测定的具体内容或项目，利用多种方法进行。

1. 事前测定的方法

1) 等级法

将关于同一商品但主题或形式不同的广告给被测试者看，请他们判定最感兴趣的广告、最具有说服力的广告和最能促成购买的广告，并用 1～5 五个数字代表等级来评价每一则广告，取平均等级最高的为优，再吸收其他广告的优点补充完善它。这种方法投资小、速度快。

2) 评分法

邀请有一定评判能力的消费者和专业人员，对广告打分。可将广告的各要素列表，发给测试对象当面评分或邮寄给他们。广告内容在表格中可分为主题、创意、语言、品牌与商标、布局谋篇五个方面，也可按另一角度分为吸引力、有用性、清晰度、感染力和敦促力五个项目。每栏最高 20 分，满分 100 分，取最高分者为正式传播广告。

3) 询问法

事先拟订好调查事项，当面征询测试对象的意见，并观察其反应，然后综合分析和判断。询问时可以与个人面谈，也可组织座谈会，在将同一种商品的广告样本给受测试者看后，向他们询问"您最喜欢哪一则广告，为什么""您认为这则广告是说明什么的""能否回忆一下您印象最深的那一则广告"等问题。这个方法可以面对面地了解较多的情况，找到广告号召力和传播能力最优的方案，但要求调查者具备很高的组织能力和谈话技巧，而且调查成本较高。

4) 试验法

对重要的、规模较大的广告，一般先通过小型试验进行测试，然后再正式推出。例如，在小试验场地陈列或播放广告，待消费者作出肯定评判后，再大规模地发布。这种方法比较科学，但时间长、成本高、受外界环境因素的影响大。

5) 态度法

请测试对象在没看到广告之前对商品及同类商品试用，并作出评价。然后，请他们在看过广告之后，再对商品重新评价，看看他们的态度有何转变以及转变的方向，从而得出其中反映的问题。

6) 实验室法

这是利用先进科学仪器在实验室中测定消费者心理反应的方法。目前正在研究和试用的大体有两种。一是根据人脑电波的变化来判断测试对象是否对广告宣传感兴趣。当测试对象受不同广告刺激、产生不同的情绪反应时，仪器可以敏锐地抓住他们大脑兴奋时不同的电波进行分析。二是按照被测试者注视广告时瞳孔扩张的程度来判定广告的吸引力。医学上认为，当人们看到感兴趣的东西时，瞳孔会放大。把瞳孔摄像机安装在广告媒体上，就能自动记录瞳孔的变化情况，还可以反映眼球的移动时间和顺序，从而得到测试对象感兴趣的部分及视觉流程轨迹。这种方法在我国尚未采用，但国外不少广告公司已经利用相关电子技术来测试广告的心理效果。

2. 事后测定的方法

1) 认知测验法

当给测试对象看一份广告，问他是否看到过或听到过时，若回答是肯定的，说明他对这个广告有认知。在这种方法中，最著名的是美国斯塔夫阅读率调查。斯塔夫将测试对象分成三类。第一类是看过该广告但不曾留心广告内容的人。第二类是关心过该广告，对广告宣传的商品和企业大致了解、其他则不甚了解的人。第三类是精读过该广告，能知道并记忆该广告中 50%以上内容的人。计算这三类人占读者总数的百分比，并统计、分析出这三类人在单位广告费成本中每类所占的人数,即广告的阅读效率=杂志(报纸)销量×每类读者的百分比/所付的广告费用,以此来体现该广告的认知效果。

2) 回忆测定法

这种方法主要用于测定广告心理效果中的理解记忆程度,可以利用询问法或问卷法,调查消费者对看过的广告是否留存了印象,能回忆起多少广告信息。在提出问题时,可以全面地问"还记得某广告吗,记得多少内容",也可以具体地问"某广告的主题或口号是什么",或提供某种辅助,比如提示测试对象该广告中的商标或厂商名称后,询问广告的其他内容如插图等。项目越具体,反馈的信息越多,越能够查明消费者对商品或创意等内容的理解与联想能力,乃至对广告的确信程度。美国有一家公司专门测定电视广告的效果,他们在广告播出的第二天,打电话给随机选择的调查对象,询问一些问题。比如,是否在电视中看过某广告、广告说明了什么、你认为广告做得怎么样等。另一家公司也进行类似的调查,只是它采取上门访问法,请被拜访者先看一份昨天播出的电视广告名单,然后让他们指出对哪些广告有印象,以及对广告内容的看法。

总之,任何一种测定方法都不是尽善尽美的,心理活动本身的复杂性使测定工作有一定的困难。但是,心理效果测定能切实说明广告的真实效果,并能提供广告创作应遵循的消费者心理活动规律。因此,努力做好广告的事前事后测定很有必要。

本 章 小 结

商业广告是指由特定的广告主为了扩大销售或树立形象,以付费的形式,通过大众传媒,向目标市场传递商品和劳务信息的经济活动。广告具有认知功能、诱导功能、教育功能、便利功能和促销功能。广告的主要媒体有报纸、杂志、广播、电视、网络、售点等,不同的媒体具有不同的心理特征,要求企业选择和应用媒体时与各种广告策略相符。商业广告传播的心理策略包括引起注意策略、加深情感策略、启发联想策略、增强记忆策略和说服顾客策略;在传播技巧上应适应消费者的心理特征,力求以"奇、新、巧、诚、情"取胜。广告心理效果测定主要是指事前测定和事后测定,其中事前测定方法主要有等级法、评分法、询问法、试验法、态度法和实验室法等。事后测定方法有认知测验法和回忆测定法。

课 程 思 政

广告学是研究广告活动的历史、理论、策略、制作与经营管理的科学,属于中国产业分类中的第三产业,即现代服务业。而现代服务业在我国已经成为主导产业并占较大比重,是现代化产业体系的重要特征。商业广告内容、形式、创意要有国际视野和家国情怀,要有文化自信、法治意识和社会责任。

思 考 题

1. 商业广告的概念是什么？有哪些基本功能和特征？
2. 试比较几种主要的广告媒体的心理特征。
3. 广告传播的心理策略有哪些？
4. 广告传播的技巧有哪些？
5. 广告效果的内容有哪些？
6. 广告心理效果测定的方法有哪些？

案 例 分 析

案例1　Lee 牌牛仔服的营销传播策略

李维斯(Levi's)是牛仔裤的鼻祖，它首先于 19 世纪中叶就开始生产并销售这种服装。然而在它诞生之后约 40 年，李维斯迎来了一位有力的竞争对手，它就是 Lee。1889 年，亨利·大卫·李在美国制成第一条 Lee 牌牛仔裤。此后，Lee 不断发展、创新，创下了数个第一：1911 年，Lee 推出首条吊带牛仔裤。1926 年，世界第一条拉链牛仔裤 Lee101-Z 面世。更值得一提的是，1992 年，Lee 以一条长达 23 米的巨型牛仔裤载入吉尼斯世界纪录大全。1996 年 10 月 Lee 的这条八层楼高的巨型牛仔裤踏足上海，让上海人民有幸领略这一历史经典。

1950 年，李维斯的销售额是 200 万美元，而到了 1975 年，跃为 3 亿美元。经营牛仔裤的巨额利润吸引了众多竞争者，一时间市场上牛仔服装式样不断翻新，品牌不胜枚举。在激烈的市场竞争中 Lee 牌脱颖而出，一跃成为牛仔服装的第二大品牌，并且在女性市场上备受青睐，无人匹敌。在美国，当问及女性消费者下一次购买牛仔服会是什么品牌时，40%的女性会说是 Lee。1992 年 8 月，Lee 牌牛仔服的市场份额达到了 20%。更重要的是 Lee 公司的领导发现，Lee 的消费者有极大的品牌忠诚度，他们预测现在的这些消费者即使将来老了，也会继续穿 Lee 牌牛仔服。

Lee 牌牛仔服的众多广告有一个共同之处，那便是 Lee 的广告策略——"贴身"。这也是 Lee 的品牌定位。Lee 牌牛仔裤以款式多样，条条合身而著称于牛仔裤的世界。

一、目标市场

在美国牛仔服装市场上，第一大品牌李维斯的目标市场是男性消费者。问世百年以来，牛仔服也一直被公认为是男人的服装，女性市场被大大忽略了。Lee 抓住这一契机，将其目标市场定位于女性。通过进一步研究发现，牛仔服装一直被认为是青年时装，战后穿牛仔长大的这代人已迈向中年，可供他们选择的服装种类相对较少。因此，Lee 决定将其目标市场定位于 25～44 岁的女性消费者，并专为这些女性开发出一种五兜夹克服，其代表商品是公司的"休闲骑士"牌(Relaxed Rider)。这种商品一改传统的直条型的生产服装的方法，将其商品裁成曲线型。曲线的牛仔服迎合了女性的审美心理，突出了女性的身材和线条，增加了女性的美感和魅力。这一创新可以说是服装业的一次革命，这一巧夺天工的商品创意为 Lee 的成功奠定了基础。

为了打开女性市场，公司决定寻找一家新的广告公司，帮助设计最优秀的广告去宣传其商品。经过竞争性筛选，Lee 公司在 1986 年指定弗仑(Fation)广告公司作为广告代理商。

二、市场定位策略

美国著名广告大师 R. 雷斯在 20 世纪 50 年代提出了一个具有广泛影响的 USP 广告创意策略理论，即独特的销售主张。弗仑广告公司为 Lee 所做的广告就是建立在 USP 的理论基础上。"最贴身的牛仔"(The Brand That Fits)就是其经典广告文案，寥寥几字却是一个独具匠心的力作。尤其是这个"贴"(Fits)字，将 Lee 的创意焦点淋漓尽致地表现了出来。在牛仔服市场上，其他厂商大多采用说服性广告，要么宣传自己的品牌"领导潮流"，要么说自己的商品"最漂亮""高品位"等，辞藻华丽，却内容空洞。而 Lee 的广告词抓住"贴身"这一诉求点，表现了 Lee 与众不同的利益所在。

以"最贴身的牛仔"为主题，弗仑广告公司利用女性关心自己的体形和服装是否贴身等特点，制作了第一个电脑广告片。在广告片中描述了妇女们因穿脱不合适的牛仔服而很费力的情景，然后表现了 Lee 牌牛仔恰到好处的贴身，穿脱自如。印刷媒体广告也同时宣传这一主题。

然而，Lee 的广告仅播出很短的时间，便遭到了公司的中间商，特别是零售商的批评。他们自恃更了解消费者的心理，认为消费者要购买的是时装。大多数牛仔服装广告也的确在宣传商品的时尚和品位，而 Lee 的广告避开时尚宣传"贴身"，他们认为这反映了 Lee 广告主题太陈旧，表现手法太理性和迂腐。Lee 公司接受了这一意见，将其目标市场重新定位于 18～34 岁的年轻女性消费者，并要求弗仑广告公司重新制作新潮导向的广告。弗仑广告公司运用创造性手法在广告中淋漓尽致地表现了时髦的色彩。这则广告播出后，获得了中间商的赞誉。但是当时一些市场研究公司断言：Lee 的广告走入了误区。从创意角度看，这的确是一件真正有趣的生动的作品，而其失败之处也在于这种随波逐流的广告没能准确地把握 Lee 牌牛仔的个性。目标市场定位于大家共同争夺的年轻人市场，这种广告如果换上其他品牌也一样可以，不能与其他竞争品牌很好地区分，因此不能显示 Lee 的鲜明特色。果然，这则广告在电视和印刷媒体上使用了两年，Lee 牌牛仔的销售却陷入困境。

三、市场研究

为了总结失败的教训并制定新的广告策略，弗仑广告公司对 25～44 岁的女性消费者群进行了定性研究，得出了以下的结论。

1. 这些女性消费者对牛仔服装情有独钟。她们情愿将那些自己曾经穿过现在已经过时或者不再合身的牛仔服珍藏多年。这些女性之所以对牛仔服充满眷恋，是因为她们是穿牛仔长大的，看到牛仔服就会令她们追忆起豆蔻年华，牛仔服是她们青春成长的见证。穿牛仔服是她们这代人的象征。

2. 贴身是这些女性最关心的利益。大多数女性都需要一种在腰部和臀部很贴身，且活动自如的牛仔服。而找到这样一件牛仔服却很困难。调查表明，女性平均试穿 16 件牛仔服才能选中一件称心的。结果，妇女们对买到称心的牛仔服已失去信心。她们上街只是顺便试穿而不再专门为买牛仔服而试穿。在一片抱怨声中，只有 Lee 牌口碑最好，女性消费者视之为专门为她们设计的最贴身的时装。

3. 女性倾向于依据使用场合而不是以品牌去将牛仔服装分类。对一些女性来说，当她们需要打扮一番时才穿牛仔服，而另一些女性却是在下班休闲时才会穿，还有些人将牛仔服视为日常穿着。Lee牌牛仔服是唯一的一个能适合所有场合的品牌。

4. 这些女性认为Lee牌牛仔服代表"一种精心的、安全的选择——一个货真价实的品牌"。即使在廉价折扣商店里也大可放心去购买称心的Lee，而不必一定要去大商场里获取质量承诺和信心保证。

四、重建品牌个性

依据上述市场研究成果，弗仑广告公司采取的广告策略主要有以下两点。

1. 重新建立起USP的广告创意策略，仍将广告创意焦点定于"最贴身的牛仔"。

2. 针对研究中所表现的妇女与牛仔服之间的感情联系，广告诉求也就不能再用纯理性手法。要真正走入女性的生活，去叩响女性的心弦，也就是要以感性手法去表达理性的USP的诉求，这可以说开了广告界的先河。

弗仑公司重新制作的Lee的第一个电视广告片中描绘了一个三十岁左右的妇女费力穿脱各种牛仔服，最后穿上Lee。当然，只有Lee最贴身。尽管一些玩世不恭的人责问如果Lee总是那么合身的话，为什么电视中的女模特不一上来就先穿上Lee？但不管怎么说，该广告提供的信息还是被观众有效地接收了。

弗仑公司围绕"贴身"创意拓展开来，在新制作的电视广告中，描述了妇女下班回家后脱掉工作服穿上Lee的情景。并且在一组家庭生活导向的广告中，播出了一系列带小孩的妇女的日常生活快照，画面上的妇女都穿着舒适的Lee。此时，一个温柔的女性画外音响起："最贴近你生活的牛仔。"这句话是迷人的、聪颖的，它表达了与妇女生活息息相关的感情。它以朴实、深沉的风格，将Lee定位于一种日常用品，而不是一个纯粹的时髦的装饰品。它令人感到诚实、可信、更亲切、更容易接受。

此外，Lee也善于在各种杂志上刊登彩色广告。其在某部杂志上的一组广告很好地表现出弗仑公司在"贴身"上所下的功夫。这组广告的标题是"LEE FIT CHECK"(Lee的"贴身"检验)。原来在不经意的寻常生活场合中，人的动作、姿势的施展都如此与服装的合身与否休戚相关。广告散发生活气息的定格画面，很好地说明了Lee给人以舒适、安全、服帖的感受，它能帮你承载重量、化解焦虑、释放水平，任何超难动作都不会影响你最大限度地发挥。

五、媒体运用策略

Lee公司一年拨出1600万美元的广告经费，虽然数额比起李维斯要少得多，但它运用得更集中。Lee的媒体宣传对象就是25～44岁、家庭年收入在1.5万～6万美元的女性消费者。为了有效占领市场，公司使用了由印刷媒体和电视媒体组成的广告媒体组合。在电视广告播放时间上，公司买下晚上九点至十一点半的播放权，因为这段时间广告到达率最高。而且公司将广告集中在周三至周末，以有效利用广告经费。

印刷媒体广告执行了双重功能，既沟通了消费者又沟通了中间商。为了加强这种功能，公司在三类不同的刊物上登了广告。

时髦类——《艾丽》《魅力》《时装》。

娱乐类——《周末娱乐》《人》。

日常生活类——《乡村生活》《消费指南》。

这么宽的广告范围保证了对目标市场的覆盖率。

"最贴身的牛仔"这一广告词已沿用了多年时间。为了更有效地传达其诉求信息，并保持消费者的兴趣，弗仑广告公司在"贴身"这一基本信息基础上发展了新的广告。新的电视广告保留了贴身这一诉求点，但采取了更幽默的表现手法，这正是对公司品牌更自信的表现。

"贴身"给 Lee 牌牛仔服赢得了市场，同时也给我们带来了许多有益的启示。Lee 的取胜之道，再次验证了市场营销的黄金准则：好的商品概念是站在消费者角度、关心消费者的需求、满足消费者的利益而开发出来的结果。

Lee 的广告策略，从找到 USP，放弃 USP，到再回原点，其间走了一段弯路。从中可看出，独道的创见固然重要，但还要有坚持下去的信念。

一致连贯性是成就名牌的核心要素，真正成功的品牌很少改变它们的定位。"贴身"在传播中是 Lee 的"独特销售主张"，在营销战略中是 Lee 的品牌定位。定位的战略选择要持之以恒，广告的"独特销售主张"也绝不能轻易放弃。

在广告中，一般情况下把"诉求"理解为"信息"。它基本上分成理性与感性两种。但事实上，就广告传达、表现的方式来看，也有所谓的理性和感性两种运用。理性的方式如写实、比较、示范、证词等。感性的方式如幻想、气氛、生活方式与生活片段等。习惯上人们总是考虑理性信息用理性表达方式，感性信息用感性表达方式。但实际上，理性信息也可用感性诉求的方式。这样就使得受众对理性信息有了轻松的接受气氛，使得品牌形象变得生动起来。Lee 牌牛仔服的广告，就是这种做法的典型。"贴身"是一种理性信息，它使 Lee 牛仔在服装惯常的感性沟通策略中脱颖而出。但 Lee 又在广告的具体传达中采用了感性诉求的方式，它纠正了理性信息对服装的柔性形象所造成的硬性感觉偏差，同时使得创意表现与目标消费者的生活形态和价值观相匹配，沟通的效果当然非同一般。

(资料来源：百度文库，有改动)

案例讨论

该广告策划主要是针对目标消费者的什么心理展开的？具体实施了哪些策略？

案例2 福文化——金六福广告案例

金六福以中国传统"福运文化"的魅力创立品牌，已受到人们的普遍喜爱，正日益成为"福运文化"的象征。"金六福——中国人的福酒"，这种定位已将金六福的品牌文化提升到一种民族的"福"。

五粮液酒厂的系列品牌——金六福蒸馏酒，只用了三年的时间，就做到了每年十多亿的销售额，成功跻身白酒五强，其营销手段之高确实不容小觑。四川宜宾五粮液股份有限公司，是中国最大的酿酒企业，占地 5.5 平方公里，职工一万余人，年产白酒 15 万余吨，利税务局 5 亿多元，为全国酒类行业之冠，在中国食品行业独占鳌头。

金六福系列酒与五粮液同原料、同工艺，是五粮液系列品牌。具有香气悠久、口味醇厚、入口甘美、入喉爽美，酒体丰满协调的独特风格。

金六福酒质(香、醇、浓、甜、绵、净)与人们向往的六福(寿、福、康、德、合、孝)有机地融合在一起,其各味调和、六福皆至,表现出完美人生的核心标准。

2002 年 4 月,经北京某机构评估,入道仅五年的金六福的品牌价值达到 28.8 亿元人民币,直追老八大名酒之一的古井贡酒 37.38 亿元的品牌价值,2002 年金六福对五粮液的贡献是销量 5.7 万吨,收入 9.2 亿元,而金六福方面的市场人员称早在 2002 年 10 月份,金六福就已经超额完成了全年 18 亿元的销售任务。

一、金六福广告案例

画面:都市,高楼林立的街道

下水道由里向外推镜头:井盖被推开

俯视:井盖空着,就像一个黑黑的陷阱

一个西服翩翩的男性白领打手机,画外音:"OK!"(脚步声)

他从一座五星级宾馆里走出来,继续打手机:"OK!OK!"(脚步声)

前面就是没有井盖的下水口了,男子仍打着手机:"OK!"(脚步声)

他对即将到来的危险一无所知

就在男子的一脚踏向空洞的井口时,突然一个戴着头盔的脑袋冒了上来正好顶住了男子踏空的一只脚,继续打手机:"OK!OK!"(脚步声)

男子安然无恙地继续打手机前行

男子和两三个好友一起品尝福星酒。

品牌标版:金六福,中国人的福酒,喝福星酒,运气就是这么好!

二、金六福广告策划分析

(一)广告目标——品牌

品牌的打造关键是品牌主题的设计,一个品牌没有明确的主题,品牌形象就会模糊不清,广告传播效果也会大打折扣,品牌资产的积累将成为更大的问题。福星酒天生与好运关联。一系列的定位市场策略、品牌形象确立等工作之后;品牌自然而然地就呈现出来,"喝福星酒,运气就是这么好",而且和主品牌金六福的定位——"中国人的福酒"一脉相承。

金六福能喝出全家福,这一策略既强化了其品牌文化和内涵,又深入人心,以简胜繁。打造成功的品牌形象需要长期的全方位的市场策略,如果在最初的光环中昏昏欲睡,终将会像一颗流星一样,只会留给人们瞬间的美好回忆。尽管在道理上谁都懂,但事实上并不是每家企业都能很好地执行。

金六福的高明之处在于,它是在不断地演绎着"福运"品牌形象,将个人的"福"提升到民族的"福"。品牌形象的塑造一步一步向前推进,烘托的气势也是一浪高过一浪,让人们真正感受到"福运"的气氛扑面而来。

北京申奥成功,金六福酒被中国申奥代表团高高举起,以示成功的喜庆。金六福成为人们为民族喜事欢呼雀跃之时的庆功美酒,其意义已远远超出了酒的范畴,而成为一种象征,即人们为国事举杯祝贺的佳酿。金六福在这时就不失时机地将其"福运"文化品牌的塑造掀起了一个新的高潮。

金六福就是这样不断地提升"福文化"的范围,它不仅象征着个人的福,而且还象征着全中国人的福、民族的福。这时候，金六福的广告语也变成了："金六福——中国人的福酒"，这种定位已将金六福的品牌文化提升到一种民族的"福"。

(二)广告定位——福文化

古往今来，关于白酒的诗句可谓多如牛毛，"人生得意须尽欢，莫使金樽空对月""酒逢知己千杯少"等，这些国人几乎都已耳熟能详的诗句，无不折射出酒在中国这个已有几千年文明历史中的重要地位。无疑，酒业是我国历史悠久的传统民族工业，酒是中华五千年的文化产物，它积淀了历史，积淀了品牌。但随着近年来白酒市场竞争的日益加剧以及人们消费品位的日益升迁，白酒遭受到了前所未有的冷遇与落寞。就连许多白酒知名企业也深感举步维艰。寻找白酒新的生机使其焕发更美的光彩，成为白酒业人士的"头等大事"。

以"文化"作为营销点来运作的一些白酒企业取得了不错的效果，值得深思和借鉴。比如在这方面做得不错的泸州老窖、全兴等，运用"文化"二字就成功地提升了其品牌的内在价值。不过，对文化的理解，许多企业却过于肤浅。例如，提到文化，就等同于源远流长、吉利、交友等内容。做"文化"的文章，更重要的是应该结合时代节奏对其进行深度细分。在未来十年内，或许更短，白酒品牌的价值定位应该以传统文化为支撑，以人文意识、人格化与某种生活情趣的象征为突破点来展开。这是一种趋势，是时代发展的必然。换句话说，也就是企业要在挖掘传统文化的基础上，对品牌及市场进行细分，确立能引发特定目标消费群体共鸣的品牌价值，使品牌具有鲜明的个性。

无疑，金六福是一个中高档白酒品牌，它的消费人群在于那些富裕起来过上好日子的中高档收入者(它的广告词"好日子离不开金六福"已经很明白无误地传达了这一信息)，因此质次价廉的促销品既不符合商品特点，也不符合企业形象。更重要的一点是，消费金六福，购买金六福，消费购买的不仅是身具五粮液贵族品质平民化价位的酒类商品本身，而是吉祥、如意、喜庆和福气，是寿(寿比南山的"寿")，是富(荣华富贵的"富")，是康宁(安康和宁静的"康宁")，是好德(品行和德行)，是佳和合(家和才能万事兴)，是子念慈(儿女的孝顺)，所谓金酒一开，六福至矣。这才是金六福反复诉求和告诉人们的。这一点也是金六福本身的真正内涵。

(三)广告主题——勤吆喝

金六福尽管"出道"时间不长，知名度却高得出奇。"靠酒吃饭，哪个不知道施凤小子金六福"，提起金六福，几乎人人都能说上那句"好日子离不开金六福"的广告词，看来前一段时间，金六福从中央台到地方台的广告轰炸还是见了效。据悉，现在的金六福系列酒中，三星的金六福和六福酒销售得极为火爆，在中档酒中大有一边倒的趋势。

金六福"走红"的秘诀是什么？透过金六福的热卖我们不能不有所思考。"好酒也怕巷子深""酒好还得勤吆喝"，金六福人深深懂得吆喝的哲学和技巧。尽管金六福诞生在酒市萎缩竞争激烈的 90 年代，而且工商联合买断经营的方式又使金六福带有先天性的缺陷和不足，然而它却知道在品牌营销的年代里，品牌是巨大的无形资产，一个新品牌要想在短期内被公众认知和接受就必须借助媒体的力量。时间就是生命，依托媒体，使得金六福赢得了时间上的优势，抢在了同一起跑者的前面。然后广告宣传版本的成功运用又使金六福把时间上的优势发挥到了极致。"先卖商品，再树形象"的广告策略符合事物发展的一般规律，符合人们认识事物的一般规律，同时也极大配合了商品的销售。从好日子篇，到神仙篇，再到卓尔不凡篇，层进式的广告诉求不仅提升了金六福酒的品质和形象，更显示出其背后操作者的良苦用心。

可见，在金六福的前期市场动作中，吆喝与坚挺有着密不可分的联系，吆喝在金六福的坚挺过程中也发挥了极为重要的作用。然而，透过这个表层，我们还应看到，金六福人做市场有着独特的风格和个性。不拘泥于常理，不按陈规旧俗，使得金六福这匹"黑马"格外引人注目。庞大的直销队伍，超常规的高额返利，不仅没有使用权市场一派混乱，相反倒更井井有条，这似乎是令许多人感到不可理喻的一个奇迹。

吆喝即广告，促销只是坚挺的一个要素，除了丰富的市场操作经验，商品畅销还有诸多的因素。在这诸多因素中，其中不能不提到的是酒质。酒质是基础，这一点在争夺消费者比争夺经销商更激烈的酒界里已成为一个共识。

(四) 广告组合——体育组合

2001年金六福在大手笔的动作下，实施"体育营销"的策略，创作围绕着金六福——2001—2004年中国奥委会合作伙伴、第28届奥运会中国代表团庆功白酒、第24届大学生运动会中国代表团唯一庆功白酒、第14届亚运会中国代表团唯一庆功白酒、第19届冬季奥运会中国代表团唯一庆功白酒、中国足球队2002年世界杯出线唯一庆功酒等称号展开。在体育营销这个平台上面，金六福福星酒又分两条线路有条不紊地走着。

国足出线后，媒体将米卢誉为中国足球的神奇教练和好运福星。米卢的"好运"和"福星"的大众形象与金六福公司的品牌文化定位不谋而合，金六福公司力邀其担当福星酒的形象代言人。一身红色唐装的米卢端起福星酒，笑眯眯地向观众说："喝福星酒，运气就是这么好。"

虽然米卢平时很少喝酒，对中国白酒更是滴酒不沾，但他还是接下了中国队进军2002年世界杯唯一庆功白酒"金六福"的这段广告，成为金六福企业形象代言人，这也是米卢生平拍摄的第一个广告片。

都说2001年是中国年，申奥成功，国足出线、APEC会议的举行都是中国人的大喜事。刚刚在上海举行的APEC会议上，国家元首们的唐装形象可谓轰动世界，现在又借势将它用在米卢身上。

广告片和平面广告匆匆出台，遗憾一堆。但广告效果却出奇的好。米卢说："喝福星酒，运气就是这么好！"谁能不信呢？谁又能拒绝福星酒带来的好运气呢？这更加证明：在广告创作中最重要的首先是策略，即使创意和制作不尽人意，但只要策略正确，成功总是能够保证的。

金六福还利用中国足球队出线而不失时机地开展公关活动，向国足们献上庆功酒。在庆功酒的新闻发布会上指定：金六福酒为国足世界杯出线专用庆功酒，并授权北京金六福酒有限公司生产销售"9999瓶庆功珍藏酒"。金六福在发布会上算是大出风头，米卢从金六福总经理吴向东手中接过期号珍藏证书时已是满面春风，他还迫不及待地询问什么时候才能真正拿到那瓶属于自己的酒。

由于金六福人竭诚致力于支持中国体育事业的腾飞，因此它被指定为"中国奥委会2001—2004年合作伙伴"。

三、金六福广告创意分析

纵观国内外的酒类广告创作，可以粗略地分主要三种：洋酒红酒广告卖气氛；啤酒广告卖情趣；其中白酒广告最为朴素，也最具中国本土特色。如果说洋酒红酒是大雅路线，白酒广告就是大俗路线。那么这一次如何选择福星酒自己的路线？如何让福星酒一出场就具备新兴白酒独有的气质呢？

如果还是走白酒的老路线，那么福星酒充量不过是一个普通白酒品牌而已，还无法达到鹤立鸡群的效果。但如果像红酒一样卖弄气氛，显然不适合福星酒的商品特性。应该在大俗的同时必须有雅的成分，在大雅的同时必须有俗的成分，白酒毕竟是白酒。大俗与大雅，这一对矛盾的处理，成为广告片执行中的一个大课题。

"井盖篇"的拍摄，仅演员的选择，就来往十多个回合。后来还是凭借了金六福人的直觉，他们看到某啤酒广告中的男演员健康俊朗，就希望能把他找出来。因为该演员不太知名，问了几十个制作人，才在上海找到这个演员。对旁白的设计也是一而再，再而三地推敲——打电话的男青年边走边说话，旁白不能太低，太低就影响品牌的气质；也不能太雅，太雅就会削弱亲和力。而且旁白不能太具体，太具体就会削弱创意的单纯性。旁白也不能太抽象，太抽象就削弱戏剧性。最后决定采用一连串的 OK、OK、OK……终于解决了这些矛盾。

从战略到战术，从策略到创意，从旁白到音效，从画面到色调，在每一个细节都精心设计，让每一个环节都成为成功加分。

(资料来源：文秘网，策划方案，有改动)

案例讨论

1. 你认为金六福广告创意怎么样？广告抓住了公众的什么心理？

2. 你有没有比这个广告更好的广告创意？

3. 在你所了解的广告中，哪个广告做得最好？哪个广告做得最不好？为什么？请举例说明。

第九章　营销环境与消费者心理

【本章导读】

通过对本章内容的学习从外部环境对消费行为的影响角度，了解商店类型与消费者心理，商店的位置对消费行为产生的影响；把握商店招牌设计的心理策略、橱窗设计注意事项、商品陈列与消费者心理；掌握与消费者接触的良好沟通与应该注意避免的问题。

销售是商品在市场运行过程中经历的最后环节，也是商品经流通领域进入消费领域的关键环节。企业针对消费者心理与行为特点所采取的商品设计、商标命名、包装、定价调价、广告宣传等各种心理策略能否发挥效用或效用大小，最终体现于销售过程，取决于商品能否为消费者实际购买和使用。因此，如何针对销售过程中消费者的心理特点，在购物环境、销售方式、服务质量、营业人员与顾客相互关系等方面采取相应的心理策略，始终是消费者行为的研究重点。

市场是生产与消费的媒介，是消费者实现购买动机，实施购买计划的场所。本章讲的市场，主要是企业与消费者最终进行商品和劳务交换活动的场所。它是一个空间的概念，在这个场所集中了各种货物、营销服务人员、消费者。当消费者进入一家具体的商店时，各有关因素都会在商店这一特定的时空范围内发生作用，强化人们现实的心理感受及行为。所以，商店的外观设计、内部装饰和货位摆布、销售服务、商品价格等市场因素给不同的消费者以不同的心理印象，激起不同的情绪感受，并且成为消费者某种行为的诱因或条件。

第一节　商店的类型与消费者心理

消费者的购买行为通常是在一定的购物场所或环境中实现的，购物环境的优劣对消费者购买过程中的心理感受具有多方面的影响。因此，适应消费者的心理特点，提供良好的购物环境，是企业扩大商品销售必不可少的条件，也是消费者心理与行为研究的重要内容之一。需要说明的是，这里研究的购物环境是狭义的，主要指商店内外环境设施等硬件系统。广义的购物环境还应包括销售方式、售货人员素质、服务态度、服务质量等软件系统。商店是消费者购买商品和服务的主要场所，虽然现代商品销售形式日趋多元化，直销、邮购、电话订购、网上购物等无店铺销售的方式迅速兴起，但店铺经营由于具有现场选择、综合服务、功能齐全、能满足消费者多方面需要的优势，因而在各种销售方式中仍占据重要地位，至今仍是消费者购物的主要渠道。因此，购物环境对消费者心理与行为的影响，主要体现在商店环境的影响作用上。

一、零售企业类型与消费者心理需求

现代零售企业类型众多，按照经营商品的种类，可以分为综合商店、专卖店；按照经营方式，可以分为百货商场、超级市场、连锁商店、仓储式购物中心、便利商店；按照经营商品及购物环境，可以分为现代化综合商场、高档精品店、中低档大众商店等。现代消费者的需求复杂多样，对商店类型的要求和选择也呈现出不同的趋向。

(一)大型百货商场

大型百货商场一般位于繁华的商业中心，店面规模大，营业面积大多在 5000 平方米以上，采取半封闭柜台销售与开架销售相结合的方式。大型百货商场经营门类广泛，品种齐全，商场设施先进，服务周到，拥有良好的信誉，具有较强的综合功能，可以满足大部分消费者对商品种类和数量的需要。因而对大多数消费者有较强的吸引力，所以是消费者集中选购商品，了解市场信息，享受购物乐趣的主要场所。一些知名度较大的百货商场，如北京王府井百货大楼、上海第一百货商店、东京西武百货公司、日本伊势丹百货等已成为一个城市经济发达程度的标志，是当地居民和旅游者购物和游览的主要选择目标。

(二)专卖店

专卖店是指专门经营某一品牌或某一大类商品为主的，并配有专业知识丰富的销售人员和适当的售后服务，以满足消费者对某一大类商品选择需求的零售业态。具体的商品有品牌专营的专卖店，比如"李宁"专卖店、"金利来"专卖店、"联想"专卖店；有相关品牌大类的专卖店，比如珠宝店、名表城、数码娱乐中心等。专卖店由于其专业化程度高，商品档次、品牌定位明晰，能更好地满足消费者的个性化需求，因而随着我国经济发展的进步，一些大型城市如北京、上海、广州等，在其日常生活中的服装和饰品的销售中，品牌化消费已经成为主流，大家更倾向于去专卖店购买品牌化的商品。

近年来，专卖店的发展速度很快，由大中城市开始向中小县级市发展，成为零售业的一种主要形态，尤其是品牌专卖店，与超市一起成为我国近年来零售业发展的重要力量形态。品牌专卖店之所以被消费者认同主要基于以下几点原因。首先，品牌专卖店的投资相对比较少，企业在价格折扣、店面管理、市场宣传等方面支持力度大，运作起来相对容易，适合普通白领阶层消费。其次，专卖店中的商品由企业统一配送，统一监管，杜绝了假冒伪劣，商品的可信任程度高，消费者在购买时的心理具有安全感。再次，专卖店的商品一般都在中档以上，其出售的商品和店铺环境本身就显示了一种消费层次，可以满足消费者个性化的品位和社会形象认同的需要。

(三)超级市场

超级市场指采取自选销售方式，以较大的规模集中销售食品、副食品等生活用品，可满足消费者日常家居生活需要的零售形式。其主要特点如下。

1. 购物便利

超级市场的商品种类齐全，以食品、日常消费品和快速消费品为主，全面满足了消费者基本生活的需要。此外，商品种类繁多，同一种类的商品可选择的品牌齐全，方便了消费者的选择，节省了消费者的购物时间，满足了不同层次消费者的需求。据调查，在超级市场购物要比到其他商店购物节省近30%的时间。

2. 环境舒适

超级市场一般面积都不少于 5000 平方米，销售的商品主要为日用快速消费品，因而每天的人流量极大。为了解决这个问题，超级市场在整体布局结构和环境色调选择上都下了很大功夫，因此超市是在零售业中最多也是最注重将科学和艺术结合的销售场所。消费者在其中不但不会感到拥堵和压抑，相反能给消费者以舒适的心情，使得购物成为一种享受。

3. 更能体会购物的满足感

超级市场大多采用开架的形式销售，消费者可以根据自己的喜好自由地选择商品，这使得消费者能更深入地参与到购买的过程中来，充分发挥个人的主动性和创造性。同时开架销售的形式，减少了消费者和售货人员人际摩擦的可能性，因而使得购物的满足程度大大提高。

(四)连锁商店

连锁商店是零售企业扩张的重要形式，因为具有统一经营方式、统一价格、统一标识、统一服务等特点，在众多商店中独具特色，受到消费者的青睐。连锁商店可以有效消除消费者的风险心理防御，减少比较选择时间，缩短购买过程。随着物质生活水平的提高，消费者在快速消费品中的品牌化消费倾向逐渐明显，传统的便利店因为其店面的装饰简单、商品布局较差、服务不足等缺点已经不能满足消费者的需求，更专业化的连锁商店形式已经是大势所趋。在一些大中城市的新型社区中，连锁商店已经成为当仁不让的主力。

(五)仓储式销售

仓储式销售是指将零售、批发和仓储各个环节合而为一的经营方式。仓储式销售的特点是批量销售、价格低廉，一反传统的单一货品销售的方式，采用小批量的销售形式，比如成盒、成打地销售商品，销售大包装的商品等，可以节约仓储、包装、运输等流通费用。仓储式销售一般都位于城市的非核心地带，土地和门面价格非常优惠，因而销售价格相对而言比较低廉。所以尽管这类商场环境设计简单，服务设施少，但因为价格优势，迎合了企事业单位集体大宗消费的需要，也符合一些低收入者和居住比较偏远者的需要，因而对于特定的消费者具有强大的吸引力。

二、商店选址与消费者购买心理

商店选址是从市场营销的角度出发，权衡顾客需求与商业利益的商业布局安排。它与消费者的购买心理密切相关，直接关系到经营能否成功。要实现企业的经营目标，商场选址要综合考虑所选定区域、经营商品种类、商场类型及消费者的需求心理等诸多因素，并兼顾现在与未来的发展趋势。商场选址还要综合考虑所在城市的区域人口因素、地理环境因素、地段因素，并掌握与此相关的顾客心理。

1. 商场区域聚焦心理

商场选址首先应了解区域内人口是否密集，顾客人数是否足以形成市场，是否具有一定数量的目标消费群体。在城市中被大家所认可的商业中心，比如北京的王府井地区，由于商家聚集，成为本市居民或旅游者购物和休闲的必经之地，会形成一个规模巨大、高密度的顾客群，形成商业经营中的"马太效应"。即消费者在一处营业环境中购买和消费时，为了求稳心理和休闲的需要，会同时游览其他相类似的商业场所，并可能产生购买行为。一般消费者都有从众心理，商店越密集、单位时间的人流量越多，越容易引起消费者的购买兴趣，越容易形成购买行为。所以，城市区域内传统的商业街，因人口密集，商家聚集，所以是商场选址的理想条件。但是由于这些地段都属于一个城市的"黄金地段"，所以导致企业经营成本比较高，在这些地段一般适合入驻以销售中高档的商品为主的专卖店和大型的购物商场。

2. 交通便利心理

影响消费者购物心理的一个重要的条件就是购物的便捷性，因此公共交通条件是影响营业环境的最重要的外部因素。交通条件越方便，消费者购买商品的心理体验越愉悦，消费者购买的积极性也就越高。沈阳卓展筹建之初选择了与卓展在长春不同的选址方式，卓展在长春选择的是长春最繁华的商业街——重庆路。沈阳卓展在选址的时候没有选在沈阳繁华的中街或者太原街，而是选择了作为交通枢纽的市府广场。开业之初，因为周围没有类似的大型高档购物中心，加上交通便捷，其商业效果远胜于位于繁华商业街的类似商场。

3. 最佳位置心理

在一条商业街内不同的位置会给消费者以不同的心理效应，企业在商业区选址时，切不可盲目设店，如果有意识地按照以下几点选址，也许可以达到事半功倍的效果。

(1) 寻找商眼：每个商业街都有"黄金旋涡点"。这个商眼是消费者在街上不自觉地停留的地方，是这条商业街上最宝贵的地段。商眼的位置一般不在商业街的中心位置，而是大约在商业街全长的三分之二的地方，即商业街全长的"黄金分割点"。如北京王府井商业街的商眼在百货大楼的南侧，对着原东安商场西门一带。

(2) 寻找方位：我们国家的人在交通规则中习惯靠右走，因而在商业街中大家也是不自觉地按照这一点先去右侧的购物场所购物消费。在商业街的主入口的右侧一般客流量要远远高于左侧。在方向规则的商业街，一般说来街道的人流量一般是西侧人流比东侧人流多，南侧人流比北侧人流多。比如行走在王府井大街上的人们，从南端往北走的时候，总是先从西侧走一段路，再穿到对面去到路东走；或者一直从西侧走下去，直奔百货大楼。所以确定商业街的主入口，应尽量选取右边的方向，这样会对商场客流量的提升有帮助。

(3) 排列规律：在一般商业街，商店的排布有较强的特点，在商业街入口的地方一般是一些小的专卖店,100 米之后,规模才渐次扩展,到了接近二分之一的地方出现中型商铺,而真正的热销区域,在全街总长的"黄金分割点",这里一般是大型购物商场。企业应根据自身特点按照商业街不同的距离和位置进行选址。

第二节　商店招牌与消费者购买心理

一、门面和招牌

商店外观是消费者认识一个商店首先看到的客观事物,它会给消费者留下强烈的第一印象,以致影响其进店后的情绪和行为。商店外观是一个商店的外部特征,它包括以下几个方面。

1. 门面

商店的门面是一个商店的"脸面"及构成商店形象的关键部分。它的设计风格对消费者最初主观地判断商店的新旧、优劣、大小等有很大影响。具有新颖独特风格的门面,带民族特色风格的门面,采用简洁明快风格的门面,采用古老庄重风格的门面,凡此种种都会给消费者留下不同的印象。一副构思精巧、意境深远、语词凝练的对联,再配上精湛的书法或其他别具特色的工艺美术(如镶嵌、表饰等),也能使人过目难忘。

总之,门面设计,一要满足消费者方便、实用的心理愿望,二要考虑到商店经营的具体商品。

2. 招牌

商店招牌,是用来识别商店,招揽生意的牌子,即一家商店的命名。消费者在市场上,往往首先浏览大大小小、各式各样的商店招牌,从中寻找实现自己购买目标或值得游逛的商业服务场所。

随着市场经济的发展,流通领域企业的品牌与商品品牌一样,具有越来越重要的地位和作用。一个深受消费者信赖的商店品牌相当于对消费者作出的一种承诺,使消费者在购买时有安全感和信赖感。例如,沃尔玛、家乐福、巴黎春天等世界知名的零售企业,其品牌就是向消费者承诺本商场里出售的商品都是经过精挑细选的,是最符合消费者利益的。消费者在购物时通常会选择具有一定知名度和美誉度的商场,以求减少购物风险。正因为如此,一个具有高度概括力、强烈吸引力的商店招牌,能够有效地刺激消费者的感官,并引起相应的行为。

二、商店招牌命名的方法

我国商店招牌命名的方法主要有以下几种。

1. 与经营特色或主营商品属性相联系

这种命名方法通常能使消费者易于识别商店的经营范围,引导和方便消费者选购,达到招揽生意的目的。比如"大光明眼镜店""万里皮鞋店"的店名,反映了经营者的主营商品种类。

2. 与服务精神或经商格言相联系

这种命名方法通常能反映经商者文明经商、讲究信誉、全心全意为顾客服务的商业道德和服务精神，使消费者产生信任的心理。比如"十点利百货店""半分利小吃店"，寓意经营者实行薄利销售的宗旨。

3. 与历史名人或民间传说相联系

这种命名方法通常能使消费者产生浓厚的兴趣和敬重的心理。比如"陆羽茶叶店"，以撰写我国第一部茶叶专著《茶经》的唐代学者陆羽命名，反映了经营者熟知《茶经》，具有一定的茶叶经营经验。

4. 与享受意境或美好愿望相联系

这种命名方法通常能反映经营者乐意为消费者的生活增添乐趣，同时包含对消费者的良好祝愿，引起消费者有益的联想，从而对经营者产生亲切感。比如"陶陶居"，寓意来这里定能沉醉于乐陶陶的环境中。

5. 激发消费者的兴趣或好奇心理

浙江宁波开明街人民电影院附近有一家小店的招牌上画了一只小缸、一只白鸭和一条黄狗，来往行人看了无不好奇，进店方知是家汤团店。因原店主名叫江阿狗，经营有方，创出名牌老店，现在的招牌是依原主人名字的谐音而画的。如此新鲜有趣的招牌，常使小店顾客盈门，远近闻名。香港一百货店老板用自己的巨幅照片作招牌，也引来顾客纷纷进店一睹其真面目。

6. 借用国外店名、地名

世界上一些有影响的大公司在中国树起自己的招牌，广揽中国消费者。比如"肯德基""麦当劳""派尼"，由于其独特、新颖的经营管理方式，在消费者心理上唤起了想尝鲜的欲望。显然，这类企业以其店名符合消费者求新、求变的心理而取胜的做法值得借鉴。

三、商店招牌设计的艺术表现形式

确定了商店招牌命名后，还需要配以良好的艺术表现形式。艺术表现形式较之命名给消费者的视觉感受更为强烈，因而是招牌设计中不可忽视的重要问题。招牌倘若在构思、用料、造型、色彩、书写、格调等方面设计别致、表现完美、具有艺术性，就会给消费者带来赏心悦目、品位高雅、别具一格、亲切自然等心理感受，从而与良好的店名相得益彰，取得更好的心理效果。

招牌形式的艺术表现手法多种多样，常见的有以下三种。

1. 请名人书法家题写店名

名人题字可以提高商店的知名度，书法家题写店名带有较强的艺术性。比如新华书店由毛泽东题写；位于北京王府井商业中心的"新中国儿童用品商店"由宋庆龄题写店名。

2. 侧向悬挂招牌

在繁华的商业街，商店林立。垂直于商店门面设置的侧向招牌，与人流方向相迎，能很好地吸引消费者的注意力。如果侧向悬挂的招牌都是霓虹灯所制，这种招牌迎着人流闪烁变化，很有吸引力。

3. 保持独有的风格

招牌形式要有独特的艺术性。专售珠宝钻石的店铺招牌应该华贵稳重，以顺应消费者的求奢心理，一般采用黄红色调；专售名人字画的商店招牌应当典雅古朴。

四、商店标志设计的心理功能和心理要求

标志，是以独特造型的物体或特殊设计的色彩附设于商店的建筑上而形成的一种识别载体。在现代商店外观设计中，标志具有多方面的心理功能。

(1) 标志是一家商店与其他商店的区别所在。由于标志通常设计独特，个性鲜明，为一家商店或企业所独有，因而它是商店的主要识别物。消费者仅从标志上即可对各种商店加以辨认和区别。尤其在由多家商店组成的连锁经营方式中，标志更是连锁组织的统一代表物。

(2) 标志是商店或企业形象的物化象征。标志往往蕴含着丰富的内涵，是企业或商店经营宗旨、企业精神、经营特色、代表色等理念与识别形象的高度浓缩和象征。通过标志的视觉刺激，可以向消费者传递有关企业理念的多方面信息，使消费者获得对该企业或商店形象的初步了解，并留下深刻印象。

(3) 标志具有广告宣传功能。它通过不间断地强化消费者的视觉感受，以引起过往以及一定空间范围内众多消费者的注意，从而成为招揽顾客的有效宣传手段。

为充分发挥标志的心理功能，在设计标志时，应充分适应消费者的心理特点，体现以下基本要求。

(1) 独特。避免相似或雷同是标志设计的最基本要求。独具特色、别具一格的标志可以将本企业与其他同类企业明显区别开来，使消费者形成正确而清晰的企业认知。

(2) 统一。不言而喻，连锁店或企业集团内各个分店或分支机构的标志必须是统一的。不仅如此，标志的字体、造型、色彩等还应与企业的形象识别系统(CIS)相统一。不仅要与其中的视觉识别系统，比如标准色、标准字等保持一致，而且还应尽可能体现理念及行为识别系统的内涵与要求，以使消费者从标志中感知到企业或商店的整体形象。

(3) 鲜明。标志的色彩应力求鲜明，以便形成强烈的视觉冲击效果，给消费者留下深刻印象。比如麦当劳快餐店的红黄对比、肯德基快餐店的红白对比、希福连锁店的蓝白对比等，都因对比鲜明而产生良好的视觉效果。

(4) 醒目。标志在形状大小和位置设计上还应做到醒目突出，能够被消费者迅速觉察。设置位置一般应矗立在建筑物顶端或商店门前。例如，日本的大百货商店建筑物顶端常竖有葵花、和平鸽等巨型标志，数公里之外清晰可见。

第三节 橱窗设计与消费心理

一、橱窗

商店橱窗，是在商店沿街的窗户内设立的玻璃橱窗，把所经营的重要商品，按照巧妙的构思设计，通过布景道具和装饰画面的背景衬托，并配合灯光、色彩和文字说明，排列成富有装饰性和整体感的货样群，从而进行商品介绍和商品宣传的综合性艺术形式。在现代商业活动中，橱窗既是一种重要的广告形式，也是装饰店面的重要手段。

二、橱窗及设计

(一)橱窗对消费者购买活动的影响

1. 激发购买兴趣

精选经营的重要商品进行陈列，并根据消费者的兴趣和季节有所变化，把热门货或新推广的商品摆在橱窗显眼的位置上，不但能给消费者一个经营项目的整体形象，还能给消费者以新鲜感和亲切感，引起消费者对商店和需求的兴趣。

2. 促进购买欲望

橱窗的装饰艺术、民族风格和时代气息，不但会使消费者对商品有一个良好的直观印象，还会引起他们对事物的美好联想，获得精神上的满足，从而促进购买的心理欲望。

3. 增强购买信心

橱窗用实在的商品组成货样群，如实地介绍商品的效能、用途、使用和保管方法，直接或间接地反映商品质量可靠、价格合理等特点，不但可以提高消费者选购商品的积极性，还可以带给他们货真价实的感觉，增强购买商品的信心。

(二)橱窗设计的心理学原则

橱窗要起到介绍商品、指导消费、促进销售和宣传教育的作用，首先要引人注目，要讲究视觉效果。从心理学的知觉规律角度看，橱窗设计应遵循以下的原则。

1. 应增强橱窗的刺激性

人们注意程度的大小与刺激强度成正比。色彩鲜艳、光度明亮、声音悦耳、标记突出的设计，刺激性就强，必然会引起更多的注意。

2. 应加强橱窗的对比度

知觉对象与知觉背景的差别越大，越容易被人们清晰地感知。雪地里的白天鹅和森林中的小松鼠，由于他们本身的一层保护色，所以不容易被人们发觉，相反"鹤立鸡群""万绿丛中一点红"，则容易被人们觉察。

3. 应注意陈列商品的活动性

一般地说,运动的对象和反复出现的对象,都容易引起人们的注意。比如夜空中的流星、闪光的霓虹灯广告、电影、十字路口的红绿灯等,都容易被人们知觉。

4. 应注意陈列商品的组合

由于知觉的整体性,往往因为刺激物的不同组合,故而能对人的知觉造成很大的影响。比如橱窗内陈列的商品实物、布置上的文字图画都不能太多太零碎,否则会分散人们的注意力。另外,摆放的位置以视觉中心(非橱窗中心)的位置为最佳,即在被众多广告学家尊崇的"黄金分割线"上。

(三)橱窗设计的心理方法

商店橱窗是一种天天与消费者见面的街头艺术,要获得成功的整体效果,不管采用什么样的设计方法,都必须注意适应消费者的心理,满足消费者的各种心理要求,以赢得消费者的喜爱,激发购买欲望,增强购买信心。要发挥橱窗对消费者心理的影响功能,一般可采用下面的方法。

1. 充分显示商品

在商店里,商品是消费者最关心的视觉对象。大多数消费者看橱窗的目的,往往就是为了观赏、了解和评价橱窗的陈列商品,为选购商品收集有关资料,以便作出决定。因此,商店橱窗设计最重要的心理方法,就是要充分显示商品,突出商品,把商品的主要优良品质或个性特征清晰地显示给消费者,给消费者的选购以方便感。

2. 塑造优美的整体形象

在橱窗陈列中,商品是第一位的,但仅是孤立的商品及随意的堆砌罗列,也是难以吸引消费者的。因此要适应消费者的审美趋势,运用各种艺术处理手段,生动巧妙地布置橱窗。艺术构图与设计运用,是橱窗设计中举足轻重的环节。橱窗的艺术构思要努力体现一个单纯凝练、新颖独特的构图。橱窗的色彩要清新悦目、统一和谐。具有强烈艺术感染力的商店橱窗不仅可以装点市容、美化商店,还可以使消费者从中得到美的享受。

3. 利用景物的间接渲染

用以景抒情的艺术手法去体现主题,对陈列内容间接地进行描绘和渲染,可使橱窗陈列具有耐人寻味的形象象征,能使观赏者从寓意含蓄的艺术构思中,联想到美好愉快的意境,满足感情上的需要。

一般可从商品的名称、性能、产地、原料、用途、使用对象和使用季节等有关方面,挖掘其内在的联系,抓住最能描绘、渲染商品的某个方面进行丰富的想象,创造出诱人的意境。此外,为方便选购和吸引顾客,可布置儿童游乐场等设施,创造更佳的购物环境。

4. 要根据季节变化和市场消费形势及时调整商品陈列

商店要运用科学的方法,经常地对商品、市场、消费者进行调查研究,以取得可靠的市场情报和资料，作为及时调整商品陈列的依据。把适销商品、新商品适时地摆在显眼位置上。人是好奇的，新奇的东西对人的刺激性最大，也最容易吸引人的注意，可以以此来发挥橱窗的促销作用。

第四节　商品陈列与消费心理

一、商品陈列的原则

商品摆放的位置如何，往往影响消费者的心理感受。商店里商品琳琅满目，陈列着上千种不同品牌、不同包装的商品，消费者进入商店，一分钟内至少要经过百十种商品。如何让他们停下脚步，对某件商品发生兴趣，进而购买商品，这是对商品陈列效力的考验。商品陈列也是零售企业现场管理工作的一项基本内容，它在吸引顾客进店选购商品、激发顾客购买欲望以及达成交易中起着很重要的作用。

可以说，商品陈列是一种无言的推销方式，是一种传统的零售现场广告。在连锁经营的店铺中，由于采用自行售货方式，商品成为销售现场的主要角色，因此，商品陈列更是一项非常重要的工作。有魅力的商品陈列，能够刺激消费者的购买欲望。同时，规范化的商品陈列方法可以使企业形象统一化，使连锁管理达到标准化、简单化。商品陈列的优劣决定着顾客对店铺的第一印象，使卖场整体看上去整齐、美观，这是卖场陈列的基本思想。陈列还要富于变化，不同陈列方式相互对照效果的好与坏，在一定程度上左右着商品的销售数量。要充分地将这些基本思想融入货架、端头的陈列中去。一般情况下，商品陈列应注意以下几点。

(一)摆放高度适宜

消费者走进商店后，一般都会无意识地环视陈列商品，对货架上的商品获得一个初步的印象。因此，商品摆放的高度应与消费者进店后无意识的环视高度相适应。据瑞士的塔乃尔教授研究发现，消费者进店后无意识的展望高度为 0.7～1.7 米，上下幅度为 1 米左右，同视线轴大约形成 30 度角上的物品是最容易被人们感受到的。因此，应按照不同的视角、视线和距离，确定其合适的位置，尽量提高商品的能见度，使消费者对商品一览无遗，更易于感受商品形象。

(二)适应购买习惯

对品种繁多的商品实行分组摆布时，应按照消费者的购买习惯，并相对固定下来，以便他们寻找、选购。一般可将商品分成三大类。

1. 方便类商品

这类商品大多数属于人们日常生活必需的功能性商品，价格较低廉，供求弹性不大，交易次数频繁，挑选余地小，一般不需要售后服务。比如香烟、糖果、肥皂、调味品等。消费者对这类商品的购买要求主要是方便、快速成交，而不愿花较长时间进行比较研究。因此对这类商品摆放位置要明显，便于速购。比如商店的底层、主要通道两旁、出入口附近、临街的窗口等最易速购的位置上，最能满足购买者的求速心理。有条件的话，这类商品的摆布应占有较大的陈列面积，把商品的花色品种应有尽有地摆放在方便的位置上。

2. 选购类商品

这类商品供求弹性较大，交易次数不多，挑选性较强，使用期较长，比如时装、家具、自行车等。大多数人在购买这类商品时，都希望获得更多的选择机会，以便对商品的质量、功能、式样、色彩、价格等方面作认真、细致的比较。不仅注意研究商品的物理效用，还更多地权衡商品的心理效用，往往把商品的属性和自身的欲望综合起来加以反复考虑后，才能作出购买决定。因此应将这类商品摆放在店里较宽敞、光线较充足的位置，有些还可以敞开式或半敞开式售货，让消费者自由接近或触摸，甚至调试商品以便选购。

3. 特殊类商品

如影碟机、空调、冰箱、液晶电视、工艺品、照相机、古董文物之类的高档商品，选购的时间长，有些需要售后服务。消费者一般在购买前需反复思考，对商品、商标、商店都有挑选，明确目标后才行动，购买中愿意花费较多的时间评价、比较。这类商品可摆放在商店的里部或顶层较僻静之处，设立专门的销售地点，环境布置应结合商品特征，显示出高雅、名贵或独特的品位，这样更能满足消费者的某些心理需要。

(三)突出商品的价值和特点

商品摆布要运用各种形式，充分展示商品的优点、性能、用途等个性特征，突出商品的美感和质感，增强对消费者的吸引力和说服力。比如式样新颖的商品，要摆在视觉最易感受的位置；新商品、名牌商品要以最明显的展示方式，摆放在显要地段和醒目之处，并用灯光强调其色彩和造型，增强商品的吸引力；家具和床上用品，若按照使用状况摆放，给消费者亲切感和生活实感，刺激其购买欲望。此外，还要根据季节变化、消费趋向、传统节日等，不断调整更新商品摆布的内容和形式，体现时代感，使消费者愿意经常光顾。"好店长＋好品牌＋好商品＋好店面"是构成店铺赢利的四宝。统一标准的店面招牌、明亮的橱窗展示、抢眼的宣传海报、整齐有序的商品陈列，还有着装统一、面带笑容的工作人员，这就是现代店铺的标准形象。商品陈列能够将商品的外观、性能、规格、特征等信息迅速传递给顾客，减少询问的时间，缩短挑选时间，加速交易过程。

一个店的店容是视觉第一触及区，担负着重要的使命，是留住顾客的关键。店容设计一定要"抢眼"，因为它可以吸引各种类型的过往顾客进店购买。在繁华的商业区里，顾客往往首先浏览的是大大小小、各式各样的店铺招牌，寻找自己的购买目标或值得逛的店铺。因此，具有高度概括力和强烈吸引力的商店招牌，对顾客的视觉刺激和心理影响是很重要的。而商品的陈列便是店容的第一要素，它经过精心的艺术处理，具有很高的审美价值。应根据自身的实际条件，创造出具有独特企业文化，与别的店铺绝不雷同的购物环境。通过店内商品陈列能反映出店铺独特的气氛、情调和意境，这就是商品展示的真正目的。它在增强商品质感的同时，也能给顾客带来愉悦的环境气氛和美的感受。

除了上述因素外，还要注意保持商店内的商品种类丰富、陈列美观。琳琅满目这个词，如果用来形容一家商店，人们立刻就会想到繁荣兴旺的景象，因此乐意来此选购。反之，若货架上稀稀拉拉，横七竖八地堆着一些商品，柜台里也是空空荡荡的，有的地方还蒙上一层灰尘，消费者不免要想，这家商店究竟是商品售完了，货源脱销了，还是快要停业了？消费者也自然在这里毫无一点购物的兴趣。可见，商品摆布给消费者的心理影响是客观存在的，充分利用消费者的感觉器官，采取适合消费者购买心理的商品摆布形式，对促进实际购买行动和美化商店环境，有着很大的现实意义。

二、商品陈列的方法

1. 集中陈列法

集中陈列法是零售店商品陈列中最常用且使用范围最广的方法，它把同一种商品集中陈列于一个地方。这种方法最适合周转快的商品。下面以目前普遍使用的高度为 165 cm 的货架为例，将商品的陈列段位作 4 个区分，并对每一个段位上应陈列何商品作一个设定。

上段。即货架的最上层，高度为 120～160 cm，该段适合陈列一些推荐商品，或有意培养的商品，该商品到一定时间可移至下一层即黄金线。

黄金陈列线。黄金陈列线的高度一般为 85～120 cm，它是货架的第二层，是人眼最容易看到，手最容易拿取商品的陈列位置，所以是最佳陈列位置。此位置一般用来陈列高利润商品、自有品牌商品、独家代理或经销的商品。该位置最忌讳陈列无毛利或低毛利的商品，否则对超市来讲是利益上的一个重大损失。

中段。货架的第三层是中段，其高度为 50～85 cm，此位置一般用来陈列一些低利润商品或为了保证商品的齐全性以及因顾客的需要而不得不卖的商品。此位置也可陈列原来放在上段和黄金线上的已进入商品衰退期的商品。

下段。货架的最下层为下段，高度一般离地 10～50 cm。这个位置通常陈列一些体积较大，重量较重、易碎、毛利较低，但周转相对较快的商品，也可陈列一些消费者认定品牌的商品或消费弹性低的商品。

2. 整齐陈列法

整齐陈列法是按货架的尺寸，确定单个商品的长、宽、高的排面数，将商品整齐地堆积起来以突出商品量感的方法。整齐陈列的货架一般配置在中央陈列货架的尾端，陈列的商品是超市欲大量推销给顾客的商品及折扣率高的商品，或因季节性需要顾客购买率高、购买量大的商品，比如夏季的清凉饮料等。整齐陈列法有时会令顾客感到不易拿取，必要时可作适当变动。

3. 随机陈列法

随机陈列法是为了给顾客一种"特卖品即为便宜品"的印象，而在确定的货架上将商品随机堆积的方法。采用随机陈列法所使用的陈列用具，一般是一种圆形或四角形的网状筐，另外还要带有表示特价销售的牌子。随机陈列网筐的配置位置基本上与整齐陈列一样，但也可配置在中央陈列架的走道内，紧贴在其中一侧的货架旁，或者配置在卖场的某个冷落地带，以带动该处陈列商品的销售。

4. 盘式陈列法

盘式陈列法是将装商品的纸箱底部作盘状切开后留下来，然后以盘为单位堆积上去的方法。这样不仅可以加快商品陈列的速度，而且在一定程度上提示顾客整箱购买。有些盘式陈列，只对上面一层作盘式陈列，下面的不打开包装箱而是整箱地陈列上去。盘式陈列架的位置，可与整齐陈列架一致，也可陈列在进出口处。

5. 兼用随机陈列法

该方法是一种同时兼有整齐陈列和随机陈列特点的陈列方法，其功能也可同时具备以上两种方法的特点。兼用随机陈列架所配置的位置应与整齐陈列一致，而不能像随机陈列架一样，有时也要配置在中央陈列架的过道内或其他地方。

6. 系列化陈列法

系列化陈列，即通过精心地选择、归纳和组织，将某些商品按照系列化的原则集中在一起陈列。系列的归类和组织可以有不同的方法。例如，功能、风格相同，款式不同的服饰；面料、款式相同，颜色不同的服饰，同一品牌下，不同品类的服饰；种类不同，但可以相互搭配的服饰；服装和与之配套的饰品等。特点是通过错落有致、异中见同的商品组合，使顾客获得一个全面系统的印象。

7. 对比式陈列法

对比式陈列是指在服饰商品的色彩、质感和款式上，或是在设计构图、灯光、装饰、道具、展柜、展台的运用上，采用对比式设计，形成展示物间的反差，达到主次分明、相互衬托的展示效果，从而实现突出新商品、独特商品、促销商品或专利商品等主要商品的目的。特点是对比强烈、中心突出，视觉效果明显，大大加强了被陈列商品的表现力和感染力。

8. 重复陈列法

该方法是指同样的商品、装饰、POP 等陈列主体或标识、广告等，在一定范围内或不同的陈列面上重复出现，通过反复强调和暗示性的手段，加强顾客对服饰商品或品牌的视觉感受。其特点是使顾客受到反复的视觉冲击，从而在感觉和印象上得到多次的强化，并有"该商品是唯一选择"的暗示作用，可使顾客留下十分深刻的印象。

9. 对象陈列法

该方法是指通过突出商品的功能、特点，或利用广告、道具和移动造景手段，强调商品的目标顾客，使展示和宣传具有明确的目标，并且可以加强与顾客的沟通，有助于提高同顾客的亲和力，达到引起顾客兴趣和好感的作用。特点是目标明确、主题突出、标志性强，影响力集中，使顾客具有归属感和亲切感。

10. 层次性陈列法

该方法是将同一卖点的不同商品、同一品牌的不同商品和消费需要相同的商品，按照一定的分类方法，划分层次依次摆放，使顾客能迅速确定自己的购买目标，方便快捷地进行选择和购买。例如，可以分为：时尚商品、畅销商品和长销商品；高档商品、中档商品和低档商品；系列商品、成套商品和单件商品；主要商品、配套商品和服饰配件等。其特点是分类清晰、主次鲜明、标识突出，可以吸引不同类型的顾客，方便顾客比较和选择，容易营造出热烈的气氛。

11. 场景陈列法

该方法是指利用商品、饰物、背景和灯光等，共同构成不同季节、不同生活空间、不同自然环境及不同艺术情调等场景，给人一种生活气息很浓的感受。场景陈列注重现实感的体现和情调、气氛的营造，并且要强调艺术性和创新性，使人既得到启发和审美的享受，又有身临其境之感。同时，生动、形象地说明服饰商品的用途、特点，从而对顾客起到指导作用。

12. 连带式陈列法

该方法是将相关的服饰商品放在一起进行陈列。例如：西装和衬衣、领带、皮带以及其他相关的服饰品，可以作为成套的系列商品进行连带陈列。这样可以有效地进行对比和选择，从而产生成套购买的想法。但要注意的是在款式、色彩、风格、质量价位等方面务必做到协调、有序；连带式陈列可以方便地进行组合、搭配，但要在位置、方法上体现商品的主次，兼顾整体性、协调性和层次感。

13. 广告陈列法

该方法是指用平面广告、各种类型的 POP、现场播放的影视广告和语音广告来强调广告效应的陈列方式。广告陈列一般比较适合品牌服饰、促销商品和利用设计师或形象大使进行宣传推广的商品。这种方法主要起到广告宣传的效果，其目的是吸引顾客对服饰品牌或商品特点的关注，加深顾客对品牌的理解，并使顾客产生极为深刻的印象。其特点是形象生动，具有视觉冲击力和强大的宣传推广作用，有利于形成品牌联想并加强品牌认知。

第五节　商店内装饰与消费心理

理想的店内装饰，一方面，可以使消费者在观赏和选购商品的过程中，始终保持积极的情绪，在优雅、舒适和友善的环境气氛里，从容选择，顺利完成购买活动，并留下对商店的良好印象。另一方面，它也能使营业人员精神饱满、情绪稳定、态度热情，从而提高工作效率和服务质量。为了店内装饰符合消费者的心理要求，一般可采取以下方法。

一、利用照明度诱导购买活动

商店营业厅明亮、柔和的照明，不但可以保护营业员和顾客的视力，缩短顾客的选购时间，加快营业员的售货速度，还可以显著吸引消费者注意力。科学地配置和调节商店照明度，是一种较为经济的促销手段。

照明可分为基本照明、特别照明和装饰照明三大类。基本照明以在天花板上配置荧光灯为主。照明光度的强弱，一般要视商店的经营范围和主要销售对象而定。比如对呢绒服装、妇女用品之类需要细致挑选的商品，光度要大些；对日用杂货等一般不会太细致挑选的商品，光度可小些。营业厅最里面应配置最亮光度，营业厅前面和侧面的光度次之，营业厅中部光度可稍暗些。这样可增加商店空间的有效利用，使商店富有朝气，还可以使消费者的视线本能地转向明亮的里面，吸引他们从外到内把整间商店走遍，使其保持较大的选购兴趣。特别照明属商店的附加照明，一般视主营商品的特性而定。比如珠宝玉器、金银首饰、美术工艺品、手表等贵重、精密商品，就需要特别照明。装饰照明也是附加照明，主要起到对商店的美化、商品的宣传、购买气氛的渲染等方面的作用。

照明直接作用于消费者的视觉。营业厅明亮、柔和的照明，可以充分展示店容，宣传商品，吸引消费者的注意力；也可以渲染气氛，调节情绪，为消费者创造良好的心境；还可以突出商品的个性特点，增强刺激强度，激发消费者的购买欲望。

灯光照明是对商场的"软包装"，体现着商家在一定时期内销售主体的诉求意向，也是向顾客传递购物信息的媒介。店内的照明光源一般分两大类，一类是为了保持整个商店空间亮度的基本照明光源，又称为总照明；另一类是以装饰功能为主兼作照明的装饰光源，又称附加照明，包括特别照明和装饰照明。前者是为增加柜台光度配置的，多采用聚光灯、探照灯等照明设备定向照射；后者的配置一般要视主要商品的特性而定，大多采用彩灯、壁灯、吊灯、落地灯、霓虹灯等照明设备。不同光线和不同光源能使环境形成不同气氛。

店内的灯光照明应与消费者通过视觉所反映的心理感受相适应，这样才能增强感官刺激强度，渲染店内气氛，激发顾客的购物情绪。店内灯光照明的科学化和艺术化可以渲染烘托整个商店的气氛，突出商店的格调和商品的特性，对顾客产生强烈的诱惑，同时也会给顾客带来舒适、愉悦的心理感受。

二、利用颜色调配激发积极情绪

在现实生活中，色彩的选择常常与人们的自身性格、生活经验、爱好、情趣相联系。不同的色彩能引起人们不同的联想，产生不同的心理感受。从我国人民的习惯上来说，黑色是严肃、悲哀的象征，但也能给人以文雅、庄重的感觉；白色是纯真、洁净的象征，但也能给人以恐怖、神圣的感觉；绿色是青春、生命的象征，但也能给人以恬静、新鲜的感觉；紫色是高贵、威严的象征，但也能给人以神秘、典雅的感觉；红色是热情、喜庆的象征，但也能给人以焦躁、危险的感觉；蓝色是智慧、安静的象征，但也能给人以寒冷、冷淡的感觉等。色彩光波的长短，对人的视神经的刺激程度的不同，直接影响着消费者的心理活动，并由此引起情绪的变化。所以，在进行商店内部色彩调配时，应考虑以下因素。

1. 营业场所的空间状况

由于淡色具有扩展空间、深色具有压缩空间的感觉，所以可利用色彩调配，扬长避短，改变消费者的视觉感受。

2. 主营商品的色彩

装饰用的色彩要有利于突出商品本身的色彩和形象，把商品衬托得更加美观、更具吸引力，以刺激购买。

3. 季节变化与地区气候

店内装饰的色彩调配要因季节和地区而异，利用色彩的特性，从心理上调节消费者由于气温与自然因素造成的不良情绪。比如在严寒季节里，要设法使消费者进店后有温暖如春的感觉，从而产生积极的情绪，促进购买行动。

4. 装饰色彩与灯光照明

有些颜色会吸收光线，而有些颜色会反射光线；颜色愈深，吸收的光线愈多，反之亦然。因而要考虑到调配的色彩在不同光线及照明情况下的变化和效果。

三、利用环境设施提高商店声誉

营造商店舒适的环境和先进的设施，既是消费者和营业员生理上的需要，也是心理上的需要。环境对消费者行为的影响作用是不能低估的，它包括以下几点。

1. 气味

商店中的气味直接影响消费者的心理感受，清新芬芳的气味会吸引消费者欣然前往。反之，则使人难以忍受，同时心理上引起反感，对购买活动起到消极作用。好的气味还可显示商店的服务精神，在消费者的心目中确立良好的形象。

2. 音响

声响是商店气氛的重要组成部分，用音乐来促进销售，可以说是古老的经商艺术。早在传统商业时期，说唱或敲击竹梆、金属器物等就成为小商小贩招揽生意的独特形式。

心理学研究表明，人的听觉器官一旦接受某种适宜音响，传入大脑中枢神经，便会极大地调动听者的情绪，造成一种必要的意境。在此基础上，人们会萌发某种欲望，并受到欲望驱使而采取行动。但是，并不是任何音响都能唤起消费者的购买欲望。相反，一些不合时宜的音响会使人产生不适感。店内的各种声响一旦超过一定限度，不仅使顾客心情烦乱，注意力分散，还会使顾客反感。一些轻松柔和、优美动听的乐曲能抑制噪声并创造欢愉、轻松、悠闲的浪漫气氛，使店内顾客产生一种舒适的心情，从而放慢节奏，甚至流连忘返。一项调查结果表明有77%的调查对象在其购物活动中偏爱有背景音乐的购物环境。

商店背景音乐的选择一定要结合商店的卖点和顾客的特征，以形成一定的店内风格。同时还应注意音量高低的控制，既不能影响顾客用普通声音说话，又不能被店内外的噪声淹没。音乐的播放也要适时有度，以免使顾客产生不适感，甚至厌烦从而达不到预期的效果。

当商店的噪声超过一定的分贝数，会使人心情烦躁，注意力分散，引起消费者的反感，不愿留步，也使服务人员工作效率降低，影响服务质量。只有和谐的音调、柔和的音色和适中的响度才能令人感到舒适。适当播放一些轻松柔和、优美动听的音乐，可以创造良好的购物环境。

3. 空气

宜人的气味也通常对人体生理有积极的影响。空气污浊、充满异味的商店顾客不会久留，无味的商店易使顾客感到疲劳，而清新的、令人心旷神怡的购物环境会使顾客得到美的享受。商店内部如果能根据所经营的商品特征适宜地散发一些宜人的气味，就能使顾客在购买活动中精神爽快、心情舒畅。

有的食品零售店利用气味对消费者的影响来诱发消费者的购物动机，以此增加销售。像一些糕饼店人为地制造出诱发人食欲的气味，吸引过往行人的注意，并刺激其购买行为。一些出售小装饰品、礼品的精品店使用清淡的花香型香料，营造出温馨、雅致的氛围，可以与其陈列的精美商品相呼应，给消费者以美的享受，进而激发其购买欲望。

保持空气清新宜人，温湿度适中，才能保证消费者产生舒适、愉快的心理感受。污浊的空气有害于消费者和营业员的身心健康，无异于将消费者推出门外。

4. 店内设施

有条件的商店在适当的地方设置顾客休息室、饮食服务部、购货咨询处、临时存物处等各种附设场所，这些也是提高商店声誉、满足消费者心理需要的好方法。

售货现场景点是零售商场景点的一个组成部分。零售商场景点作为当代国际上流行的零售营销手段传播到我国后，越来越多地受到零售业界的青睐。尤其是大中型零售商场，开始将这一营销手段运用于企业整体营销战略之中。零售商场景点是指零售商业组织为了吸引消费者，在商场外与售货现场内营造可供消费者观赏、浏览的景致，包括非商品因素的活动项目或活动设施。它是现代商场环境因素的重要组成部分，既能为消费者提供良好的购物环境，又能独立地吸引消费者，令其并非因购物而光顾商场。因此，营造零售商场景点与促进商品销售有着密切的关系。

合理的建筑设计和配备的辅助设施可提高消费者的满意度，使其在购物的同时享受更多的愉悦。对店内设施可以从以下几个方面进行改进。

(1) 空间设计。商店的室内高度要与面积相适应，要保证通风和采光。多层商店中，底层高度不宜过低，以免消费者产生压抑感。空间结构可采用丰富多变的设计手法，比如各层中央留有垂直空间，使消费者从每一层都可以看到商店全貌，给人以宏大感。

(2) 楼梯。合理的楼梯设计应以方便消费者上下行走为原则，要尽可能扩大客流量。现代大型多层商店中，配备自动扶梯的商场可以将高层商场的客流量提高1~3倍。

(3) 辅助设施。辅助设施是指商店内为消费者提供非商品销售的服务性设施，如临时幼儿寄托室、休息室、问询处等。这些设施可以为消费者提供托儿、休息、咨询指导等多方面的服务，使消费者在购买过程中获得极大的便利感，并对商店的内部环境产生良好的印象。

据有关商场的经验分析，顾客停留在商场的时间和商品销售额成正比。商店应重视店内装饰，以漂亮、舒适的环境吸引消费者，增大商品销售额，以取得更好的经济效益。与此同时，还必须保证商品质量并提供优质服务，否则，商店留给消费者的印象只能是"金玉其外，败絮其中"。

本 章 小 结

商场情景是指包括商场类型、商场地理位置、商场外部形态以及商场内部布置在内的商场外部环境与内部环境，它对消费者购买心理有直接影响。商店选址要注意商场集聚心理、购买便捷心理、最佳地段心理；商品种类与选址的关系，商店性质与选址的关系。橱窗设计心理策略有：精选商品，突出主题；塑造优美的整体形象；启发消费者联想。商场内部商品陈列的心理有：方便顾客观看，方便顾客行动，方便顾客挑选，要整洁整齐、疏密有致。商品陈列的方法有：逆时针陈列商品法，重点陈列法。商店内背景音乐是音响设计的重点，在播放背景音乐时切忌音量过大和过于强劲。背景音乐的选择一定要结合商场的特点和顾客特征。基本照明光度一般应较强，让顾客有兴奋的心情，特殊照明是为了凸显商品的个性，应视具体的商品而定。商场适宜的温度和湿度对消费者购物情绪和欲望有着良好的、直接的影响。一般而言，商场内部装饰的色彩以淡雅为宜。在与消费者的接触中，销售现场和售后服务直接促进或延缓消费者的购买行为，售后服务还是形成顾客产生忠诚度最重要的原因之一。销售现场服务的关键是要出现在消费者需要服务的时候，而不是让消费者有不受重视或者强制推销的感觉。正确处理与消费者的接触，注意避免和消费者产生冲突，在冲突出现的时候要注意尽量不要影响到其他消费者的购买心理，学会解决冲突的几个方法。新型的服务产生于多元化的服务需求的需要，首先在相对高档的商品和场所适用，要注重按照消费者的个性化特点进行服务。

课 程 思 政

商场情景要有国际视野、家国情怀，利于弘扬中华民族优秀传统文化和社会主义核心价值观。

思 考 题

1. 举例说明本市哪个商店的购物环境独具特色、特别吸引人，为什么？
2. 商标的心理效用有哪些？商标的设计和运用需要遵循哪些原则？
3. 橱窗设计的心理策略有哪些？
4. 售后服务要注意哪些问题？
5. 简述无干扰服务的利与弊。
6. 如何能转化消费者拒绝购买的态度？谈谈你的看法。
7. 商场选择区域有哪些选址心理？

案 例 分 析

红星美凯龙公司简介及其选址要求

红星美凯龙集团有限公司简介

红星美凯龙连锁集团自 1986 年创业以来，始终以建设温馨、和谐家园，提升消费者居家生活品位为己任，截至 2020 年已在北京、上海、天津、重庆、南京、长沙、南昌、济南、成都、西安、石家庄、常州、无锡、扬州等 90 多个城市开办了 200 多家大卖场，成功登上 2020 福布斯全球企业 2000 强排行榜，排名 1794。

经过多年的奋斗，红星美凯龙与宜家、麦德龙、百安居、沃尔玛等国际连锁巨头结成发展联盟。红星美凯龙有上海红星美凯龙第四店真北路二期、上海红星美凯龙第五店浦东家居广场、北京红星美凯龙第三店世界家居广场、广州红星美凯龙世博家具广场等项目，预计销售规模将翻番，企业竞争力将大幅提升。

红星美凯龙连锁集团曾连续5年跻身中国民营企业500强前50位。2003年当选"中国最具竞争力100家名牌"。2004年荣膺"2004中国最具竞争力民营企业50强""中国连锁经营企业50强"。2006年获得"中国家居行业核心竞争力第一品牌""中国家具连锁最具影响力品牌"。2008年荣获"国内影响力品牌领袖""家居家装行业影响力品牌领袖"。红星美凯龙被全国工商联和劳动保障部授予"就业与再就业先进单位"称号；被中央组织部授予"全国先进基层党组织"称号；被共青团中央授予"全国五四红旗团委""全国青年文明号"。

1. 选址要求

土地投资合作的项目以上海、北京、广州、重庆、沈阳、成都等为主的各大直辖市、省会城市以及计划单列市；

品牌加盟合作的项目针对二、三线城市；

项目位于城市规划的重点区域，周边有一定的商业氛围或商业潜力；

项目周边交通便利，地处城市主要交通干道或高速公路出入口；

项目靠近人口密集的住宅小区或新开发的住宅密集区，以中高档小区为优；

项目临街道路的长度不少于100米，进深不少于70米，临街道路至少为双向6车道，且临街有广场。

位于城市主干道交汇处、广场四周、十字路口、丁字路口、环路两侧，最好是传统家居、建材市场附近、城市重点发展方位；

项目本身、周边或商圈内有非竞争性的综合超市、百货店或其他专业市场；

周边有多条公交线路通过，交通便利；商圈5～10 km。

范围内，常住总人口覆盖50万～80万。

2. 建设规模

红星美凯龙项目占地50～100亩，如果项目土地面积超过100亩，可以做配套商业或住宅开发；土地性质为商业用地或者商住综合用地，符合国家规范标准。

地块面积充裕，则可加入超市、写字楼、宾馆、精品住宅等其他商业形态，打造一个成熟商圈。

红星美凯龙项目的经营面积5万～10万平方米。建筑外观和装饰标准按上海汶水店标准执行。

3. 经营内容

中高档时尚品牌家具、国际品牌家具。

卫浴陶瓷、五金、地板、门业、油漆涂料等建材。

橱具、布艺、工艺品等家饰用品。

4. 面积楼层

面积要求：省会城市建筑面积7万平方米以上；待建土地50～100亩；

单层面积：多层店单层不低于1万平方米。

5. 建筑要求

建筑结构: 建筑结构采用轻钢结构或钢筋混凝土框架结构;

柱距: 柱网不低于 8 m*8 m

楼层层高: 首层层高 6 m

6. 红星美凯龙选址要求

二层以上层高不低于 5 m

楼层承重: 承载力 600kg/m²

停车位每 1 万平方米建筑面积, 配 100 个停车位。

7. 能源和设备配置

能源要求: 每 1 万平方米用电 800kVA(含空调风机用电量, 不包括空调主机)每 1 万平方米用水量每天不少于 30 m³

中央空调: 具备较好的新风系统

电梯: 观光电梯、自动扶梯、客梯、货梯满足需要

8. 投资方式

买断土地使用权新建商场(购买土地, 自建自营项目)。

合作方土地作价入股合作经营(当地合作方以土地入股, 我方以品牌和建设资金入股的方式, 组建合资公司共同经营管理项目)。

品牌加盟和管理输出(发展商负责建设和装修, 红星负责招商和经营, 红星收取年度加盟费和管理提成)。

9. 效益评估

每一大卖场单位面积投资为 2600~2800 元。总投资 1.5 亿~3 亿人民币, 年销售额约 5 亿~10 亿元左右。红星美凯龙的市场引入将带动所在地区房产、地产的增值, 对经济发展有着不可估量的作用。红星美凯龙通过高规格的建筑设计、高标准的招商引资, 汇集 2000 多家国际、国内品牌进驻, 将充分带动当地建材家具生产业和仓储运输业的发展, 营造浓郁的商业氛围、提升地区的生活水平。红星美凯龙的入驻将为当地提供 2000 多个就业机会, 年纳税额 2000 万~3000 万元左右, 并能够为更广泛的商业活动以及公益事业提供理想的平台。

红星美凯龙诚心到各地投资合作, 介于红星已具备的厂商、经营、人才的三大优势及有效的市场运营机制和成功的管理经验, 红星美凯龙必将与您一起实现双赢。

(资料来源: 百度文库)

案例讨论

商店在选址时应该考虑哪些因素? 你认为红星美凯龙的做法怎样? 说明理由。

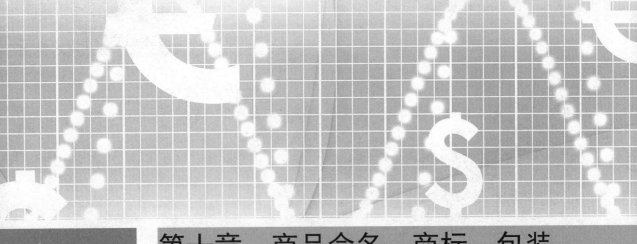

第十章　商品命名、商标、包装与消费者购买心理

【本章导读】

通过对本章内容的学习，了解商品命名、商标设计及商品包装装潢的概念；理解商品命名、商标设计及包装装潢的心理效应，在此基础上正确掌握商品命名、商标设计及包装装潢的心理策略。

第一节　商品命名的心理效应

一、商品的命名

商品命名，实质上就是生产企业赋予商品的一种名称，通过恰当的语言文字，概括地反映出商品的特点、用途、形状、性能等。

商品的名称是消费者认知商品的第一接触点。消费者认识商品，不但通过第一信号系统，还必须依靠第二信号系统的作用。商品的实物形态如造型、款式、颜色、气味、声音等特征，必须和商品以语言、文字形成的信号系统紧密结合起来，这样才能给顾客传递准确的信息，使消费者对商品形成较完整的印象。商品名称能够唤起消费者对该商品的联想，进而使其感知、认识它，从而使其产生购买行为。

商品的名称包含两个内容：一个是指某类商品共同的名称，它不体现具体生产企业的差别，比如冰箱、轿车、电视机等；另一个是与生产或销售企业有联系的品牌名称，比如"海尔冰箱""红旗轿车""长虹电视机"等。这两个命名的内容都是企业在进入市场前应认真处理好的工作。

(一)商品命名的一般作用

商品命名的作用主要表现在以下几个方面。

1. 标志作用

给商品命名后，商品的名称与实体就紧密联系在一起了，名称成了商品的标志。取名得当能使消费者切实感到商品名副其实，闻名如见物，给消费者留下深刻印象。例如，"人参蜂王浆"就标志着该商品是由名贵中药——人参和高级滋补品——蜂王浆为主要原料制成的。

2. 显示作用

商品的名称通常用来显示商品的功能、用途、生产企业、生产地点等方面的特性。比如"金嗓子喉宝""王麻子剪刀""海尔电冰箱"等。

3. 记忆作用

商品的名称通常都是简单、易于记忆的，消费者只需记住商品的名称而无须记住商品的形体就可以知道商品。例如"全聚德"，提到此名，消费者都知道它是北京的著名烤鸭。

4. 传递作用

商品的名称是语言文字符号，企业要向消费者传递商品信息，不管是采用大众媒体，还是雇用人员推销等人际传播，都必须借助商品的名称来传递信息。

5. 激发作用

商品的名称能恰当地对商品的形象进行描述，容易使消费者产生注意和兴趣，从而激发其购买动机。例如"驴打滚""老头乐"。

(二)商品命名的注意事项

商品的命名必须要遵循一定的原则，如果步入误区，很可能导致商品滞销。商品命名中需注意的事项如下。

1. 忌用偏字

商标名称是供消费者呼叫的，应考虑到用字的大众化问题，使用冷僻字取名，很难使其成为名牌商标，也很难设想这种商品能够在市场上畅销。比如"西泠冰箱""开髻山矿泉水""蕈汁"。好的商品名称正像好的文章一样，是在平淡中见神奇，"四通""方正""金利来""康师傅"这些悦耳动听的名字，都是很常用的字。

2. 忌用多音

取名使用多音字，就像使用冷僻字一样会给人们的呼叫带来很大的不便，寓意本身也不够明朗。以多音字取名，名字中有两个或多个读音时，容易让人感到无所适从。例如乐海餐馆，其中的"乐"有两种读音，一读 lè，一读 yuè，使人不知读什么更好。

3. 忌语意隐晦

语意隐晦就是语音过于深奥，没有人懂，寓意再好也没有意义。企业的商标名称具有标明企业性质、暗示商品功能等作用，要求有较强的可读性。比如浙江省兰溪市有家起名馆，他们先给自己起了含义颇深的名字——"叱石成羊"起名馆。可是牌子挂出后，别人都不懂，店主连忙在店名招牌旁边补了一个"兰溪市企业文化服务社"的牌子以作补充。所谓"叱石成羊"，据古书《神仙传》记载：古时传说黄初平牧羊遇道士引至金华石山石室中。其兄初起寻之，但见有白石块。初平叱之，石皆成羊。一个面对公众服务的小店，其名字居然采用如此玄妙的典故，难怪人们都看不懂。同是起名馆，"酿名庐"和"正名斋"就显得通俗且令人回味，店名本身就是一则极好的广告。

4. 忌名称冗长

商品的命名不能过于繁杂、冗长，要给人简洁、易读、易记的形象。如果命名过长，就不容易被呼叫，也不利于广泛传播，人们对它的记忆也不会太长久，更不要说宣传商品、树立企业形象了。

5. 忌与其他品牌相仿

两种商品的名字有时会有相近性，这有偶然因素也有人为的故意模仿，但如果太相似，有时就会给一方造成巨大的损失或使双方两败俱伤。美国的"固特立"和"固特异"，两家公司不但名字相似，而且都生产销售汽车轮胎。二者在市场上竞争时，"固特立"有一些不利，为扭转局面，他们推出一则引人注目的广告来加强品牌——"我们是另外一类人"，广告虽然得到注意，然而并没有得到用户的实际认同与支持，每当"固特立"发明商品时，"固特异"就会坐享其成。因为"固特异"规模更大，知名度更高。"固特立"吃尽了亏又只好认命，因为其名称"固特立"已注定永远要居于比它更强的竞争者的下风。避免名称相近这一误区，就要标新立异。企业在给商品命名时要广泛收集相同商品的信息，以避免出现与别家商品类似的情况。

6. 忌随便使用缩略语

缩略语可能会导致认知上的混乱，如果都用缩略语，消费者可能无法理解和识别。比如"HH"，按拼音可以理解为"黄河"，也可理解为"黄海""红河""红海"等。因此，为了增强商品的认知度，就应尽可能避免使用缩略语。因为别人并不像你那样熟悉你的公司，熟悉你公司的简称。IBM、GE 等不是因为缩写而出名，而是在极度出名后才有了缩写。品牌以缩略语形式出现必须具备一定的条件：即商品有较高的知名度并取得了较大的成功，别的商家不具备而消费者又迫切需要和认知，只有这种商品才可使用缩略语。

二、商品命名的心理效应

"二十大"指出：推进文化自信自强，铸就社会主义文化新辉煌。创立民族品牌、宣传民族品牌，增强同学们对民族品牌的自豪感。

在商品命名时要时刻注意名字的中文韵味。

在现实生活中，消费者在未接触到商品实物之前常常通过商品名称来认识和记忆商品，通过评议文字——商品名称来判断商品的性质、用途和品质。一个好的名称具有先声夺人的心理效应，可以提前赢得消费者的注意；一个简洁明了、引人注目、富于感染力的名称，可以使消费者了解商品，并为消费者带来美的享受，从而刺激消费者的购买欲望。因此，根据消费者的心理特点进行商品命名，给商品起一个恰如其分的名字是极其必要的。商品命名的根本目的是使商品的名称与消费者的心理相吻合，对消费者产生积极的影响。在为商品命名时应注意符合以下消费者的心理要求。

1. 名实相符

商品命名时要用简洁的语言文字直接而概括地描述商品的性能、用途、特点、成分、形状和产地等，使商品名称与商品的实体特征相适应，达到使消费者只要间接看到或听到商品的名称，不需要看到商品的实体，就能顾名思义，对商品的基本效用和主要特征有一定的了解，从而加速消费者认识商品的心理活动过程，促进消费行为的尽快完成。例如，"乌发精""电饭煲"等商品，当人们看到这些名称时，不需做任何解释，即刻就能心领神会。

2. 便于记忆

记忆是思维、决策的基础。相比之下，让消费者记住一个商品的名称比记住商品的实体容易得多。易读易记、言简意赅的商品名称能减轻记忆难度，缩短消费者的记忆过程，有利于消费者记忆的保持。根据人们的记忆规律，商品的名称最好不超过五个字。因为名称不易记住，而且印象模糊，会影响消费者认识商品。所以商品命名应力求文字简洁明了、通俗易懂，并能高度概括商品的实体。同时，发音要易读易懂，响亮且有韵味，能适应不同知识水平的消费者。众多成功的商品命名证明：简洁、易懂、响亮、顺口的商品名称对商品的销售能起到积极的作用。

3. 引人注意

这是商品命名最主要的目的，也是最重要的要求。注意就是把心理活动指向和集中于特定对象的状态。当商品名称瞬间能引起消费者注意时，就会产生强烈的心理效应，促使其进一步去了解商品，所以商品名字不能只是堆砌漂亮的字眼和华丽的辞藻。一方面，可以根据商品适应范围内消费者的年龄、职业、性别、知识水平等所产生的不同心理要求，来给商品命名。比如女性商品名称应柔和优美，高雅大方；男性商品名称要刚柔相济，浑厚朴实；青年商品的名称应具有青春气息；老年商品的名称应以朴素庄重为宜；儿童商品名称要活泼可爱，充满童趣。另一方面，商品命名还应注意名称的寓意和特色，含义好、有新意的名称能使人过目不忘或印象极深。例如，"可口可乐""娃哈哈""泥人张"等。当然，为商品命名也不必拘泥于固定形式，只要突出了商品特点，考虑了消费者的心理特征，独具匠心的商品名称更能引起消费者的注意，如"狗不理包子"等。

4. 引发联想

引发联想是商品命名的一项潜在功能。消费者通过对商品名称的联想，可以获得对商品本身和与商品相关事物的认识。如果一个商品的名称寓意深远，就能引发消费者对相关事物的美好联想和向往，从而引起消费者积极的购买欲望，达到促进销售的目的。例如BMW 品牌的汽车，译为"宝马"，译名朗朗上口，形神兼备，使人很容易联想到古代的"千里马"，增添了该品牌的文化美学信息。"可口可乐""开口笑"等简单术语也给人以丰富的联想。"可口可乐"这种软饮料初到中国时的译名为"口渴口蜡"，销量极低，因为很多人将"口渴口蜡"理解为"口渴时喝一口蜡"而不予购买。20 世纪 30 年代，Coca Cola 公司出重金招标取名，一位中国留洋硕士研究生以"可口可乐"四字一举中标，从此该品牌名声大振，沿用至今。从此类似的软饮料都称"××可乐"，如"百事可乐""幸福可乐""非常可乐"等，因为这类取名精辟至极，所以引得其他企业竞相模仿。

5. 避免禁忌

由于不同国家和地区的消费者在民族文化、宗教信仰、风俗习惯、语言文字等方面存在差异，使得他们的消费习惯、偏好、禁忌各有不同，对同一商品名称的认知和联想可能会有差异，甚至截然相反。所以在给商品命名时一定要考虑消费者的民族风俗中禁忌的心理要求。例如我国的"山羊"牌闹钟，"山羊"在英国是被喻为"不正经的男子"，"山羊"牌闹钟如果出口英国，尽管这种闹钟价廉物美，仍会无人问津。还有美国通用汽车公司一款名为 Nova(诺瓦)的汽车，这是欧美许多国家妇女喜欢用的名字。但该车运到讲西班牙语的拉丁美洲以后，却很少有人买这种车。因为在西班牙语中 Nova(诺瓦)是"开不动"的意思。显然这种"开不动"的车唤不起消费者的购买欲望。

6. 诱发情感

情感是人对客观事物态度的重要组成部分，没有对商品的积极情感，就难以有购买商品的需要。一个好的商品名称，能够诱发消费者的积极情感，从而促使其对该商品产生兴趣和购买愿望。比如中国的名茶"茉莉花"茶享誉欧美，却不受东南亚国家的欢迎。究其原因是"茉莉"与"没利"谐音，当地人很忌讳。后来有的厂商给"茉"字添上两个点，成为"菜"字，而"菜利"与"来利"同音，自此，其销路很快就畅通了。

总之，商品命名应力求寓意深远，情感健康，便于记忆，能高度概括商品特性，适应消费者心理，从而激发消费者的购买欲望，促成消费者的购买行为。

三、商品命名的心理策略

给商品命名是一项颇具挑战性的工作，是真正意义上的智慧凝结，也是创意优劣的分水岭。好的商品名称可以带动一个新商品的茁壮成长。因此给商品命名必须讲究心理策略，具体可归纳为以下几种。

1. 根据商品的主要效用命名

这种命名方法主要是依据消费者购买商品时的求实心理，在商品命名时从其主要性能和用途出发，突出商品的本质特征，加快消费者对商品的认知过程，使消费者迅速了解商品的功效，以取得消费者的信赖。化妆品、医药商品和日用工业品多采用这种方法命名。比如护肤品"小护士防晒霜"、药品"胃必治"、农药"多菌灵"等。这种开门见山的命名方法迎合了消费者追求商品实用价值的心理。

2. 根据商品的主要成分命名

这种命名方法突出了商品的主要原材料和主要成分，使消费者可以从名称上直接了解商品的原料构成，方便消费者根据自己的实际情况选择商品。这些商品名称或强调货真价实，或突出原料名贵，起到了吸引消费者进行挑选、购买的作用。食品、药品和化妆品的命名多用这种方法。例如，"鲜橙多""蜂王浆""隆力奇蛇油膏"等。

3. 根据人名命名

这是指以发明者、制造者或历史人物等的名字给商品命名的方法。这种命名方法使特定的人与特定的商品相联系，使消费者睹物思人，引发丰富的联想、追忆和敬慕之情，从而使商品在消费者心目中留下深刻的印象。这种命名方法还可以给消费者以商品历史悠久、工艺精湛、用料考究、受名家推崇等印象，表明商品系出名门、正宗独特，使消费者产生敬慕感、信任感，以此诱发消费者的购买欲望。例如："张小泉剪刀""东坡肘子""李宁"牌运动服等。

4. 根据商品的产地命名

由于历史文化的沉淀，某些地方出产的商品声名显赫，历史悠久，具有很高的知名度。根据商品产地命名的方法，依据消费者的信任感，在商品名称前冠以商品产地的名称，例如"金华火腿""北京烤鸭""云南白药"等。这些商品往往是利用当地独特的原材料或历史悠久的传统生产工艺精制而成。直接以商品的产地命名不仅可以突出地方风味和特色，增加商品的名贵感和知名度，还可以迎合消费者求名、求特、求新的心理，使其产生亲切感和偏好而"慕名购买"。

5. 以商品的外形命名

这种命名方法多用于食品、工艺品类的商品命名。它的特点是形象化，能突出商品新、奇、特、美的特点和造型，引起消费者的注意和兴趣。比如首饰命名为"繁星满天"、食品命名为"佛手酥"、服装命名为"喇叭裤"等。不过采用这种方法，应注意名称和形象的统一，否则会弄巧成拙，达不到让消费者从名称联想到商品实体的结果。

6. 根据商品的外文译音命名

这种命名方法多用于进口商品。直接借用商品的外文译音，既克服了翻译的困难，又满足了消费者求新、求奇、求异的消费心理，是外来文化在中国的交流与渗透中所带来的命名方法。这种命名方法要求读起来朗朗上口、寓意良好，让人们产生美好联想和愉悦心情。例如，Coca Cola 译作可口可乐，该名称非常适合中国消费者的语言偏好，而且名称中流露着一种亲切和喜庆，让人联想到饮料可口，饮后会欢快喜悦。现在有些本土商品采用外来语，也能激起消费者的好奇心，满足了消费者求新、求变、求异的需要。例如"昂立一号"是地地道道的中国本土商品，其得名用了英语"only one"，即"唯一"的意思，也颇具影响力。但是若乱用外语，用得过多、过滥，那么效果就适得其反。

7. 根据吉祥物或美好事物命名

这是一种为迎合人们希望事事顺心的心理而为商品命名的方法。命名时注重商品名称的用词、寓意，使商品与美好的愿望及事物紧紧相连，采用适当的文学夸张与比喻，暗示商品的质量、性能良好，功效显著，给消费者一种愉快、高兴、喜爱、欢乐的心理感受，增强消费者购买商品的积极性。此种命名方法在食品、药品等商品中用得较多，例如，碧螺春茶原名叫"吓煞人香"。康熙皇帝认为其名不雅，题之曰"碧螺春"，从此该茶闻名于世，成为清宫的贡茶。又如"万家乐""健力宝""龟苓膏"等都在告诉或暗示消费者使用后得到的益处。有些商品的实物会使消费者感到厌恶或畏惧，人们常常用能使人产生良好联想的名称来代替原有名称，比如我国中药中的蚯蚓，人们就用"地龙"来称呼，壁虎则用"天龙"来称呼。

8. 根据商品的色彩命名

这种方法是指以商品或原材料的色彩给商品命名，适用于食品类商品。比如"黑巧克力"原料中巧克力的成分比较高，黑色突出了纯度；"白玉豆腐"突出豆腐形态白嫩细腻；"白加黑感冒片"则突出了白片与黑片的不同效果。以色彩命名突出了消费者的视觉感受，使之对商品留下深刻印象。

9. 以制作工艺或制造过程命名

这种方法多用于具有独特制作工艺或研制过程有纪念意义的商品，是一种经常被采用的方法。这种命名方法从商品制作的加工过程出发，突出商品精良的工艺，以上乘的质量来增强消费者的信任。比如北京著名的"二锅头"酒，就是根据蒸馏酒的方法命名的，其商品原来的烧制方法是用装冷水的锅作冷却设备，渐渐被酒蒸汽烘热后再换上冷水，第二次换水后蒸出的头批白酒香气醇厚，品位超群，故取名"二锅头"。以此命名能使消费者了解该酒不同寻常的酿制工艺，从而提高商品声望，也满足了消费者的求知欲。菜肴中用加工方法命名的很多，比如"清蒸鳜鱼"等。

第二节　商标设计与消费者购买心理

一、商标的概述

(一)商标的含义

商品仅有名称是不够的，要进一步区别各生产经营者制造或销售的商品质量、价格和性能，并在必要时诉诸法律保护，这就需要使用商标。

商标是商品的标志。它是商品生产者或经营者为使本企业的商品与其他商品相区别而采取的一种标记。商标一般由文字、字母、图形、数码、线条、颜色及其组合构成。

(二)商标的主要特征

1. 商标具有显著性

它既区别于具有叙述性、公知公用性质的标志，又区别于他人商品或服务的标志，从而便于消费者识别。

2. 商标具有独占性

使用商标的目的是为了与他人的商品或服务项目相区别，从而便于消费者识别。所以，注册商标所有人对其商标具有专用权、独占权，未经注册商标所有人许可，他人不得擅自使用。否则，即构成侵犯注册商标所有人的商标权，违犯我国商标法的规定。

3. 商标具有价值

商标代表着商标所有人生产或经营的质量信誉和企业信誉及形象，商标所有人通过商标的创意、设计、申请注册、广告宣传及使用，使商标具有了价值，也增加了商品的附加值。商标的价值可以通过评估确定。商标可以有偿转让；经商标所有人同意，可以许可他人使用。

4. 商标具有竞争性

商标是参与市场竞争的工具。生产经营者的竞争就是商品或服务质量与信誉的竞争，其表现形式就是商标知名度的竞争。商标知名度越高，其商品或服务的竞争力就越强。

理想的商标应具备五种特性：识别性、传达性、审美性、适应性、时代性。

(1) 识别性。识别性是商标最基本的功能，商标的特殊性质和作用决定了商标必须具备独特的个性，不允许雷同混淆。

(2) 传达性。个性特色越鲜明，视觉表现感染力就越强，刺激的程度就越深。现代商标不仅仅要起到商品的区别标记作用，还要通过商标表达一定的含义，传达明确的信息，包括企业的经营理念，商品的性能用途等，从这个意义上讲，商标应如同信号一样确切，易于辨识了解。

(3) 审美性。商标应该简洁、易读、易记，应具有简练清晰的视觉效果和感染力。

(4) 适应性。商标的表现形式还必须适应不同材质、不同技术、不同条件的挑战，无论黑白彩色，放大缩小如何变化，都要遵循系统化和标准化的规定。

(5) 时代性。商标必须适应时代的发展，在适当的时候进行合理的调整以避免被时代所淘汰。

(三)商标的心理价值和心理功能

1. 商标的心理价值

商标是整体商品的一个重要组成部分，它和商品是密不可分的。商标不仅仅表示商品的名称，还标志着商品的质量、规格和特征。因此，商标在消费者的心目中逐渐形成了某种价值。

商标在消费者心理中形成的价值大体可分为两类：一是商标所代表的商品在消费者心目中有稳固而持久的良好印象。比如北京"同仁堂"，历经三百余年，金字招牌仍熠熠生辉，其原因不仅在于它掌握了许多祖传秘方，更重要的是它始终严格承袭"古训"，即"炮制虽烦，必不敢省人工；品味虽贵，必不敢减物力"。消费者只要看到这个商标，就会对它所代表的商品质量深信不疑。二是商标的创制蕴含了某种特殊的社会意义。我国徐州汉中实业集团曾于 1995 年 10 月获准注册的"1997"纪念酒商标，就与 1997 年中国政府恢复对香港行使主权这一重大历史事件直接联系在一起。

2. 商标的心理功能

商标主要有以下三种心理功能。

1) 识别功能

商标首要的、固有的功能，在于表明商标所标示的商品是由哪一家厂商生产、制造、加工、拣选或经销的，服务是由哪个经营者提供的。简单地说，商标是识别不同企业的相同商品(或服务)的标志，表明这些商品(或服务)的来源。或者说，商标是标志使用同一商标的商品或者服务，都是由同一厂商生产或者经营的。商标的特定标志性，有助于消费者在购买商品的过程中，透过商标对不同的商品进行识别并对同类商品进行比较，确定商品的质量、性能，挑选出他们所需要、所喜好的商品。同时，消费者还可以通过商标来了解、记忆商品的生产经营单位，得到相关的商品服务，例如售后服务、索赔等。在现实消费活动中，很多消费者都是根据商标购买商品的。一旦消费者认定了某一商标，就会产生偏好从而习惯性地购买。比如有人常年使用"黑人牙膏"、喝"可口可乐"，因为他们认为这种牌子最可靠，抑或是已习惯该种商品。

2) 保护功能

商标经核准注册后，商标注册人即享有商标专利权，且具有排他性。就是说，除非经商标注册人许可，任何单位和个人都不得在同一种商品或类似商品上使用与该注册商标相同或相近的商标，否则即构成侵权行为，将受到法律制裁。商标受法律保护的功能非常重要，它不仅维护了制造商和销售商的经济利益和企业形象，也保护了消费者的合法权益，使消费者免受假冒商品的伤害。商标可以使消费者在购买和使用商品时有一种安全感和信赖感，从而促进商品的销售。

3) 提示和强化功能

既然商标是识别商品(或服务)的标记，那么它对商品(服务)质量的保证自然就成为广告宣传的有效手段。当消费者存在某种需求时，商标的提示效应可以使消费者对商品产生偏好，从而影响消费者的购买决策，最终促成购买行为，这就是商标的提示功能。消费者使用这种商品后，如果反应良好，那么这种好感就会加深消费者对该商标的印象，它会使消费者在以后购买商品时"认牌购货"，对这种商品的购买变成一种理性的购买或习惯性的购买，形成品牌忠诚，从而坚持多年乃至终身购买和使用该商标的商品。反之，一个与消费者心理不符的，甚至相悖的商标，会强化消费者对商品的摒弃心理。这就是商标的强化功能。

二、商标设计的心理策略

(一)商标设计

商标设计是商标创意的体现和表达，是用艺术手段将商标构思具体化、成果化。

商标设计的起源可追溯到古代，当时工匠们将其签字或"标记"印制在其制造的艺术品或实用商品上。随着岁月变迁，这些标记演变成为今天的商标注册和保护制度。这一制度能帮助消费者识别和购买某种商品或服务，因为由商品或服务上特有的商标所标示的该商品或服务的性质与质量符合他们的需求。因此，在商标设计时应注意以下几个问题。

1. 切忌模仿，步人后尘

模仿或部分模仿他人商标，将会使自身的商标失去独创性。比如他人在酒类商品上已注册了"红楼梦"商标，你再去申请"红楼梦情""红楼世家"或"醉红楼"等，不仅失去了独创性，注册申请也很难核准。

2. 繁简适中，易读易记

商标设计时，既要充分考虑易于识别和记忆，又要注意文字或图形不能太简单，否则就会失去显著特征。

3. 暗示特点，体现创意

商标设计时，要使商标与商标指定商品或服务项目相联系，使人能联想到商品或服务的特点，把商标构思的立意充分体现出来。

4. 结合装潢，主次分明

商标要与包装装潢设计相协调，不能将商标设计成纽扣式，置于不显眼的位置。商标应在包装上占据突出的中心位置，整个装潢的设计要以商标为核心，切忌喧宾夺主，否则难以发挥商标的购物导向作用。

(二)商标设计的心理策略

商标设计是商标发挥心理功能的基础。实践中，商标的设计具有很大的灵活性，可以采用文字、符号、图形及其组合等多种表现形式和手法。然而，精良的商标设计不可随心所欲，必须考虑到商品的特色和消费者的心理，力求将丰富的信息浓缩于方寸之间，最大限度地发挥出商标应有的感召力。为此可以采取以下策略。

1. 设计力求新颖独特

商标的设计要与众不同，切忌落入俗套，应以精巧的构思来突出个性，以显著性和奇特性昭示消费者。人们通常对特别的东西记忆深刻，为了使消费者从纷繁复杂的同类商品中迅速找到自己偏爱的品牌商标，商标设计时应博采众长，力求新颖独特，有别于其他同类商品。例如，"小天鹅"洗衣机以一只美丽的小天鹅作为商标，使人们联想到美丽洁白的天鹅在明净的水面上畅游，从而产生洁净清爽的感觉。

2. 造型优美，赏心悦目

除了法律规定的不能用作商标的事物外，商标的题材几乎可以取自宇宙万物，这无疑为商标设计者提供了广阔的创作空间。由于现代消费者不仅要求商标具有明确的标示作用，而且追求商标的美学价值，所以在设计商标时，应力求形象生动优美、线条明快流畅、色彩搭配和谐、富于感染力，达到让消费者流连忘返、百看不厌的效果，使消费者能够在瞬间被商品的视觉所捕获，满足消费者的求美心理，从而对商标及商品产生好感。

3. 简便易记，形象生动

商标是供人们称呼和识别的，人们对简单而符合审美情趣的图形文字往往记忆深刻，所以商标语言应做到简洁鲜明、易记上口，商标图案也要简单明了，使人一目了然、过目不忘。要选用简洁明了、易于拼读的字词和单纯醒目、容易识别的图案来组成商标所要表现的各种意向的集合体，以便在短暂的视听传播过程中，比较准确地传递商品的有关信息，给人以清晰的印象。例如，美国著名品牌"耐克"的商标图案是一个小钩子，造型简洁有力、富于动感，一看就让人想到使用耐克体育用品后所产生的速度和爆发力，充分体现了耐克所经营的运动产品的特点。

4. 与商品本身的性质和特点相协调

商标既是对商品所要传达的信息的提炼和精确表达，也是商品的代名词，对其起到提示和强化的作用。这就要求通过文字、语言、图案等组合而成的商标，具有扬名、达意、知物的功能，准确地体现出其所代表的商品的性质，突出商品的特色。例如，"奔驰"商标可使消费者联想到高档轿车的性能卓越，奔驰如飞；可口可乐公司的"雪碧"商标，体现了"晶晶亮、透心凉"冰凉、清爽的特点，在炎热的夏季可以引起了广大消费者畅快淋漓的感觉。

5. 具有时代气息，反映社会的潮流趋向

时代是不断向前发展的，商标的设计也必须跟上时代的步伐。商标作为商品的标识与人们的生活息息相关，商标如果能结合特定的历史时期，反映时代的气息，甚至赋予一定的社会意义，适应费者的心理要求，也可以赢得消费者的青睐。例如，天津毛纺厂生产的"抵羊牌"毛线，最初是因抵制洋货而得此商标的，由于赋予了某种政治意义，激发了消费者的购买热情，历经几十年而不衰。又如，2000 年是世纪之交，在这一重大的历史时期，"联想"适时推出了千禧系列电脑，取得了很好的市场效果。

6. 遵从法律规定，顺应不同国家、民族、宗教、地域消费者的心理习惯

各个国家的商标法都有明文规定不允许将有的事物注册为商标。例如，很多国家规定国家和国际标志包括国徽、国旗、国际组织的徽章、旗帜不能用作商标，国际组织的缩写也不能作为商标。另外，由于不同的国家、民族、宗教、地域的消费者有着不同的宗教信仰和风俗习惯，从而产生很多特殊的偏好和禁忌，在设计商标时应充分考虑这些因素，不能违反民族的禁忌。对于图案，不同的国家也有不同的偏好，比如加拿大人忌讳百合花，喜爱枫叶图案；澳大利亚人忌讳兔子，喜爱袋鼠图案等。商标颜色的使用也要注意，如欧洲人忌讳黑色；日本人忌讳绿色，认为绿色代表不吉祥；巴西人忌讳棕黄色，认为棕黄色是凶丧之色，类似树叶黄了从树上掉下来，象征着死亡；比利时人忌讳蓝色等。如果对颜色忌讳不清楚，选择其国旗的颜色最保险。

商标设计涉及面十分广泛，既要考虑商品本身的特点和注册的需要，又不能采用别的企业已经注册过的图案和文字，还要体现商标的艺术性。在激烈的市场竞争中，怎样设计出新颖别致、醒目美观、能吸引消费者的商标已经成为企业商品策略的重要组成部分之一。为此，许多企业不惜重金，耗费大量人力、物力来寻求理想的商标。比如美孚石油公司原来使用"埃索"(ESSO)商标，随着该公司商品在世界范围内的销售，公司感到有必要设计出一个在世界主要语言中都寓意良好、并且呼叫响亮的商标。他们聘请了心理学、语言学、社会学、统计学专家，用了六年时间，调查了世界上 55 个主要国家的语言和消费者心理，设计出上万个商标方案，最后确定为"埃克索"(EXXON)商标。公司为此支付了140 万美元，但却在新商标扬名后获得了数十亿美元的厚利。

第三节　商品包装的心理效应

一、商品包装概述

(一)商品包装的含义

商品包装包括包装与装潢两部分。

包装是指各类用于盛装、包裹或保护商品的容器或材料。按包装在商品流通中所起的不同作用，可将包装分为运输包装和销售包装。运输包装又称外包装，它的主要作用是在商品的流通中保护商品。销售包装又称内包装，是指接触商品并随商品进入市场销售的包装。除了保护商品这一基本作用外，这类包装还具有宣传介绍商品、美化商品、方便消费者携带及使用等作用。此处对包装认知心理的研究是专指商品的销售包装。一般来说，商品销售包装由商标(品牌)、造型、颜色、图案和材料等要素组成。

装潢在古代是对装裱技艺的称谓。今天装潢是指商品外表的装饰，它将绘画、文字等元素附着于包装外表，起美化商品的作用。随着市场竞争的日趋激烈，消费者生活方式和生活习惯的变化以及包扎新工艺、新材料的应用和包扎技术的提高，商品包装的重要性越来越突出，包装已不仅仅是为了保护商品质量，减少商品损耗，便于运输、储存以及计量，更是为了美化商品，诱导消费欲望，促进商品销售。

(二)商品包装的功能

美国销售心理专家路易斯·切斯金曾通过一次实验对包装进行研究，结果表明，包装对消费者心理有巨大的影响，甚至可以左右他们对商品的认识和感受，因而被称为"沉默而极具说服力的推销员"，由此可见包装对消费者心理影响之巨。一般说来，商品包装的功能主要有以下几方面。

1. 保护功能

这是商品包装的首要功能。在商品流通过程中，必然要经过运输、储存等过程，通过科学的包装可以起到保护商品安全、防止损坏的作用。比如防止散落、变质、污染等，以维护商品的质量、卫生与安全。液态、粉末状、气态的商品，借助包装可以防止溢出、挥发、失散。易燃、易爆、有毒的商品，通过包装可以避免引发燃、爆、毒物挥发等事故。

2. 识别功能

消费者在选购商品时，通常第一眼看见的是商品的包装，而不是商品本身。而且，现在市场上，同类商品的同质化程度越来越高，当商品的质量不容易从商品本身辨别的时候，包装就成为商品差异化的重要组成部分。包装不仅可以介绍商品的特色、特效和用途，说明商品的名称、品质及成分等重要信息，还可以展现企业的特色。一个设计精良、独具特色、富于审美情趣的包装能使商品从众多的商品中脱颖而出，给消费者留下深刻印象。

3. 传递信息功能

好的包装具有传递商品信息的功能。以前，人们常说"皇帝女儿不愁嫁""酒香不怕巷子深"，只要商品质量好，就不愁卖不出去。但在市场竞争日益激烈的今天，包装的作用与重要性已被厂商深谙。人们已感觉到"酒香也怕巷子深"，为了让自己的商品得以畅销，能从琳琅满目的货物中脱颖而出，不仅要有过硬的商品质量和媒体的有利宣传，良好的包装同样不可忽视。如今许多厂家在商品的外包装上印上商品的实体图片、商品质量、用途、供销、成分、使用方法、注意事项、企业名称、地址、电话号码、出厂日期、商品优点特点以及重量体积等有关的文字、图形、符号和信息，以帮助消费者增加有关商品的知识，增进对商品的了解和认识，加深对商品的印象，学会正确使用的方法，从而消除消费者对商品的疑虑，增强消费者对商品的信任，使其尽快作出购买决定。

4. 便利功能

良好的包装可以有效地保护商品，有利于商品的长期储存，延长商品的使用寿命。包装的便利性还体现在包装的开启和携带是否方便上。在现代市场营销中，企业为赢得市场份额，常根据商品的性质、形状和用途等设计包装的结构、形状、材料、规格以及开启方式等，通过方便消费者选购、携带、运输、保管和使用来促进消费。例如法国依云矿泉水为开发旅游用品，1999 年重新进行了包装设计，依据是很多消费者希望商品既能走路时方便携带又有时尚的外观。新包装瓶子中间有个手纹凹陷，方便携带，顶部的拉环与吸管相连，方便饮用。这种设计打破了瓶装水的设计，把瓶口放在瓶子顶端的一侧。该设计被认为是一次从消费者的角度考虑，既实用又美观的创意。使用该包装的商品上市后广受消费者的欢迎，被认为是外出旅游的贴身伴侣。

5. 增值功能

俗话说"人要衣装，佛要金装"。作为商品实体之外的包装，还具有提升商品价值的功能。包装作为商品整体的一个组成部分，可以显示其拥有者的身份和地位。对于一些礼品和高档商品，高雅华贵的商品外观可以大大提高商品的档次，能让消费者在拥有商品的同时感到自己的身份地位有所提高，适应消费者的炫耀心理、求美心理以及自我表现的心理。例如，"大哥大"(手提电话)刚进入我国市场时，很多购买的人除了使用外，还会在谈生意的时候或在公共场合用它来显示自己的经济实力，以满足其"荣誉""地位"及"虚荣心"；名贵的巴黎高级香水包装瓶放在梳妆台上，可以体现女主人善于修饰和雅致的气质。这些消费者所购买的是一种自我形象完美的满足，而不是简单的商品。因此，在拟订商品包装定位时，应先对消费者的心理需要和动机类型作调查研究，以便有针对性地进行包装设计。

总之，具有艺术性、审美性的包装，会使商品锦上添花，使消费者赏心悦目，有效地推动消费者的购买。相反，"金童玉女破烂衫，皇帝女儿嫁不出"，制作粗糙、形象拙劣的包装会直接影响消费者的选择，即使商品本身质量功能优越，也可能无人问津。我国茅台酒就曾有如此经历：1915 年，北洋政府将土瓦罐包装的茅台酒送到巴拿马万国博览会参展，外国人对之不屑一顾。一名中国官员情急之下将瓦罐掷碎于地，顿时，酒香扑鼻，惊倒四座，茅台酒这才终被世人所识。

此外，还应该注意一点，即商品的包装要与商品的质量、档次及价值相协调。价格昂贵的高档商品应采用精美的高档包装，而质量一般的商品，包装也不必过于考究。我国著名的历史故事"买椟还珠"就有喧宾夺主、过度包装之嫌。现在部分厂商在其商品包装上，也大有过度包装之势。比如在月饼包装、药品包装、保健品包装等方面，都有过度包装的情况。某些企业为了提高商品价格，不惜采用价格昂贵的材料，采用过量的加工工艺作业，把商品包装成工艺品式样，使价格扶摇直上，结果令消费者怨声载道。这种状况任其发展下去，不仅会浪费大量自然资源，增加城市垃圾的数量，也会给广大消费者增加了额外的费用负担，于国、于民均属不利，应采取必要的措施予以纠正。

二、商品包装对消费者心理的作用过程

1. 唤起注意

包装的首要功能即通过给予消费刺激，引起消费者的无意注意。作为消费刺激的重要表现形式，不同包装物给予消费者的刺激强度有明显差异。为使商品包装引起消费者的无意注意，需要不断提高包装的刺激强度。美国杜邦化学公司曾经提出著名的"杜邦定律"，即有 63%的消费者是根据商品的包装作出购买决定的。在商品质量、价格、款式基本相同的条件下，消费者常常选购包装色彩鲜明、构图精美、文字醒目、造型别致、材料新颖的商品。

2. 引起兴趣

包装除了要引起消费者的无意注意外，更重要的是要引起消费者对商品的兴趣，从而产生有意注意。消费者的年龄、性格、职业、文化、经济状况不同，对包装的兴趣也会有所不同。这就要求设计包装时要研究消费者的兴趣偏好，不仅要使包装与商品的风格一致，还要符合消费者的价值标准。

3. 诱发联想

联想是指感知或回忆某一事物时，连带想起其他的有关事物的心理过程。好的包装应该使消费者产生有助于表现商品特色的美好联想，从而加深对商品的好感。例如江西樟树制药厂出品的"阿胶"包装，运用中国画的传统表现形式，绘出了张果老倒骑毛驴的情景，使人联想到阿胶是用驴皮熬制而成，而张果老又是位仙人，从而起到了向消费者传达商品功效的信息。

4. 启发欲望

启发欲望其实就是刺激需求。消费者产生购买动机后，其购买行动的最终实现还要取决于对刺激物的感受。包装是使商品的味道、性能、使用方法等特性在潜在消费者中形成好感的最好手段。

5. 导致购买

导致购买是包装对消费者心理作用的最终目的。别具一格的包装往往会使消费者爱不释手，促使其产生试用的意念，一旦消费者对商品形成深刻印象，就有可能导致购买行为的发生。

三、商品包装的心理功能

成功的商品包装设计之所以能打动人心，很重要的一个方面就是利用心理影响。美国有家生产啤酒的罗林罗克公司，自 1939 年创业以来生意一直不错，但进入 80 年代后销量大幅下降，最后不得不出售给拉拜特家族。公司新掌权人是营销专家约翰·夏佩尔。夏佩尔走马上任后便对公司进行了大刀阔斧的改革，其中一项措施是改变啤酒瓶的造型。他重新设计了一种绿色颈瓶，并漆上显眼的艺术装饰，看上去像是手绘的，在众多啤酒中非常

引人注目，这使得罗林罗克啤酒不像是大众化的商品，而有了一种高贵品质。这种瓶子与其说是包装物，不如说是一件艺术品，以至许多消费者认为这种瓶子里的啤酒更好喝。后来，当罗林罗克啤酒销售量节节上升时，人们询问其中的奥秘，夏佩尔回答说："那个绿色瓶子是确立我们竞争优势的关键。"这就是包装通过消费者的心理因素所产生的效应。

(一)"感觉转移现象"

"感觉转移现象"是著名的消费心理学家路易斯·切斯金发现的。他从20世纪30年代就开始从事消费者对商品包装情绪反应的研究。他曾经把两个同样的商品装在不同的盒子里，甲盒子用许多圆环做装饰，乙盒子全用三角形做装饰，然后发了1000张调查表给各种类型的消费者，问他们喜欢哪一种盒子装的商品以及为什么喜欢。结果80%以上的人选择甲盒商品，因为他们认为甲盒商品的质量会比乙盒好。起初切斯金对结果不太相信，后来经过对5000人的调查，他不得不承认多数消费者会把对包装的感觉转移到商品上。更令人感兴趣的是，实际试用过包装不同但内在质量相同的商品之后，绝大多数人还是喜欢甲盒子里的商品。切斯金就把上述现象称为"感觉转移"。这个发现奠定了他事业的基础，后来他成为举世公认的包装设计权威，出任了麦当劳、宝桥等多家公司的顾问。

虽然，如今消费者的消费行为越来越理性化，但切斯金的发现仍然是正确的。把同种体香止汗剂装在甲、乙、丙三种不同颜色的包装容器里，给一测试组试用，告诉他们说是三种不同的制剂，问他们喜欢哪一种，结果乙种包装被评为"正好"；丙种被评为味道重而效果不佳；甲种被评为不堪使用，甚至有人还出现红疹，不得不去找医生治疗。质量完全一样，而结论却大相径庭，这完全是个人心理作用所造成的。华尔特·斯特恩在讨论这个问题的一本著作中说得好："消费者一般都分不出商品与包装。对很多商品来说，商品即包装，包装即商品。"

(二)商品包装设计的心理要求

1. 满足求实心理

包装的设计必须能够满足消费者的核心需求，也就是必须有实在的价值。虽然对于同质量的商品，包装较精美的比起包装较普通的更能引起消费者的购买欲望，但若过度强调包装的作用，以致包装超过商品本身质量，那么这对长远的商品销售是绝对不利的。例如，在所有年龄的文化群体中老年人最讲求质朴、实在，但是现在五花八门的老年人健康滋补品却普遍是"形式大于内容"的过度包装。这些商品即使能够吸引到偶然的礼品购买，也难以赢得消费者的忠诚，缺乏长远发展的动力。

2. 满足求新心理

对于科技含量比较高的商品，包装的选材、工艺、款式和装潢设计都应该体现出技术的先进性。例如采用凹凸工艺制作的立体式包装、无菌包装和防盗包装等，通过新颖独特的包装来反映科学技术的优异成果，映衬商品的优越性能。

3. 满足求信心理

在商品上突出厂名和商标，有助于减轻购买者对商品质量的怀疑心理，特别是有一定知名度的企业，这样做对商品和企业的宣传可谓一举两得。比如美国百威公司的银冰啤酒包装上有一个企鹅和厂牌图案组成的品质标志，只有当啤酒冷藏温度最适宜的时候，活泼的小企鹅才会显示出来，由此向消费者保证该产品货真价实、风味最佳，满足了他们的求信心理。

4. 满足求美心理

商品的包装设计是装饰艺术的结晶。精美的包装能激起消费者高层次的社会性需求，深具艺术魅力的包装对购买者而言是一种美的享受，是促使潜在消费者变为显性消费者，再变为长久型、习惯型消费者的驱动力量。例如，大凡是世界名酒，其包装都十分考究，从瓶到盒都焕发着艺术的光彩——这是最优雅且最成功的包装促销之一。

5. 满足求趣心理

人们在紧张的生活中尤其需要轻松和幽默。美国的一家公司在所生产的饼干的罐盖上印上各种有趣的谜语，只有吃完饼干才能在罐底找到谜底，商品很受欢迎。我国儿童食品"奇多"粟米脆每包都附有一个小圈，集齐一定数量的小圈可以拼成玩具，小圈越多，拼出的玩具就越漂亮，结果迷住了大批的小顾客。人们的好奇心往往可以驱使他们重复购买。

6. 满足求异心理

很多消费者都有求异心理，特别是年轻人。他们喜欢与众不同，喜欢求异、求奇、求新，极力寻找机会表现自我。以这类消费为目标市场的商品包装可以大胆采用禁忌用色，在造型上突破传统，在标识语中大肆宣扬"新一代的选择"，以求引导潮流，创造时尚。但是这类消费者的心理不稳定又难以捉摸，潮流变幻无常，因此对其包装促销是高风险高回报的尝试。

(三)商品包装设计的心理策略

商品包装设计的心理策略主要有以下几种类型。

1. 数量差别包装策略

数量差别包装策略是根据消费者的购买习惯，按照商品的数量或重量，分别设计大小不同的包装。例如洗衣粉、洗发水等日用品，饼干、食用油等食品都分为大、中、小号不同的包装。这一包装策略为顾客购买提供了充分的选择余地，满足了消费者不同的购买习惯和消费心理。

2. 方便包装策略

随着现代社会生活节奏的加快，消费者在购买商品时希望买到方便挑选、便于携带、便于使用的商品。针对消费者这种消费心理，应采用方便包装。例如透明或者开窗式包装的食品可以方便挑选，组合式包装的礼品可以方便携带，喷嘴开口形式的洗发水方便使用。包装的方便易用增添了商品的吸引力。又如国外流行的"无障碍"包装，在接触式判断识别包装中，用锯齿状标识区分洗涤剂的类型；在罐装食品中设置"盖中部凹陷状证明未过保质期"的自动识别标志等，深得消费者的喜爱。

3. 类似包装策略

类似包装策略是指企业所生产经营的各种商品，在包装上采用相同的图案、色彩或其他共有特征，从而使整个包装外形相类似，使人容易注意到这是同一家企业生产的商品。特别是对于有一定知名度的企业，采用类似包装策略对商品的宣传有一定的作用。这种策略的主要优点是：①可以节省包装设计成本。②能增加企业声势、提高企业声誉。一系列格调统一的商品包装势必会使消费者受到反复的视觉冲击而形成深刻的印象。③有利于新商品上市。通过类似包装可以利用企业已有声誉，消除和减少消费者对新商品的不信任感，为新商品迅速打开销路创造条件，使其迅速在市场上占有一席之地。日本松下、索尼公司的系列商品，均采用类似包装，使顾客一见如故，商品也很受欢迎。类似包装适用于质量水平档次类同的商品，如果企业各种商品质量等级相差悬殊，就不宜采用该策略，否则，会对高档次优质商品产生不利影响，并危及企业声誉。

4. 配套包装策略

配套包装又称多种包装，是指企业把使用时互相有关联的多种商品纳入一个包装容器内同时出售。这种策略为消费者购买、携带、使用和保管提供了方便，有利于企业扩大销路、推广新商品。比如工具配套箱、家用药箱、百宝箱、化妆盒、咖啡、酒等都是综合商品。但是，该策略实施有一定的局限性，只有那些购买频率高、配套性强的商品才能采用这一策略。

5. 再使用包装策略

再使用包装又叫多用途包装，这些包装有不同程度的实用性、耐用性和一定的艺术性、观赏性。它是指原包装的商品用完之后，空的包装容器可移作其他用途。这种策略可大大节省资源，比如装果汁和咖啡的瓶子可用作水杯等。这样的包装物上印有企业的标记，可增强消费者对该商品的印象，刺激消费者重复购买。大量事实证明，只要设计新颖、吸引力强，具有明显使用价值或欣赏价值的再使用包装，顾客通常是非常愿意购买的。

6. 附赠品包装策略

这是目前国外市场上比较流行的包装策略，在我国的运用也比较多。附赠品包装策略是在包装内或包装外附赠奖券、卡片或实物，借以吸引消费者的购买兴趣，刺激消费者购买或重复购买商品，从而达到扩大销售的目的。比如儿童玩具、糖果等商品包装中附赠连环画、认字卡片；化妆品包装中附有赠券或种类不同的赠品；有些商品包装内附有奖券，中奖后可获得奖品。如此等等，不胜枚举。

7. 特殊包装策略

这是一种为适应某些消费者独特的需要，给价格昂贵或稀有商品设计的具有较高艺术欣赏价值的专门包装形式。主要指艺术珍品、珠宝首饰、文物古董以及稀有药材的包装。它一方面体现出商品价值的不菲，另一方面也使包装与商品的艺术氛围相协调，并更妥善地保护商品。比如高丽野山参等一些名贵的药材，常常用丝绒垫在精制的木盒中，既衬托了野山参的名贵，又起到了锦上添花的作用。

8. 等级包装策略

等级包装策略是对不同档次或不同质量等级的商品分别使用与其价值相匹配、协调的包装。它分为精装、简装两种等级，以适应消费能力、社会地位不同的消费者的需要。高档包装采用高档材料、豪华包装，以迎合消费者显示地位、身份的心理需要，而低档低价的同类商品包装设计可以突出经济实惠、物美价廉的特点，尽量降低包装的成本，以满足低收入消费者的需求。

9. 改革包装策略

改革包装策略是指企业随着商品的更新和市场的变化，相应地改变包装设计。在现代市场营销中，商品包装的改进，如同商品本身的改进一样，对市场营销有着重要的作用，假如与同类商品内在质量近似，而销路却不畅，那么有可能就是包装设计不受欢迎。此时应注意变换包装，只有推出有新意的包装，才会创造出优良的销售业绩。同时应在市场上多收集有关包装表现的信息，不断改进商品包装，及时采用新材料、新技术，精心设计新造型，充分发挥包装的各种功能。当然，这并不是说，只要注意了包装的改头换面就可以促进销售，商品的内在质量也应不断地提高，至少要达到使用要求，这是最基本的前提。

10. 错觉包装策略

现实生活中，错觉表现形式多种多样，有线条错觉、图形错觉、颜色错觉、运动错觉等。利用错觉设计包装，可以使包装产生意想不到的效果。比如根据不同的色彩能引起人们不同的视觉反应，导致人们产生不同的心理活动的特点，经过专家们研究得出结论，包装的颜色能左右人们对商品的看法。白色适用于药品的包装，能给人卫生、清洁、疗效可靠的感觉。化妆品包装适用中间色，比如米黄、水蓝、银色等。食品适用红、黄、橙等颜色，以体现色香、味美，加工精细，不适宜用黑色、蓝色、白色。酒类适用浅色，以体现香醇、浓厚、制作考究，不适用蓝色。此外，在利用颜色错觉进行包装设计时，笨重的商品可以采用浅颜色包装，给人以轻巧、舒适的感觉；重量轻的商品，可采用深颜色包装，给人以庄重、结实的感觉。几何图形错觉能给消费者以商品数量多，体积大等良好感觉。比如一些酒瓶底部设计成凹状，使人看起来似乎容量多；两个容量相等的容器，扁的看起来要比圆柱形的外形大，容积多一些。

此外，不同年龄、不同性别的消费者有不同的消费心理，在设计包装时也应该有针对性地采取不同的策略。比如老年人注重质朴、实在。针对老年人销售的商品在包装的设计上便不能一味追求精美、繁杂，而应偏向于朴素、大方、简洁、舒适、多用途的设计。年轻人通常喜欢与众不同，喜欢求新、求异、求奇，极力寻找机会表现自我。以这类消费者为目标市场的商品包装，要注意迎合年轻人追求新颖、时尚、美观、变化、体现个性等心理要求，尽可能使实用与流行结合起来。至于以儿童为销售对象的商品，应注意满足他们的求趣心理。造型、图案等色彩生动新奇、富有童趣，有知识性、形象逼真，才能激发儿童购买的欲望。

消费者的心理还可以按生态心理和性别心理等标准细分。消费者心理市场细分的多层次性决定了包装促销也要从多角度进行。随着物质文化生活水平的提高，人们的消费观念在不断地发展，商品的包装也必须不断改进，在继承传统与创意中寻求平衡、和谐与统一。

总之，对不同的人，采取不同的商品包装是非常必要的。商品包装只有把握消费者的心理，迎合消费者的喜好，满足消费者的需求，激发和引导消费者的情感，才能使商品销售在激烈的商战中脱颖而出，稳操胜券。

本 章 小 结

本章主要从消费心理学的角度阐述了商品命名、商标设计、包装等方面的内容。商品命名，实质上就是生产企业赋予商品的一种名称，通过恰当的语言文字，概括地反映出商品的特点、用途、形状和性能等。商品命名的一般作用有：标志作用、显示作用、记忆作用、传递作用和激发作用。商品命名时应注意满足消费者的心理要求，做到名实相符、便于记忆、引人注意、引发联想、诱发情感和避免禁忌。商品命名必须讲究心理策略，具体可归为以下几种：①根据商品的主要效用命名；②根据商品的主要成分命名；③根据人名命名；④根据商品的产地命名；⑤以商品的外形命名；⑥根据商品的外文译音命名；⑦根据吉祥物或美好事物命名；⑧根据商品的色彩命名；⑨以制作工艺或制造过程命名。

商标是商品的标志，一般由文字、字母、图形、数码、线条、颜色及其组合构成。商标的主要特征有：显著性、独占性、有价值性和竞争性。理想的商标应具备五种特性：识别性、传达性、审美性、适应性和时代性。商标的价值大体可分为两类。一是商标所代表的商品在消费者心目中有稳固而持久的良好印象；二是商标的创制蕴含了某种特殊的社会意义。商标的心理效应有识别功能、强化效应和保护功能。商标设计的心理要求主要有这几点：新颖独特、造型优美、赏心悦目、简便易记、形象生动、与商品本身的性质和特点相协调、具有时代气息、反映社会的潮流趋向以及遵从法律规定，顺应不同国家、民族、宗教、地域消费者的心理习惯。

一般来说，商品销售包装由商标(品牌)、造型、颜色、图案和材料等要素组成。商品包装的功能主要有：保护功能、识别功能、传递信息功能、便利功能和增值功能。商品的包装应与商品的质量、档次、价值相协调。商品包装对消费者心理的作用过程主要有：唤起注意、引起兴趣、诱发联想、启发欲望和导致购买。"感觉转移现象"是指多数消费者会把对包装的感觉转移到商品上。商品包装设计的心理要求：满足求实心理、满足求新心理、满足求信心理、满足求美心理、满足求趣心理以及满足求异心理。商品包装设计的心理策略主要有以下几种类型：数量差别包装策略、方便包装策略、类似包装策略、配套包装策略、再使用包装策略、附赠品包装策略、特殊包装策略、等级包装策略、改革包装策略以及错觉包装策略。消费者心理市场细分的多层次性决定了包装促销也要从多角度进行。

课 程 思 政

商品命名和包装是产品营销中的两个重要环节。在党的"二十大"精神指引下，设计师和企业需要在商品命名和包装方面注重以下几点。

首先，注重文化精神，体现民族特色。党的"二十大"报告中提出要弘扬中华民族优秀传统文化，推进文化创新发展。因此，在商品命名和包装方面，应该注重体现民族文化特色，避免过度西化，弘扬中华民族优秀传统文化。

其次，注重绿色、健康的理念，采用可持续发展的原材料或绿色包装材料。党的"二十大"报告中强调了绿色、生态文明建设的重要性。因此，在商品包装方面，应该注重采用环保、健康、可持续的包装材料，使消费者可以使用到安全、健康的产品，从而提高产品的品质和价值。

再次，注重创意和科技创新，采用现代化设计和技术手段。党的"二十大"报告中提到要推动创新驱动发展，促进科技创新和自主创新能力。因此，在商品命名和包装方面，应该采用现代化的设计和技术手段，注重创意，使产品具备更强的市场影响力。

最后，注重包装与品牌一致性，树立企业形象。在商品包装方面要充分考虑到品牌形象的规范化和统一化，与品牌的定位和市场策略相一致，塑造企业优良的形象，提升品牌的知名度和竞争力。

思 考 题

1. 商品名称的一般作用是什么？
2. 商品命名的心理效应和心理策略是什么？
3. 商标的心理价值和心理效应是什么？
4. 商标设计有哪些心理要求？
5. 商品包装设计的心理要求和心理策略有哪些？

案 例 分 析

案例1　给汽车起个好名字

汽车制造厂家都想为生产的汽车起个好名字。美妙的商标能取悦消费者，打开销路。

德国大众汽车公司的桑塔纳高级轿车，是取"旋风"之美喻而得名的。桑塔纳原是美国加利福尼亚一座山谷的名称，该地因盛产名贵的葡萄酒而闻名于世。在山谷中，还经常刮起一股强劲的旋风，当地人称这种旋风为"桑塔纳"。该公司决定以"桑塔纳"为新型轿车命名，希望它能像桑塔纳旋风一样风靡全球，结果好命名带来了好销路。

汽车的商标名称也有因疏忽而受到"冷遇"的，使其销路大减。20世纪60年代中期，美国通用汽车公司向墨西哥推出了新设计的汽车，名为"雪佛莱诺瓦"，结果销量极差。后来经过调查发现，"诺瓦"这个读音，在西班牙语中是"走不动"的意思。又如，福特公司曾有一款命名为"艾特塞尔"的中型客车问世，但销路不畅，原因是车名与当地一种伤风镇咳药(艾特塞尔)读音相似，给人一种"此车有病"之感，因此问津者寥寥。

更有趣的是，美国一家救护公司成立30年来，一直把"态度诚实""可靠服务"作为宗旨，并将这4个词的英文开头字母"AIDS"印在救护车上，生意一直很好。然而，自从艾滋病流行以来，这种救护车的口碑一落千丈。因为印在救护车上的四个英文字母恰恰与艾滋病的缩写(AIDS)完全一致，患者认为这是运送艾滋病人的车而拒绝乘坐，行人也时而嘲笑司机。这家公司最终只好更换了30年的老招牌。

案例讨论

1. 试从心理学角度，分析为什么要给汽车起个好名字。
2. 请运用心理学原理，对现实中的一些商标进行分析，并提出建议。

案例2　青花瓷汾酒酒瓶设计

汾酒是中国的名酒之一，在中国名酒中，汾酒以其历史文化深厚而见长。

青花瓷汾酒是杏花村汾酒集团于 20 世纪 90 年代推出的一款高档商品，后来逐步演变成汾酒集团的主打商品。青花瓷汾酒的得名源于其酒瓶，其本名只有汾酒二字，只因采用瓷都景德镇烧制的青花瓷作酒瓶，才有了青花瓷汾酒这个别名。当然，青花瓷汾酒在品质方面也绝非浪得虚名。独具特色的地缸发酵，使其清香醇厚；30 年的陶缸陈酿，更加历久弥香；酿酒技师的精心勾兑，演绎出清香大曲酒的绝妙口感。

青花瓷器虽然始于唐代，但是直到元代其技术才日趋完善，工艺和材料也日臻成熟。明清两代青花瓷器的烧制工艺更为精湛，特别是清朝康熙、雍正、乾隆三代，青花瓷制作工艺达到了顶峰。明清时期的青花瓷是我国瓷器中的精品之一，是我国古代陶瓷中一颗璀璨的珍珠。英语中，瓷器和中国是一个词，可见陶瓷文化不愧是流传千古的中华文化的代表。

中国古代瓷器琳琅满目，种类繁多。宋代有汝、官、哥、均、定等五大名窑，这些窑口的瓷器都比青花瓷历史悠久。明清的斗彩、粉彩、五彩、珐琅彩，都比青花瓷更绚丽多彩。汾酒为什么单单选择青花瓷作为自己高端商品的包装瓶呢？笔者认为，在中国白酒四大基本香型和 11 种延伸香型中，以汾酒为典型代表的清香型白酒，口感清香纯正，醇甜柔和，自然协调。这种淡雅绵柔的口感特点，与青花瓷高雅清淡、低调奢华的观感特点十分协调。青花瓷无疑最适合作为清香型白酒的酒瓶。

从一个青花瓷酒瓶，我们已经不难看出，小小的酒瓶，居然蕴含着如此丰富而深厚的中国传统文化。

一、青花瓷汾酒的酒瓶造型

先秦史官修撰的《世本》中有"帝女仪狄始作酒醪，变五味少康作秫酒"的记载。这段文字是我国最早的关于谷物酿酒的记载。仪狄是夏禹时期司掌造酒的官员，酒醪指糯(黍)米用曲药发酵所酿的甜酒；少康指杜康，晚于仪狄五代，秫酒指高粱酒。由此判断，中国谷物酿酒应该起源于四千多年前的夏禹时代。

1982 年，山西省考古研究所在杏花村进行过一次考古挖掘。这次挖掘的成果之一就是挖掘出仰韶文化时期的小口尖底瓶。这只小口尖底瓶采用红陶烧制， 30 多厘米高。许多专家认为，杏花村出土的小口尖底瓶很可能是杏花村先民的酿酒器具。

考古界公认，小口尖底瓶是距今五千年到七千年前黄河流域的先民使用的陶器。由此推断，大约在六千年前的仰韶文化时期，黄河流域的先民就已经学会了谷物酿酒。也就是说，杏花村遗址的挖掘，将我国谷物酿酒的历史向前推了近两千年。这对汾酒集团来讲，当然是一件很有意义的考古发现。

用青花瓷汾酒的酒瓶对照小口尖底瓶的图片，可以发现：如果从小口尖底瓶下面大约五分之一处截掉尖底，二者的形状居然十分相似。不知设计师王宗涛先生设计这个酒瓶的时候，是否参考了小口尖底瓶。如果他是有意为之，就不得不佩服他的渊博学识和艺术灵感。如果是无意中的巧合，那这个造型设计简直就是天意！一个酒瓶的造型，居然暗含了六千年前古代酒器的造型特点，酒瓶中所蕴含的传统文化真的让人叹为观止。

二、酒字探源

在甲骨文中，酉字下面尖，上面小，居然就是小口尖底瓶的象形字，这也是关于小口尖底瓶是酒器的有力佐证。许慎在《说文解字》中说："酉，就也。八月黍成，可为酎酒"。翻成白话文就是："酉，酿成的酒。酉代表八月，这个季节黍子已经成熟，可以酿制醇酒。"可见，古代的酉字和酒字是通用的。象形字中也有加了三点水的酒字，只不过那个三点水更像一条流淌着的小河。

五千多年前，小口尖底瓶的底部和瓶口逐步变大，慢慢演变成了阔口大底的陶罐。在钟鼎文和小篆中，酉字的下面由尖形变为圆形或平底，这就更像一个酒坛子的象形字了。

青花瓷汾酒的酒瓶上是浅蛋青色的釉面，上面写着共 13 个到 15 个甲骨文、钟鼎文或者小篆。细看大多是酉字，还有一些是酒字。这些字以纤细的笔画，不同的方向随意排列，形成了酒瓶的底纹。这些古文字使人感受到中国传统文化的博大精深。

青花瓷汾酒的瓶盖呈深蓝色。上面书写了一圈篆书，字体包括大篆和小篆。总共五个字，包括三个酉字，两个酒字，字体的方向上下左右都有。其中有一个酉字呈尖底形状，流水模样的三点水，却写在右边，这个酒字更像甲骨文或者象形文字。

酒瓶底纹和小小的瓶盖，都不是多数设计师特别关注的地方，消费者更不会注意这些设计细节。即使是这些不为人注意的地方，青花瓷汾酒的包装设计师也没有放过，方寸之间也能成为展示中华传统文化的一个平台。

三、酒瓶上的草书

青花瓷汾酒包装最有特点的是酒瓶上硕大的草书汾酒二字，一面是汾字，另一面是酒字。由于每一个字都是烧制酒瓶时逐瓶手写，所以任何两瓶青花瓷汾酒的酒瓶，都不可能完全一样。也就是说每一个酒瓶，都是独一无二的孤品。

草书大致可以分为章草、今草、狂草三种，其中章草是最早的草书。秦汉时期隶书已经开始流行，为了书写更快一些，有人在隶书的基础上创造了章草。东汉时期的第三个皇帝是汉章帝，特别喜爱这种字体。有人认为这就是章草名称的由来，也有人认为当时的奏章、典章等用这种字体书写，因此称为章草。章草由隶书演变而来，每一个字都单独书写，并非与前后的字连成一体，所以比较容易辨认。

东汉末年，经过多年的演变，开始出现了今草。一篇使用今草写就的书法作品，许多字都是连笔写成，今草比起章草，去掉了隶书的痕迹。到了魏晋时期，今草逐步成为常见的草书形式。

狂草由今草演变而成，唐代狂草达到最高境界。狂草"疏可跑马，密不透风"的书法风格粉丝众多，虽然狂草作品中的许多字难以辨认，人们还是喜欢在客厅里挂一幅狂草条幅。

还有一种草书的分类方法，是把草书分为章草和今草两类，今草又分为小草和大草两种。小草相当于前文的今草，大草等同于前文中的狂草。其实还是三种，章草、小草、大草，名称不同而已。

书法宗师于右任还创造了一种"标准草书",可以称为是第四种草书。标准草书字体易识、易写、准确、美观，得到了书法界的广泛认可。

青花瓷汾酒瓷瓶上的汾酒二字是哪一种草书呢？我们不妨用草书字典与青花瓷酒瓶上的"酒"字对比一下，居然难以找到与之十分相像的字形。酒瓶上的汾酒二字，均无隶书的痕迹，应当不属于章草。而大草的酒字与青花瓷汾酒瓶子上的酒字，连一点儿相似的地方都没有。比起来，这两个字还是和小草或者说今草有相近之处。

草书虽然也有规范，但每一个书法家书写的作品并不一样。通过查草书字典，就会发现，同一个字的写法会有很多种。青花瓷汾酒瓶子上的汾酒二字与字典中的写法不一样，并不奇怪。酒瓶上的汾酒二字容易辨认而且美观，还兼顾了传统文化的表现。

汾酒的青花瓷酒瓶曾经于 2004 年荣获糖酒会最佳形象大奖，2005 年又荣获伦敦国际最佳视觉效果奖。造型脱胎于小口尖底瓶，蕴含中华五千年文化传承；青花瓷的恬淡和汾酒清香的珠联璧合；一个酒字从甲骨文到大篆小篆的巧妙运用；草书汾酒二字的创新和强烈的视觉冲击——所有这些，都是将中国传统文化融入一个小小的酒瓶中。青花瓷酒瓶获得国内评奖专家的高度认可，当然是实至名归。民族的就是世界的，青花瓷酒瓶获国际大奖进一步证明了中国传统文化在全世界拥有的无穷魅力！

(资料来源：潘丽娜. 《艺术评论》杂志，2018-01-30.)

案例讨论

1. 试分析汾酒青花瓷瓶设计成功的原因。
2. 你对现实中的一些商品包装有何看法，请举例说明。

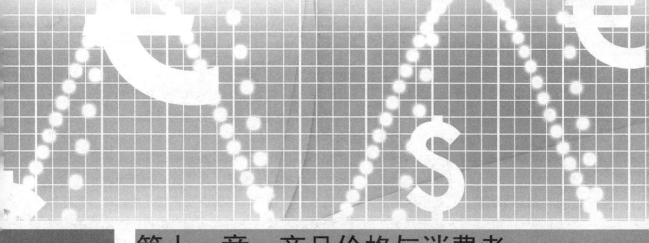

第十一章 商品价格与消费者购买心理

🔳【本章导读】

通过对本章内容的学习，使学生了解营销价格的心理功能；掌握消费者价格心理特征；熟悉价格变动对消费者产生的影响；掌握价格制定和价格调整的心理策略。

第一节 营销价格的心理功能

在现实生活中，影响消费者心理与行为的因素很多，然而，价格是影响消费者购买决策的最具刺激性、敏感性的重要因素。商品价格对于消费者行为具有极为重要的影响作用。一件商品定价的高低、价格的变动都会引起消费者各种不同的心理感受及购买行为，同时也直接涉及消费者和工商企业双方的切身利益。商品价格心理是商品价格这一经济现象在消费者头脑中的一种意识反应。研究价格心理，主要是研究消费者在价格问题上的心理现象，其目的是在制定各种商品价格时，懂得如何才能符合消费者的心理要求并被消费者所接受，从而达到促进销售、满足需要的目的。

一、商品价格对消费者的心理功能

价格作为一个客观因素，它对消费者的购买心理必定产生影响，从而在一定程度上影响消费者的购买行为，这种影响作用，我们称之为价格的心理功能。

(一)衡量商品价值和品质的功能

在现实生活中，价格是消费者用以衡量商品价值和品质尺度的工具。"一分钱，一分货""便宜没好货，好货不便宜"，便是这种心理的具体反映。在现代市场中，由于生产技术的突飞猛进，商品品种越来越多，新商品不断出现，一般的消费者都感到对商品的优劣难以辨别，更不知道商品的价值是多少。因此，一般都在心理上把商品价格看成是商品价值和品质的代表。例如，同样两件毛衣，质地看上去相似，款式也相差无几，如果其中一件用漂亮的包装，标价 300 元，另一件只用塑料包装，标价 200 元，顾客的第一反应就认为 300 元的那件品质好、价值高，200 元的那件相对品质较差、价值较低。

现今的市场，商品更新换代速度越来越快，新商品不断投放市场，一般消费者在难辨质量优劣和实际价值大小的情况下，往往将商品价格作为衡量商品价值和品质的尺度也就不足为奇了，那么据此商家是否就可以随心所欲地制定高价，以谋取高额利润呢？其实对于可比的商品来讲，这是不可能的，因为消费者不识货，但却会货比货，顾客可以通过市场上同类商品的比较分析来判断商品的价格是否合理，是否确实物有所值。因此商家不仅要求认识价格的价值认知功能，还要针对消费者的心理需求，制定合理的能反映商品实际价值的价格。

(二)自我意识比拟的功能

心理学认为，自我意识是意识的形式之一，是个人对自己心理、行为和身体特征的了解、认识，它表现为认识自己和对待自己的统一。商品价格的自我意识比拟，是商品价格人格化的心理意识，即借助于商品价格来反映消费者自我的一种心态。也就是说，商品价格不仅具有劳动价值的意义，也具有社会心理价值的意义。原因在于购买者通过联想与想象，把商品价格与个人的愿望、情感、个性心理特征结合起来，通过这种比拟来满足心理上的要求或欲望。

自我意识比拟包括以下多方面的内容。

1. 社会地位的比拟

有些人在社会上具有一定地位，穿着用品追求高档、名牌，认为穿着一般衣物有失身份，当然不愿意出入折价商品市场。即使经济收入有限，其他方面节省一些，也要保持自己良好的社会地位形象，并以此为心理满足。

2. 经济地位的比拟

有些经济收入较高的人，追求时尚欲望强烈，是社会消费新潮的倡导者。他们往往以率先拥有高价的摄像机、私人轿车、高档商品房等为消费追求目标，对低价商品不屑一顾。但也有些人尽管经济收入并不低，但却认为自己经济条件有限，爱购买廉价、折价商品，喜欢讨价还价，且乐此不疲。

3. 文化修养的比拟

有些人喜欢购置、收集、储藏古董物品，作为家庭摆设，希望通过昂贵的古董来显示自己崇尚古人的风雅，并乐在其中。

4. 生活情操的比拟

有些顾客以具有高雅的生活情趣为荣，即使不会弹钢琴，也要在居室里摆放一台钢琴；即使不十分喜欢音乐，也要购置高档的音乐器材，获得心理上的满足。

心理功能因人而异，各不相同，与个人的观念、态度、个性心理特征等有关，会在日常的购物中有意无意地显露出来。

(三)调节需求的功能

商品价格对消费需求量的影响很大，价格高低对需求具有调节作用。一般来说，在同等条件下，当商品价格上涨时，消费需求量将减少。当商品价格下跌时，消费需求量将会增加。所以，价格和需求相互影响、相互制约。价格调节需求的功能要受到商品需求价格弹性的制约。需求价格弹性的大小，又会因商品种类的不同和消费者需求程度的不同而有所差别。有些商品价格稍有变化，其需求量就发生很大变化，即需求价格富有弹性，比如金银首饰等即属于这一类。有些商品价格变动很大，而需求量变化很小，即需求价格缺乏弹性，食品、日用品等生活必需品就属于这一类。

但在市场经济发展中，商品价格对需求的影响，还受消费者心理因素的制约。比如当一种商品的价格下降时，人们不一定增加购买，而是产生疑虑心理，担心商品质量；或怀有期望的心理，等待继续降价等。所以会出现商品降价反而抑制购买行为的现象。当价格上涨时，人们不一定减少购买，有时会产生紧张心理，担心价格继续上涨，所以会在储备动机的支配下大量或重复购买，以致出现商品涨价反而刺激购买行为的现象。当然这种调节功能，还取决于商品的种类和消费者对此商品的需求程度。

可见一种商品的市场价格变动后，可对消费需求产生多种不同的影响。其中消费者的心理因素起着非同小可的作用。

二、主观价格及其成因

正常情况下，商品销售价格在一个特定的时期内，是一个恒定不变的量，对于一个特定顾客的收入来说，也占有一个恒定的比重。但事实上，由于人们心理上的原因，即使上述情况不变，商品的价格在人们的心目中也会是一个变动的量。

(一)客观价格与主观价格

1. 客观价格

商品销售过程中的价格，是顾客为购买商品必须付出的客观的货币数量，这是商品的客观价格。商品的客观价格首先是商品价值的反映，是依据经济活动的规律所形成和确定的。

2. 主观价格

在购买行为过程中，顾客会对商品的客观价格在头脑中依据各自的经验和标准进行相应的评断，作出价格偏高、价格适中或价格偏低的结论。不管顾客是否作出购买决策，这一客观价格在头脑中的反映是一直存在的。顾客在头脑中依据个人感觉判断的价格叫作主观价格。

3. 两种价格的关系

主观价格虽然依据客观价格而形成，但是主观价格与客观价格经常会出现相互不一致，甚至是背离的情形。在顾客心目中常会产生这样的判断：商品的价格太高，或者商品的价格偏低。主观价格是构成商品形象的一个组成部分。对于一个有较高自我意识比拟的人来说，购买一个他认为价格偏低的商品会感觉有失身份，所以有这样的现象：一批售价为 80 元的服装摆放几天没人要，后面添了一个"0"后，不久就销售一空了。

(二)主观价格的心理成因

主观价格并非是人们关起门臆想出来的，它受到人们经验和心理需求强度的影响，具有心理深层的形成原因。

1. 心理定位值

顾客购买过程中对商品价格的高低首先有一个心理定位值，认为高档商品、时令商品、名牌商品应该价格高，而落时商品、一般商品应该价格低一些。如果出现与其心理定位不符的情况，就会认为此时的价格不应该是这样，即产生主观价格偏高或偏低的情况。

2. 相对性比较

人们在购物中也会对商品价格作相对性比较。

1) 相对于其他场合

(新浪财经 2022 年 6 月)北京青年报，5 月份北京二手房均价 58374 元/平方米；日经新闻 6 月报道，5 月日本东京二手房平均价格按 70 平计算合人民币 233.51 万元，也就是均价约 33359 元/平方米，相比较来讲，人们成为日本东京的二手房比北京二手房便宜。

2) 相对于其他时间

去年这种商品每斤 8 元，今年却是 15 元，这样消费者就感觉非常贵。但这种比较常限于在短期内进行，随着时间的流逝，人们心目中的印象会逐步淡化，渐渐地对现实价格习以为常。

3) 相对于个人收入

同样一个心爱的花瓶，现在花 300 元购买并不觉得贵，而 20 世纪 80 年代只需 30 元却舍不得购买，因为那时人们的收入一般每月仅几十元，当然会觉得 30 元很贵。

3. 敏感度因素

敏感度是顾客对商品价格是高还是低的感觉变动程度。敏感度越高，对商品价格高低的感觉变动程度越强。敏感度与顾客购买商品的频度有关。购买频度高，敏感度就强；购买频度低，敏感度就弱。学校的学生每天都在餐厅就餐，饭菜的价格哪怕是变动了 0.5 元，他们也会纷纷议论。而市场上同样一台冰箱价格即便上涨了 500 元，人们也不会放在心上。

第二节　消费者的价格心理特征

消费者的价格心理是指消费者在购买活动中对商品价格刺激的各种心理反应和表现。它是由消费者的个性心理及其对价格的知觉判断共同构成的。消费者的价格判断既受其心理影响，也受销售环境、气氛、地点和商品本身等因素的影响。

一、消费者的价格心理特征

1. 对价格的习惯性心理特征

由于消费者长期、多次购买某些商品，以及多价格的反复感知，因此就形成了消费者对某些商品价格的习惯性心理，这种习惯性心理特征的形成，就会直接影响消费者的购买行为。因为在市场条件下，商品的价格受多种因素的共同影响，消费者很难对其进行客观判断，只能依靠逐步形成的价格习惯作出所购商品价格是否合理的判断。有些商品价格在长期的营销活动中，逐步形成某种程度的固定性，消费者对此也形成一种购买习惯，在价格上形成买卖双方都能接受的习惯价格。习惯价格不仅为营销活动带来方便，同时在价格心理上还起着稳定性和合理性的作用。

对形成习惯价格的商品，消费者往往十分敏感。他们用"习惯"的标准来评价、比较和决定购买。违背习惯的标准会使他们产生疑虑，在心理上难以接受或导致行为变动。如果同一商品在市场上有多种价格，消费者便会对习惯价格产生信任和认同，而对其他价格产生怀疑和拒绝。因此，在调整价格特别是提高价格时，一定要采取慎重态度，多作宣传解释，使消费者心理上趋于平衡。

2. 对价格的敏感性心理特征

这是指消费者对商品价格变动的反应程度。越是与日常生活密切相关，且购买频率高的商品，消费者对其价格敏感性越高，反应越强烈。相反，非生活必需品，购买频率低的商品，对其价格敏感性就低，反应相对迟缓。比如便宜的蔬菜可使消费者加倍购买，而降价的杂牌录音机却引不起消费者强烈的购买兴趣。一般来说，当商品价格轮番上涨之初，必定会使消费者反应强烈，并产生心理抵抗。但久而久之，消费者的心理承受能力可能逐渐增强，慢慢适应价格上涨而变得有些麻木起来，这时，消费者反而会对价格的下降表现较为敏感。

3. 对价格的感受性心理特征

这是指消费者对商品价格高低的感知程度。个体对商品价值的感知受多种因素的影响，诸如商品本身的外观、质感、重量、大小、包装；商品对于消费者的使用价值和社会价值；商品在出售中的环境气氛、展示方法、商标或卖主声誉、服务方式等都会作用于消费者的心理，使他们对商品价格产生不同的感知。

4. 对价格的倾向性心理特征

这是指消费者在购买过程中对商品价格选择表露出的取舍态度。不同类型的消费者对商品的档次、质量、品牌要求不一，因而对一种商品的价格也往往具有明显的倾向性。表现为以某一价格决定是否购买或事先确定可接受的价格标准。这一特征与消费者的经济地位、购买经验和生活方式有关系。在我国目前的经济条件下，多数消费者由于受到收入水平和支付能力的限制，比较倾向于选择中档的消费品。

5. 对价格的逆反性心理特征

消费者对价格的逆反性是指消费者在某些特定情况下对商品价格的反向表现。正常情况下，消费者总希望买到物美价廉的商品，对于同等质量的商品总希望其价格更低。但在某些特定情况下，商品的畅销性与其价格却呈反向表现，即并非价格越低越畅销，这是由消费者对价格的逆反心理造成的。有些商品越涨价，消费者越争相购买就是一种典型的逆反性表现。

二、价格变动对消费者的心理和行为的影响

在经营实践中，商品价格的变动和调整是经常发生的。调价的原因除了生产经营者的自身条件发生了变化以外，还包括市场供求状况、商品价值变动、市场货币价值与流通量的变动、国际市场价格波动、消费走势变化等多方面因素的影响。当企业进行商品价格变动时，首先考虑的是价格调整后消费者是否能接受，对消费者的行为会产生什么影响，消费者将如何理解商品价格的调整行为。企业调低商品价格，向消费者让利的行为可能会被理解为商品销售不畅，或企业面临经济困难。有时，企业因一个良好的动机变动价格，反而会产生对自己不利的结果。因此，企业变动价格时必须关注消费者对价格调整的反应。

价格调整可分为两种情况：一种是降价，另一种是提价。这两种情况的变动都会使消费者的利益受到影响，引起消费者心理与行为上的反应。

(一)消费者对降价的反应

降低价格通常有利于消费者，理应激发消费者的购买欲望，促使其大量地购买。但现实生活中，消费者往往会作出与之相反的各种心理和行为上的反应，比如"越降越不买"等。分析其原因主要有以下几点。

(1) 消费者认为"便宜没好货，好货不便宜"，从而影响购买决策。

(2) 消费者认为便宜的商品都是低档货，购买会有失身份，有损自尊心和满足感，拒绝购买降价商品。

(3) 消费者猜测降价是因为企业有新商品即将问世，降价的商品很快就会被淘汰，买了会很快落伍，或者企业将不再生产该商品，其维修更换等无法保证。

(4) 降价的商品可能是过期商品、残次品、库存品或低档品，或者功能少、质量不好等。

(5) 商品已经降价，可能还会再降，从中观望，持币待购。

(二)消费者对提价的反应

提高价格通常对消费者是不利的，理论上会抑制消费者的购买欲望，挫伤其购买积极性，减少实际购买需求。但在现实生活中消费者却同样会作出与之相反的各种反应。

(1) 涨价可能是因其具有某些特殊的使用价值，或具有更优越的性能，好东西应该赶快买。

(2) 商品已经涨价，可能还会再涨，应尽快抢购，以防将来购买价格更高、更吃亏。

(3) 商品涨价说明其是热销商品，有流行趋势，应尽早购买。

(4) 商品还在涨价，说明它有升值潜力，可以先购买囤积起来，待价而沽。

(5) 商品还在涨价，可能出现断货，为保证急用而预先购买。

可见，商品价格的调整引起的心理反应非常复杂，既可能激发消费者的购买欲望，促使商品需求增加；又可能抑制其购买欲望，导致商品需求降低。为此，企业在调整价格

时，一定要仔细分析各种因素的影响，准确把握消费者的价格心理，事先做好调研预测工作，采取有效的调价策略，以便达到扩大销售总额、增加利润的目的。

三、消费者心理的价格阈限

1. 绝对价格阈限

价格阈限是指消费者心理上所能接受的价格界限，即所谓的绝对价格阈限。绝对价格阈限分为上绝对阈限和下绝对阈限两种。绝对价格阈限的上限是指可被消费者接受的商品的最高价格。绝对价格阈限的下限是指可被消费者接受的商品的最低价格。在日常生活中，消费者根据自身感受的传统价格印象、自身的价格评价标准，加之消费者之间的相互影响，对每种商品都有一个心目中的价格范围。商品价格若高得超过上限，就会使消费者感到销售者在漫天要价而却步，就会抑制其购买。价格若低得低于下限，就会引起消费者的负面反应，导致对该商品的种种疑虑心理。例如，如果有人愿意以 10 元钱的价格卖给你一颗钻石，你肯定会认为这是赝品或是来路不明的商品。

绝对价格阈限的上限或下限会因不同的因素作用而不同，也可能因为消费者的不同而不同。这两种阈限虽然在一定条件下处于相对稳定，但又都可以通过市场力量加以改变。例如，大量的广告宣传可以使消费者觉得某种品牌的商品更值钱，于是价格的上绝对阈限便会因此而提高。消费者假如遇到一种低于下限的不平常的价格，常常需要经过紧张的思考，加以分析判断，如果此时消费者把商品价格的降低归为销售情况而不是质量问题，即认为是市场需求所造成的，就可能会降低下限，接受这一价格，于是价格的下绝对阈限就会因此降低。

在现实生活中，价格阈限是一个随着时间变化而变化的动态心理因素。因为随着经济的发展，商品中技术成本含量在增大，资源减少造成供求紧张，因而价格上升。由于工资提高造成的成本费用增加，价格刚性及生活水平的提高等，都会促使商品价格呈稳步上升的趋势。特别是在通货膨胀时，价格上限会全部向上移动，今天的正常价格，可能成了明天美好的记忆。20 世纪 50 年代，街头小贩沿街叫卖的"5 分钱一个"的茶叶蛋，在今天消费者心中早已成了遥远的"神话"。随着价格的不断上涨，消费者在价格再次上涨前会产生一种抢购的"通货膨胀心理"。从价格意识上看，通货膨胀会增加消费者的价格意识，但会降低价格敏感性及其对高价的抵抗力。商品价格的轮番上涨最初会遭到消费者的强烈反应，但久而久之，就可能使部分消费者变得麻木起来，反应迟钝。这可能是由于消费者适应了价格上涨的缘故。此时，消费者反而会对价格下降表现出高度的敏感性，由此可见，价格绝对阈限的概念实际上只有相对的意义，因为在市场条件下，这种"绝对价格阈限的界限"是可以波动的。

2. 差别价格阈限

即使商品的两种价格在客观上不一样，也不能假定消费者实际上知觉的价格也不同。据有关研究，只有当价格差别达到一定水平时，消费者才能知觉到两种价格刺激之间的差别。刚刚能够引起消费者差别感觉的两种价格刺激之间的最小强度差称作差别价格阈限。在考虑价格变化时，人们很容易觉察到 0.5 元 1 斤的青菜的价格变化为 1 元 1 斤，但这种变化若是在一辆汽车的价格上发生，就根本不会引起人们的注意。

研究表明，消费者对价格上涨要比下降更为敏感(这里不包括通货膨胀时期)，并会因商品的不同而不同。价格的适应水平理论认为，消费者价格知觉的基础是最后所付的实际价格，即可接受的价格或公平的价格。由此，学术界提出了价格适应水平理论关于价格知觉的有关结论是：价格知觉与别的价格和使用价值有关，对于每一商品种类、每一可辨质量水平，都存在一个标准价格；标准价格是判断其他价格的基准；存在一个标准价格的中性区，在此区内价格变化不引起知觉变化；标准价格是一些相似商品的平均价格；购买者并非单一判断每一个价格，而是把每一价格同标准价格或价格系列中的其他价格作比较进行判断的；标准价格无须同任一实际价格或者名牌商品的价格相符。

例如，假设一块牛排价格为 3.50 美元，消费者可接受的范围是 2.50～4.50 美元；一杯咖啡价格为 0.20 美元，消费者可接受的价格范围是 0.15～0.25 美元。实际价格如果落在这个范围内，消费者就会认为"公平"而不产生明显的负反应；假如超出这个范围，咖啡收费 0.30 美元(超过最大公平价格 20%)就会引起"不公平感"，使消费者产生严重的负反应。由于消费者对许多商品往往不注意它们的精确价格，因而，在许多情况下，就会存在一个可接受的价格范围。如果商品价格落入这个范围，价格就有可能不被作为一个是否购买的尺度。然而，若价格超出可接受范围的上限或下限，价格就变得很重要，如同有问题的商品将被拒绝。

第三节　价格策略与消费者心理

价格是企业竞争的主要手段之一，企业除了根据不同的定价目标选择不同的定价方法外，还要根据复杂的市场情况，采用灵活多变的价格策略确定商品的价格。

一、商品定价策略

(一)新商品的定价策略

新商品的定价由于没有同类商品价格可供参照，但它关系到新商品能否顺利地进入市场，能否站稳脚跟，能否获得较大的经济效益，因此是非常重要的。由于新商品定价既要保证收回成本，又要获取一定的利润，还要让大多数消费者认为"公平"，所以又是非常困难的。

1. 撇脂定价策略

这是一种先高后低的价格策略。在新商品进入市场初期，还没有竞争对象和替代物，厂家可能采取以较高价格出售，以便获得高额利润并尽快回收新商品的研制、开发投资。随着时间的推移，尤其是竞争对手进入市场后，可以酌情逐步降低价格。这种方法就如从鲜奶中撇去乳油一样，从厚到薄、从精华到一般，俗称"赚头蚀尾"。这种策略通常适用于能更好地满足消费者需要、需求量较大、需求弹性较小、仿制较难的新商品，专门针对消费者求新、求奇、好胜等心理。

例如，当年的柯达就是依靠此策略走进日本的。柯达公司生产的彩色胶片在 20 世纪 70 年代初突然宣布降价，立刻吸引了众多的消费者，挤垮了其他国家的同行企业，柯达公司甚至垄断了彩色胶片市场的 90%。但到了 80 年代中期，日本胶片市场被富士公司所垄断，富士胶片压倒了柯达胶片。对此，柯达公司进行了细心的研究，发现日本人对商品普遍存在重质而不重价的倾向，于是制定高价政策打响牌子、保护声誉，进而实施与富士竞争的策略。他们在日本发展了贸易合资企业，专门以高出富士 1/2 的价格推销柯达胶片。经过 5 年的努力和竞争，柯达终于被日本人接受，走进了日本市场，并成为与富士平起平坐的企业，销售额也直线上升。

1) 撇脂定价策略的适用条件

(1) 市场上存在一批购买力很强、并且对价格不敏感的消费者。

(2) 这样一批消费者的数量足够多，企业有厚利可图。

(3) 暂时没有竞争对手推出同样的商品，本企业的商品具有明显的差别化优势。

(4) 当有竞争对手加入时，本企业有能力转换定价方法，通过提高性价比来提高竞争力。

(5) 本企业的品牌在市场上有传统的影响力。

2) 撇脂定价法的优点

(1) 利用高价产生的厚利，使企业能够在新商品上市之初，就能迅速收回投资，减少了投资风险。

(2) 在全新商品或换代新商品上市之初，顾客对其尚无理性的认识，此时的购买动机多属于求新求奇。利用这一心理，企业通过制定较高的价格，可提高商品身份，创造高价、优质、名牌的印象。

(3) 先制定较高的价格，在其新商品进入成熟期后可以拥有较大的调价余地，不仅可以通过逐步降价保持企业的竞争力，而且可以从现有的目标市场上吸引潜在需求者，甚至可以争取到低收入阶层和对价格比较敏感的顾客。

(4) 在新商品开发之初，由于资金、技术、资源、人力等条件的限制，企业很难以现有的规模满足所有的需求，利用高价可以限制需求的过快增长，缓解商品供不应求的状况，并且可以利用高价获取的高额利润进行投资，逐步扩大生产规模，使之与需求状况相适应。

3) 撇脂定价策略的缺点

(1) 高价商品的需求规模毕竟有限，过高的价格不利于市场开拓、增加销量，也不利于占领和稳定市场，容易导致新商品开发失败。

(2) 高价高利会导致竞争者的大量涌入，仿制品、替代品迅速出现，从而迫使价格急剧下降。此时若无其他有效策略相配合，那么企业苦心营造的高价优质形象可能会受到损害，失去一部分消费者。

(3) 价格远远高于价值，在某种程度上损害了消费者的利益，容易招致公众的反对和消费者抵制，甚至会被当作暴利来加以取缔，诱发公共关系问题。

从根本上看，撇脂定价策略是一种追求短期利润最大化的定价策略，若处置不当，就会影响企业的长期发展。因此，在实践当中，特别是在消费者日益成熟、购买行为日趋理性的今天，采用这一定价策略必须谨慎。

2. 渗透定价策略

渗透定价策略是在商品进入市场初期，以较低的价格出售，然后逐步把价格提到一定的高度，又称"蚀头赚尾"。这种方法一般适用于一些低档品、生活必需品、市场已有类似代用品、消费者对价格较为敏感或易于仿制的新商品。它针对的是消费者求实、求廉、求利等心理。这种定价策略的初期，竞争对手会感到得益不大，不想积极仿制，待到消费者使用习惯又非用不可、并且找不到类似的代用品时，才把价格涨到一定高度。此时，消费者虽有不满，但也只能无可奈何地接受了。著名美籍华侨陈嘉庚先生在 20 世纪 30 年代曾被誉为"世界胶鞋大王"。他生产的胶鞋刚问世时价格往往低于成本，直到商品成为名牌时，才逐步把价格提高，最后仍赚了大钱。

1) 市场渗透定价法成功的条件

(1) 有足够大的市场需求。

(2) 消费者对价格具有高度敏感而不是强烈的品牌偏好。

(3) 大量生产能产生显著的成本经济效益。

(4) 低价策略能有效打击现存及潜在的竞争者。

2) 市场渗透定价策略的优点

企业可以通过薄利多销迅速吸引大批消费者，在短时期内打开商品销路；对竞争者诱惑不大，可减少竞争，使企业获得并保持较高的市场占有率；可使企业经营稳定，获得长期利润。

3) 渗透定价策略的不足

新商品开发投资一般较大，要较长时期才能收回。这时期如果竞争企业将性能更好的新商品投放市场，企业就会无利可图。采用这种策略，提价时可能会引起消费者的反感和抵制，影响销售和企业信誉。

3．反向定价策略

这是一种先定价格后组织生产的"量入为出"的反向方法。它是以零售价格为依据倒算出新商品成本和其他所需费用的控制范围，而后再去组织生产。这种方法不是以商品定价格，而是以价格定商品的质量和功能。这种策略一般适用于日用品和技术要求不高的商品，以适应大多数消费者的需要。华侨企业家林昌横到巴黎继承父业，把当时一个只有 6 名工人的小厂发展成了法国第二大皮件厂，商品不仅畅销法国，而且还远销德国、瑞士、以色列、非洲等地。他的生财秘诀就是运用反向定价法。林昌横生产的皮带，就是根据法国人的高、中、低收入水平定价的。低档货适合低收入者的需要，价格在 50 法郎上下，用料是普通牛羊皮，这部分人较多，就多生产些。中等货价格定在 100～300 法郎上下。高档货适合高收入者的需要，就在 600～800 法郎范围内定价，选料精良，有鳄鱼皮、蟒皮等，而由于这些人较少，就少生产些。有些独特花色的贵重皮带，定价就不封顶，因为对有钱的人来说，只要喜欢，价格再高他也会购买。这样，既扩大了市场，又能得到较多的赢利。

反向定价策略的特点是从消费者的实际支付能力和价格心理出发，旨在建立较稳固的商品信誉，增强消费者的购买信心。采用此种方法，企业首先要正确估计消费者对某种商品的价值观念，然后制定价格并预测出在这一价格水平下的需求量，进而估算生产量、投资额及单位成本等。商品定价必须恰到好处。若把中低档商品定价过高，一般顾客将不予问津；若将高、中档商品定价过低，顾客反而认为质次而不愿购买。因此，定价既要考虑消费者的需要，又要考虑消费者的实际支付能力。

4. 试用定价策略

试用定价策略是采取包括免费试用样品、附送优待券、配套供应和现金折扣等方法，以减少消费者对新商品的风险心理，鼓励和引导消费者试用，其目的在于培养消费者对厂家、店家的亲近感和对商品的信任感，为今后的购买奠定基础。免费的试用品一般是低价值的、需要经常购买的日用商品。虽然试用的代价是昂贵的，但它节省了广告费用，又可达到广告的目的。这种定价法在西方比较流行，我国的企业也逐渐开始采用。

当今社会科学技术突飞猛进，新商品层出不穷，企业在将新商品投放市场时，无论采取何种策略，都是机会与风险共存的。要想成功，还要根据市场信息与商品情况，结合本企业的经营经验，不失时机地作出选择。

(二)心理定价策略

心理定价策略是根据消费者购买心理而实行的各种价格策略的总称。

1. 零头定价策略

零头定价策略是指给商品定一个带有零头尾数的非整数价格。心理学家的研究表明，价格尾数的微小差别，能够明显影响消费者的购买行为，它会给消费者一种经过精确计算的、最低价格的感觉；有时也可以给消费者一种是原价打了折扣，商品比较便宜的感觉。这种方法由于不同国家不同地区的消费者具有不同的价格心态和风俗习惯而做法各异。比如美国在 5 美元以下的价格，末位是 9 最受欢迎；在 5 美元以上的价格，零头是 95 的销售情况最佳。日本多用 50、80、90 或 800、900 等定价。我国港澳地区消费者特别喜爱 8 的末位数定价。

求廉求实是消费者的普遍心态，非整数价格虽然和整数价格很接近，但给予消费者的心理信息却是不同的，比如把原来 5 元的商品价格定为 4.90 元，可使消费者感到价格便宜或价格下调的感觉。另外，带零头的价格会给消费者造成定价认真、准确的心理反应，增加信任感。某些数字的发音、含意对某些地区或某类消费者群具有特殊的意义，将其巧妙地运用于定价中，可以激发消费者的情感，给予心理上的满足。同时，在定价中也要避免使用消费者忌讳的数字。

2. 整数定价策略

整数定价策略是给商品价格定整数，不要零头的定价策略。一般说来，适宜于整数定价的商品，是那些高价值的商品、珍贵的礼品以及为了便于计算的小商品等。比如把若干种小商品搭配成 1 元货、10 元货等，不仅在销售时减少了许多找零钱的麻烦，而且会给购买者造成合算、便宜的感觉，利于促进购买。又比如，美国一家汽车制造商曾公开宣称：要为世界上最富有的人制造一种大型高级豪华轿车，车内有电视机、立体音响设备、视听电话、酒吧和洗澡间等，价格定为整数 100 万美元。这一昂贵的超高级轿车，引起了世界各地富翁的极大兴趣，公司的订单很快排满，而且还大有供不应求之势。

3. 声望定价策略

声望定价策略是根据消费者对某些商品的信任心理或"求名"心理，制定的高价策略。多数消费者购买商品时不仅看重质量，更看重品牌所蕴含的象征意义，比如身份、地位、名望等。该策略适用于知名度较高、广告影响力较大的名牌或高级消费品。一家商店经过多年经营，在消费者心目中有了声望，该商店销售的商品，价格就可以较一般商店稍高。一个工厂生产的商品成为名牌，消费者对它产生了信任感，售价也可以较高，这就是声望定价。

声望定价特别适用于质量不易鉴别的商品。比如皮大衣，两家商店都出售，一家声誉高，顾客们会认为，高级商店的高价商品代表着质量好。另外，用于正式场合的西装、礼服、领带等商品，且服务对象为企业总裁、著名律师、外交官等职业的消费者，都应该采用声望定价，否则，这些消费者就很难去购买。

声望定价往往采用整数定价方式，其高昂的价格能使顾客产生一分价格一分货的感觉，从而在购买过程中得到精神的享受，达到良好效果。

例如，微软公司的 Windows 98(中文版)进入中国市场时，一开始就定价 1998 元人民币，便是一种典型的声望定价。金利来领带，一上市就以优质、高价定位商品。有质量问题的金利来领带他们绝不上市销售，更不会降价处理，给消费者传递的信息，即金利来领带绝不会有质量问题，低价销售的金利来绝非真正的金利来商品，从而极好地维护了金利来的形象和地位。德国的奔驰轿车，售价 20 万马克。巴黎里约时装中心的服装，一般售价 2000 法郎。我国的一些国产精品也多采用这种定价方式。

当然，采用这种定价法必须慎重，一般商店、一般商品若滥用此法，弄不好便会失去市场。

4. 招揽定价策略

招揽定价策略是指企业为了招揽更多的顾客，有意将某些日用消费品的价格定得很低，甚至远远低于成本，以吸引顾客由此及彼地购买其他商品，从而增加总盈利的一种定价策略。该策略主要利用了消费者从众、求廉、投机的心理。消费者对低于一般市价的商品，容易感兴趣和激起购买欲望。有些商店在节假日或季节更替时，实行"大减价"，也是属于此定价法。从几种"低价商品"看，商家不赚钱，甚至赔本，但从总体经济效益看，还是有利的。

例如，日本创意药房将一瓶 200 元的补药以 80 元的超低价出售，每天都有大批人涌进店中抢购补药，按说如此下去肯定赔本，但财务账目显示出盈余逐月骤增，其原因就在于没有人来店里只买一种药。人们看到补药便宜，就会联想到其他药也一定便宜，促成了盲目的购买行动。

采用招揽定价策略时，必须注意以下几点。

(1) 降价的商品应是消费者常用的，最好是适合于每一个家庭使用的物品，否则就没有吸引力。

(2) 实行招揽定价的商品，经营的品种要多，以便使顾客有较多的选购机会。

(3) 降价商品的降低幅度要大，一般应接近成本或者低于成本。只有这样，才能引起消费者的注意和兴趣，才能激起消费者的购买动机。

(4) 降价品的数量要适当，数量太多，商店亏损太大，数量太少，容易引起消费者的反感。

(5) 降价品应与因残损而削价的商品明显区别开来。

5. 习惯定价策略

这种定价策略是按照消费者的习惯心理来制定价格。消费者在长期的购买实践中,对某些经常购买的商品,心目中已经形成了一个习惯性的价格标准。这些商品的价格稍有变动,就会引起消费者不满,比如降价易引起消费者对品质的怀疑,涨价可能受到消费者的抵制。因此对于这类商品,企业宁可在商品的内容、包装、容量等方面进行调整,不必采取调价的方法。若确实需要调价,应预先做好宣传工作,让消费者充分了解调价的原因。日常生活中的饮料、食品一般都适用这种策略。

6. 最小单位定价策略

最小单位定价策略是指企业把同种商品按不同的数量包装,以最小包装单位量制定基数价格,销售时,参考最小包装单位的基数价格与所购数量收取款项。一般情况下,包装越小,实际的单位数量商品的价格越高,包装越大,实际的单位数量商品的价格越低。最小单位定价策略的优点比较明显:一是能满足消费者在不同场合下的不同需要,比如便于携带的小包装食品,小包装饮料等;二是利用了消费者的心理错觉,因为小包装的价格容易使消费者误以为便宜,而实际生活中消费者很难也不愿意换算出实际重量单位或数量单位商品的价格。

例如,对于质量较高的茶叶,就可以采用这种定价方法,如果某种茶叶定价为每 500克 150 元,消费者就会觉得价格太高而放弃购买。如果缩小定价单位,采用每 50 克为 15元的定价方法,消费者就会觉得可以买来试一试。如果再将这种茶叶以 125 克来进行包装与定价,那么消费者就会嫌麻烦而不愿意去换算出每 500 克应该是多少钱,从而也就无从比较这种茶叶的定价究竟是偏高还是偏低。

(三)折扣定价策略

折扣定价策略是通过减少一部分价格以争取顾客,是非正式的或一定时间让价的策略。折扣定价的目的是吸引顾客加大购买量或成为工商企业的长期顾客,在一定时期内能增加销售额,加速资金周转。折扣价格的形式较多,在现实生活中应用十分广泛。沃尔玛能够迅速发展,除了正确的战略定位以外,也得益于其首创的折价销售策略。每家沃尔玛商店都贴有天天廉价的大标语,以示同一种商品在沃尔玛比其他商店要便宜。沃尔玛提倡的是低成本、低费用结构、低价格的经营思想,主张把更多的利益让给消费者,为顾客节省每一元钱是他们的目标。沃尔玛的利润通常在 30% 左右,而其他零售商比如凯马特的利润率都在 45%左右。沃尔玛公司每星期六早上举行经理人员会议,如果有分店报告某商品在其他商店比沃尔玛低,可立即决定降价。低廉的价格、可靠的质量是沃尔玛的一大竞争优势,吸引了一批又一批的顾客。

1. 数量折扣策略

数量折扣策略就是根据代理商、中间商或顾客购买货物的数量多少,分别给予不同折扣的一种定价方法。数量越大,折扣越多。其实质是将销售费用节约额的一部分,以价格折扣方式分配给买方。目的是鼓励和吸引顾客长期、大量或集中向本企业购买商品。数量折扣可以分为累计数量折扣和非累计数量折扣两种形式。

1) 累计数量折扣

累计数量折扣是指代理商、中间商或顾客在规定的时间内，当购买总量累计达到折扣标准时，给予一定的折扣。累计数量折扣定价法可以鼓励购买者经常购买本企业的商品，成为企业可信赖的长期客户。企业可据此掌握商品的销售规律，预测市场需求，合理安排生产，经销商也可保证货源。

运用累计数量折扣定价法时，应注意购买者为争取较高折扣率在短期内大批进货而对企业生产的影响。

2) 非累计数量折扣

非累计数量折扣是一种只按每次购买商品的数量而不按累计数量的折扣定价方法。其目的是鼓励客户大量购买，节约销售中的劳动耗费。

累计数量折扣和非累计数量折扣两种方式既可单独使用，也可结合使用。

2. 现金折扣策略

现金折扣策略，又称付款期限折扣策略，是在信用购货的特定条件下发展起来的一种优惠策略，即对按约定日期付款的顾客给予不同的折扣优待。现金折扣实质上是一种变相降价赊销，鼓励提早付款的办法。比如付款期限为一个月，立即付现折扣 5%，10 天内付现折扣 3%，20 天内付现折扣 2%，最后十天内付款无折扣。有些零售企业往往利用这种折扣，节约开支，扩大经营。

3. 交易折扣策略

交易折扣策略是企业根据各类中间商在市场营销中担负的不同功能所给予的不同折扣，又称商业折扣或功能折扣。企业采取交易折扣策略的目的是为了扩大生产，争取更多的利润。交易折扣的多少，随行业与商品的不同而不同，相同的行业与商品，又要视中间商所承担的商业责任的多少而定。如果中间商提供运输、促销、资金融通等功能，对其折扣就较多；否则，折扣将随功能的减少而减少。一般而言，给批发商的折扣较大，给零售商的折扣较少。

4. 季节性折扣策略

季节性折扣策略是指生产季节性商品的公司企业，对销售淡季来采购的买主所给的一种折扣优待。季节性折扣的目的是鼓励购买者提早进货或淡季采购，以减轻企业仓储压力，合理安排生产，做到淡季不淡，充分发挥其生产能力。季节性折扣实质上是季节差价的一种具体应用。

5. 推广让价策略

推广让价策略是生产企业对中间商积极开展促销活动所给予的一种补助或降价优惠，又称推广津贴。中间商分布广，影响面大，熟悉当地市场状况，因此企业常常借助他们开展各种促销活动，比如刊登地方性广告，布置专门橱窗等。对中间商的促销费用，生产企业一般以发放津贴或降价供货作为补偿。

6. 运费让价策略

运费让价策略是生产企业为了扩大商品的销售范围，对远方市场的顾客作出让价，以弥补其部分或全部运费。企业对远方市场一般都采用运费让价策略。

7. 处理定价策略

对积压、滞销商品降低价格出售，如果运用得当，就能促使消费者在求廉、求利的心理动机支配下购买商品，从而减少企业损失，加速资金周转。处理价格的降低幅度应适度，过大会引起消费者的怀疑心理，过小会减少消费者的购买兴趣。再者，处理价格不能在短时间内连续降低，否则会加深消费者的疑虑和观望，抑制购买欲望。比如某商店曾五折降价出售积压羊毛衫，两位女顾客犹豫多时，最后还是没买。她们认为，"这么便宜的东西恐怕一穿就破，别上当"。通常商品折价适当，消费者认为其实用价值尚存，购买风险不大；若折价过多，消费者就会顾虑商品的质量和安全，动摇购买信心。国外有的经营者说："防止滞销比处理滞销更重要。"企业一旦出现了积压、滞销商品，应该尽早尽快地处理，使损失减少到最小。

(四)差别定价策略

差别定价，也叫价格歧视，是指企业按照两种或两种以上不反映成本费用比例差异的价格销售某种商品或劳务。差别定价有四种形式。

1. 顾客差别定价

顾客差别定价即企业按照不同的价格把同一种商品或劳务卖给不同的顾客。例如，某汽车经销商按照较高价格把某种型号汽车卖给顾客 A，同时按照较低价格把同一种型号汽车卖给顾客 B。这种价格歧视表明，顾客的需求强度和商品知识有所不同。

2. 商品等级差别定价

商品等级差别定价即把不同品牌、规格及型号的同一类商品划分为若干个等级，对每个等级的商品制定一种价格。例如，某服装店对某型号女装制定三种价格：260 元、340 元、410 元，在消费者心目中形成低、中、高三个档次，人们在购买时就会根据自己的消费水平选择不同档次的服装。如果一味地定成一个价格，效果就不好了。一般情况下，如果相邻两种型号的商品价格相差很大，买主多半会买便宜的；如果价格相差较小，买主倾向于买好的。这种定价策略的优点在于不同等级商品的价格有所不同，能使消费者产生货真价实、按质论价的感觉，能满足不同消费者的消费习惯和消费水平，既便于消费者挑选，也使交易手续得到简化。在实际运用中，要注意避免各个等级的商品标价过于接近，以防止消费者对分级产生疑问而影响购买。

企业对不同型号或形式的商品分别制定不同的价格，但是，不同型号或形式商品的价格之间的差额和成本费用之间的差额并不成比例。

3. 商品部位差别定价

商品部位差别定价即企业对于处在不同位置的商品或服务分别制定不同的价格，即使这些商品或服务的成本费用没有任何差异。

例如剧院,虽然不同座位的成本费用都一样,但是不同座位的票价有所不同,这是因为人们对剧院的不同座位的偏好有所不同。

4. 销售时间差别定价

销售时间差别定价即企业对于不同季节、不同时期,甚至不同钟点的商品或服务分别制定不同的价格。

例如,哈尔滨市洗衣机商场规定,商场的商品从早上 9 点开始,每一小时降价 10‰。特别在午休时间及晚上下班时间商品降价幅度较大,吸引了大量上班族消费者,在未延长商场营业时间的情况下,带来了销售额大幅度增加的好效果。

(五)地区定价策略

一般来说,一个企业的商品,不仅卖给当地顾客,同时还卖给外地顾客,而卖给外地顾客,把商品从产地运到顾客所在地,需要花一些装运费。所谓地区性定价策略,就是企业要决定对于卖给不同地区(包括当地和外地不同地区)顾客的某种商品,是分别制定不同的价格,还是制定相同的价格。也就是说,企业要决定是否制定地区差价。地区性定价的形式有以下五种。

1. 原产地离岸定价

原产地离岸定价,就是顾客(双方)按照厂价购买某种商品,企业(卖方)只负责将这种商品运到产地某种运输工具(如卡车、火车、船舶、飞机等)上交货。交货后,从产地到目的地的一切风险和费用概由顾客承担。如果按产地某种运输工具上交货定价,那么每一个顾客都各自负担从产地到目的地的运费,这是很合理的。但是,这样定价对企业也有不利之处,即远地的顾客就可能不愿购买这个企业的商品,而购买其附近企业的商品。

2. 统一交货定价

统一交货定价和前者正好相反。所谓统一交货定价,就是企业对于卖给不同地区顾客的某种商品,都按照相同的厂价加相同的运费(按平均运费计算)定价。也就是说,对全国不同地区的顾客,不论远近,都实行一个价。因此,这种定价又叫邮资定价。目前我国邮资也采取统一交货定价,比如本埠信函邮资是 0.8 元(首重 100 克内,每重 20 克计算),续重 101—2000 克,每重 100 克资费 1.2 元(不足 100 克按 100 克计算),而不论收发信人距离远近。

21 世纪初,日本人盛行穿布袜子,日本商人石桥便专门生产经销布袜子。当时由于大小、布料和颜色的不同,袜子的品种多达 100 多种,价格也是一式一价,买卖很不方便。有一次,石桥乘电车时,发现无论远近,车费一律都是 0.05 日元。由此他产生灵感,如果袜子都以同样的价格出售,必定能大开销路。然而,当他试行这种方法时,同行全都嘲笑他,认为如果价格一样,大家便会买大号袜子,小号的就会滞销,那么石桥必赔本无疑。但石桥胸有成竹,力排众议,仍然坚持统一定价。由于统一定价方便了买卖双方,深受顾客欢迎,布袜子的销量达到空前的数额。

3. 分区定价

这种形式介于前两者之间。所谓分区定价，就是企业把全国(或某些地区)分为若干价格区，对于卖给不同价格区顾客的某种商品，分别制定不同的地区价格。距离企业远的价格区，价格定得较高；距离企业近的价格区，价格定得较低。在各个价格区范围内实行一个价。但企业采用分区定价也有问题，具体有以下两点。

(1) 在同一价格区内，有些顾客距离企业较近，有些顾客距离企业较远，前者就不合算。

(2) 处在两个相邻价格区界两边的顾客，他们相距不远，但是要按高低不同的价格购买同一种商品。

4. 基点定价

基点定价即企业选定某些城市作为重点，然后按一定的厂价加上从基点城市到顾客所在地的运费来定价(不管商品，实际上是看哪个城市起运的)。有些公司为了提高灵活性，选定许多个基点城市，按照顾客最近的基点计算运费。

5. 运费免收定价

有些企业因为急于和某些地区做生意，所以负担全部或部分实际运费。这些卖主认为，如果生意扩大，其平均成本就会降低，因此足以抵偿这些费用开支。采取运费免收定价，可以使企业加深市场渗透，并且能在竞争日益激烈的市场上站住脚。

二、商品调价的心理策略

根据消费者对商品降价和提价的心理反应，企业可以采取相应的降价和提价策略。

1. 降价的心理策略

企业可能出于以下原因而考虑降价：企业的生产能力过剩，需要扩大销售而又不能通过改进商品和加强营销来达到目的；在强大的竞争压力下，企业市场份额下降，不得不降价竞销；企业的成本费用低于竞争对手，试图通过降价来提高市场份额。

企业要达到预期的降价目的，应当注意了解消费者的心理：消费者注重商品的实际性能与质量，而较少将所购商品与自身的社会形象相联系；消费者对商品的质量和性能非常熟悉，比如某些日用品和食品，降价后仍对商品保持足够的信任度；消费者需要企业向其充分说明降价的理由，并使其感到能够接受；即使制造商和商品品牌信誉度高，消费者只有在以较低的价格买到"好东西"时才会满意。

企业在降价时要准确把握降价时机。关于降价时机，应根据商品和企业的具体情况而定。一般认为，对于时尚和新潮商品，进入模仿阶段后期就应降价；对于季节性商品，应在换季时降价；对于一般商品，进入成熟期的后期就应降价；根据我国近年来出现的"假日经济"现象，节假日可实行降价优惠；店庆也可作为较好的降价时机。应当注意的是，商品降价不能过于频繁，否则会造成消费者对降价不切实际的心理预期，或者对商品的正常价格产生不信任感。降价幅度要适宜，应以吸引消费者购买为目的，幅度太小不能刺激消费者的购买欲望；幅度过大企业就可能会亏本，或引起消费者对商品质量的怀疑。

2. 提价的心理策略

一般来讲,商品价格的提高会对消费者利益造成损害,引起消费者的不满。引起企业提价的主要原因有:由于通货膨胀,物价上涨,企业的成本费用提高,不得不提高商品价格;企业的商品供不应求,不能满足其所有消费者的需要,在这种情况下就可适当提价;资源稀缺或劳动力成本上升导致商品成本提高,使得企业提价。

正如商品降价一样,要达到预期的提价目的,也应注意了解消费者的心理要求:消费者的品牌忠诚度很高,他们忠诚于某一特定品牌,不会因价格上涨而轻易改变购买习惯;消费者相信某种商品具有特殊的使用价值或具有更优越的性能,是其他商品所不能替代的;消费者有求新、猎奇、追求名望、好胜攀比的心理,愿意为自己喜欢的商品支付高价;消费者能够理解价格上涨的原因,能容忍价格上涨带来的消费支出的增加。

为保证提价策略的顺利实现,准确把握商品提价时机,可选择以下几种情况时提价:商品在市场上处于优势地位;商品进入成长期;季节性商品达到销售旺季;一般商品处在销售淡季;竞争对手提价等。应当注意的是,提价幅度不宜太大,速度不宜太快,否则会失去一大批消费者。提价幅度没有统一的标准,一般视消费者对价格的心理承受能力而定。为了使消费者接受上涨价格,企业应针对不同的情况,采取相应的心理策略,包括做好宣传解释工作,组织替代品的销售,提供热情周到的服务,尽量减少消费者的损失等,以求得消费者的理解和支持。

综上所述,消费者对价格的心理反应是纷繁多样的。在实际市场营销活动中,应针对不同商品、不同消费者群体的实际情况,在明确消费者心理变化的趋势下,采取切实可行的定价和调价策略,以保证企业营销活动的成功。

本 章 小 结

商品价格的心理功能有衡量商品价值和品质的功能、自我意识比拟的功能、调节需求的功能。消费者价格心理特征包括习惯性、敏感性、感受性、倾向性、逆反性。商品定价策略主要包括:新商品的定价策略,具体有撇脂定价策略、渗透定价策略、反向定价策略、试用定价策略;心理定价策略,具体有零头定价策略、整数定价策略、声望定价策略、招揽定价策略、习惯定价策略、最小单位定价策略;折扣定价策略,具体有数量折扣策略、现金折扣策略、交易折扣策略、季节性折扣策略、推广让价策略、运费让价策略;差别定价策略,具体有顾客差别定价、商品等级差别定价、商品部位差别定价、销售时间差别定价;地区定价策略,具体有原产地离岸定价、统一交货定价、分区定价、基点定价、运费免收定价;商品调价的心理策略,具体有降价的心理策略和提价的心理策略。

课 程 思 政

商品价格要遵循社会主义市场经济的规则,在"二十大"报告的背景下,应该体现以下几个方面。

坚持以人民为中心的发展思想。商品价格应该以满足人民日益增长的美好生活需要为目标，既不能过高，使人民难以承受，也不能过低，导致产品质量下降或生产成本上升，损害消费者利益。

推动经济高质量发展。商品价格应该体现技术创新、绿色发展等经济发展的新理念，避免以牺牲环境和资源为代价来追求短期经济效益，应当考虑可持续发展的因素。

落实深化改革的要求。商品价格应该体现市场化改革的要求，避免政府过多地干预市场，妨碍市场自主调节价格的机制，应当尊重市场规律和消费者选择的权利，加强市场监管，维护市场秩序。

思 考 题

1. 价格的心理功能有哪些？
2. 消费者价格心理特征有哪些？
3. 价格调整对消费者的心理和行为有哪些影响？
4. 商品定价策略有哪些？
5. 商品调整价格策略有哪些？具体如何调整？

案 例 分 析

案例 1　三年涨价逾 60%，香奈儿只想把产品卖给富人？

过去三年，香奈儿(Chanel)毫无疑问是涨价幅度最大的头部奢侈品牌。

据彭博社消息，自 2019 年年底以来，香奈儿已将其部分经典手袋的全球价格提高了近三分之二，涨价幅度远超其他头部奢侈品牌。

另据相关分析师收集的数据，自 2019 年 11 月以来，香奈儿经典小翻盖包在美国的价格上涨了 60% 至 8200 美元，2.55 大号手袋在最新一次价格调整后，在美国的售价上升至 9500 美元，较去年 6 月时 7400 美元定价上涨了 28%。

随着 2020 年的到来，香奈儿在美国于 1 月 19 日进行本年第一轮的价格调整，涉及的包款有 Coco Handle、19 Bag、Wallet on Chain 和 Le Boy 等，幅度在 10% 左右。

2021 年圣诞前夕，香奈儿在英国、欧洲和澳大利亚等地区的手袋价格也涨至新高。香奈儿于 2021 年 11 月 3 日正式上调英国、欧洲和澳大利亚等地区的手袋价格，小号的经典翻盖手袋价格调至 7300 欧元，中号价格上调至 7800 欧元，而爱马仕铂金包和 Kelly 手袋的欧洲标价为 7000 欧元。

对于价格的频繁上涨，香奈儿发言人回应称是为了应对汇率波动、生产成本的变化，并确保其手袋在全球范围内的成本大致相同。但随着香奈儿涨价周期不断缩短和调整幅度的扩大，原料、人工成本上涨或汇率变化已经不足以作为其不断上调价格的缘由。

奢侈品行业的高管和分析师纷纷指出，香奈儿价格的频繁上调实际上是一种激进的企业战略，通过控制品牌最受欢迎的产品价格来瞄准高端竞争对手。

二手奢侈品电商平台 Rebag 首席执行官 Charles Gorra 则认为，香奈儿不断上调热门产品售价的目的是让品牌更加独特，从而在最具标志性的手袋上占据更稳定的领先位置，

"香奈儿正努力向爱马仕靠拢，拉开与 Louis Vuitton 和 Gucci 的差距"。

汇丰银行全球消费者和零售研究主管 Erwan Rambourg 也给出了"香奈儿的提价是为了品牌而非竞争"的观点，"该品牌不希望每个人都携带同一个手提包，因为这会使手提包本身贬值。"

除了上述种种，Instagram 博主 ericasgirlyworld 日前的一则 Stories 揭露了香奈儿频繁涨价背后更加深刻的目的，即用提高价格门槛的手段来把中产消费者排除在外，为更有购买力的富裕消费者提供更独特的产品和服务。

该 Stories 援引了一名与香奈儿首席执行官接触过的内部人员消息，香奈儿内部对于品牌在中国等亚洲市场门店大排长龙的现象感到不满，认为这一情况有损品牌形象，并经常会以品牌给所在的购物中心创造了客流而拒绝支付租金，或者只支付很少的一部分。

该消息人士还透露，近年来香奈儿陆续关闭了部分只卖配饰或鞋履的门店，并增加了门店中成衣产品的占比，旨在绑定金字塔最高层级的、对价格不敏感的高净值消费者。

香奈儿用提高价格门槛的手段来把中产消费者排除在外，为更有购买力的富裕消费者提供更独特的产品和服务。

尽管香奈儿官方暂未对该消息作出回应，但在业内人士看来实属情理之中，全球 90% 的财富掌握在 10% 的人手里已是不争的事实，牺牲中间阶层所贡献的商业规模来换取顶级消费者对品牌的肯定比争夺剩余 90% 的蛋糕更重要。

香奈儿也从未掩饰其对标更高端消费者的野心。随着转售成为奢侈品市场的一个重要组成部分，奢侈品牌正试图用不同的方法来提升排他性，香奈儿不仅频繁涨价，还推出了与爱马仕"配货"要求类似的限购规则。

据彭博社记者报道，巴黎香奈儿门店的一位销售助理曾向他明确表示，消费者一次只能买一个包，且必须等两个月后才能再买一个其他款式的手袋，纽约记者也表示香奈儿部分经典手袋的每月购买量会有限制要求，香港和上海的记者所收到的消息则是没有限制。

韩国消费者此前也透露，香奈儿的销售人员称从 2021 年 10 月起他们每年只能购买一个经典翻盖手袋或 Coco Handle，针对其他小皮具则要求消费者每年不能购买两件相同产品。

对此，巴黎高等商学院营销副教授 Gachoucha Kretz 作出了这样的解读，香奈儿的限购和涨价是在告诉消费者，"如果你能买到一个手袋，你就属于这个俱乐部"。换言之，香奈儿希望让消费者产生更大的成就感，即在拥有品牌手袋的同时，身份价值也能得到认可。

在巴黎数据分析机构 Luxuryinsight 业务发展经理 Ines Ennaji 看来，香奈儿目的是借限购提高热门产品的稀缺性，让品牌更加令人向往，同时用"供需定律"来向消费者证明"他们的价格上涨是合理的"。

需要警惕的是，有初步迹象表明，香奈儿的改变激怒了一些购物者，有的消费者即便依然在购买香奈儿，但目的也不再是单纯的喜欢或者想要拥有，而是为了避免未来的涨价。

在 Instagram 拥有近 6 万名粉丝的 Vogue 香港版撰稿人 Ingrid Chua 在接受彭博社采访时直言，"我对这个品牌非常不满，近年来香奈儿手袋为防止污垢和划痕而增厚了涂层，令皮革塑料感越来越重"。

经常在香港购买奢侈品的 Carol Gong 也坦承，频繁的涨价让她购买香奈儿的可能性降低，"同样价钱，我宁愿买一个爱马仕的 Lindy 手袋"。

在二级市场，香奈儿手袋的增值空间与爱马仕铂金包相比也隔着一个极大的分水岭。纽约奢侈品经销商 What Goes Around Comes Around 首席执行官 Seth Weisser 表示，香奈儿近几年推出的手袋款式，有一半的售价低于一级市场，爱马仕的手袋却始终高于原价。

另据全球最大二手奢侈品电商 Vestiaire Collective 数据，2021 年 11 月起平台以 11.2 万欧元的价格卖出了一款零售价为 1.85 万欧元的稀有皮铂金包，而香奈儿在该平台史上最高的成交价为 3 万欧元。

在佳士得于 2021 年 11 月举办的一场拍卖会中，爱马仕鳄鱼皮的 Kelly 手袋以 400 万港元的历史新高价格售出，同场拍卖中最贵的香奈儿手袋拍卖价则为 12.5 万港元，之间的价格差距达 32 倍。

这或许解释了香奈儿近两年业绩表现没有跟随产品价格上涨增加，反而接连下滑的现象。

与近三年上涨三分之二的手袋价格相反，香奈儿在 2020 年继续跑输 LVMH 时装皮具部门和爱马仕等竞争对手，销售额同比大跌 18% 至 101 亿美元，营业利润也减少 41.4% 至 20.49 亿美元。

报告期内，香奈儿在涵盖中国的亚太市场销售额下跌 3.1% 至 52.57 亿美元，在欧洲的销售额则大跌 36.4% 至 28.85 亿美元，美国市场也下滑 15% 至 19.66 亿美元。

对于 2020 年不尽人意的业绩表现，香奈儿首席财务官 Philippe Blondiaux 在接受路透社采访时解释道，去年销售额的下滑与品牌部分门店因疫情关闭而暂时停业有关。但分析师们并不买账，要知道，香奈儿在 2019 年的业绩表现就已逊于 LVMH 时装皮具部门和爱马仕。

经过综合分析，业内人士在随后的报告中总结出了香奈儿跑输竞争对手的三大原因：

(1) 线上赛道的缺席。在整个时尚行业，香奈儿是为数不多的数字抵制者之一，尽管其美妆和太阳镜产品都有开设电商业务，但长期以来一直坚持只在实体店发售手袋成衣产品，这在一定程度上限制了品牌业绩的增长。

咨询公司贝恩的数据显示，在疫情的推动下，2020 年全球消费者在线购买奢侈品的份额几乎翻了一番，从 2019 年的 12% 增加到 23%，期间无论是爱马仕、Louis Vuitton 还是 Dior 都在不断加大电商渠道的新品发布频率。

(2) 缺乏新的"经典款"。仔细观察不难发现，香奈儿至今最保值的手袋依然是 2.55 和经典翻盖包，新出的 19 Bag 以及 Coco Handle、Wallet on Chain 和 Le Boy 的价格上调幅度远不及前面两款，在二手奢侈品交易市场的存在感也不高。

美妆和香水虽然依旧是香奈儿的现金奶牛，为品牌贡献了三分之一的收入，但整体表现与上年持平，线上销售高达 113% 的强劲增长抵消了旅游零售低迷造成的负面影响。

(3) 缺乏前瞻性的战略引导。不可否认的是，香奈儿的目标非常明确，就是要与爱马仕争夺更富裕的消费者，但在如何实现方面却一直"原地踏步"。

虽然在市场营销方面的策略，香奈儿看上去似乎更加大胆，包括使用明星大使、数字化互动、对于实体时装秀的重视等，但却在消费者心中形成了一个由网红和明星驱动的形象，是"韩流明星 Jennie 和周迅同款"。

韩国时尚博主宋智雅因形似香奈儿品牌大使、韩流明星 Jennie 而受到关注，在参加综艺时她也频繁穿着和佩戴香奈儿的服饰手袋。而爱马仕至今在全球仍未宣布任何明星大使，但却更愿意把营销费用投入到品牌和消费者本身，例如开设健身主题快闪店、针对 VIP 客人举办的皮具 workshop 等，用所谓的"贵妇"阶层促使人与人之间的较量和传播，这正是香奈儿无法对标爱马仕的关键原因。

微信公众号"LADYMAX"早前在报道中也分析道，在品牌的属性上，香奈儿和爱马仕存在巨大的差异。前者根植于成衣的形式革新，后者则世代钻研皮具。这使得在打造作为现金奶牛的手袋时，香奈儿手袋更多被作为时装造型的配饰，而爱马仕铂金包与皮革工艺建立了强连接，显然更有利于手袋价值的塑造。

值得关注的是，香奈儿似乎已开始酝酿新一轮的变革。2021 年 12 月该品牌突然宣布，Leena Nair 为品牌新任全球首席执行官。上任后 Leena Nair 将在伦敦的总部任职，与 Gerard Wertheimer 共同拥有香奈儿的法国亿万富翁 Alain Wertheimer 则担任全球执行主席。

资料显示，Leena Nair 为联合利华的人力资源主管和执行委员会成员，还担任过 BT 的非执行董事会成员以及英国商业、能源和工业战略部门的非执行董事，却不曾拥有在奢侈品品牌任职的经验。在联合利华，Leena Nair 管理着 15 万名员工，加入香奈儿后她将管理 2.7 万名员工。

2021 年 11 月初，香奈儿的公关团队也迎来大换血，新国际新闻关系和时尚公共关系总监 Emmanuelle Walle 同样有着快消领域的工作经验，曾在欧莱雅担任过国际传播的管理职务，于 2019 年加入香奈儿负责品牌香水和美妆部门的新闻关系，主导了香奈儿标志性香水 NO.5 诞生 100 周年等系列活动。

尽管香奈儿在声明中强调，Leena Nair 的加入有助于帮助品牌在保持私有化的前提下继续实现可持续增长，培养更多创意人才。但有分析指出，作为一个奢侈品品牌，香奈儿却挑选了在消费品领域任职长达 30 年的 Leena Nair 为首席执行官，无疑是该品牌想要向资本市场靠拢的信号。

Bernstein 奢侈品分析师 Luca Solca 则列举了 LVMH 总经理 Antonio Belloni 为宝洁欧洲前总裁、雅诗兰黛首席执行官 Fabrizio Freda 为宝洁前资深人士等例子，表示香奈儿的这一任命正在追随业内其他领跑者从快消行业引进高管人才的趋势，"联合利华和宝洁已成为奢侈品行业年轻管理人才的蓄水池。"

可以肯定的是，Leena Nair 接管香奈儿后的当务之急是帮助品牌找准在奢侈品市场中的定位，香奈儿要想一跃进入爱马仕的高杠杆模式绝非是频繁涨价和限购就能实现的，关键是能否形成更具价值和特色的品牌资本，并转化为足够向上攀登的势能。

同样从皮具起家的 Louis Vuitton 就无意成为爱马仕，而是采用了截然相反的大众化策略。但是无论 Louis Vuitton 每年卖出多少老花手袋，其作为奢侈品标杆的地位都没有改变，这也不失为一种长期的可持续发展之计。

毕竟金字塔越是向上空间越有限，香奈儿已经处于某种结构性优势中，不随波逐流，自己制定规则，继续强调自身的独立性及其经年建构的品牌世界才是香奈儿要把握的"特权"。头部的竞争，比拼的是站位的刁钻和角色的不可替代，容不下任何相似。

（资料来源：《齐鲁壹点》，2022-01-14.)

案例讨论

如何看待香奈儿的调整定价策略？

案例 2　东阿阿胶再陷亏损：高管相继离职，盲目提价透支市场

近日，东阿阿胶发布 2020 年中期业绩预告。2020 年上半年，公司归属于上市公司股东的净利润预计亏损 6754 万元至 9841 万元，基本每股收益亏损 0.1～0.15 元。

对比去年同期盈利 1.93 亿元，基本每股收益盈利 0.35 元，东阿阿胶归母净利润同比下降 135%～151%，基本每股收益同比下滑 57%～71%。

关于业绩下降的原因，东阿阿胶表示，一方面受国内新冠肺炎疫情影响，报告期内特别是一季度，国内部分经销商复工复产延期，且药店等销售场所普遍顾客流量严重低迷，导致公司线下业务受到较大影响；另一方面，公司正在清理渠道库存，主动严格控制发货，全面压缩渠道库存数量，因此对 2020 年上半年销售产生一定影响。

公开资料显示，东阿阿胶隶属华润集团，是阿胶系列商品生产企业。公司前身为山东东阿阿胶厂，于 1952 年建厂，1993 年由国有企业改为股份制企业，1996 年 7 月 29 日登录深交所。

纵观东阿阿胶上市以来的业绩情况发现，前 22 年，公司的营收和利润总体保持持续增长，从未出现过亏损。但是这一情况在 2019 年发生了改变，当年的东阿阿胶首次陷入了亏损困境。

公司 2019 年年报显示，报告期内，公司实现营业收入 29.59 亿，亏损 4.454 亿元；分别同比下降 59.68%、121.29%。据悉，此次是东阿阿胶上市 23 年来首次出现亏损。

也就是说，即使没有疫情冲击，东阿阿胶的业绩情况也早已出现危机。

除了经营承压外，近年来东阿阿胶在人事方面的变动也不小。据此前媒体报道，2019 年 11 月，王春城因工作内容变动原因，辞去东阿阿胶第九届董事会董事长、董事等一系列职务。2020 年 1 月，由于已到退休年龄，秦玉峰申请辞去公司第九届董事会董事、总裁和公司法定代表人职务，同时一并辞去公司第九届董事会战略委员会委员和提名委员会委员职务，由高登锋为公司总裁继任者。随后公司原高管田维、周祥山也相继离职，辞去助理总裁、副总裁的职务。

"渠道库存积压"，这是东阿阿胶在近几次连续业绩下降时给出的共用理由之一。

为何会出现这一情况？这还要从 2006 年秦玉峰出任东阿阿胶总经理(总裁)开始说起。

据此前《证券日报》报道，彼时，东阿阿胶面临着战略不清、业务多元、资源分散、增长乏力等一系列问题，阿胶商品也走向了老龄化和低端化，整个品类都被边缘化。

这一系列问题在 2006 年秦玉峰上任后得到解决。当年，秦玉峰确定了聚焦阿胶主业的战略定位，剥离了除阿胶之外的其他副业，全力聚焦阿胶市场。

这一战略调整很快就看到成效。2006 年，东阿阿胶的营收额首次进入十亿级。之后，东阿阿胶连续十几年净利润保持正增长，且年复合增长率在 20% 以上，成为行业内的龙头企业。

不过，也正是从那一年开始，东阿阿胶开始了自身阿胶商品的"价格战"，即提价战略。

据了解，2006 年前，东阿阿胶使用的是低价战术，以低廉的价格博取消费者的欢心，

不断拓展经营市场，借此压制竞争对手，一度占据7成的市场份额。

而从2006年开始，公司开始年年提价，连续提价了17次，甚至部分年份出现一年提价两次的情况，年复合价格提升幅度达到34%。

业内人士表示，事实上，分析近些年来东阿阿胶业绩增长的原因，不可否认，提价政策前期在一定程度上起到过积极作用，但后来由于经营问题及市场变化等，这一推动"渐渐变成了"阻碍。

但近些年来，阿胶市场参与品牌越来越多，渠道把控难度加大，商品价格也参差不齐。面对价格过高的东阿阿胶，很多消费者望而却步，转向选择其他可替代的商品。于是，在原来的商业模式下，东阿阿胶出现商品销路不畅的情况。

对此，香颂资本执行董事沈萌在接受记者采访时表示："提价在经济向好的时候，对消费需求影响小。当经济不好时，这些非刚需的提价就成为销售的阻碍。"

在沈萌看来，阿胶只是一种非必要的滋补品，没有刚性消费需求，也缺乏茅台那样的品牌效应，一旦提价就会引发销售大减。而东阿阿胶的问题在于企业经营思维出现偏差，将原本属于非必要消费的滋补品定位为滋补品的茅台，再加上以毛驴不够用等各种奇葩理由不断提价，最终导致市场用脚投票。

中国食品行业分析师朱丹蓬认为，商品涨价的背后如果有相应的品质和服务提升，那么消费者肯定会接受，但如果消费者不认可，涨价就是在透支公司整体的品牌。东阿阿胶虽然在前期做了一些创新和升级，但是整体来说，在消费者的满意度上还是有很大的提升空间。

对于东阿阿胶未来发展的建议，朱丹蓬进一步表示："如今的消费者对于什么都要快。购物要快，打车要快，外卖要快，这个跟传统型滋补品类是有矛盾的。同仁堂也好，东阿阿胶也好，这是传统滋补品目前遇到的一个普遍问题。下一步如果东阿阿胶能把传统滋补型行业的痛点很好地解决，那么就能够解决消费端的核心需求和诉求，对公司未来发展也有很大益处。"

（资料来源：蓝鲸财经，2020-07-23.）

案例讨论

你对东阿阿胶的提价策略怎么看？

案例3　怎样销售这批珠宝

位于美国加州的一家珠宝店专门经营由印第安人手工制成的珠宝首饰。有一次，珠宝店进了一批由珍珠质宝石和白银制成的手镯、耳环及项链。该宝石同商店以往销售的绿松石宝石不同，它的颜色更鲜艳，价格也更低。但很多消费者还不了解它，对他们来说，珍珠质宝石是一种新的品种。副经理希拉十分欣赏这些造型独特、款式新颖的珠宝。她认为这个新品种将会引起顾客的兴趣，形成购买热潮。她以合理的价格购进了这批首饰，为了让顾客感觉物超所值，她在考虑进货成本和平均利润的基础上，为这些商品确定了销售价格。

一个月过去了，商品的销售情况令人失望。希拉决定尝试运用她本人熟知的几种营销策略。比如，希拉把这些珠宝装入玻璃展示箱，摆放在店铺入口醒目的地方。但是，陈列位置的变化并没有使销售情况好转。

在一周一次的见面会上，希拉向销售人员详细介绍了这批珠宝的特性，下发了书面材料，以便他们能更详尽、更准确地将信息传递给顾客。希拉要求销售员花更多的精力来推销这个商品系列。

不幸的是，这个方法也失败了。希拉对助手说，看来顾客是不接受珍珠质宝石，她准备另外选购商品了。在去外地采购前，希拉决定减少商品库存，她向下属发出把商品半价出售的指令后就匆忙起程了。然而，降价也没有对销售有所帮助。

一周后，希拉从外地回来。店主贝克尔对她说："将那批珠宝的价格在原价基础上提高两倍再进行销售。"希拉很疑惑，现价都卖不掉，提高两倍会卖得出去吗？

（资料来源：爱问文库，有改动.)

案例讨论

1. 销售失败的关键原因是什么？
2. 贝克尔为什么提高售价？
3. 结合案例，说明基本的定价方法和策略有哪些。

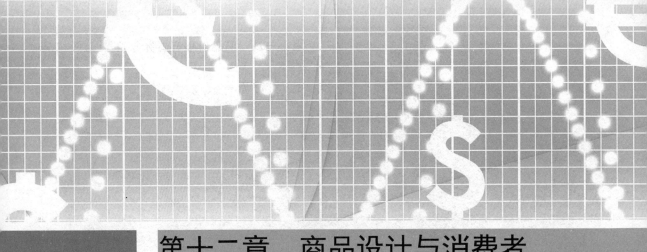

第十二章 商品设计与消费者购买心理

【本章导读】

通过对本章内容的学习，了解新商品及新商品开发的概念，理解新商品开发的意义，理解消费者购买新商品的动机及影响新商品推广的心理因素，在此基础上正确掌握新商品开发和推广的心理策略。

第一节 新商品与消费心理

商品是消费者购买活动的主要对象，它本身的各种特征对消费者的心理活动会产生一定的影响，进而导致消费者的购买行为。当今世界上许多国家的企业都非常重视新商品的开发，一些经济发达国家用于研究新技术、开发新商品的费用占到国民生产总值的 2%左右，但其开发的成功率仅为 20%左右。也就是说，80%左右的新商品没有被消费者承认和接受。因此，企业要根据消费者心理来研制新商品，在对商品进行定位、命名及包装的同时，也要在商品的特点、名称、商标、包装装潢、品牌策略等方面对消费者的消费心理和行为施加影响。

一、新商品概述

(一)新商品的概念

企业不断开发研制新商品是满足人们提高生活质量需要的必然要求，也是企业在市场激烈竞争中求生存、求发展的基本要求。所谓新商品，在现代营销理论中，是从"整体商品"的角度来理解的。从营销学的角度而言，整体商品包含五个层次，即核心商品、一般商品、期望商品、附加商品和潜在商品。在整体商品中，只要对任何一个商品层次进行更新和变革，都会使该商品区别于原有商品，使商品有了新的结构、功能、品种或增加了新的服务，并给消费者带来了新的效用和利益，这样的商品都可视为新商品。

(二)新商品的特征

1. 先进性

由于采用了新原理、新技术和新材料，使商品具有了新的结构、性能、质量和技术特征。因此，新商品比老商品有更加先进的特点。

2. 创新性

由于许多新商品采用了科学技术的最新研究成果，而这些成果常常具有高新技术的内涵，使得应用高新技术的新商品具有创新性。例如采用纳米技术、基因工程技术的新商品都具有创新性。

3. 经济性

新商品在生产制造过程中可以节省成本，提高生产效率与商品质量，能给企业带来良好的经济效益。同时，新商品在使用过程中能达到节约能源、延长使用寿命、操作更简便、安全、轻巧和降低费用等效果。

4. 风险性

新商品在开发、研究和制造过程中，也可能给企业带来一定的风险。具体表现在以下三个方面。

(1) 技术风险。有时新商品在开发、研制过程中采用的新技术不一定很成熟和完善，导致商品可能还存在某些缺陷，不能充分满足消费者的需要，因而影响了新商品的销售。

(2) 市场风险。新商品最初进入市场时，很可能是由于顾客对新商品的性能、用途、功效等缺乏了解，导致其短时间内不一定被消费者所接受。

(3) 赢利风险。当新商品尚未被消费者所接受时，市场销售状况可能不理想，以至于赢利目的不一定能实现。

二、新商品的类型

(一)按照新商品与老商品的差异程度来划分

1. 全新商品

全新商品一般是指运用新技术创造的整体更新商品，或为满足消费者某种新的需要而发明的商品，以及功能相近的同类商品中产生了实质性变化的商品。全新商品无论从设计原理、工艺结构、性能特征及外观造型上都与原有商品完全不同，一般是本国和其他国家都没有过的首创商品，因而属于整体更新商品。例如，数码照相机、可在光盘上抹像的新型录像机、不用洗衣粉的洗衣机等就属于全新商品。这类新商品的问世和使用一般会引起消费者消费方式和心理需求的变化，需要消费者改变过去的消费方式和生活习惯。例如，数字书包的应用将会使得学生们不用再背着沉重的书包去上学；未来书籍、报纸的数字化也将在出版业、印刷业方面掀起一场革命。可以肯定，图书馆、家庭藏书都可以由数据库来代替。科学技术威力无穷，商品革命将不断出现，未来将是人们生活方式、消费方式出现更大变革的时代。

2. 革新商品

革新商品是指在原有商品的基础上采用新技术、新材料、新工艺等对原有技术进行革新，使市场上已经出售或普及的商品性能发生重大突破，或将原单一性能发展成为多种性能及用途的商品。这类商品不仅外部形态上有所创新，而且在原材料、结构、功能上也有较大的创新与发展。革新商品不仅提高了商品的使用功能与使用效果，而且一般会给消费者带来新的利益和心理上的满足感。例如，洗衣机从半自动过渡到全自动电脑控制，性能有了重大突破；手机由单一的通话功能发展到具有照相和录像等多种功能等。这类新商品会使消费者在使用过程中部分地改变已经形成的消费行为和生活习惯，因而对消费者的心理影响较大。

3. 改进商品

改进商品是指在原有商品的基础上进行某些改进，使原来的商品发生次要或微小变化的新商品，是由基本型派生出来的改进型商品。改进商品的特点是：在原商品基本用途不变的情况下，对其成分、结构、性能或款式、规格等进行部分改进或稍加改变，使该商品的性能、质量有所提高，或有效用途有所扩大，能满足消费者渴求变化、刻意求新的心理，而价格也不会提高太多，所以容易博得消费者的欢心。消费者在接受这类新商品时，基本上沿用类似老商品时的消费行为，需要新学习的消费方式只占很少一部分，对消费者原有的消费心理与习惯影响较小。例如普通香皂增加了杀菌功能，就是改进商品。

(二)按照空间范围划分

1. 世界范围内的新商品

世界范围内的新商品是指世界任何国家以往从来没有开发、研制过的商品，是企业独创的、在全世界范围内首次试制成功的独一无二的商品。这类商品价值高，影响大，通常会申请专利保护，对满足消费者需求与增强企业市场竞争力作用很大。例如，"101 毛发再生精"在运用中医药理祛病强身、治疗脱发方面属于世界首创，在全世界赢得了很高的声誉。

2. 国家范围内的新商品

国家范围内的新商品是指在国际市场上已经出售过，但在本国属于首次试制成功并投放市场的新商品。这类商品可起到填补国家技术与市场空白的作用，例如全部国产化的汽车就是这类新商品。发展这种新商品对于开拓本国市场，引导和创造新的需要，减少商品进口，促进国内市场与国际市场接轨具有重要作用。

3. 地区范围内的新商品

地区范围内的新商品是指某个局部地区范围内首次出现的新商品。它可以是本地区首次试制成功并投放市场的商品，也可以是首次进入本地市场的进口商品或外埠商品。对于本地市场来讲，后者也给消费者带来了新的利益，因而也属于新商品。

总之，无论哪种类型的新商品，虽然"新"的程度不同，但是它的"新"特点都会得到消费者的认可。即只有消费者认为它能够给自身带来新的利益或新的心理满足，才能称之为新商品。如果消费者认为这种新商品没有任何新的特点，没有给消费者带来任何新的利益或新的心理满足，就不能称之为新商品。

(三)按照新商品在市场中的地位与企业的关系来划分

1. 全新商品

全新商品是指应用新的技术、新的材料研制出来的具有全新功能的商品。这种商品无论对企业或市场来讲都属于新商品。

全新商品占新商品总量的 10% 左右。

2. 重新定位商品

这是指企业将现有的商品投放到新的目标市场。这样做是基于市场营销学的基本理论之一——市场细分原理。企业把自己原有的商品投入新的目标市场，等于对现有的商品重新进行市场定位。对目标市场而言，这种商品就是新商品。这类商品占新商品总量的 7% 左右。

3. 新引进商品

这是指市场上已有，但本企业第一次生产的商品。这类新商品常常通过引进其他国内外同类企业的生产技术，模仿或略作改动(不构成侵权)，采用自己的品牌投放市场；或者与国外企业合作、合资成立新企业后生产制造某些商品投放市场。比如一汽大众奥迪 A6 轿车、上海通用赛欧轿车等。这类新商品投产快、风险低、市场需求量大，在新商品总量中约占 20%。

4. 连续性新商品

这是指改进或改革型新商品。它可以分成三类。①对现存商品线的增补商品。商品线是指企业生产的商品中密切关联、类似的商品系列或者一组商品，比如电视机类商品中，不同尺寸显示屏的商品系列等。在现有的商品大类中增补若干新规格、新品种、新花色或新款式商品，比如在原有 21 英寸、25 英寸彩色电视机商品线中增补生产 29 英寸、34 英寸的商品。它与原来企业生产的同类商品差别不大，却能满足顾客对商品多样化、多层次的需要和消费偏好。②改进型新商品。③改革型新商品。连续性新商品在新商品总量中所占的比例高达 63%。

三、新商品的发展趋势

科学技术日新月异，商品开发层出不穷，未来将呈现出前所未有的新趋势，具体有以下几个方面。

1. 多功能化

许多新商品使用功能越来越多。

2. 微型化

微型化即袖珍化，许多商品的体积越来越小，重量越来越轻，携带更方便，比如手机、便携式电脑、MP3 播放器等。英国曾发明了一种便携式音响系统，其音箱用软塑料制成，携带时可将音箱中的气体放掉，折起来就可以带走，使用时向音箱充气，其体积就可以膨胀。

3. 自动化

商品在使用过程中自动化程度越高，给消费者带来的方便就越大。自动化是商品功能趋向现代化的重要标志之一，它可以大大减轻人体劳动强度，比如全自动洗衣机、电脑触摸系统、语音识别系统等。可以肯定，未来将会有更多、更好、自动化程度更高的商品问世。

4. 简单化

科学技术的进步使许多商品结构、组合趋于简单化。这使得用户在使用时更方便，学习更容易，保养、维修更简便，价格也更低廉，更受消费者的欢迎。

5. 一次性

某些商品为了使消费者免清洗、更卫生或防止交叉感染，趋向于一次性使用，用后即弃，比如尿不湿、纸杯、注射器、桌布、圆珠笔等。这类新商品将更多地进入市场。

6. 医疗保健功能化

现代社会中人们对健康、保健越来越重视，具有保健、家庭理疗等功能的新商品不断问世，这类商品如药物牙膏、多功能按摩椅、足底按摩器等都非常受消费者欢迎。

7. 节约能源

节约能源，功在社会、利在自家。比如节能型冰箱、节能型空调机、耗油量低的汽车、节水型洗衣机等都是国家支持发展、提倡使用而消费者也乐于购买的商品，节能型商品代表着新商品未来发展的趋势。

8. 多样化

由于消费者个性化的需求，商品多样化更为显著。为满足消费者的新要求，企业将开发更多型号、款式、规格的新商品。

9. 标准化

国家有关部门逐渐加强商品标准化管理的力度，将有更多的技术标准发布，企业开发的新商品将有更高的标准化、通用化、系列化的要求。

10. 艺术化

随着人们审美要求的提高，企业不仅要重视商品的使用功能，还要重视商品外观的美学功能。可以预见，未来的新商品必然是色彩更加绚丽、造型更加别致、款式更加漂亮。商品的艺术化将给人们以更多的美感享受。

四、新商品购买者的类型及影响购买行为的因素

(一)新商品购买者类型

由于心理需求、个性特点及所处环境的差异等因素的影响，不同消费者对新商品接受的快慢程度会有所不同。根据消费者对新商品的态度与行为差异可将新商品购买者分为以下五类。

1. 最早购买者

最早购买者也称创新采用者，是新商品上市之初，最先实施购买的消费者，又称新商品消费带头人，约占全部潜在购买者的 2.5%。这部分消费者求新、求奇、求美的心理需求强烈，富于创新和冒险精神；收入水平、社会地位和受教育程度较高，对风险有较强的承受能力；他们大多为年轻人，交际广泛且信息灵通。最早购买者人数很少，但可以产生示范、表率、带动其他消费者的作用，因而是新商品推广的首要力量。

2. 早期购买者

早期购买者也称早期采用者，指新商品上市初期，继消费带头人购买之后，马上进行购买的消费者，约占全部潜在购买者的 13.5%。这部分消费者大多是某个群体中具有很高威信的人，受到群体其他成员的爱戴、景仰和追随。他们对新生事物感兴趣，追求时髦、渴望变化，有一定的创新和冒险精神。他们一般社会交际广泛，活动能力强，对新商品有强烈的消费欲望，是新商品购买的积极分子。早期购买者人数较少，但他们购买商品较早，并且有一定的权威性，因而对带动其他消费者购买新商品有重要作用。

3. 较早购买者

较早购买者也称早期大众，他们是经过"最早购买者" 和"早期购买者"对新商品的特点、性能、用途等的证实之后，继而实施购买行为的消费者。这类购买者采用新商品的时间较平均采用时间要早，约占全部购买者的 34%。他们的购买行为基本上发生在商品成长阶段，具有较强的从众、仿效心理，他们乐于接受新生事物，但是一般小心谨慎。当他们一旦证实新商品的特点之后，就会马上实施购买行为，成为形成某一种流行的推动力量。这部分消费者数量较大，而且一般在商品成长期时购买，因而是促成新商品在市场上趋向成熟的主要力量，他们对于其他消费者购买行为的发生也有促进作用。

4. 晚期购买者

晚期购买者也称晚期大众，指当大部分消费者接受并使用新商品后才开始购买新商品的消费者。这类购买者的购买时间较平均购买时间稍晚，约占全部潜在购买者的 34%。这部分消费者的思想谨慎，对新生事物反应迟钝。他们从不主动采用或接受新商品，当看到购买新商品的人越来越多，并已证实新商品的特点及由此带来的消费趋势后，他们才开始购买。这部分消费者对于新商品在市场上达到成熟饱和状态的作用重大。

5. 最晚购买者

最晚购买者也称落后采用者，是指最后购买和最终拒绝购买新商品的消费者。这类消

费者是采用新商品的落伍者，约占全部购买者的 16%。这类消费者受保守心理、传统观念、文化水平及所处环境的束缚，拘泥于传统的消费行为模式，其社会地位和收入水平一般较低。当新商品处于饱和状态或趋于衰退状态时，他们才实施购买。严格地讲，他们此时购买的已经不是新商品了。另外，有少部分消费者最终也不愿意购买和使用新商品。随着市场经济的发展和受教育水平的提高，这部分消费者的人数会越来越少。

(二)影响新商品购买行为的心理因素

导致消费者对新商品购买态度与行为差异的因素多种多样，既有新商品本身的因素，又有消费者自身的收入水平、职业特点、性别、年龄等社会和生理因素，还有需要、认知、个性特征、自我概念等心理因素。在社会环境大体相同的情况下，后者的影响作用更为突出。

1. 消费者对新商品的需要

需要是指没有获得某些基本满足的感受状态，是消费者一切行为的基础和最初原动力。新商品能否满足消费者的需要，是其购买与否的决定性因素。只有符合并能够满足其特定需要的新商品，才能吸引消费者积极购买。由于不同消费者的需要内容、需要程度千差万别，因而对新商品的购买行为也各不相同。目光敏锐的企业家应当善于发现消费者的潜在需要，从而有效地引导和创造消费。

2. 消费者对新商品的感知程度

消费者只有对某一新商品的性能、用途、特点有了基本了解之后，才能进行分析和判断。当消费者确信购买新商品能够为自己带来新的利益时，才会由此激发购买欲望，进而实施购买行为。感知能力的强弱也会直接影响消费者接受新商品信息的准确度和敏锐度，从而导致消费者购买新商品的时间差异。

3. 消费者的个性特征

消费者的气质、性格、自我概念、兴趣爱好、价值观等个性心理特征千差万别，这直接影响到消费者对新商品的接受程度与接受速度。个性灵活、乐于接受变化、富于冒险和创新精神的消费者，往往比性格保守、墨守成规的消费者更易于接受新商品，而且接受的速度更快。由于某些新商品一旦被接受，极易形成时尚流行，企业若善于发现和运用时尚现象，必然会大大提高新商品的成功率。为此，企业在进行新商品设计时，应善于吸收和借鉴市场上最新流行商品的长处；同时，要善于研究和迎合消费者追求时尚的心理，创造出新颖独特、顺应时尚潮流的新商品。

4. 消费者对新商品的态度

消费者对新商品的态度，是影响新商品购买行为的决定性因素。消费者在感知新商品的基础上，通过对新、旧商品的比较、分析，形成对新商品的不同态度。如果消费者最终确信新商品具有某些特点，能为其带来新的利益及心理上的满足，他就会对新商品产生好感，并抱有积极肯定的态度，进而产生购买行为。企业往往通过顺应消费者的既有态度而促进新商品的销售。但有些时候，企业可能需要在成本允许的情况下去改变人们的态度。

例如速溶咖啡刚刚推出时购买者寥寥无几，商家通过研究发现，家庭主妇对这种商品持否定态度，认为使用它会给人留下"懒惰的主妇"的印象。于是商家专门针对这一点进行广泛的宣传，最终通过改变人们的态度而使商品得以畅销。

第二节　新商品开发的心理策略

一、新商品开发的概念

对于一个企业来讲，新商品开发是指企业从产生新商品设想到最终商品上市的整个经营管理活动。

随着科学技术日新月异的进步，市场竞争不断加剧，商品的生命周期日益缩短，每个企业不可能单纯依赖现有商品来占领市场，必须不断适应市场潮流的变化，不断推陈出新，只有开发适销对路的新商品，才能继续生存和更好地发展壮大。

二、新商品开发的意义

当今时代，唯一不变的事情就是变化。对企业而言，开发新商品具有十分重要的战略意义，它是企业生存与发展的重要支柱。

1. 开发新商品有利于促进企业成长

促进企业的成长是开发新商品最根本的意义所在。从投资的角度看，成长即意味着成功。所以，多数企业都力图向市场投入更多的新商品，扩大本企业的市场份额。某类商品市场占有率的提高使企业获得更高的利润率和资金周转率成为可能。反过来，仅靠现有商品去提高这些衡量企业成长的比率，是很困难的，企业要负担更为繁重的市场营销费用。凡是经营得好的企业大多数都有能向市场推出更多新商品的能力。由于任何商品都具有引入期、成长期、成熟期和衰退期，因此，企业要成长，就必须进行新商品的开发。

2. 开发新商品可以维护企业的竞争优势和竞争地位

由于最先向市场投放某项新商品的企业总是少数一两家，其他企业特别是同行企业往往要对此作出反应，比如扩大同类商品系列或品种、模仿或改进竞争者已经上市的商品、推出本企业的类似新商品等。因此，任何商品只要进入成长期后期，势必造成利润空间的缩小，而此时，竞争双方都力图通过新商品的开发去取得对某一特定市场的主导或支配地位。一个成功的企业和智慧的经营者，应该抢夺先机，开发新商品。

3. 开发新商品有利于充分利用企业的生产和经营能力

开发适当的新商品可以使企业现有的过剩生产能力得到利用，同时实现更为均衡的生产。因为在总的固定成本不变的情况下，开发新商品能使企业的总成本降低，资源利用率提高，由此单位商品的成本随之降低。

4. 开发新商品有利于企业更好地适应环境的变化

在经济社会迅速发展的今天，企业面临的各种环境条件也不断发生变化，当消费者需求发生变化或者环境条件改变，预示着企业的现有商品已出现衰退可能时，企业必须寻找可代替的商品。如果不及时开发新商品适应环境，企业就会面临被淘汰的境地。比如在工业品市场上，由于能源短缺和人们对环境污染所表示的关注，迫使不少工厂去开发某种能效高、污染小的新机械和设备，以适应环境变化的需要。

5. 开发新商品有利于加速新技术、新材料、新工艺的传播和应用

开发新商品为新技术、新材料和新工艺的应用提供了途径，"三新"的应用是新商品开发的重要基础。应用新材料、新技术或新工艺而开发的新商品不但成本低、有较高的使用价值，而且往往可以"创造"出消费者对该类商品的新需求。因此，这类新商品不但有较强的竞争能力，而且有更旺盛的生命力。

6. 开发新商品有利于激发企业管理人员和技术人员的革新精神和创造力

要搞好新商品的开发，必须依靠企业管理人员、工程技术人员以及工人的革新精神和创造力，而只有在进行新商品开发的过程中才能有效地激励这种革新精神，培养更高的创造力，提高企业全体人员的素质。事实上，古今中外凡有所作为的企业家和工程技术专家都是富于创新、探索和开拓精神的勇士。一旦企业高层管理者把这种创新精神注入本企业的管理体系中，其市场营销和新商品开发就如一部得到新能源的机器，会加速地运转。

总之，开发新商品不仅有利于企业的成长、进步和竞争能力的提高，而且也使企业对社会、自然环境的适应能力大大提高。要使企业成为"百年老店"，必须要充分把握时机开发新商品。

三、消费者购买新商品的动机

消费者之所以产生各种购买动机，是由于存在着多种未满足的需求。这些需求作用于消费者的主观心理，从而激发其形成各种各样的购买动机，表现出强烈的购买愿望。因此，消费者的购买动机是消费者进行购买活动的直接驱动力，也是一切消费行为的作用基础。从我国目前情况来分析，消费者购买新商品的动机大致有以下几种。

1. 实用性动机

由于目前我国人民的生活水平，特别是中西部地区的生活水平比较低，所以大部分消费者购买商品的主要动机是出自实用。他们在购买商品时比较注重其内在的质量和价格，力求购买质优价廉的商品。但是，随着生活水平的不断提高，人们对商品的外观、样式和包装等外在的要求也日益提高。

2. 求美、求新的个性化动机

爱美是人的一种本性，所以，许多消费者都会出于求美的动机而从事购买活动。特别是年轻人和女性消费者持有较强的求美求新动机。另外，由于消费者个性的差异会导致某些消费者在购买商品时追求与众不同而使消费者产生猎奇的购买动机。

3. 情感动机

人皆有感情，人的各种感情也会通过他的购买行为表现出来。消费者购买商品不仅仅

是为了满足自己某个方面的生理需要，也是为了满足自己某种感情的需要，特别是在当今物质比较丰富的时代。消费者购买活动的情感动机，不仅体现了爱、恨、喜、哀等自我的感情，还表现出了消费者作为社会的一员，因履行其社会义务而产生的责任感、道德感和理智感。

4. 癖好动机

有的人购买商品是出于对某种事物的兴趣和爱好。

5. 期望动机

消费者对生活的期望或态度也会诱发某种购买动机，这类购买动机就是我们所说的期望动机。

6. 优越动机

有些消费者，购买某些商品的动机是为了显示自己比他人优越。有时消费者的购买动机是模糊的、不清晰的，处于潜意识状态。因此，对于企业来说，不仅要满足消费者的需求，而且要利用各种方式刺激消费者的购买欲望，促使消费者产生各种购买动机。

消费者的购买动机主要取决于需求的内容和状态，同时与消费者所处的时代、周围环境及个人经历等因素密切相关。对消费者购买动机的调查和研究，已成为企业市场调查和商品开发需求分析不可缺少的内容。

四、新商品开发的心理要求

新商品完成设计和生产后，并不意味着开发成功了。新商品开发的成功，体现在新商品能够在市场上为消费者所接受。消费者整体水平的提高，使其心理欲求在购买行为中所起的作用越来越重要。因此，企业在开发新商品时必须适应消费者不断变化的心理。

消费者对新商品的接受需要有一个由未知到需要的过程。影响这一过程长短的因素是多方面的。其中，最主要的是消费者的心理因素，消费者是否购买某一新商品，常常取决于新商品能否满足其心理需求。因此在设计新商品时，应注意满足消费者以下心理要求。

(一)时尚、流行的心理要求

时尚、流行是指一定时期内受社会广泛欢迎并在广大社会阶层中传播，形成即时风尚，构成一股崇尚某一商品或某种行为观念的潮流。消费者对商品时尚、流行的心理欲求，是普遍存在的社会消费现象，它反映了消费者渴望变化、趋同从众、顺应时代、完善自我等多种心理需要。当一种新商品在市场上出现的时候，总会有一部分好奇求新的消费者能敏锐地察觉到新商品的新特色而率先购买，成为时尚消费的先驱。经过他们的示范与宣传，引起其他消费者的模仿，并逐步形成消费流行高潮。因此，要满足消费者追求时尚流行的心理，商品设计应贵在突出一个"新"字，只有"新"才能激起消费者"先买为快"的欲望，继而兴起时尚潮流。当然，这种"新"不仅表现在商品的用途、功能、材料、结构等方面，更重要的是，要善于把它与原商品不同的新特点用创新的营销手段有效地传播给消费者，营造出消费时尚流行的气氛，为时尚流行推波助澜。

(二)便利、高效的心理要求

由于社会节奏日益加快，人们的生活压力日趋繁重，许多人越来越认同和追求便利、高效的新商品，希望从繁杂的生活中解脱出来，以便有时间从事自己喜爱的其他活动。美国未来学研究专家阿尔温·托夫勒在其名著《未来的冲击》一书中预言：“人与物的关系正变得越来越短暂，社会已经进入‘用即弃’的时代”。顺应这一趋势，各种一次性消费的商品层出不穷，使用便利、高效的商品越来越受人欢迎。比如日本企业创造了“自然方便面”食品，台湾企业开发出了可自动张开和关闭的雨伞等。近年来，在商品功能设计方面出现了以下几种趋势。

(1) 多功能。即增加商品给消费者带来的功能，例如能与电脑相连的数码相机、集蒸、煮于一身的多功能电饭煲等。

(2) 自动化。自动化商品，比如全自动洗衣机、洗碗机等智能型家用电器，为消费者快节奏的生活带来了许多便利。

(3) 绿色商品。随着环境污染的加剧，人们对无公害、无污染的绿色商品的需求明显增加，比如绿色装饰材料、无公害蔬菜等都越来越受到人们的青睐。

(4) 健康型商品。随着生活水平的提高，人们对自己和家人的健康更加关注。具有补钙、补锌、补充维生素，有助于睡眠、帮助消化等功能的各种保健品，逐渐受到人们的青睐。

(三)舒适、享受的心理要求

消费者在关心商品使用价值的同时，也希望商品能满足自己舒适、享受的心理要求，即新商品能否符合人体生理结构的比例。与人体生理结构和身体发展相适用的新商品，在消费过程中可以给人以安全感、舒适感，可以减轻人体疲劳，加速人体机能的恢复，有益身心。因此，新商品在设计时必须适应人体结构的要求。

根据现代人体工程学的原理，新商品要依据人体各部位的结构特征、生理机能以及使用环境等进行综合设计。例如，座椅的设计应根据人们腿部的长短确定高矮，根据人们腰部的特征确定靠背的倾斜度，根据手臂的长短和关节部位安置扶手。这样，才能使体重负荷、血液循环、姿态安稳、筋肉放松等方面都能符合人体的需要。日本的汽车制造商根据西方人体结构的特点，设计出特别宽敞舒适而且座位可以自动调节的汽车，在美国市场推出后大获成功。又如，人们逛街和逛商场时，靠步行很疲惫，国外就有人发明了体积小巧，方向灵活，安全可靠的步行机(与自行车完全不一样)来代替步行。近年来，西方发达国家的企业为适应消费者追求舒适、享受的心理要求，推出“休闲商品”系列。例如，家具设计从造型、色彩到风格，强调“人情味”，与办公用具的冰冷、坚硬、厚重、严肃的风格形成鲜明的对照。这不仅缓解了紧张的工作给人带来的疲劳感、压抑感和紧张感，还使家里显得温馨而舒适。

总之，企业在利用创意设计新商品时，应注意满足消费者追求舒适、享受的心理要求，根据人体结构特征，参照人体上下肢的长短及其活动范围、人体坐立的角度与尺寸等静态的科学数据，进行新商品设计，以便更好地满足消费者生理与心理上的需要，加快新商品的扩散速度，拓宽新商品的市场范围。

(四)追求艺术美感的心理要求

"爱美之心，人皆有之"。消费者购买商品时之所以挑选款式、花色、造型等外观形式，就是为了在使用这些商品时，既满足物质需要又得到精神享受，尤其是女性消费者更为显著。随着文化素质的提高，消费者对商品与环境的欣赏与鉴别能力也不断增强，这就要求企业在新商品设计上必须适应消费者的求美需要，赋予新商品时代感与美感，使一件具体的商品不但具有实实在在的使用价值，而且具有一定的欣赏价值。

(五)追求显示其地位、威望的心理要求

有些消费者在购买某种商品时，除为了利用其使用价值外，还有其他的目的，或为了提高其社会威望、表现其事业成功，或为了体现自己某种身份、地位，或为了表示自己所属某一阶层、追求与同一阶层成员的一致性等。企业可以以满足消费者这种心理要求作为目标进行新商品的生产。比如手表类商品，尽管电子表走时准确、方便，但名流贵族们不屑一顾，他们倾心于名表，以稀有和昂贵来显示其身份与地位。因此，瑞士的一些名牌手表商，就专门设计出以超硬合金为材料、镶嵌珠宝的高级手表，有的款式只设计一只，并且是由技艺高超的工匠手工制作的，需要花费数月的时间精雕细刻而成。这样制造出来的名表堪称是富有永恒价值与无限魅力的精美艺术品，因而受到社会成功人士的青睐。

(六)追求突出个性特征的心理要求

在现代社会里，个性消费越来越突出，许多消费者开始抛弃千篇一律的生活模式去追求自我。他们按自己的性格、气质、年龄、兴趣等去选择自己喜欢的商品。为了适应消费者追求突出个性特征的心理要求，新商品设计一定要构思新颖，富于创造，具有鲜明突出的象征意义，即能显示使用者的性别、年龄、知识、兴趣、性格、气质、能力等特征。具体表现为以下几个方面。

1. 体现个人威望

具有这种特色的商品，在某种程度上能够体现消费者的社会威望或表现其个人成就，比如高档手表、名牌服装、豪华轿车等。为此，设计时应选用上乘或名贵的原材料，商品款式应豪华精美，并保证一流的工艺和质量。同时，对这类商品的产量要严格控制，价格要昂贵。

2. 标志社会地位

某些商品具有明显的社会地位或阶层属性，是某一阶层成员的共同标志，使用者可以借此表明自己属于该社会阶层或集团的身份。不同的社会阶层，其消费习惯及心理特征有着明显的差别。因此，在设计新商品时，应当充分考虑特定阶层消费者的工作环境、经济收入、社会地位及消费习惯和消费心理。

3. 显示成熟的个性

在人的生命周期中，要依次经过儿童、青年、中年、老年等阶段。在不同的年龄阶段，人们的生理与心理成熟程度不同。在进行新商品设计时，应注意适应不同年龄阶段消费者的成熟程度，以满足其生理和心理要求。

4. 满足自尊和自我实现的个性

马斯洛的需要层次理论表明,当人们的基本物质需要得到满足后,精神上的需要会逐渐强烈。人作为社会中的一员,一方面渴望得到他人的认可和尊重,希望在社会交往中给人留下良好的印象;另一方面还要求不断提高自身的知识水平和能力,充分发挥其内在潜力,以求得事业上的成功与个人价值的实现。为此,人们会刻意寻找那些有助于增强自尊、社会尊重和自我价值实现的商品,比如装饰品、美容用品、学习用品及有助于提高某方面技能的专门用品等。在设计这类商品时,应以美观协调、高雅庄重、特色鲜明、功能突出为原则。

5. 满足情感要求

现代社会,随着人们生活节奏的加快,消费者在强调商品实用性的同时,越来越注重情感消费,即希望通过消费活动获得某种情绪感受,满足特定的情感需要,比如表达友情、亲情;寄托希望、向往;追求自然、回归;展示情趣、格调等。某些工艺品、玩具等,因其设计新颖、造型别致并蕴含丰富的感情色彩,能够满足消费者的情感需要,因而受到消费者的青睐。这类商品的设计应强调新、奇、美、趣、雅等特点。

第三节　新商品推广的心理策略

一、新商品推广的信息传播渠道

新商品信息的传播对新商品的推广具有非常重要的作用。新商品的信息传播渠道很多,主要有以下三种。

1. 口头传播

消费者的家庭成员、亲朋好友、同事、同学、邻居等相互之间常传递有关新商品的信息。在现代营销活动中,通过推销员与消费者直接交谈,向消费者传递新商品信息,对新商品的推广起了极为重要的作用。美国学者阿恩特对口头传播在新商品的推广中的作用做了专门的调查分析,得出以下结果,如表 12.1 所示。从表中可以清楚地看出:口头交谈具有促进消费者购买新商品的作用。

表 12.1　口头交谈对购买新商品的作用

口传信息	购买新商品者	未购买新商品者
谈过话	62%	32%
未谈过话	38%	68%
合计	100%	100%
调查人数	185	231

2. 消费者亲自观察

新商品投放市场后,许多消费者从媒体或他人处获得信息,常常要通过亲自考察来验证新商品的信息是否确定、可靠，必要时还可以补充更多的信息，并对信息进行处理，如筛选、组合、鉴别、证实等，以此作为购买决策的依据。研究表明，消费者通过亲自考察获取新商品信息，对其购买决策的作用仅次于口头传播，居第二位。

3. 广告宣传

广告宣传是企业通过各类媒体向消费者传递新商品信息的主要渠道。它能迅速向人数众多的消费者传递信息，其作用也是相当大的。但是，广告宣传新商品的单向传播性和信息有限性致使消费者对新商品存在疑问，并且有时不能获得解答，以致消费者常常对新商品缺少足够的信任，从而影响他们的购买决策。因此，广告宣传对新商品推广的作用比口头传播和消费者亲自观察的作用要小。

二、影响新商品推广的心理因素

新商品进入市场，是否能博得消费者的欢心，以便迅速取得良好的市场业绩，常常是前途未卜、吉凶难料。其原因是多方面的，与质量水平、功效、可靠性、价格、市场竞争、销售渠道、促销手段等都有密切的关系。下面从新商品与消费者心理角度对影响新产品推广的心理因素进行分析。

1. 商品的相对优点

商品的相对优点指新商品优于老商品的程度。对于消费者来讲，这是最具吸引力的一点，也是消费者购买新商品的重要心理动机。新商品之所以"新"是因为它比老商品有相对的优越性，能引起顾客的兴趣、注意并引发购买的欲望。它能适应消费者求新、求变、求美、追逐流行的心理要求。新商品的创新程度越高，表现就越明显，就越容易被消费者接受，在市场上的扩散率及占有率也就越高；反之，就越低。比如，洗衣机的市场普及率很高，原因之一就是消费者很容易感受到机洗比手洗衣物要方便很多。

2. 商品使用上的一致性

消费者在长期的生活实践中，一般会形成比较稳定的消费方式，包括消费观念、消费习惯、审美标准、购买方式等。能够与现有消费方式保持基本一致的新商品，可以减少消费者调整原有价值观念、适应新的消费方式和习惯的环节，消除消费者的心理障碍，从而使新商品在市场上迅速推广。因此，新商品如果与消费者在长期消费过程中逐步形成的消费方式、消费习惯及价值观念等保持一致，就容易被消费者承认并接受；反之，就不一定很快被接受，有时还会产生抵触情绪。比如洗碗机这种商品，目前的市场销售业绩并不好，因为中国目前小家庭多，每次用餐后要洗的碗数量不大，而洗碗机用水量较大。同时，许多中国家庭厨房空间较小，所以还不习惯使用洗碗机。

3. 商品结构上的复杂性

对于新商品的属性、性能、用途、使用方法等指标，消费者越容易理解，就越容易引起兴趣，新商品在市场上的发散速度就越快，发散面积也就越大。因此，企业需要尽量追求商品结构的简单明了，最大限度地减少消费者理解和掌握新商品所需的时间和精力。

4. 商品的可试性

耳闻目睹不如亲身一试，如果消费者能亲自试用某一新商品，体验一下新商品特点，比采用其他方式进行宣传的效果好得多。例如，20世纪50年代末至60年代初，美国沃尔弗林环球股份公司在推广新商品——"安静的小狗"牌猪皮便鞋时，首先拿出100双无偿送给100名顾客试穿8周，消费者经过自己穿用，体会到了这种便鞋柔软舒适、轻便耐磨的优点，8周后大多自愿付5美元买下了各自的猪皮便鞋。因为"安静的小狗"牌猪皮便鞋，美国的人行道也因此而变得分外柔软，该公司也由此很快打开了市场。

商品的可试性有时是由商品本身的特点所决定的。比如空调机、热水器在商店无试用条件，某些商品如内衣、食品等，在购买现场也不能试用、试尝，但这些商品的功效短期内可以显示出来，若发现存在质量问题，销售单位要承担必要的责任。而某些药品、保健食品，其效果显现较慢，试用性很差，消费者将为此承担很大的风险。电视机、手机等家电类商品试用性较强，还有不同时间的保修期，商品实行"三包"，风险性较低。商品的可试用性与风险性成反比关系。新商品在购买现场是否可以试用，以及消费者在购买商品后的短期内，商品的优越性能否发挥出来，影响着消费者的购买与继续购买。

5. 商品的可传达性

除了企业的广告宣传外，商品自身在使用过程中的有关信息也会被消费者有意无意地传递出来。商品可传达性高，就有利于消费者加深对商品的了解，有利于消费者之间的学习、模仿，进而有利于销售、推广。新商品一般在性能、用途、工艺以及效用上优于老商品，这些优点若能准确明了地被消费者感知、想象和形容，那么表明新商品可传达性强。消费者购买新商品，不仅要满足使用上的需求，同时还希望自己购买的新商品的优点也能传达给其他消费者，并得到他们的承认和理解，由此得到心理上的满足。因此，可传达性强的新商品比可传达性弱的新商品的发散速度快。例如新型的家用电器、新式的服装、家庭陈设品等的可传达性就较强。

三、新商品推广的心理策略

新商品问世后，企业面临的重要问题是如何使消费者尽快认识、承认并接受新商品。新商品能否被消费者接受，一方面与商品的质量、价格、性能等密切相关；另一方面又与消费者接受新商品过程中的各种心理因素紧密相连。为此，企业在推广新商品时，必须根据消费者的心理特点，制定相应的心理策略。

(一)消费者接受新商品的规律

新商品的采用过程是潜在消费者如何认识、试用和采用或拒绝新商品的过程。早在20世纪30年代，美国市场营销学者罗吉斯调查了数百人接受新商品的事例，总结出人们接受新商品的程序和一般规律。他认为消费者接受新商品的规律一般表现为五个重要阶段：认知、兴趣、评价、试用、采用。

1. 认知

这是个人获得新商品信息的初级阶段。新商品信息情报的主要来源是广告，或通过其他间接的渠道获得，比如商品说明书、技术资料、别人的议论等。很明显，人们在此阶段获得的情报还不够系统，只是一般性了解。

2. 兴趣

这是指消费者不仅认识了解了新商品，并且发生了兴趣。这时，他会积极地寻找有关资料，并进行对比分析，研究新商品的具体功能、用途、使用等问题。如果这些方面均较满意，将会产生初步的购买动机。

3. 评价

这一阶段的消费者主要权衡采用新商品的边际价值。比如，采用新商品可获得利益和可能承担风险的比较，经过比较分析形成明确认识，从而对新商品的吸引力作出判断。

4. 试用

这是指消费者开始小规模地试用新商品。通过试用，消费者开始正式评价自己对新商品的认识及购买决策是否正确。满意者将会重复购买；不满意者将会放弃此商品。因此，这一阶段，企业应针对不同的商品，详细地向消费者介绍商品的性质、使用和保养的方法。

5. 采用

消费者通过试用，收到了理想的使用效果，就会放弃原有的商品，完全接受新商品，并开始正式购买、重复购买。

如上所述，研究消费者接受新商品的规律，对于新商品的推广有十分重要的意义。

(二)新商品推广的心理策略

1. 遵循消费者接受新商品的心理过程，开展相应的推广工作

有的新商品尽管有许多优点，但消费者并未完全感知、理解，这就需要进行各种方式的宣传，促使消费者意识到新商品在满足其需求方面所具有的老商品所不及的优越性，这样才能使消费者在短时间内认识、承认并接受新商品。综上所述，消费者接受新商品的心理过程大致包括：认知、兴趣、评价、试用和采用等阶段。在不同阶段，消费者的心理活动过程也不同，企业应有的放矢地进行推广。

在认知阶段，由于消费者对新商品不甚了解，略知一二，因而在心理上缺少安全感，这种心理状态会导致许多消费者采取等待观望态度。针对这一问题，在新商品进入市场的初期，企业应重点采用各种方式和手段，全面详细地介绍新商品的性能、效用、使用方法以及售后服务等，消除消费者心理上的障碍，激发其购买欲望。这一阶段的宣传，对于具有强烈消费欲望和求新、求美、求奇心理需要的消费者影响很大，他们会因此首先购买和试用新商品，起到消费带头人的作用。

评价阶段的重点应放在解答消费者的疑问上。当少量消费者购买试用并亲身体会和验证了新商品的质量、功效和用途等实际效果后，企业要注意跟踪服务，正确处理消费者的各种异议。企业还要进行信息反馈。由于消费者的需要及个性心理特征不同，对新商品往往表现出不同的态度反应，企业应根据消费者的态度反应，有针对性地进行宣传，消除他们的顾虑，使新商品在市场上的扩散面不断扩大直至普及，进而使新商品顺利进入到成熟

阶段。

采用阶段要进一步提高消费者的满意度，培养其忠诚度，使该商品树立良好的品牌形象，让其成为新商品的义务宣传员，起到消费示范作用。

2. 瞄准最先和早期购买者，培养积极的消费示范作用

虽然最先和早期购买者在消费者中占的比率较小，新商品的推广仅靠他们难以形成销售高潮，但他们的示范作用对中晚期购买者有很大的影响力。企业要善于利用这种资源，在该群体中优选影响力大、有一定威信的消费者作为重点对象培养，给予他们有关新商品的更多知识，提高其满意度；加强与他们的沟通，解决他们的异议，总结他们的体会，增强他们的兴趣，使他们成为新商品的舆论引导者，从而加速新商品的推广。

3. 重视新商品的潜在购买者，推动新商品进入销售高潮期

企业可以从购买者、购买次数、购买数量、购买者心理稳定程度和对新商品品牌的态度等方面对潜在的购买者进行分析，建立好顾客档案，加强市场研究，尽快推动新商品的销售。

(1) 分析新商品的首次购买者和多次购买者。这是从消费者购买次数的角度来分析潜在购买者。从新商品首次购买者的情况可以预测其潜在的购买量，但准确性不够。许多消费者要在使用新商品后才能体验出新商品的优点，进而决定是否继续购买。如果继续多次购买的情况较多，那么就证明新商品受消费者欢迎程度大，市场潜力、前景十分乐观。因此，了解掌握新商品首次购买与购后反应非常重要。

(2) 掌握消费者小量购买和大量购买的情况。这是从购买新商品数量的角度分析潜在的购买者。若新商品销售长期停留在小量水平，说明新商品还存在一定的不足，应采取有效措施加以改进。

(3) 弄清不稳定购买者和稳定购买者的情况。这是从购买者心理稳定程度的角度分析潜在的购买者。初次购买新商品的消费者中，许多人的心理处于不稳定和变化状态。若长期不能转变为稳定状态，可能是新商品存在某些问题，需要分析研究找出症结，予以解决，否则难以打开新商品的销路。

(4) 了解不确定购买与认定购买的需求。这是从消费者对新商品品牌、商标态度的角度分析潜在的购买者。新商品刚刚上市，独此一家，竞争态势尚未形成，消费者购买时过于注重商品功能而忽视商品品牌、商标，即采用不认定购买。当同类商品大量进入市场、形成竞争态势时，消费者对品牌、商标、款式、质量、服务的选择性增加，就会采取择优购买的方式。因而，企业应使新商品具有综合优点，令其成为消费者购买的首选对象。

4. 采用灵活多样的推销方式

在新商品的推广中，企业应着重宣传使用新商品后形成的新的消费习惯、消费方式有何优越性和科学性等。通过宣传使消费者清楚地了解到使用新商品后，能为自己带来何种新的利益，从而逐步消除其抵触情绪，促使消费者对原有消费习惯、消费方式及价值观念产生动摇，直至放弃，最终改为采用新商品。在新商品的推广过程中，企业要根据新商品的特点、目标群体的特征及分布等，采用灵活有效的方法，进行新商品的推广。常见的推销方法有以下几种。

(1) 新商品样品试销法。在商品展销会、博览会或在市场上以成本价试销新商品，既可以消除消费者对新商品效果的疑虑，又能被消费者所接受。

(2) 示范表演法。在销售现场做新商品功能示范演示，这样做有利于消费者直接观察到新商品的优越性，增强对新商品的信任感，加深对新商品的印象。

(3) 合作推销法。如果新商品是已经建立市场信誉的行业的组成部分，那么就可以联合知名品牌的商品一起销售，以此提高新商品的信誉。同时，还可以运用与之相关的销售网络协作销售。

(4) 印刷品推销法。制作、印刷和散发新商品的资料、说明书、广告、小册子等，向消费者推销新商品。印刷宣传品应注意：用词简单、明确，易于理解，不使用过长或过短的词句；突出宣传要点，图文并茂，形象直观；介绍典型消费者的使用经验与体会，增加消费者对新商品的信任；印刷品中介绍的新商品必须与市场销售的商品保持一致。

5. 做好新商品销售的市场调查工作

新商品进入市场要取得良好的销售业绩，必须认真做好市场调查工作。新商品销售的市场调查内容如下。

(1) 新商品的使用对象调查。要调查清楚新商品使用者的身份、职业，比如消费者是工人、农民、学生、机关干部、知识分子、家庭主妇等。还需调查清楚可能购买的数量以及影响消费者购买新商品数量的因素。

(2) 潜在购买者的分布和活动情况。要调查清楚消费者的地理分布、生活、工作情况、所在单位、购买习惯等。

(3) 消费者购买新商品的地点。比如消费者在何处买新商品最方便、适宜。

(4) 新商品的价格与销量。比如新商品与市场上已有的类似商品相比较，价格是否便宜、目前这类商品的消费量是多少、购买频率如何、近几年发生变化的可能性是否存在等。

(5) 新商品市场竞争程度。其他企业是否也想生产类似商品？目前市场上同类商品哪一家企业信誉最好？本企业的新商品的质量、价格、性能、款式、服务等是否有竞争力？

本 章 小 结

"整体商品"中任何一个商品层次的更新和变革，使商品结构、功能、品种或服务发生变化，并给消费者带来新的效用和利益，都可视为新商品。新商品的特征主要有：先进性、创新性、经济性和风险性。按不同的标准，新商品可划分为不同的类型。按照新商品与老商品的差异程度来划分，新商品包括全新商品、革新商品和改进商品。按照空间范围划分，新商品包括世界范围内的新商品、国家范围内的新商品、地区范围内的新商品。按照新商品在市场中的地位与企业的关系来划分，新商品包括全新商品、重新定位商品、新引进商品和连续性新商品。新商品的发展趋势：多功能化、微型化、自动化、简单化、一次性、医疗保健功能化、节约能源、多样化、标准化和艺术化。新商品购买者的类型主要有：最早购买者、早期购买者、较早购买者、晚期购买者和最晚购买者。影响新商品购买行为的心理因素包括消费者对新商品的需要、消费者对新商品的感知程度、消费者的个性特征以及消费者对新商品的态度。

新商品开发，也称"商品开发"。对于一个企业来说，新商品开发是指企业从产生新商品设想到最终上市的整个经营管理活动。新商品开发的意义在于：有利于促进企业成长，可以维护企业的竞争优势和竞争地位，有利于充分利用企业的生产能力和经营能力，有利于企业更好地适应环境的变化，有利于加速新技术、新材料、新工艺的传播和应用，有利于激发企业管理人员和技术人员的革新精神和创造力。在新商品设计时，应注意满足消费者以下心理要求：时尚、流行的心理要求；便利、高效的心理要求；舒适、享受的心理要求；追求艺术美感的心理要求；追求显示其地位、威望的心理要求；追求突出个性特征的心理要求。

新商品推广的信息传播渠道主要有口头传播、消费者亲自观察和广告宣传。影响新商品推广的心理因素主要包括商品的相对优点、商品使用上的一致性、商品结构上的复杂性、商品的可试性和商品的可传达性。消费者接受新商品的规律一般表现为五个重要阶段：认知、兴趣、评价、试用和采用。新商品推广的心理策略：遵循消费者接受新商品的心理过程，开展相应的推广工作；瞄准最先购买者和早期购买者，培养积极的消费示范作用；重视新商品的潜在购买者，推动新商品进入销售高潮期；采用灵活多样的推销方式；做好新商品销售的市场调查工作。

课 程 思 政

首先，商品设计应该注重技术创新和自主创新。在党的"二十大"报告中，提出要实现创新驱动发展，加强科技创新能力、建设一批世界级科技企业。因此，在商品设计时，应该注重技术创新，采用最新的科学技术方法，不断推陈出新，不断进步。

其次，商品设计应该推崇现代化、科技化、国际化的理念。党的"二十大"报告中提到，要推动高质量发展，实现现代化经济体系的建设。因此，在商品设计时，应该尽可能地吸收国际上的先进设计理念，采用先进的制造工艺和机器设备，提高产品的质量和效率。

最后，商品设计应该注重创新生产方式和商业模式。在党的"二十大"报告中，提出要深化供给侧结构性改革，推动产业高质量发展。因此，在商品设计时，应该注重创新生产方式和商业模式，打破传统的生产和消费模式，采用更灵活、智能化的生产方式，提高生产效能和市场竞争力。

总之，商品设计与党的"二十大"报告精神紧密相关。设计师需要在商品设计中贯彻落实创新驱动发展战略，推崇科技化、现代化、国际化的理念，注重创新生产方式和商业模式，从而创造出更具有竞争力和市场价值的产品。

思 考 题

1. 什么是新商品？
2. 新商品购买者有哪几种类型？
3. 简述新商品开发的心理要求。
4. 新商品推广的心理策略有哪些？

案　例　分　析

案例1　海尔热水器推出新品OK套系，24小时个性化洗浴场景一键开启

洗澡时最麻烦的事是什么？很多人会回答调水温。

洗澡前调高水温，洗澡后再把水温调低。家中老人、小孩所需水温又各不相同，热水器的模式、温度被调来调去，操作很费劲。

2020年3月24日，海尔热水器"OK三剑客新品上市发布暨智能互联工厂探秘之旅"活动开启，推出了新品OK套系，24小时的个性化洗浴场景可通过OK键一键开启，让您1次设置好水温，一整年都不用再调。

1. 一键设置水温：OK套系办到了

据相关研究显示，50%的家庭，常年不关闭热水器，调节水温是每天的必要操作。早上年轻人洗漱上班、白天老人洗菜做饭、晚上全家接力洗澡……每次都调温，十分不便。

特殊功能键OK键将每天24小时分为12个时段，用户可以根据自己的需求选择洗漱模式、自定水温和水量，在预设的时间加热，同时还可以完成巴氏灭菌，保证水质健康。此外，热水器还能根据用户所处地区、季节智能调温，无须再为调节温度频繁操作。

2. 内胆生产：热水器"心脏"需高质量

对于热水器来说，内胆像"心脏"一样重要。此次活动中，用户在工程师的带领下，参观了海尔互联工厂，体验内胆生产过程。一个标准的内胆从生产到下线需要经过多重测试，才能保证安全和质量，从而为用户提供出科学化的用水解决方案。

"人单合一"模式下，海尔以用户为中心，推出7星级净水洗及智慧浴室场景等解决方案，满足了用户在健康、智能等方面的用水需求。

（资料来源：海尔智慧家庭，2020-03-25.）

案例讨论

你如何看待海尔推出新产品的做法？

案例2　蒙牛2020年报：新产品新互动新服务 持续为消费者创造惊喜

2021年3月25日，蒙牛乳业(2319.HK)发布2020年财报，收入达760.348亿元，可比业务收入增长10.6%。2020年蒙牛坚持"消费者第一"的核心价值观，以新产品新互动新服务，为消费者不断创造乐于传播的惊喜，助推业绩稳健增长。

一、加大研发，爆品不断引领品类创新

2020年在疫情影响下，消费者对于健康和提升免疫力更为关注，作为几乎可以与日常"柴米油盐酱醋茶"并列的民生用品，消费者对牛奶的选用上，也更注重健康、营养、蛋白质含量、新鲜等因素。同时，消费者对功能性乳制品和有机奶的需求也在不断增加。为了更好地服务消费者，蒙牛2020年仍加大研发投入，全年研发投入同比增长近60%，持续推动旗下产品的品类创新和高端化发展，为消费者提供更多营养、健康、口味兼具的创新品类。

常温业务板块不断满足年轻群体对消费场景及丰富口味的需求，纯甄与真果粒作为明星大单品，以创新口味深受都市白领、大学生等消费群体的喜爱。低温业务板块注重提升产品功能性，优益 C 品牌针对消费者对于低糖、低脂等健康产品的需求，推出控糖及 0 脂肪配方，上市了白桃乌龙及红西柚两种口味。

在连续两年实现净收入翻倍增长的鲜奶业务方面，推出了每日鲜语沙漠有机鲜奶和优护 A2-酪蛋白鲜牛奶新品，进一步巩固其高端鲜奶第一品牌地位。奶粉板块，雅士利不断升级，推出蒙牛超金装犀利、铂金装系列及悠瑞系列成人奶粉，并上市了国内首款免疫力保健品奶粉特康力、水果麦片、M8 儿童成长配方奶粉等，贝拉米成功开创了国内新品"元年"；冰激凌业务聚焦品牌焕新与产品升级；奶酪不断开发新产品，推出 0 白砂糖含量的奶酪甜点、开创性的常温鱿鱼奶酪零食和全国首款国内生产的液体黄油。

二、无缝沟通，与消费者紧密互动创造惊喜

乳业发展趋势是不断年轻化和时尚化，蒙牛作为领军企业同样抓住潮流，通过创新互动的沟通方式，走进消费者心里。

针对不同的用户圈层，蒙牛各品类与受众不同的综艺节目合作，提升了品牌声量和活跃度。特仑苏通过对消费者大数据进行深度分析，赞助了湖南卫视《向往的生活第四季》及《舞蹈风暴》等高收视节目，不断提升品牌声量及活跃度。纯甄全新升级为"料实材真，才是纯甄"的品牌定位后，冠名赞助了《创造营 2020》及《中餐厅第四季》等高热度节目，通过精准营销实现品牌潮流化。真果粒花果轻乳系列通过冠名赞助爱奇艺《青春有你 2》成功上市推广，通过产品高端化、借势顶级流量与年轻消费者沟通，实现逆势增长。

三、全面升级，从"人找货"转为"货找人"的贴心服务

2020 年蒙牛推动企业文化全面升级，确立了"消费者第一"的企业核心价值观。以此为出发点，蒙牛持续提升服务质量，将服务内容细化为奶源管理、质量管理、数字化战略全面推进，通过渠道线下线上一体数字化的场景，实现了"人找货"到"货找人"的转变，以贴心周到的服务带来高品质体验。

此外，蒙牛持续以质量三年战略规划为指导，推进质量管理体系 3.0，升级质量文化，秉持以消费者为核心，匠心制造完美产品，成为全球乳业质量标杆的愿景，为消费者提供世界品质、安全可信赖的产品，并持续强化奶源安全与品质建设。数智化方面，蒙牛逐步构建了数据驱动业务的信息化体系建设，赋能全集团进行高效、敏捷的业务决策。

蒙牛总裁卢敏放表示，2020 年蒙牛灵活调整业务策略，成功抓住国民消费习惯及渠道新变化。总的来看，疫情并没有给蒙牛发展造成太大影响，反而推动了品牌创新，全体员工在齐心共同抗疫的过程中，凝聚了战斗力和向心力，始终以"消费者第一"的企业价值观为引导，对未来发展充满信心！

(案例来源：证券之星，2021-03-29.)

案例讨论

1. 试用学过的相关理论分析蒙牛在 2020 年的业绩稳定增长的原因。
2. 新产品的推出以及推广应该考虑哪些因素？

参 考 文 献

[1] (美)迈克尔·R. 所罗门. 消费心理学[M]. 卢泰宏，黄娴，改编. 北京：中国人民大学出版社，2006.

[2] 温孝卿，史有春. 消费心理学[M]. 天津：天津大学出版社，2004.

[3] 冯丽云，孟繁荣. 营销心理学[M]. 北京：经济管理出版社，2002.

[4] 江林. 消费者行为学[M]. 北京：科学出版社，2007.

[5] 李晓霞，刘剑. 消费心理学[M]. 北京：清华大学出版社，2006.

[6] 白战凤. 消费心理分析[M]. 北京：中国经济出版社，2006.

[7] 江林. 消费者心理与行为[M]. 北京：中国人民大学出版社，2002.

[8] 余小梅. 广告心理学[M]. 北京：北京广播学院出版社，2003.

[9] 顾文钧. 顾客消费心理学[M]. 上海：同济大学出版社，2002.

[10] 赵爱琴. 现代广告学教程[M]. 北京：北京工业大学出版社，2002.

[11] (美)亨利·阿塞尔(Henry Assael). 消费者行为与营销策略[M]. 韩得昌，译. 北京：机械工业出版社，2000.

[12] 史有春. 消费者行为学[M]. 南京：南京大学出版社，1996.

[13] 曾晓洋，胡维平. 市场营销学案例集[M]. 上海：上海财经大学出版社，2005.

[14] 季辉. 服务营销[M]. 北京：高等教育出版社，2001.

[15] 李宝元. 广告学教程[M]. 北京：人民邮电出版社，2002.

[16] 刘国防. 代营销心理学[M]. 北京：首都经济贸易大学出版社，2007.

[17] 田义江，戢运丽. 消费心理学[M]. 北京：科学出版社，2005.

[18] 焦利军，邱萍消. 消费心理学[M]. 北京：北京大学出版社，2008.

[19] 陈素川. 不同群体的消费心理、行为与群体对个体消费者的影响[J]. 安徽大学学报，1997.

[20] 单凤儒. 营销心理学[M]. 北京：高等教育出版社，2006.

[21] 李兴国. 公共关系实用教程[M]. 北京：高等教育出版社，2005.

[22] 彭聘龄. 普通心理学[M]. 北京：北京师范大学出版社，2002.

[23] 秦明. 旅游心理学[M]. 北京：北京大学出版社，2005.

[24] 朱惠文，毛丽蓉. 现代消费心理学[M]. 杭州：浙江大学出版社，2004.

[25] 臧良运. 消费心理学[M]. 北京：电子工业出版社，2007.

[26] 白战凤. 消费心理分析[M]. 北京：中国经济出版社，2006.